慢轉的力量

9種蓄積能量模式，與18位名人的生命故事

위대한 멈춤

삶을 바꿀 자유의 시간

朴勝晤（박승오）
洪昇完（홍승완）
尹嘉玄——譯

前言
轉變期，停下腳步聆聽的時期

在昔日的芬蘭首都克拉科夫猶太區裡，住著一位拉比[1]傑克爾（音譯）與兒子艾希克（音譯），繼承父親拉比一職的艾希克，儘管歷經多年試煉，依舊沒有放棄信仰，是一名虔誠的猶太信徒。某天，他在夢裡聽見了一段清晰嗓音，指示他前往波希米亞首都布拉格的王成橋下尋找寶物，一開始他不以為意，只覺得自己作了個怪夢，但是後來又同樣夢見兩次一模一樣的夢境，最後，他決定起身前往布拉格一探究竟。

艾希克好不容易在布拉格找到了那座橋，然而，駐守兵整日在那裡看守，根本沒有機會讓他去橋下確認是否藏有寶物，不過他仍不打算放棄，每天都到附近徘徊察看。他的舉動引起了兵隊長的注意前來盤查，詢問他是否有物品遺失，還是在等待某人？為人正直的艾希克如實吐露了自己的夢境，兵隊長聽完他的故事以後，仰頭大笑。

「你真是個傻子，所以是因為區區一個夢，就使你大老遠跑來？哪有人會相信這樣的夢？我要是也和你一樣相信夢境，那我才真應該去你的故鄉。」

他用充滿憐憫的眼神看著艾希克說：

「我也做過相似的夢，夢裡有個聲音傳來，叫我要去芬蘭克拉科夫找一名叫做傑克爾的拉比，然後去他兒子艾希克的家找出寶物，有個巨大的寶物就埋藏在他們家壁爐後方的角落裡。但是有誰會相信這種夢呢！就算是事實好了，在克拉科夫名叫傑克爾的人不也好幾十人？我又豈能一一探尋拜訪？居然還要我找出傑克爾的兒子艾希克！」

兵隊長豪氣地笑著，艾希克認真聽完他所說的話，道謝後便重返自家。他一到家就按照兵隊長所說的夢境，開始挖掘壁爐後方的角落，結果那裡果真藏有寶物，而這也就此終結了折磨他一生的不幸。他賣掉了部分寶物換取現金，並在該處蓋建了一間祈禱室[2]。

人生總是向我們悄悄訴說：「去冒險吧，離開別人為你準備的廣場，朝充滿困難的險惡叢林前去，找出屬於自己的道路。」然而，那條路就如同艾希克的這趟旅程一樣，起始點必然也會是重返自我的終點；啟程，不是為了冒險或者找尋寶物，而是為了發掘「自我」。事實上，全世界的神話英雄冒險故事，都是把原本就潛藏在英雄內在的神力道成肉身的再發現之旅，這樣的冒險也和艾希克一樣，從聆聽內心最深處的「聲音」開始。寶物藏於內在，自然可以歸結於要聆聽內在的心聲。

然而，並非所有人都能聽見這股聲音，就好比故事中的兵隊長，儘管聽見也刻意選擇不予理會，或者被庸庸碌碌的人生所製造出的雜音干擾，導致忽略了內心深處最真實的聲音，如果要在充滿競爭的社會雜音中不錯過輕聲細語的命運之聲，就得先放慢生活腳步，甚至稍作停歇；因為當內心忙碌無暇時，人們會變得充耳不聞，什麼訊息也聽不見。暫且拋下一切世俗慾望，靜靜用心傾聽真實心聲，深奧的命運之聲會滲入你心，留下深深印記。

當我們愈是不想停下腳步仔細聆聽，原本只是悄悄靠近的命運之聲愈會提高分貝，當它發現對你咆哮、拍肩、丟石子也沒用時，人生就會給你一段巨大苦難，使你不得不回頭審視自己的內在。此時，端看你是如何看待這場苦難，審慎反思箇中意義，還是將其視為人生中一場單純的不幸意外，這將決定你脫胎換骨成非凡或者駐足於平

1 譯註：Rabbi，猶太經師，猶太教中精通聖經、神學及教會法者，亦即「師傅」。

2 摘自《印度藝術與文化中的神話與象徵》（*Myths and Symbols in Indian Art and Civilization*），海因里希・季默（Heinrich Zimmer）著，喬瑟夫・坎伯（Joseph Campbell）編輯。無中譯本。

凡。非凡的人會把這場苦難當成是人生傳遞的重要訊息，將自己託付於這項訊息所引導的人生方向，讓締造出英雄的冒險正式啟動。

有時當我們閱讀那些偉人和英雄的生平事蹟，不免會在心中感到狐疑：「到底是發生了什麼事？」因為我們會從故事中發現，原來非凡的人物曾幾何時也只是個平凡小卒。他們一樣猶疑、焦慮、痛苦過，面對金錢和慾望也拼命掙扎過，對自己同樣感到失望過，只是個和你我都一樣的「凡人」罷了。但是原本這樣的他們，到底是經歷了什麼事情，使他們變得和你我不再一樣？為什麼我們還無法脫離別人為我們準備的廣場，只能以客人之姿站在生命的主場裡徘徊？究竟是什麼東西，將平凡無奇的他們變成了各自人生的主宰者？

本書就是從如此簡單的疑問出發，進而探究那些人的人生軌跡——原本徘徊在人生周遭，最終卻能立足於人生中心、成為自己的主人，甚至將自己的命運成功締造出非凡。面對「改變」這件事，人們總是秉持著兩種觀點：「我也好想變成那樣」和「他們和我不一樣」，而這本書的誕生，正是為了試圖拉近這兩種觀點之間的距離。大部分人只知道平凡與非凡之間存在著「某種變化」，然而，本書將帶你一同探索變化裡究竟隱藏著那些關鍵因素。

在經過長期以來研究觀察過多位人物的結果，我們得出了這樣的結論：「追隨自己的命運之聲，最根本的變化來自接納人生之音。」從想盡辦法主導人生的積極狀態，轉為將自己託付給人生、任由人生引導的「積極式被動」狀態，當然，這必定會是一場主客顛倒的過程。若想要成為人生的主體，有時就要懂得反其道而行，暫且放下「自己」，把自己託付於人生的流向。就如同推開雲朵會出現太陽、滅掉蠟燭會顯現出月光一樣，把自己清空時反而能發覺更深且更真實的自己。停止想要主導人生的信念，交由人生來主導我們吧，讓人生述說、自己則負責聆聽，讓人生要求、自己則去執行。如果我告訴你，如此弔詭的方式才能恢復人生的「主體性」，你願意相信嗎？

轉變工具五

空間　在神聖的場所重啟人生

轉變工具六

象徵　人會愈來愈像心目中的象徵

转變工具七

轉變工具八

轉變工具九

第三章 返還，重返世界之路

附錄一 各種轉變模式

序言
人生，總會有揭開新頁的那一刻

只要存在本身不停止，
任何生命都難以昇華至更高次元。
——阿蘭達・考馬拉斯瓦米（Ananda Coomaraswamy，哲學家）

每個人的人生都會有一次重大轉變，原本平凡無奇的人，會藉由某個「關鍵時刻」變得不再平凡，也就是我們俗稱的「轉捩點」（turning point）；那是人生引發偉大覺醒的瞬間。穆罕達斯・甘地（Mohandas Gandhi）原本只是一名涉世未深的律師，儘管在南非共和國彼得馬里茨堡車站持有頭等艙車票，卻因種族歧視問題而遭受屈辱、被趕出車廂外，無法順利搭上火車。假如甘地那天晚上沒有留在車站內徹夜未眠，將這股悲憤情緒深深烙印於心，或許也就不會有今日的「聖雄」（Mahatma）之稱了。

雖然將漫長人生濃縮來看，這樣的「轉捩點」只是一顆小點（point），實際上卻比較近似於一段「期間」（period）；突發性的事件並不會改變一個人的人生，唯有透過自行領悟該事件背後蘊藏的意涵，中間經歷的過程才會逐漸使人蛻變，事件本身則只是將意義壓縮展現的象徵，如何解讀並接受那起關鍵事件，將決定各自會展開多麼不一樣的人生。別忘了，在甘地之前一定也有多位印度人在火車站遭受過同樣的歧視。

一不小心，轉捩點的概念很可能會扭曲真實——真實是任何人的人生都不會因為猛烈痛快的一擊而徹底翻盤。「人生大逆轉」這種幻想，就如同每個禮拜拿著白花花的現鈔去買樂透，肖想自己能夠一夕致富一樣，使人愚昧地等待能夠一夕之間扭轉命運的事件從天而降。有時，人們甚至會把枯燥人生歸因於沒有重大事件，還會抱怨為何自己的人生一直都平淡無奇。而就在這樣的過程中，一而再、再而三地任由機會從手中平白流失，原本可以展開全新生活的每一天，也就像浪費在購買樂透上的現鈔一樣，喪失殆盡。

事實上，許多從人生客體成功轉為「主體」的人物，都不是靠「轉捩點」（turning point）而是靠「轉變期」（turning period）。雖然轉變契機的確會憑著某天的偶發事件一觸即發，但是落實至人生當中絕對是靠長期的「發覺自我人生實驗」。那天，在彼得馬里茨堡車站經歷的一番寒徹骨，促使甘地在爾後三年期間與南非共和國僑胞們一同組成討論小組，研讀各種宗教相關書籍，而這兩項實驗，也使他的人生走向非暴力抵抗運動（或稱真理把持運動）。甘地會將自己的自傳書取名為《我對真理的實驗》（*The Story of My Experiments with Truth*）絕非偶然，人生會變得更有深度，也絕非因為某個轉捩點，而是靠著某段不停實驗的「轉變期」。

轉變期（turning period）的定義

那麼具體來說，轉變期究竟都在做哪些事呢？難道是指轉職期？還是指修煉職場能力的時期？抑或是指內在轉成熟的時期？劃分一個人物的轉變期，標準又是什麼？為了解決一連串的疑惑，我們試圖把轉變期定義如下：

> 轉變期＝透過實驗與省察，改變內在價值觀與人生方向的過程。

首先，轉變期是「實驗」人生的時期，所謂實驗，並不是指人為設定某個特定條件，然後觀察是否有出現預期現象的科學實驗；而是比較接近於為了找出自身潛力，進行各種嘗試的試驗，也就是所謂的摸索期。因此，轉變期與職場上的修煉期是截然不同的，如果說後者是鑿出一口深井，那麼，前者便是在正式開挖鑿井之前四處探看好井的過程。

轉變期的另一項主要活動則是「省察」，轉變期的本質之一是領悟，而領悟的前提是要往內仔細探究自己。省察是對自己拋出問題、觀察自我，因此，也是在原本已知的自我與呈現在世人面前的自我之間，再次發覺「更深層自我」的過程。如果從實驗是向外探索、省察是向內賦予成熟的觀點來看，兩者是互補的；沒有省察的實驗是盲目的，沒有實驗的省察則是空虛的。人生的重大改變唯有在實驗與省察達到適當協調時產生，因此，這本書會將這兩種過程統稱為「探險」，探險是由「探究」（內在省察）與「冒險」（外部實驗）兩種單字結合而成。

第三種轉變的主要舞台則是「內在」，轉變的本質並非靠職業、成功、人際關係等外顯因素，雖然大部分的轉變期是因外部事件觸發，但是終極改變是來自於內在價值觀與人生方向上的改變。轉變期必須和轉職、社會成就、移民等外在變化區分開來，世界頂尖顧問威廉·布瑞奇（William Bridges）就曾將「改變」（change）解釋為生活外在、環境上的變化，而「轉變」（transition）則是內在、心理調整過程。轉變是我們為了適應外在變化所進行的心理調整，假如我們只有經歷改變而沒讓自己轉變，我們的外在也許不一樣了，但內心還是老樣子，並不會達成本質上的改變。

最後，轉變期是以「過程」為中心，亦即，無需過分操心目標或結果，假如有著想要離職準備考公職人員等這類明確目標以後再開始進入人生轉變，那麼，這種情形便稱不上是轉變期；真正的轉變期，比較像是在不知道隧道口會呈現何種風景的情況下，走入隧道的那種充滿混亂、不確定性的感覺。布瑞奇將這段時期比喻於「馬戲團裡表演高空盪鞦韆的特技演員，在對面還沒傳來另一個鞦韆時，已經不得不放開手中的鞦韆」的情形。

轉變期可以基於個人意圖迎接，也可以是巧遇，我們如果以比較宗教學家喬瑟夫·坎伯（Joseph Campbell）

和凱倫・阿姆斯壯（Karen Armstrong）兩人的人生拿來作比較，便可看出兩者之間的差異。坎伯自願放棄了他的博士學位，把自己關在一間小木屋裡，靠著閱讀正式開啟了人生轉變期；反之，阿姆斯壯則是與她本人的意圖無關，是因為他人的意見而沒能取得博士學位，不得不面對人生轉變期；然而，兩人最終都是藉由「書籍」這個工具，找到了屬於自己的極樂（bliss）與天職（vocation）。

另外，有些是表面看似轉變期，實則不然；好比前述提及的職場修煉、目標準備、轉職等，意圖式的外在改變就屬於這類型。尤其轉變期的特點是不確定性提升，和「效率」或「速度」相距甚遠。有些人會因為充斥著不確定性而想要快速通過轉變期，然而這樣的態度將導致一事無成、毫無改變。轉變期也並非講求「競爭」或「成就」的時期，反而會使你感到孤單、徬徨，歷經各種挫敗；但這些毫無效率的徬徨正是深入瞭解自我的過程，最終也會是培養自我的最佳投資。

古代賢人將學習喻為經營自己的心田，如果想要培育出一片沃土，就必須施肥，而肥料大致上可分金肥與堆肥兩種，金肥是指花錢購買的化學肥料，堆肥則是由落葉、雜草、動物排泄物等混合而成，雖然金肥比堆肥更有效率，但是會使土壤酸化，流失地氣；反之，堆肥雖然製程不易，耗時較長，但是用久之後會使土壤的品質越來越健康。

轉變期就等同於堆肥製造期，也就是暫停施撒金肥，親自蒐集落葉、糞便等，使其長時間發酵的製作過程，儘管效率低、製成速度慢，但是不具副作用，也確實有效，甚至能讓土壤起死回生。轉變期不只是從競爭、效率、速度、成就退後一步的「休止期」，也是省察自我、發覺夢想人生的「探險期」。

收錄於本書的轉變者故事都有著一個共同點：經歷完轉變期以後，人生有了明顯前後落差。放棄博士學位的高學歷失業人士，走過耗時五年的轉變期後成了大學教授；對賺錢很有興趣但涉世未深的十九歲青年，同樣在度過轉變期以後，躍身成為擁有自己一套獨門祕訣的投資專家；原本走在康莊大道上的神經精神科醫師，被拖到奧斯威辛集中營以後，將那裡當作實驗室，獨創出一套心理療法；四十三歲的平凡上班族在歷經三年轉變期以後，搖身一變成為出版過三本著作的一人企業家。這些都是真人真事，他們究竟都是如何辦到的呢？

外在改變其實就是內在大突破的結果，而內在大突破則是對人生的實驗與省察，也就是「探險」的結果。接下來，我們將透過各種實際案例進一步說明。將自己作為研究對象徹底探究，透過實驗激發潛力，這樣的過程便是轉捩點。當實驗與省察不斷累積，直到突破那道臨界點時，便會形成本質上的改變。意識會被開拓得更廣更深，內在價值觀則更加堅定，需要實現的志業也會變得更加清楚明確。當你成為擁有新觀點的新存在時，才會正式展開新人生。

轉變之窗

自然界裡的萬物瞬息萬變，樹木的歲月痕跡烙印在一圈又一圈的年輪上；寶寶則是一天一天地長大，從原本只是牙牙學語，到變得突然會走路也能夠說出完整語句；而純水則會在形體不變的情況下溫度驟降，到了攝氏零度時瞬間變成冰塊，反之，到達攝氏一百度時則開始沸騰。

我們的人生，會不會也有著像上述一樣明確的分水嶺呢？歌德曾說：「在生命中的每個十年，我們都會擁有新的命運、新的希望和新的渴望。」孔子也曾以而立、不惑、知天命等，將人生化分成不同階段。換句話說，每隔十年人類就會面臨人生話題、方向、價值觀的明顯轉變，而且是徹底「翻轉」，並且靠徹底的改頭換面來對抗過去既有人生。在經過深入研究阿諾德．範亨訥普（Arnold Van-Gennep）、喬瑟夫．坎伯、威廉．布瑞奇等多名學者以後，我們觀察到他們是如何促成這些轉變的契機。另外，我們也在書中提供了各種轉變模式，其中最具代表性的三種轉變模式已於「附錄二」中進行詳細介紹，再請自行參考閱讀。

在此，有一個模式要提供給各位，根據長期深入研究每一位轉變者的資料發現，擁有明確轉變期的人物，其

轉變之窗（Window of Transition）

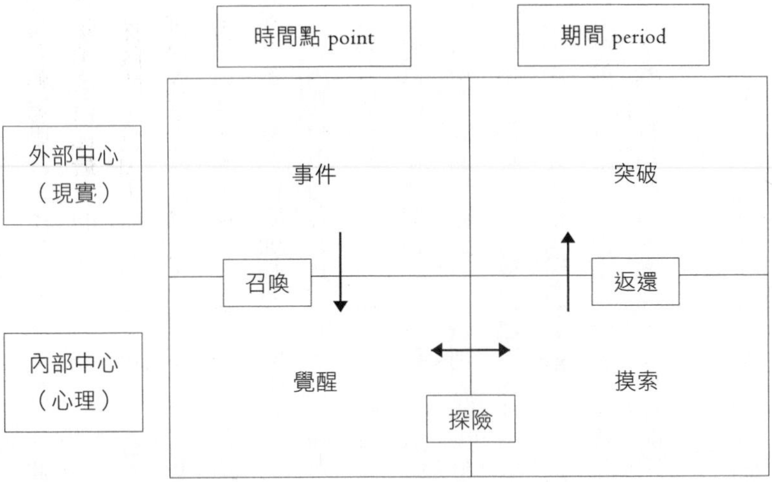

轉變過程都有著一套固定模式，雖然每個人歷經轉變後的人生不盡相同，但是在豐富多元的人生轉變當中，原來都有著這套相同模式。下方命名為「轉變之窗」的圖，便是在說明其內容。

轉變之窗分成兩條座標，一條區分外部（現實）與內部（心理），藉由外部「事件」觸發的人生根本問題，一定要通過內部仔細咀嚼、反芻的「覺醒」過程才行，要是沒有經過反思該事件的意義，也沒有打從心底接納，而是只忙於應對外部遭遇的變化，那麼，問題就會不斷反覆上演。愈是重要的問題，愈會在重複發生時以更可怕的面貌逼近，最終，甚至能直接吞噬掉你的人生，召來更嚴重的危害。

另外一條則是將時間分成時間點（point）與期間（period），事件與覺醒只是起點，絕非終點。覺醒後為了將自己領悟到的真義變成實質上的改變，需要有一段「摸索期」來不停實驗與省察。透過經驗深化自身領悟，並透過這段過程讓自己蛻變，「重生」成真正的自我。

為了設定本書目錄，我們為轉移至各個面向的變化過程進行了命名；首先，觀察看似偶發性事件的背後隱藏意涵，領悟人生對自己拋出的命題（志業），這段過程我們將其命名為「召喚」（calling）；另外，以領悟做為基礎進行實驗、省察，讓意義逐漸深化的過程，也就是「探究＋冒險」，我們將其定義為「探險」（exploring）；最後，將探險結果套用於外部現實並且整合的過程，則取用喬瑟夫．坎伯的表達方式，命名為「返還」（returning）。而這本書的焦點會擺在經過這些轉變階段有所覺醒以後進行的一連串「探險」，因此，轉變者們在探險期間都做了哪些實驗與省察，也將會是全文占比最多的部分。

探險的工具因人而異，有人閱讀，有人寫作，有人則是為了拜見人生老師而啟程旅行，或者移居到另一個空間、沉浸在宗教的洗禮當中。這本書將這些轉變人生的「工具」分成了九種類型，並加以說明。

書中提及到的人物，其轉變之窗已經統統收錄在文末「附錄二」當中，這些人究竟是如何度過這段轉變期，將於本書第二章進行詳細說明，建議各位可以從自己感興趣的人物著手，閱讀他們的故事。我們不能輕忽那股「吸引力」，因為吸引力會成為召喚，召喚則會變成命運，改寫你的人生。

透過「轉變之窗」，不僅可以觀察每一位人物的人生轉變脈絡，也可以透過這扇透明窗戶所反射出來的倒影回頭檢視自己；不過要切記，這只是一扇窗、絕非一扇門，窗戶不能夠親自打開並參與其中，因此，與「門」的概念是截然不同的，亦即，觀看別人的人生與親自嘗試過不同人生是兩回事，我們要清楚知道這些內容只是轉變者們的故事，最終還是得靠自己打開那扇門，才能夠真正變成屬於自己的故事。

儘管如此，我們仍需要觀看窗外的經驗，因為在親自開門走出去以前，先向自己提問、檢視自己，才能夠將需要的東西準備齊全並做出決定。先透過間接體驗未來可能會遇到的狀況與障礙，也可以預先準備克服的勇氣和方法。這本書將點燃你的靈感，促使你開啟新的人生大門，而非僅止於站在窗前徘徊觀望。

十三世紀，一名修道士寫了一本關於亞瑟王的故事——《聖杯遠征記》，裡頭寫道：亞瑟王與武士們齊聚在宴會場的圓桌上，他宣布要是沒有發生需要冒險的事，就不准吃任何食物，然而，因冒險在當時是常有之事，所以武士們從未餓著過。

【表一】轉變之窗範例：穆罕達斯．甘地（參考第 400 頁，附錄二）

轉變期以前	**蛻變**
• **只因一句「比印度簡單」而取得英國律師執照** • **因人群恐慌症而在法庭辯論途中落跑，後來轉任代寫訴狀的工作** **事件** • **於南非共和國彼得馬里茨堡車站遭種族歧視** • **隔天在馬車上也遭受言語謾罵與肢體霸凌**	• **大膽的計畫：非暴力抵抗（真理把持）運動** — 為了貫徹真理，開始進行非暴力抗爭 — 八年來，主張反對「人頭稅」等各種種族歧視法案 — 舉行非暴力抗爭等政治運動、入獄 • **印度國民大會黨最高領導人** — 以「聖雄」之姿做為印度的精神領袖，受人景仰
覺醒	**探索（一八九三～一八九五）**
• **在馬里茨堡車站寒冷的一夜** — 不論未來會經歷多少磨難，都要根除種族歧視 • **輾轉得知南非共和國僑胞、商人們遭受的各種侮辱** — 開始對人類與宗教產生疑問：想要瞭解絕對者的一切，以及為何要使他捲入種族歧視事件當中	• **研讀各種宗教書籍** — 伊斯蘭、基督教、猶太教、印度教等書籍 — 得出宗教的普遍真理是「道德」的結論 — 出席各種宗教人士的聚會，進行意見交流 • **誓言要將宗教上的領悟實踐於生活當中** — 控制味覺、實驗極簡生活、力求純潔等 • **主導南非共和國境內的印度僑胞聚會** — 分享南非共和國的實際日常、第一次面對大眾進行演說

那天，武士們一如往常地等待出發去冒險，終於，有個事件爆發了，騎士們面前出現了一座聖杯，沒有完全展露出形體，而是被一塊耀眼的紗布覆蓋，隨即便消失無蹤，所有人都被當下那股神祕的敬畏感震懾，呆坐在位子上，久久無法回神。最後，亞瑟王的表親高文起身說道：「我要向聚集在此的兄弟們提議，一起去把剛才那個聖杯找回來，摘掉那片神祕面紗吧！」接下來的這段文字非常棒。

武士們認為，集體行動並不光榮，他們在各自選擇的地點，進入冒險森林。裡面一片漆黑，不見任何道路。[3]

就如同出發尋找聖杯的武士們一樣，我們也要在各自的地點打開自己的門，走進伸手不見五指的黑暗森林裡。每個人的存在都是獨一無二的，重要的是，要找到一條通往最接近自己本質的道路。各位不妨試著透過書裡的轉變者故事，一同窺探他們的蛻變過程，與此同時，把他們的故事一部分移植到自己的人生當中，相信一定會創造出別具意義的大轉變，甚至有朝一日回想起這段往事，還會令你覺得「就是從那時起，一切都變得不一樣了」。

在此，我要為讀者朋友們介紹閱讀本書的三種方法。

這本書的核心內容是第二章「探險，改變人生的九條分岔路」，收錄著九種轉變工具與十八位轉變者的個案分享，讀者可以按照以下三種方式來閱讀。

一、按順序閱讀。如果想要全面性地仔細閱讀轉變期的各種形態與工具，便可從頭讀到尾。

二、在九種轉變工具中，挑選自己有興趣的「工具」來閱讀。隨著讀者個人喜好與當下所處情形，適合的轉變工具也會不盡相同。不妨先從平常自己有興趣或者熟悉的工具著手，或者先看過目錄中的小標題，再選擇自己喜歡的章節來閱讀。

三、先從和自己頻率相通的「轉變者」開始閱讀，如果事先大略掃瞄過附錄二裡的十八名轉變者的轉變之窗，便可大致掌握每個人物的轉變歷程，挑選其中最吸引你的轉變者來閱讀即可。

第二章裡的內容沒有全部讀完也不影響後續閱讀，所以不必為了要徹底讀完而備感壓力。不過，為了理解轉變的整體來龍去脈，建議各位儘管第二章是跳著閱讀，第一章的「召喚」與第三章的「返還」最好還是仔細讀完。

3 摘自《追隨直覺之路》（*Pathways To Bliss: Mythology And Personal Transformation*），喬瑟夫·坎伯著，浙江人民出版社，二〇一七。

第一章　召喚，當人生向我搭話時

人不該去問他的生命意義是什麼。
他必須要認清，「他」才是被詢問的人。
一言以蔽之，每一個人都被生命詢問，
而他只有用自己的生命才能回答此問題。

——維克多・法蘭可（Viktor Frankl，神經學家）

轉變的邀請

人生會呼喚我們，有時是透過衝擊性的事件大聲呼喊，有時則是透過微不足道的際遇或擦肩而過的緣份輕聲召喚。能否意識到這份呼喚端看個人，大部分人都會將其視為單純的不幸或偶然，不經意地忽略帶過，儘管領悟到呼喚背後的箇中意義，也會因內心害怕而極力抗拒，因為任何一種人生呼喚，最終都存在著需要冒險之意。

誠如冒險的旅程不盡相同，呼喚的方式也是千變萬化，在此，我試圖把拍打我們肩膀的人生呼喚分成幾種範疇，因為一旦分類好以後，便可加以預測並想好對策。要是我們能夠預先感知到戴著偶然面具接近我們的「命運呼喚」，想必我們一定能更有智慧地面對人生遭逢的各種變故。

幾種人生契機，宣告轉變來臨

第一種召喚類型和「空間、情緒上的分離」有關，也就是將你從熟悉的環境或者心愛對象身邊隔離開來，舉例來說，突然需要移民到其他國家、被公司解雇、離開父母的庇護初次獨立生活、成為獨自在外奮鬥打拼的爸爸，或者父母驟逝等，當我們一夕之間不得不離開親密的人或熟悉的環境時，人生將面臨重大轉變。在各種召喚類型當中，尤其以分離最容易使人一開始過於輕忽，隨著時間流逝，痛苦感才逐漸增大，這種痛苦並非單純的苦難，而是在人生曲線圖中正式宣告已經邁入巨大轉變。

因此，在古代部落社會裡將分離納入成人儀式絕非巧合，部落裡的年輕人會透過離開原生家庭，到遙遠的深山或沙漠荒野中獨自生活一段時間，來體悟身為成人要如何應對人生的召喚；神話式的冒險同樣也是透過分離開始，耶穌在曠野受試探四十天，古希臘英雄忒修斯則是離開自己的故鄉，往雅典娜展開漫長旅程。

人生召喚我們的第二種方式是「失去角色」，亦即，失去等同於自己的角色或頭銜，或者失去以往能夠展現個人定位的成就或標章，諸如退休、隱退，或者因職位遭公司拔除而失去組長、組員等頭銜，抑或是因子女長大成人、成家立業，父母的角色變得愈來愈不重要等。要將一直以來忠實戴著的面具摘下以素顏面對世人，絕非是一件輕鬆之事，尤其當過去角色與自己的主體性有著密切關聯時，痛苦更是加倍。

【圖說】當我們一夕之間不得不離開親密的人或熟悉的環境時，人生將面臨轉變。少年忒修斯體悟到身為成人要如何應對人生的召喚，為了找尋父親而出發展開漫長冒險。—尼古拉—蓋伊．佈雷內（Nicolas-Guy Brenet）的〈忒修斯發現父親的武器〉，一七六八年。

對於某人來說，自己已經不再是被重視的對象，或者被誇獎、服從的對象，不再有人氣等，這種感覺會是造成內心恐慌的主要原因。舉凡像是過氣的藝人、屆滿任期的政治人物、被最新流行趨勢埋沒的藝術家等，都是典型案例。嚴重的人甚至會迷失方向，最後走上絕路的也大有人在。然而，這樣的喪失角色現象其實也是在召喚你投入另一個全新角色、展開一場冒險，最重要的莫過於要解開羈絆自己的繩索，而這份召喚，也將使你坦然面對脫下社會面具的那一瞬。

第三種召喚是對自己深信過的人事物「幻想破滅」的情形，比如說，被發現外遇偷腥的已婚人士或情人、過去景仰的領導者其腐敗之舉、心目中的偶像突然變成了微不足道的存在、公司背叛了員工信任等，幻想破滅的案例多不勝數。當原本堅信不疑的幻想徹底粉碎，那份經歷會影響我們很長一段時間，久久無法忘記，有時甚至會使我們再也不相信任何人、任何事。

最後一種則是「迷失方向」的情形，也就是因人生再也沒有想要追求的事物而感到茫然，或者「追求」本身對你來說已毫無意義，進而產生空虛無力。好比過去的努力瞬間化為泡沫，或者至今一直視如珍寶的東西突然變得一文不值時，都屬於這種情形。不管多麼努力，大眾還是難以理解自己的作品，創作者會感到宛如獨自身在一片荒漠，悵然若失。有時經歷完一場華麗的成功之後，鎂光燈熄滅時也會暗自感到空虛，甚至比失敗還要落寞。無力感與無價值感才是迷失方向時最大的煎熬。這些人不僅迷失過去的目標，就連設立新目標的意志力也全消，並且對這樣的自己感到錯愕無助。

當人生藉由苦難來召喚我們時，與其為了使情況好轉而加倍努力、拚死掙扎，不如趁感到徬徨無助時就放任自己徬徨到底，因為掙扎並非絕對明智之舉。古代神話故事裡，往往將這種「深刻的徬徨」以英雄被巨蟒或者大魚吞噬、進入牠們的腹中來作隱喻，但是英雄們往往非常樂意鑽進怪物的肚子裡，探路徘徊。我們要相信，在轉變過程中這樣的痛苦與混沌是再自然不過的事，絕對不要被恐懼感籠罩或者試圖頑強抵抗。

轉變事件所帶來的痛苦意義

美國教育領袖帕克．帕爾默（Parker J. Palmer），在邁入四十歲前罹患過兩次憂鬱症，他身陷靈魂的泥沼裡三年，拚了命的掙扎，每天都必須和想要自殺的念頭抗衡。最令他感到絕望的是，他不知道自己為何憂鬱。他看過兩位精神科醫師，結果都很失敗。他們依賴藥物治療，對帕爾默的生活不屑一顧，那樣的態度反而激怒了帕爾默，使他變得更想遠離人群。

最終，他能夠成功克服憂鬱症完全是因為一次意外的領悟——一切都是因為第三位心理諮商師的一句建議：「不妨把憂鬱症視為是朋友。」

「你似乎把憂鬱當成敵人，它伸出一隻手來想要毀掉你，你想想看，有沒有可能當它是朋友，要將你壓到地面上，好讓你安安穩穩地站著？」[1]

一開始他還認為這根本是無稽之談，甚至覺得自己受到了侮辱，然而，當他回頭仔細咀嚼心理諮商師說的這番話以後，發現事實的確如此。帕爾默想起了存在主義神學家保羅．田立克（Paul Tillich）曾經說過的話：對上帝是「存有的根基」（the ground of being）；有別於許多人認為上帝是存在於天上某處，這個描述意指通往上帝之路其實是朝下，而不是朝上。憂鬱把我們帶到地底下，這裡很危險，不過潛藏著無限生機。他終於體認到憂鬱症可能是上天的安排，這不僅使他得以順利擺脫憂鬱症，還幫助他發現其畢生志業。經過三年的重度憂鬱症，他看見了最黑暗的內在自我，也經歷了神的根本之愛。

像這樣在發覺畢生志業的過程中，「下降」是回到真我的必經之路。在《神曲》當中，但丁就曾描述過通往天堂之門是位於地獄的最底層，要下到地獄、穿過煉獄，最終才會抵達天堂。我們往往會將封閉的人生道路歸因於不夠努力或者犯下失誤所致，然而，封閉的道路絕對和敞開的道路一樣，隱藏著某些你還未領悟到的教訓。

失敗，同樣是另一種由人生引導我們走向其備妥之路的方法，因為「敞開」是自我能力的展現，「封閉」則

1　摘自《與自己對話》（*Let Your Life Speak*），帕克．巴默爾（Parker Palmer）著，商周出版，二〇一七。

是另一種可能的展現。因此，我們要懂得將各條封閉道路、向下直直墜落的經驗，視為是「將你壓到地面上，好讓你安穩站定」，尤其解讀那些痛苦事件裡所埋藏的意義與象徵，是極為重要之事。

不在乎「經驗」多寡，只在乎「領悟」多少

轉變期的實驗，是將自己暴露在眾多偶發事件當中；人生最終是由大大小小的事件交織而成，有些事情能夠如願以償，有些則是朝思暮想、日以繼夜地準備，最終卻不了了之。但是不論結果如何，改變人生取決於你「如何看待那些事件」，絕對不是「有無發生某起特殊事件」。

我們通常只會被動等待某個翻轉人生的「關鍵事件」發生，不論是痛苦至極的經驗，或是喜極而泣的瞬間。我們總是抱持著「若要翻轉人生，就得靠某個偶發的極端經驗才能一觸即發」的觀念——正因為我們沒有遇到那樣的契機點，所以沒能迎來人生的轉變期，導致至今仍過著平庸的人生，諸如此類的觀念。然而，我們不該忘記的是，改變的本質取決於「不論發生任何事件，都可以充分將其重新解讀的能力」；換句話說，經驗的多寡並非重點，「領悟了多少」才是改變人生的關鍵。

被譽為是二十世紀偉大革命家的切．格瓦拉（Che Guevara），原本是一名醫師，但是在他二十歲初的某一年，以醫師學徒的身分展開了拉丁美洲之旅，而這趟旅程從此徹底改變了他的人生。切．格瓦拉當初並沒有懷抱多麼遠大的目標啟程出發，他只是基於對祖國阿根廷以外的世界備感好奇，在想要展開冒險的熱情驅使下，和友人一起騎著二手機車展開旅行，但是誰也沒料想到，就在這趟旅行結束以後，他的人生從此改變了方向。

切．格瓦拉究竟透過旅行領悟到了什麼？在某次因緣際會下，他在一對智利的勞工夫婦家借宿了一晚，體驗到當地居民的殘酷現實。某個寒冷的夜晚，他將自己唯一一條棉被遞給了那對沒有被子可蓋而相互簇擁入睡的勞

工夫婦，當他提及到這件事情時說道：「那是我人生中經歷過最寒冷的一夜，但也是讓我感到與陌生人關係最緊密的一次。」雖然看似只是一件微不足道的小事，他卻能完美地重新解讀箇中意義。旅行過程中所經歷的這些點滴深植在他心中，他決定不再走醫生或聖職人員之路，要改當一位革命家。由此可見，改變其人生的並非事件本身，而是他自己對事件的領悟。

我們無從察覺，哪些事件是偶然，還是只是戴著偶然面具的必然，但是不論哪一個事件，將其賦予意義是靠自我省察的過程。要是沒有將意義反芻重新審視，便不會開始有所改變。

轉變的第一階段：揮別過去

有別於解讀不到事件背後的人生呼喚或者抗拒召喚，另一種情形是：難以斬斷既有生活，導致裹足不前。比如尚未達成的目標、分手的戀人、難以忘懷的記憶等，被這些猶豫不決或念舊執著牽絆，跨不出任何一步。

因為這些人往往會把這些事與「結束」混為一談，認為自己已經一無所有。然而，就好比陸地的終點是大海的起點，大海的終點則是陸地的起點一樣，結束只是開始的前提條件。無生物（不具有生命的物體）往往只有開始，沒有過程也沒有結束，但是對於有生命的物體來說，要先有「結束」才會有「開始」，就如同一顆種子要先破殼，才會冒出新芽、結出果實是一樣的道理；一天的循環與四季循環抑是如此，「一年之始在於冬，不在於春」這句話，同樣也展現了改變其實是從結束開始。

「結束」是清掃的過程，在新事物開始前，先將過去的灰塵拍抖乾淨，可是人們通常認為開創未來比清算過去更有價值，舉例來說，在愛情裡飽受折磨的年輕人，往往不會放棄自己不斷重複的壞習慣，而是直接放棄這段關係，再進入下一段戀情，以相同模式、相似時間點、類似理由再度分手。一心只想著追逐成功的人，也往往會不斷更換職場或找尋新工作，而非檢視或改善過去阻礙自己成功的心態及行為。這些人都有著一個共同點，就是都不想放下過去，只想試圖作一些表面或形式上的改變。

在「結束」階段真正要放下的，並非生活、工作、人際關係等，而是是執著的慾望、消磨人心的擔憂、既有的習慣，以及為自己設限的框架等，一些內在層面的東西。只想改變外在的人，會想要從人際關係中逃離，或者選擇離職、移居其他城市等，但是這樣做不僅不能解決問題，日後問題還會持續反覆上演。愛因斯坦就曾說：「我們不能用製造問題時同一水平的思維來解決問題。」無法揮別過去的人，無意間會巧妙地運用外在改變來作為迴避內在改變的手段。

當我們在揮別過去的人生、昨日的自己，大膽作個了結時，我們會發現自己已經踏上了一條全新道路。因此，轉變期首要之事便是思考「我該放下什麼？」透過這樣的疑問，我們會得到接下來人生新階段所需要的信號與線索。年幼時期因身心障礙而必須放下許多事情的美國社運家海倫・凱勒（Helen Keller），就有將此描述成一幅明淨畫面。

> 當一扇幸福之門關上，還會有另一扇門開啟；
> 但我們太常專注於關上的那扇門，
> 以致於沒看到另一扇已經為我們敞開之門。[2]

面對召喚的心態

漆黑的夜晚，一名女子正在路燈下苦尋某樣東西，經過的路人問她掉了什麼，她說她弄丟了一個別具意義的戒指，路人們開始紛紛想要幫她一起尋找，於是詢問她掉落在哪一處，結果女子指著暗不見光的昏暗草叢裡說：

「掉在那裡。」

「什麼？掉在那片漆黑的草叢裡？那妳怎麼在路燈下尋找？」

她一臉無奈地嘆了口氣，答道：

「當然是因為那邊太暗什麼也看不見的關係啊！」

雖然這段故事乍看荒謬至極，但是在一笑帶過之前，不妨試著解讀其背後意涵。人生在世，有時同樣會赫然驚覺某個使人發光發熱的重要元素遺失不見，然後又會發現另一項事實，就是在目前所站位置是找尋不到的，為了找回那遺失的寶物，我們不得不前往幽暗陌生的環境，然而，多數人不也像故事中的女子一樣，因為恐懼擔憂而不敢邁開步伐、停留在原地，著急的尋找遺失物嗎？甚至是乾巴巴地望著物品掉落處，不停自怨自艾，不是嗎？

冒險的本質即不確定性，這也是為什麼冒險必然會是一條「充滿恐懼之路」的原因所在。黑暗的草叢裡充斥著茫然、寂寞與孤獨，因此，我們只會長時間觀望那條道路，難以鼓足勇氣實際踏上，甚至只因為安全且視野可及而依舊站在過去的榮耀下拷問著希望；因為我們清楚知道，在幽暗的森林裡，我們將會是徹底的一個人，也會

2 摘自《雇用你自己》（그대，스스로를 고용하라），具本亨（구본형）著，二〇一一。無中譯本。

感到完全空虛，有時甚至會迷失方向、一蹶不振也不一定，未知的世界會對我們造成威脅。

尋求本質性的改變時，有三種隱憂

像這樣在黑暗中摸索的時期，最令人痛苦的事情是什麼？轉變者們會認為什麼事情最令他們苦不堪言？我們從書中介紹的轉變者們身上發現，原來他們在暗黑期都經歷過三種自我否定情感。

第一種是「空虛感」，凡事只要再努力一下，感覺就可以穩操勝算。然而，每當把手伸出去時，那些機會又會像魚一樣一溜煙地跑掉，留下永無止盡的心理傷痛。雖然當下還處於多方嘗試的階段，但是不論怎麼做都不甚滿意，對於將來也還毫無頭緒，於是逐漸陷入深深的自責感當中。就好比原本滿懷希望、毅然決然地逃離了舒適圈，結果在一片漆黑的森林裡發現竟然無路可走。

人們通常不知道要如何正確評估這樣的空虛感，會覺得是失去某種東西的「喪失狀態」，然後想盡辦法趕快用其他事物來填補；然而，空虛感其實只是我們為了迎接新人生而將自己清空時自然產生的情感，如果你不明白這番道理，那麼改變就會半途而廢，重新回到過去既有的日常。

第二種是「孤立感」，彷彿只有自己落於人後的感覺。只要是暫停過工作的人一定知道，大白天獨自搭公車是多麼彆扭的一件事，因為會一直遭受路人投予異樣眼光。韓國作家具本亨在結束其二十年職場生涯以後，獨自出來創立一人企業時，最使他難忘的經驗之一便是「這個社會將平日白天的自由視為不尋常，而他則對此感到恐慌」。像這種時候，人們往往會為了避免孤單寂寞而主動約見更多人。然而，在一陣喧嘩過後，那種孤立感並不會淡化消失，反而還會因為與朋友們聚會而相形之下自嘆不如人或更顯空虛。

其實這時候的你真正需要的反而是「孤獨」，因為人只有在感到孤獨時才會好好回頭檢視自己、回顧人生、聆聽發自內心深處傳來的訊息。一生致力於研究「孤獨」（solitude）的臨床心理學家艾絲特．布荷姿（Ester Buchholz）博士曾說：

> 外來事物啟發我們、資訊餵養我們、練習讓我們的表現更熟練，但是，我們需要安靜的時間來把事情想清楚、來把新發現的事物融入舊有的之中，並發掘出前所未見的答案。[3]

最後是黑暗期一定會伴隨而來的「頻繁試煉」，宛如一波波拍打上岸的海浪，當你好不容易起身站直，又把你撲倒在地，回過神來想要再度爬起時，又從後頭緊追而上。當然，不只外在事件如此，有時我也會面臨難以撫平、日漸嚴重的內在危機，也就是所謂混沌（chaos）時期。

全世界的神話故事裡，最精采的橋段也正是混沌時期，英雄們撐過一次又一次的試煉，無比煎熬的同時，也透過那些考驗發掘出自身潛力，並且在面對生死瞬間、也就是掉入萬丈深淵時，才領悟到原來自己一直渴望找到的寶物，就隱藏在自身裡面。這是古今中外英雄神話故事賦予「試煉與深淵」的意義，來日將成英雄之人，必定會歷經多項試煉，進而蛻變成英雄。

不過，英雄並非無所畏懼，他們一樣會感到害怕，只是他們寧願將恐懼埋藏於心，也要朝黑暗處跨出那顫抖的一步罷了。所謂勇氣，並非指毫無畏懼，而是某種堅定的意志力，懇切地追求著比恐懼還要別具意義的目標。當你不再對空虛、寂寞、頻繁試煉假裝視而不見，正面迎接並走進漆黑森林，那麼，當你在跨出那一步的瞬間，將遇見藏於內心深處的英雄。

3　摘自《簡報禪：圖解簡報的直覺溝通創意》（*Presentationzen*），賈爾．雷諾茲（Garr Reynolds）著，悅知文化，二〇一二。

順利度過黑暗期的心態：放下、清空

哲學家尼采曾說：「若欲孕育跳舞之星，自我中心必存有混沌。」有時候，黑暗中摸索期會被人視為是毫無意義的一段時間，但其實這反而是人生中最重要的時期，它能夠讓我們找到關於自己的關鍵線索。

如果想要順利度過這段時期，我們該怎麼做？有趣的是，經歷過人生轉變期的人都會建議：最好什麼事都別做，默默觀察當下現況才是明智之舉。這就好比叫那位尋找戒指的女子，哪裡都別去找，乖乖坐在那一片漆黑的森林裡等待一樣，隨著時間流逝，眼睛會慢慢適應黑暗，視線也會變得愈漸清晰，最後你會看見在月光的映照下，有著某個閃閃發亮的東西，那便是我們遺失的珍貴寶物。當我們在面臨困難時，一直都是為了想要知道自己接下來「該怎麼做」而努力尋求解答，但是如果能冷靜下來，仔細傾聽轉變時刻到來的信號，專心凝視自我內在，才是突破困難、向前邁進的解決之道。

在這個階段，設立目標努力達成都只是徒勞無功，或許乾脆什麼目標都別設立才對，因為刻意設定的目標反而容易阻礙最重要的領悟。

二〇一二年，我（勝晤）因為求知若渴，毅然決然離開職場。雖然當時是公司的員工教育負責人，但是由於工作繁忙，一直沒有機會學習新知，只有不斷掏出自己既有的知識進行分享，所以逐漸對職場生活感到疲乏，最終，在還不知道下一份工作在哪裡的情況下，我遞出了辭呈，頓時間也多了許多夢寐以求的悠閒時光。當時我最想做的事情就是整日埋首書堆，閱讀自己喜歡的作家所寫的著作。對於當時的我來說，深入閱讀書籍是最懇切的心願，不過此時，我也得實現我的目標：寫一本書，並且落實我的義務：再次找到一份條件優渥的工作。當然，這份義務感是來自於對經濟狀況和生活穩定的焦慮。

在「想做」與「該做」之間猶豫不決的我，最後決定兩者並行。我利用上午四小時來閱讀自己想看的書，下午四小時則用來寫作或修改履歷，等於規劃出看似心願與義務都有達到平衡的每一天。剛開始第一個月，我很滿意這樣的生活，然而，情況很快就急轉直下，兩個月後，我發現自己一天根本閱讀不到一小時，因為關乎家庭生計的事情，往往比自己真正想做的事還要急迫，隨著時間流逝，「義務」漸漸侵略到「心願」的時間，那顆對未來感到焦慮不安的心，也使我專注於投遞履歷、四處面試等事宜。最後，為期八個月的實驗以失敗收場，我沒有盡情享受閱讀，也沒寫出一本書，就這樣糊里糊塗地再一次投入了新職場。人生毫無改變。

我領悟到一件事，最終，其實人生只是優先順序的排列問題。「麵包」與「存在」，兩者在人生當中都很重要。然而，在魚與熊掌都想兼得的情況下，選擇將兩者放在「同等」重要的順位，是極為天真的想法。麵包永遠比存在來得迫切，存在的問題可以稍微延後處理，但是攸關溫飽的問題總是事不容緩，這都要歸因於自從我們出社會以後，一直都是先考量生計問題，只要是嚐過飢餓滋味的人就會比任何人都還要深刻瞭解賺錢的重要性。

儘管如此，轉變期還是要以存在為優先，如果不刻意與溫飽問題保持距離，存在問題就會一直不斷被延後處理。不妨試著暫停想要功成名就的慾望，用心聆聽內在呼喚，唯有如此，人生才會展開一條新的地平線。透過「停止」發現新路途，藉由「清空」填補新人生。

樹木在準備過冬時，會停止外在的生長、捨下不必要的樹葉，然後在整個冬天將自己歸零，隔年春天再度重生，悄悄冒出新芽，綻放絢麗花朵。對於樹木來說，冬季看似是生命的凋零，但其實也是璀璨未來的開始。我們的人生也有所謂的「冬季」，在這段時期，你不能要求獲得果實，你得放下計畫和意志，靜靜審視自我內在，才能看見隱藏的非凡種子，改變人生的「慢轉的力量」期，也就此正式展開。

解釋事件的「象徵意義」

轉變期的重要領悟大多來自突發事件，偶爾也會透過瑣碎小事慢慢接近我們。不論契機點是如何產生，重要的是如何解讀事件背後蘊含的象徵。我（昇完）當初是在二〇〇九年夏天邁入人生轉變期，某天，我作了一個寓意深遠的夢，夢裡我獨自一人在房間裡睡覺，突然聽見動靜，於是睜開眼睛，結果眼前出現一個人的黑影，疑似是小偷，估計他是從敞開的窗戶爬進來的，說時遲那時快，他一發現我醒來，便用利刀狠狠刺向我的胸口，不偏不倚地刺穿了我的心臟，那股劇烈的疼痛感瞬間使我感到難以呼吸，快要窒息，飽受驚嚇的我從夢中醒了過來。由於夢境實在太過真實，導致有段時期我一直驚魂未定，活在恐懼與不安當中。那天起，我無時無刻都在確認防盜窗戶是否有拴緊，出門時也不忘將門窗深鎖，值得慶幸的是，現實生活中並沒有發生像夢裡一樣的情形。於是，那場夢也逐漸被我淡忘。

事隔很久以後我才知道，原來這個夢就是卡爾．榮格（Carl Jung）分析心理學中非常典型的「陰影」（shadow），這場夢其實傳遞著潛意識訊息，叫我要重新檢視壓抑在內心深處的黑暗面，但是我卻只有將它視為某種表象上的預防性提示，誤以為是要在現實生活中嚴防相同事件發生，完全沒有意會到原來它有著更深一層的意涵，而且與我的內在心理狀態有關。這都是因為當時的我還沒有能力解讀夢境。總之，在把夢境解讀錯誤以後，那個陰影彷彿開始想要用更直接、更強烈的方式來展現自己，作完那場夢以後隔沒幾個月，我便經歷了極度嚴重的內在危機。

許多人和我一樣，要嘛意識不到轉變的召喚訊息，要嘛就是認為沒什麼大不了、草草帶過，但要是領悟不到箇中意涵，類似的問題就會不停上演。卡爾．榮格就曾指出：「現在沒解決的問題，日後會以更可怕的面貌反撲。」

當某件事情有著表面以外的意義時，那件事情就會變成一種象徵。而解讀事件的象徵意義，是要注意其看不見的根源。當我們退一步觀看使我們裹足不前的事件，冷靜省察事件背後所隱藏的深意時，才能真正發掘轉變人生的重要線索。

尋找提供協助的人

有時，你會面臨想破頭都難以理解事件背後真正意涵的窘境，這種時候就需要試著改變觀點、從不同角度觀看。問題在於，要能脫離既有的慣性思考與固定觀念，以全新的角度去看事情並不容易，因此，要是有人士可以提供不一樣的觀點，就會十分受用。

梭羅早在很久以前就為了實驗自己理想的人生，而夢想移居華爾登湖畔，但是最後因為種種原因，這項計畫先暫時被擱了下來，梭羅也因缺乏信心而猶豫不決。後來為梭羅點燃這把火的人，正是他的摯友威廉．埃勒里．錢寧（William Ellery Channing）。錢寧寫了一封信給梭羅，內容如下：

> 在這個世界上，我為你看中的唯一地方是那塊我曾經命名為「酒器」（Briars）的地方；到那兒去吧，給自己蓋一間小房子，然後盡情享受自己的偉大歷程吧。我不曉得有什麼方法或希望會比這項決定更好，專注在自己身上，不需要費心於其他人事物。[4]

梭羅收到錢寧的來信後便下定決心，在華爾登湖畔蓋一間小木屋。錢寧的信雖然沒有為他帶來多大啟發，卻也刺激了過去他所遺忘的某條人生道路。

協助者可以是某個人，也可以是某本書、某場講座、某部電影，類型千百種，但扮演的角色都一樣——協助你找到瞭解事件背後意義的關鍵線索，使你準備好接受召喚的訊息。

4　摘自《亨利．大衛．梭羅傳記》（*Henry David Thoreau*），亨利．少特（Henry Salt）著。無中譯本。

把焦點放在「共時性」

許多人認為，世界由「因果」與「偶然」而運轉，因果意指有果必有因，偶然則是指不適用因果的隨機現象。卡爾．榮格認為，除因果律和偶然外，還有「共時性」（synchronicity），也就是「有意義的巧合」。榮格在某篇論文中解釋，共時性是指「兩種或兩種以上事件意味深長的巧合，其中包含著某種並非意外的或然性東西」。

猶太裔精神科醫師維克多．法蘭可，曾因申請到美國簽證而獲得千載難逢的機會脫離當時遭納粹統治的奧地利，然而，他最後沒有選擇離開，因為他放不下年邁的老父母。當時已經有許多猶太人被囚禁在納粹集中營裡，法蘭可雖然很想要遠赴美國研究其畢生志業「意義治療法」（Logotherapy），但是他心知肚明，自己要是去了美國，父母一定難逃囚禁在集中營的命運。

某天，為此苦心焦慮的他，心裡想著要是能得到「上天的暗示」就好了。回到家以後，他看見客廳桌上擺著一塊大理石碎片，原來是他們家附近的猶太教堂被納粹摧毀，這塊碎片是父親從那裡撿來的，後來他發現那塊大理石上寫著十誡中第五條誡命的字首，那條誡命的內容恰巧是：「當照耶和華你神所吩咐的孝敬父母，使你得福，並使你的日子在耶和華你所賜你的地上得以長久。」於是，法蘭可決定和父母一起留在奧地利，一家人也一起被關進了集中營。要是他沒有經歷過納粹集中營的生活，他的意義治療法理論想必就不會是現在這種面貌了。

共時性往往會發生在三種因素恰巧吻合時，分別是：內在事件、外在事件，以及前述兩者之間的「有意義的連結」。法蘭可煩惱的美國行是屬於內在事件，大理石碎片是外在事件，這兩件事雖然沒有直接的因果關係，彼此也毫無關聯，但是從意義層面來看，這兩件事又可以相互連結。意即，大理石上的字句「孝敬父母」正好與當時法蘭可的煩惱形成了「有意義的連結」。

轉變期往往會比平常更容易發生共時性現象，這也是為什麼儘管只是一個芝麻蒜皮般的偶發事件，也要認真嚴肅看待的原因所在。在這本書裡介紹到的轉變者之一——約瑟夫·賈沃斯基（Joseph Jaworski），就曾在其著作《領導聖經：關於領導力其深層意涵之探索旅程》（*Synchronicity: the inner path of leadership*）中提及，自己是如何發現畢生志業以及如何落實實現，而那一連串段過程的本質恰好就是共時性，這是為什麼原文書名會取作「Synchronicity」的緣故。

> 我之所以開始關注「共時性」，是因為一連串事件帶我走向內在改變，在經歷過這樣的內在改變以後，我決定對長年埋藏於心的夢想展開追逐。雖然那是我此生最困難的選擇，但是在我下定決心的那一天，彷彿跨越了門檻般走進另一個全新世界。然後自從跨越門檻的那一瞬間，在我身上也發生了離奇的事情，所有情況彷彿像是機械自行運轉一樣，巧妙地相互吻合，我也不必多費吹灰之力，就能找到一群傑出的人才助我一臂之力。[5]

人生當中有些部分是奇妙且難以靠因果或巧合解釋的，唯有我們接受世上並非只有偶然和因果時，才能夠敞開心房接納新觀點與新領悟。

人生的巨大轉變往往發生在不知不覺間，因此，我們要對宣告著轉變時刻來臨的「事件」保有敏銳度，如果想要讓內在的解讀者再次甦醒，以掌握事件背後隱藏之意義，那麼就必須多加注意象徵、協助者以及共時性。當事件與意義的頻率相投時，其中的訊息將顯現於形，那會是正式開始探險自我的一瞬。

---

5 摘自《領導聖經：關於領導力其深層意涵之探索旅程》（*Synchronicity*），約瑟夫·賈沃斯基（Joseph Jaworski）著。無中譯本。

聆聽人生的轉變工具與轉變者們

志業（vocation）的真義隱藏在單字「vocation」中，源自於拉丁文的「嗓音」（voice）。亦即，志業並非指某一項人生目標，而是「需要聆聽的召喚之音」，在述說自己想要達成什麼目標以前，最好先聆聽人生如何述說自己是什麼樣的存在。

那麼，我們要怎麼做才能聽見人生的訴說呢？在我研究過多名轉變者的人生之後發現，他們大部分都是透過兩三種工具聆聽人生釋出的訊息。為此，我綜合了他們使用過的工具歸納出九種方式，其中包含閱讀書籍、寫作、旅行等大眾較熟悉的工具，也有象徵、空間、宗教等相對較陌生的工具。這本書裡調查分析的數十名轉變者，在經歷轉變期的時候至少都用過其中一項以上的工具，來徹底改變其人生本質。

轉變期的工具有何不同

其實這九種轉變工具沒有一個是獨特或罕見的，所謂「工具」就是會隨著如何使用以及何時使用，而帶來截然不同的過程與結果。不同於以往日常上的使用方式，轉變者會用另一種方式使用這些工具。

以寫作為例，通常我們寫作的目的是為了展現個人想法與見解，不論是寫報告、論文、部落格、社群網站上的短文等，都是為了表達我們的想法。然而，轉變者在轉換期的時候會把寫作當作是為了「洞察」內在而寫，絕非為了向外「展現」，透過無人窺探過的日記、個人史、筆記等，深入探究自我。

閱讀也是，日常性的閱讀通常是為了找尋自己所需的答案，但是轉換期的閱讀並非為了尋找答案，而是發覺根本問題。轉變者不會把閱讀當作拓展、補強自己既有知識的「倉庫」，而是將其當作「斧頭」，用來劈砍僵固在內心已久的框架。比起閱讀速度，他們會把焦點放在讀得夠不夠深入，這類型的閱讀其實距離「效率」兩個字是非常遙遠的。

換言之，轉變期的工具並非為了有效達到某個目標而當作手段使用，是為了打開自己的心房，作為「聆聽的工具」來使用，使我們專心傾聽人生藉由我們的軀體想要實現些什麼。大多數的轉變者，都是透過以下九種工具與內在自我溝通。接下來的【表二】是我們研究轉變期所得出的重要結論之一，將轉變期的工具運用與平日有何不同摘要整理了出來。

轉變期的工具都是用於內在的，不具有觀念性，比較是一些具體活動，因此，也等於是用於外在的。這些工具不僅可以幫助我們聽見生命要傳遞給我們的訊息，也可以用作實驗人生的探險工具。這些工具連結著內在與外在，讓彼此溝通，使內在心聲得以向外展現的同時，也可將外在事件帶入內在，照亮事件本身的意義。

接下來，我們將以不同人物來分別介紹以上這些工具，建議各位讀者可以在閱讀時參考下一頁的【表二】，區分出各種工具的日常用途與轉變期用途有何不同，甚至進一步把焦點放在各個轉變者在利用相同工具時有何差異，相信各位必定能從中找出最適合自己的工具與運用方法。

【表二】轉變的九種工具：日常與轉變期的使用方法比較

	日常	轉變期
閱讀	基於「需要」 講求答案（實用書）、速度 資訊與知識的「倉庫」	基於「吸引」 講求提問（人文書）、深度 打破偏見的「斧頭」
寫作	展現自我 報告、社群網站等展現式的內容 工作與知識為主	檢視自我 日記、個人史等自我省察式的內容 自我體驗為主
旅行	找尋「地點」 按照既定的路線（Course） 套裝行程、團體旅遊	找尋「自我」 嘗試探索（Quest） 背包客、自助旅行
興趣	追求休息、娛樂 逃避、消除壓力 愛好者（hobbyist）	追求絕頂經驗 創作式的留白（清空式的滿足） 狂熱分子（mania）
空間	維持日常生活用 與社會相連的居住地（家） 居住在他人建造的空間裡	探索自我用 與世俗隔離的聖所（小教堂） 自行尋找、自行蓋建
象徵	用來占卜吉凶 模糊、不切實際的幻想 怪異的虛構故事	用來告知志業與潛力 反射出自我的鏡子 需要解讀的潛意識訊息
宗教	為自己祈福（小我） 向神祈求 以信仰為中心（神說的是真理）	追求自我解放（大我） 傾聽神意 以真理與體驗為中心（真理便是神）
老師	傳遞知識的人 為我作說明的人 要向老師學什麼、如何學？	給予靈感的人 作為楷模的人 如果自己是老師會怎麼做？
團體	知識與技術分享 同好會、同門會（關心事、人脈） 以同質性與沉默為基礎	人生智慧與展望分享 共同實驗室（合作研究、集體知性） 講求多樣性與討論

轉變者，那些成功轉變的人物

本書不是在講述像莫札特、達文西這種天才大師的故事，因為神童和天才只是令人崇拜的對象，絕非學習對象，自幼非凡的人物和我們有著天壤之別，難以產生共鳴。本書是以曾經只是個平凡小卒，但是通過某段時期以後，「搖身一變」成為非凡人物的故事為主，比方說，到三十五歲都還是個平凡上班族的畫家——保羅．高更（Paul Gauguin）、畢業於哈佛大學的社會適應不良者——亨利．大衛．梭羅（Henry David Thoreau）。在他們的故事裡，充滿著許多值得我們一試的「瑣碎卻重要的」行為，那些行為才是成功締造出人生大逆轉的關鍵之鑰。

在選定人物時，我們最大的考量不是那個人的成就或知名度，而是多麼認真投入人生轉變期，因為社會上的成就往往會受出生時的環境、時代背景等不可控制的因素所左右。例如，莫札特的成功是靠天賦異稟的才華、優秀的音樂老師暨父親——將兒子視為「神的禮物」，致力於栽培兒子成為音樂家，以及古典音樂富饒的時代背景等，綜合影響下誕生的結果。反之，像美國遺傳學家芭芭拉．麥克林托克（Barbara McClintock）這種不同凡響的科學家，則是活躍於大眾不熟悉且難以理解的領域，加上她為人低調不愛展現自我，所以許多人並不認識這號人物。由此可見，一個人的知名度不一定和她的非凡度呈正比。因此，本書裡討論的轉變，並不針對社會聲望與成功。實際上，在本書論及到的轉變者，諸如：天寶．葛蘭汀（Temple Grandin）、約瑟夫．賈沃斯基、凱倫．阿姆斯壯、黃裳（황상）等，都是大家並不熟悉卻在各自領域中表現出眾的人物。

雖然我們把焦點擺在「搖身一變」，但轉變的目的絕非非凡，而是找到人生的本質目的。卡爾．榮格（Carl Gustav Jung）曾說：「真正的治癒就是做自己。」透過研究各個轉變者的人生經歷，我們也和榮格的主張相同——轉變的終點是成為真正的自己。蛻變的精髓在於，發覺一直埋藏在內新深處從未察覺的「深層自我」，激發出自身潛力。

轉變者都用了哪些工具、如何使用

大部分的轉變者都是使用兩種以上工具，不只一種，書裡介紹到的其中一位甚至在轉變期同時運用了六種工具。當然，隨著選用哪一種工具，對人生造成的影響程度也會不盡相同，而在這次的研究中，我們按照工具的使用度分為「主要工具」和「輔助工具」兩種，【表三】正是根據轉變者們使用過的工具所進行的彙整。

研究初期，我們曾想過要以人物的性格或價值觀去了解他們各自偏好的工具；舉例來說，性格較為內向的人較容易選擇閱讀或寫作，外向的人則偏好旅行或參與團體活動，這是研究初期的假設；然而，隨著研究不斷進行，我們也愈來愈確信這份假設是不成立的，因為不僅難以準確、客觀地評論人物性格，就算是性格相似的人物，使用工具的方式或情形也大相逕庭。

因此，最終我們得出了這樣的結論——依照人物性格或情況，將特定工具「公式化」是毫無意義的。與其這樣，不如透過各別案例來瞭解每一種工具的使用方法，絕對會更加具體、寫實，而這也是為什麼本書要將每一種轉變工具至少搭配兩名主要使用人物作介紹的原因。喬瑟夫．坎伯和凱倫．阿姆斯壯同樣都是藉由閱讀和寫作改變人生，但是他們在使用這兩種工具時的實際運用方法及接觸方式截然不同，且兩人的性格與所屬時空背景也有著天壤之別。因此，即便是同樣一種工具，我們以兩位人物的不同案例進行比較分析，甚至將其他同樣有使用該工具的人物個案也納入其中，以利讀者了解各種工具的多種效用。希望各位也可以按照自己的性格特質及當下所處情況，找出適合自己的最佳工具。

在此，我需要向各位再次強調，千萬不要一味模仿接下來即將登場的人物案例，各位都是獨一無二的存在，人生也是自己的。通往真正人生的道路是一條幽暗小徑，在那裡，有著你所遺忘、被隱藏在內心深處的珍貴之物。

【表三】轉變者們使用的轉變工具清單

●主要工具　◎輔助工具

	閱讀	寫作	旅行	興趣	空間	象徵	宗教	老師	團體
喬瑟夫・坎伯	●	◎	◎						
凱倫・阿姆斯壯	●	◎					◎		
具本亨		●	◎		◎				
維克多・法蘭可		●							◎
約瑟夫・賈沃斯基	◎	◎	●						
李潤基			●		◎				
保羅・高更				●	◎				
赫曼・赫塞				●	◎	◎			
亨利・梭羅		◎		◎	●	◎		◎	◎
史考特・聶爾寧				◎	●				
卡爾・榮格		◎		◎		●			◎
天寶・葛蘭汀				◎		●		◎	
穆罕達斯・甘地	◎			◎			●		◎
穆罕默德・阿里							●		
華倫・巴菲特	◎							●	
黃裳		◎						●	
班傑明・富蘭克林		◎				◎			●
伊莉莎白・庫伯勒－羅斯						◎			●

坎伯曾說：

你進入森林中，最黑暗的一點，那裡沒有道路。凡是有道路之處，是別人的道路。你不是走在自己的道路上。若遵循別人的道路，你便無法體認到自己的潛能。[6]

轉變者們走過的路絕非你的道路，那條路該由自己找尋，但也不必太過擔心，因為我們可以藉由洞察他們啟程出發時的心境，進而獲得前進的勇氣。專注於自己能夠產生共鳴的人物故事，同樣也能減少焦慮不安與避免不必要的失誤，讓自己更有智慧地成功轉變人生。

6 摘自《坎伯生活美學》（*A Joseph Campbell Companion*），歐思本（Diane Osbon）著，立緒出版，一九九七。

第二章　探險，改變人生的九條分岔路

雁鳥如何知道自己何時該飛向天空？
究竟是誰告訴牠們季節已到？
人類就像候鳥，一定也心知肚明。
只要用心傾聽，便能聽見內在的聲音。
明確的嗓音將告訴你：是時候該起身展開未知的世界之旅了。

——伊莉莎白・庫伯勒—羅斯（Elisabeth Kübler-Ross）

閱讀
人能造就一本書，書也能造就一個人

轉變期的閱讀是為了發掘根本問題，並非尋找解答。
轉變者將閱讀用作「斧頭」而非「倉庫」，
把內在僵化的認知框架徹底打破，而非擴張、補強自己的知識。
也就是說，閱讀是為了藉由根本問題顛覆自我，
並且深刻覺悟、反省。

喬瑟夫・坎伯[1]
閱讀某人的所有著作，從現實進入神話

飛蛾看見一把熊熊烈火，為了撲過去而一頭撞上了玻璃窗，隔天一早，他回去跟同伴們說：「昨晚我看見了非常酷的東西。」同伴們告訴他：「建議你最好不要去看它。」但是飛蛾早已深深著迷於那把火。隔天，飛蛾再次回到原地，發現了接近那把火的路徑，最終，牠和自己深愛的火焰合而為一。飛蛾成了照亮世界的火焰。

這裡有一名男子和這隻飛蛾十分相像，男子自從兒時接觸到美國印地安神話以後，便對那充滿魅惑的「火焰」愛得無法自拔，他後來將自己的一生全部奉獻在各種文化的神話與儀式研究上，並集結歸納出一種模式，與此同時，他自己的人生也成了一種神話。這段正是神話學者坎伯的故事。

在他還是少年的時候，曾和父母一同到劇場裡看過「野牛比爾的西大荒」這齣戲，內容主要是在講述美國西部時代征伐印地安部落的情形，他身邊的朋友都是站在騎馬奔跑的美國騎兵隊長那一邊，然而，不知為何，少年時期的他反而對印地安人更感好奇。戲裡的印地安人雖然被描繪成壞人，但是那些印地安人被無差別殺害的畫面令他感到難過不捨，另一方面，他覺得勇敢面對騎兵隊長的印地安人充滿魅力。自那天起，少年坎伯只要一有空，就會到紐約博物館與圖書館借閱印地安人的相關文獻資料。

直到十歲那年，他發現了一件奇特的事實。美國印地安社會中口傳的神話故事，竟和英國的「亞瑟王傳說」有許多相似之處，在哥倫布尚未發現美國這片新大陸以前，印地安人與英國人從未有過任何交流，但是竟然各自相傳著內容相似度極高的神話，著實是一件非常有趣的事情。而這似乎冥冥之中也有暗示著，人類是由一根看不見的線牽在一起。少年坎伯對這項發現感到興奮不已，後來也開始研究起其他國家的神話。

多年後，多年後，坎伯成了年輕有為的青年，他大學讀的是生物學與數學，後來在哥倫比亞大學取得了中世紀文學碩士學位。二十四歲那年，他領到了一筆獎學金，決定遠赴歐洲，在法國巴黎大學和德國慕尼黑大學讀了兩年書，並在當地盡情享受畢卡索、蒙德里安等現代藝術家的薰陶，另一方面，他在德國還學習梵語，對印度教充滿著興趣，並首次接觸榮格的書籍，這對他往後的人生影響甚鉅。最後回到美國的坎伯，雖然一心想要繼續深造印度哲學與藝術，但是學校方面以和他原本就讀的英語文學系不符為由，沒能核准他的申請。而這件事情也剛好成為了轉變的契機，原本就對學校教材不知變通、不體諒學生的高壓式教育系統心存狐疑的他，藉此機會毅然決然放棄了博士學位。

儘管他已修完那些取得學位所需的必修科目，但他仍然認為，那張文憑再也不具任何意義。他當時正值二十五歲——美國社會陷入大恐慌的時期，每個人都難逃失業命運，高學歷的米蟲坎伯自然也不例外。他努力求職，卻屢戰屢敗。一開始原本灰心喪志的他，隨著生活因為沒有工作而自由自在，反而使他領悟到原來這就是他一直夢寐以求的生活，甚至想要趁此機會好好享受一番，他一直都有個心願：過著整日埋首於書堆的生活。於是，他在紐約附近的伍德斯托克（Woodstock）森林裡找到了一間老舊的小木屋，在那裡生活並研讀各種書籍。五年期間，他沒有從事任何工作，只有不斷閱讀、寫作，身上的錢不夠用時，偶爾會參與爵士樂團演出，以維持最基本的生活開銷。任誰來看這都是一段貧困、無用、沒有前途的時期，然而，坎伯在回顧這段時期時，是以「人生當中最燦爛的時期」來形容。

1 編註：喬瑟夫．坎伯（1904-1987），美國知名當代神話學大師，其著名的研究領域為比較神話學和比較宗教學，著有《千面英雄》（立緒出版）等多本著作。

> 我記得有一次在一個小櫃子的最上面抽屜中擺著一張一元鈔票，我知道只要還有那一塊錢在，我便不致缺乏資源。那真是太棒了。我完全沒有牽掛，一點都沒有。那種生活真令人興奮——寫日記，試著找出自己要的是什麼。（中略）我現在的感受是，我有過完美的生活：我需要的東西正巧就在需要的時候出現。我當時所需要的生活就是五年不工作的日子。它是很重要的。[2]

值得關注的是，在他向讀者告白自己的一生過得十分完美前，他放上了「如今重新回想」的線索，查理．卓別林（Charlie Chaplin）不也曾說過：「人生近看是悲劇，遠看是喜劇。」而實際上當年的坎伯內心又會是什麼樣的狀態？且讓我舉個例子。他為了閱讀托爾斯泰的《戰爭與和平》（*War and Peace*）原文書，決定學習俄語，後來他在一九三二年一月思考自己的未來時，在日記中寫下這段文字：

> 我似乎有著天賦異稟的才能，可以研究毫不相干的主題，切身感受到自己不安於適的個性。（中略）我彷彿一直在徘徊，思考著自己究竟要什麼。[3]

此外，他也在其他書裡提及，回首這段時期，當初的他也曾希望有人能叫他做點工作，同樣經歷過徬徨無助，但是他沒有灰心喪志，反而更用力地去緊抓那些自己喜愛的事物。他閱讀了好多本喜愛的作家執筆的著作，也寫了好幾篇文章，幾乎每天都會固定去散步。最重要的是，他選了幾位自己最喜歡的作家，並把那些人的作品統統拜讀完畢。尤其是詹姆斯．喬伊斯（James Joyce）、湯瑪斯．曼（Thomas Mann）、榮格、奧斯瓦爾德．斯賓格勒（Oswald Spengler）的書深受他喜愛，甚至把這些人的所有作品全部讀完一遍。

他的閱讀是以「鑽研完一位作者之後再鑽研其他作者」的方式，以人為單位不斷擴增，就好比斯賓格勒經常在書裡提到尼采，坎伯就會去找尼采的書來閱讀，但是當他知道如果要閱讀尼采就得先讀叔本華時，他就會把叔本華的書也統統找來閱讀，然後他又發現在閱讀叔本華之前要先從康德讀起，因此又把康德的所有著作統統讀了一遍。當他在閱讀康德的著作遇到瓶頸時，他決定改從歌德開始鑽研。坎伯就這樣深入研究某位作者的所有作品，並把影響那位作者深遠的人物作品也一併找來深讀。

這就像蜘蛛結網一樣，坎伯鍛鍊自己的方式是把所有感興趣的人互相串連，閱讀他們的作品，閱讀的目的也並非為了學位、就業或寫作。閱讀過程中，他沒有追求某種實用目的，也不仰賴知名大學或名師推薦，或者跟隨時下流行的暢銷書閱讀，他只有不斷從自己喜愛的作家出發延伸，到後來連自己喜歡的那些作家看過的著作也都一併找來瞭解閱讀，然後開始將這些內容以自己的方式重新解讀彙整。

他發現其實從本質面來看，許多不同領域的作家都在寫著同樣的內容，譬如心理學家榮格和文化評論家斯賓格勒的思考體系在根本上就有著許多重疊之處，而詹姆斯．喬伊斯在自成一格時，也證實了叔本華扮演極其重要的角色。像這樣在兩個背景截然不同的作家之間，有著意義深遠的共同點，這對坎伯來說無疑是一項重要的發現，那是專屬於坎伯的觀點，也是其閱讀原則。

> 只要讀這一位作者所要告訴你的，然後開始讀作者讀過的東西，這時世界便以某種一致的觀點豁然開朗。但當你從一個作者到另一個作者，你也可以告訴我們每個人在何時寫了某首詩，但你一點也不了解作者對你說了什麼。[4]

2 摘自《坎伯生活美學》，歐思本著，立緒出版，一九九七。
3 摘自《追隨直覺之路》，喬瑟夫．坎伯著，浙江人民出版社，二〇一六。
4 摘自《神話的力量》（*The Power of Myth*），喬瑟夫．坎伯著，立緒出版，二〇一五。

這五年下來的閱讀經驗，使他將生物學、神話學、宗教學、現代藝術、哲學、英語文學等各種學問，利用自己的方式彙整串聯。他甚至坦言，在這段時期已經洞察完全世界的神話，並為日後也想要和他一樣走這條路的人，提出以下建言：

> 我只是四處晃蕩，從中找出自己想做的事和不想做的事。我只想做自己內心認為有意義的事。我無法想像有人能夠不這樣過日子。而沒事做的時候，沒有比唸書更好的了。
>
> 當你無所事事四處晃蕩時，你所想的只是當天又要做什麼，而不是未來你所要做的事。當自己沒有任何牽掛時，有兩件事你絕對不必擔心：一件是餓肚子，另一件則是別人會怎麼看你。流浪的時光是有正面意義的。不去想新的事物，不去想成就，不去想任何這一類的事。只想著：「我哪裡感覺不錯？是什麼帶給我喜悅？」（中略）接受自然的結果，停在你喜歡的地方。真正要緊的是，安住在你認為有歸屬感的位置上。別人怎麼想是他們的問題。[5]

正當他把想讀的書幾乎都讀完之際，一份擔任莎拉·勞倫斯學院文學專任教授的工作機會主動找上了門，對於閱讀過龐大文獻資料、建構出屬於自己的知識系統的坎伯來說，自然是不容錯過的絕佳機會。而且每個禮拜只要去學校講課三天即可，其餘時間還可以拿來研究自己喜歡的事物，尤其能專注於找出世界各國神話之間的連結點。他開始在莎拉·勞倫斯學院任教、出版著作、四處演講，這樣的生活維持了三十餘年。

他把過去在大學所學的知識集結起來，貢獻在研究世界各地的神話上，和當初住在森林裡的小木屋時期一樣，反覆閱讀各國神話，並將不同文化圈的神話拿來作比較分析。這就和他當初在小木屋裡彙整各領域作家一樣，是同樣的事情。最終，他在不同文化圈的神話故事間找到了共同模式與象徵，也就是可以貫穿古今中外豐富多彩的英雄神話故事模式——「出發—歷險—回歸」，並為這套模式命名為「英雄之旅」，他在其經典鉅作《千面英雄》

（*The Hero with a Thousand Faces*）中的前言裡寫道：

> 本書的目的在通過眾多淺顯例子的集結，以及讓古代意義自己彰顯出來的方式，為我們揭示出宗教和神話圖像掩飾的某些真理。（中略）把全世界各角落許多的神話和民俗故事聚集起來，讓象徵符號自己現身說法。各神話間的平行發展關係會立即一目了然；而且，這些例證會針對人類在地球上賴以生活了好幾千年的基本真理，發展出一套宏偉驚人的恆常陳述表。[6]

全世界的英雄神話，除了有人們熟悉的空間與人物，還有朝冒險前進的訊息，不論是外在冒險還是內在冒險，透過冒險，皆會使人生變得更有深度，並感受到明確的存在感。因此，坎伯強調：「英雄式的人生，來自執行各自的冒險。」根據他的說法是，冒險的本質為領悟，但是領悟往往會伴隨著試煉，所以神話故事裡的主角會逐漸面對更強勁的對手（怪物）與更艱難的困境。

他強調，在神話冒險中，跟從「極樂」（bliss）是核心。所謂極樂，是指完全存在於當下的感覺，為了成為

【圖說】喬瑟夫．坎伯發現了不同文化圈的神話故事裡竟存在著相同模式，並將此命名為「英雄之旅」，使其系統化。〈亞瑟之死〉，詹姆斯．阿徹爾（James Archer），一八六〇年。

5　摘自《坎伯生活美學》，歐思本著，立緒出版，一九九七。

6　摘自《千面英雄》（*The Hero with a Thousand Faces*），喬瑟夫．坎伯著，立緒出版，一九九七。

真正的自我而正在做著某些事情，並從中感受到的喜悅感；亦即，「活在當下」的感覺。要是追隨這份極樂，必然會經歷各種試煉，但這同樣也會藉由極樂而巧妙地迎刃而解，最終，你將迎來全新的人生。

> 極樂，即喜悅，會引導我們到達超脫式的神祕。喜悅是發自內心深處的超越式智慧能量，一旦喜悅不在，能量便消失無蹤。跟隨極樂吧，那麼你將與赫耳墨斯相遇，他將為你指引明燈、引導方向，專屬於你的道路、你的信號便會就此形成。[7]

坎伯同樣也歷經了英雄的旅程，成功轉變人生，等於親身實踐了自己的主張——跟隨極樂，透過那段住在森林裡著迷於閱讀並感受喜悅的時期，他從空有好學歷的米蟲成功蛻變成大學教授，並以閱讀和神話作為極樂，鑽研數十年的結果，成為二十世紀最傑出的神話學家之一。

除了英雄之旅的模式外，他所整理的神話理論，不僅對電影導演、畫家、舞蹈家、小說家影響甚鉅，就連心理學、人類學、自我成長等領域也深受影響。由導演喬治·盧卡斯（George Lucas）執導的〈星際大戰〉（*Star Wars*）系列，就是出了名深受坎伯思想影響的電影，而《千面英雄》與《神的面具》（*The Masks of God*）等著作也為宗教學與神學界注入了一股新血。坎伯晚年和新聞從業人員比爾·莫耶斯（Bill Moyers）進行的一場訪談，透過有線電視播出以後竟引發熱烈回響，使其聲名大噪。坎伯的博學多聞兼顧了深度與廣度，橫跨神學、人類學、文學、哲學、歷史、科學、心理學、宗教、藝術，自由穿梭在這些領域之間，要是沒有當初那段為期五年的閱讀時光，想必不可能實現。坎伯在神話領域鑽研多年之後，名符其實地成為了創造自身神話的現代英雄之一。

---

7 摘自《追隨直覺之路》，喬瑟夫·坎伯著，浙江人民出版社，二〇一六。

凱倫・阿姆斯壯[8]透過閱讀修復共感力與靈性

英國宗教學家凱倫・阿姆斯壯有著一段特殊經歷。十七歲那年，她以天資聰穎、靈活的腦袋，獲得了牛津大學的入學許可通知，然而，就在那年，她為了成為修女，不顧父母親反對，決定先暫緩學業，進入羅馬天主教會修女院（Society of Holy Child Jesus）當修女。

然而，這個修女院和她當初想像的有著滿大落差，她是在極度保守的修女院時期加入修女行列，也就是在高壓制度最嚴重的時候體驗了那裡的生活，當時就連年幼的修女們都必須接受嚴格訓練，甚至得徹底放下自利、自負的心態，藉此超越自己，可說是一段不折不扣的「克己」訓練。修女院裡的老師們認為，要是修行者不覺得苦，就表示沒有達到真正的修行，所以會加重訓練，阿姆斯壯則是經常被上位者們教訓，沒有一天不是以淚洗面的。

後來，她從二十三歲起開始接受修女院的支援，進入牛津大學就讀英語文學，但是她荒廢學業，不僅對修女院的生活沒能起多大安慰，甚至因自由奔放的文學世界與絕對服從於神的現實人生大相逕庭，因而在她內心產生了極大矛盾。在大學校園裡是接受積極提問、邏輯思考的訓練，回到修女院則得收起那些批判性思考，成為一隻溫馴的羊，服從於教壇才行。自由的文學與嚴格的宗教生活反差，使她陷入混沌。

偉大的神職人員不斷向她強調，如果想要體驗神的顯靈，就必須完全放下自我，她也遵從這樣的指示，咬牙

8　編註：凱倫・阿姆斯壯（1944-），美國知名宗教學者之一。著有《神的歷史》（立緒出版）、《神話簡史》（大塊出版）等。

撐過了嚴格的修道會戒律與各種修煉。然而，對她來說，神只有距離她越來越遠，絲毫沒有感受到更靠近神的感覺。於是，她決定放棄修女之路，回歸世俗。原本滿懷夢想進入修女院的她，七年後卻是身心俱疲地還俗，但誰也沒料想到，那會是即將步上康莊大道的命運出發點。

其實她會離開修女院，並非因為嚴格的戒律或煩悶的例行公事，而是因為她身為修女，儘管在修女院裡長年苦煉，卻從未感受過神的召喚。就算她費盡全心全力想要感受神的旨意，神最終還是沒有走入她的人生。在沒有體驗過任何神蹟的情況下，要繼續苦撐那些嚴酷考驗根本是難上加難。她總是暗自勉勵自己，總有一天一定會感受到神的旨意，但是奇蹟終究沒有發生。阿姆斯壯認為問題是出在自己身上，自責著或許是因為內心藏著抗拒宗教、背離聖意的念頭所致。

她秉持著「放下自己的慾望，回歸凡人過平凡人生」的信念，萬念俱灰地回歸平凡，但是現實生活對她來說更是一大挑戰。

還俗後的她，才終於意識到自己已經不再屬於修女院，同時也不屬於外部世界的人。七年時間其實不算短，她在修女院裡生活的期間，外部世界早已變化太多。她一時之間還難以定奪，究竟該如何看待外部世界的一切，許多人認為稀鬆平常的事情，在她眼裡也往往覺得不可思議、難以置信。

最嚴重的問題是，她發現自己無法與人產生共鳴、少了共感力這件事，因為在修女院裡，她一直被灌輸著遇到困難絕對不能跟任何人傾訴的觀念，為了把修女們鍛鍊得更為堅強，裡面的老師平常都是以冷淡的態度對待修女，而這也使她的情感變得僵化，甚至把自己鎖在內心深處，無法敞開心胸接納他人或者靠近他人，還將基於擔心而想要擁抱她的家人拒於千里之外，在人際關係上展現極度消極的狀態。如今回顧當年，她是這麼說的：

我並沒有走進生死警戒區裡如我所願地脫胎換骨，重出江湖。我反而把不好的東西帶了出來，我沒有像

> 部落裡通過儀式的少年，勇猛、無畏地守護他人，反而成了木石般冷漠無情，不再懂得如何接受別人，也不懂得如何愛人的人。[9]

她決定先專注在牛津大學的文學課上，因為反正都要找到生活中重心，至少在讀書方面還算擅長。最後，她以全系第一名的優秀成績畢業，並決定繼續深造，攻讀博士學位。當她愈覺得難以適應這個世界時，就愈深究文學，然而她比誰都還要清楚，那只是為了逃避現實的手段罷了。愈投入讀書，人生就愈空虛，她宛如一只失靈的指南針，失去方向不停空轉。

在那段期間，從修女院時期就患有的神經衰弱症甚至惡化，開始會引發癲癇，在日常生活中經常突然失去意識，醒來時又發現自己身處在毫無印象的場所，癲癇發作時還會看見可怕的幻影，嚇得她渾身顫抖、失去意識。愈是如此，她就愈需要關起心門好好安慰自己。後來她好不容易鼓起勇氣去看精神科醫師，但那名醫師也才剛接觸佛洛伊德的理論，因此，只有不斷想要挖掘她的兒時記憶，對實質上的治療毫無幫助。

後來她的症狀愈演愈烈，甚至試圖想要輕生。好不容易把吞下的一大把安眠藥從胃裡洗出來、在醫院裡醒過來的她，根本不記得自己當初為何尋短。她的一切充滿絕望，就連該如何活下去都毫無頭緒。其實她會做出如此極端行為，都是因為潛意識在發出求助訊號，想要讓大家知道自己的處境多麼窘迫。她的狀況已經糟到不能再糟，身心早已俱疲。

後來，偶然聽到的一則詩篇，為身處在絕望谷底徘徊的她帶來了一線曙光。某天，她在大學課堂上接觸到托馬斯·斯特恩斯·艾略特（Thomas Stearns Eliot）的詩——〈聖灰星期三〉（*Ash Wednesday*），講述靈魂修復過程的這篇詩，正巧述說著她的人生旅途，她聽著從教授口中唸出來的詩句，久違地感受到沉浸在詩詞裡的那份感動。

9 摘自《螺旋階梯》（*The Spiral Staircase*），凱倫·阿姆斯壯（Karen Armstrong）著。無中譯本。

她的一切，透過一篇詩即刻反映，並產生共鳴。

> 艾略特的詩觸動了我內心深處某個根深柢固的東西，我原以為，自己已經不再擁有那樣的能力，但其實它一直都在。內外合為一體，不再是單獨分開。讓我印象深刻的那首詩，字句表現得理性又準確，完美體現了我當時的狀態，並為我袒護，讓我知道原來不是我被這場生死鬥爭給擊敗，而是人類的根本條件與人世間的真實剛好相符。[10]

一篇詩為她帶來了一線希望。其實她會透過「詩」嚐到解脫的滋味純屬意外，因為專攻文學的她，過去也讀過不少詩篇，但是唯獨那天特別不一樣，她從艾略特的詩裡完全看見了自己，那一瞬間，她重新覺醒。她萬萬沒想到，原來自己的情感還活著，沒有徹底失靈，感覺心開始慢慢找回了生命。她不諱言，「那天，是我第一次有了這樣的念頭——過去透過宗教一直沒能領悟、在修女院裡也遲遲沒能體驗到的滋味，或許可以從文學裡找到。」

爾後，她在閱讀文學作品或寫作時，反而感受到了神蹟，寫作寫到一半會自動浮現一些想法和論述，有時甚至感覺自己彷彿「重生」，每當閱讀艾瑞斯·梅鐸（Iris Murdoch）的小說，裡面提及到主角們在欣賞畫作或大自然時，經常體驗到宗教感召，她自己也會感覺到全身宛如有一股電流經過。她認為這也算是一種崇高的體驗，可以稱得上是「超越經驗」。

然而，她的人生並沒有因此而開始變得一帆風順，只要感覺稍有起色，就又再度跌跤，其中較為嚴重的一件事，是她眼睜睜錯失了成為學者之路的機會，而這也是她當初唯一的希望，當時周遭人士都對她說，她的博士論文絕對沒問題、一定能順利通過，但是就因為一名和她平日是宿敵的口試委員強烈反對，導致論文沒能順利過關。雖然這明擺著是一件烏龍判決，但在當時那個年代，論文不得重新審核，最終，她也只能無望地看著自己多年來的心血化為泡沫。

然而，就在取得博士學位失敗後，奇怪的事情發生了——她發現閱讀變有趣了，甚至坦言「攻讀英語文學時，我讀過無數本文學書籍，都從未如此有趣」。過去鑽研文學時，儘管閱讀一本小說，也會將焦點放在一些生澀難懂的表達方式，以利於日後可以用來和同事們交談，但是現在的她，根本不必再努力展現自己好像有多麼偉大的洞察力，她不再需要利用文學來包裝自己，所以書裡的內容反而更能觸動她的心。她不帶任何目的地閱讀小說和詩詞，她與書之間彷彿不再有一層隔閡，變得能夠專注於作品本身。

> 當我不再想著要利用看待文學的眼光裝飾我的履歷或者提高我的評價時，內心的門閂就被開啟，書上的文字也能流暢地映入眼簾。我開始沉浸於單字的美麗，也可以感受到作者的慧眼，完全到達「出神」（ekstasis，希臘語）的境界，脫離自我。[11]

她藉由書本體驗到過去在修女院裡修煉多年都未曾感受過的神跡，那是一種難以言喻、幾近宗教體驗的迷人境界。這份經驗使她思考了許多關於宗教的事情，既然失去信仰的她都能體驗到宗教的迷人境界，那麼在宗教裡所謂的「超越」想必也不限特定宗教，任誰都能體驗，也並非超自然現象。她還俗以後，不再前往原本因為出於義務而固定會去的教會，反而更鑽研於文學。從活字中再次感受到喜悅對她來說恰巧是一份「恩典」，放下所有義務或目的意識以後閱讀，反而變得釋懷、多話、文思泉湧，十分神奇。她藉由文學重新正視自己，身心也逐漸恢復。

10　同註9。

11　同註9。

> 有時坐在書桌前，或者在圖書館內閱讀著堆有厚厚一層灰塵的書籍時，可以短暫感受到超越、敬畏、驚奇的瞬間，感嘆著：「原來我所研究的神學家和神祕論者的心情正是如此。」每當這種時候，就會宛如置身音樂會或劇場裡，一陣悸動，感覺再度超越了自我。我藉由讀書，找回小修女時殷切期盼的這份喜悅。[12]

這段時期的閱讀經驗，對其人生影響甚鉅。舉個例子來說好了，在她撰寫代表作《神的歷史》（*A History of God*）時，她感受到自己和書之間的隔閡消失，再度擴充了她的心靈。為了寫出這本書，她閱讀了成千上萬冊的書籍，並發現自己可以對那些書中角色人物的遭遇感同身受，閱讀讓她那生冷僵固的情感重拾溫度，等於從這時開始，就已經萌生主導「仁愛憲章」（Charter for Compassion）——以恢復人心共感與仁愛為目——的計畫。

原本只要一聽到宗教就會搖頭抗拒的她，之所以會寫《神的歷史》其實是因為一段小插曲。某天，她的腦海突然閃過一個念頭：「要不要來寫一本把猶太教、基督教、伊斯蘭教集合在一起的書，而非談論他們之間的差異。」她愈想愈覺得這和她在修女院裡的經驗有關，也更加確信這就是她的畢生志業。但是周遭人士都紛紛勸阻，她最好打退堂鼓，因為她又不是專攻宗教學的人，要寫出如此鉅作簡直是不自量力；尤其當時每週會進教堂的英國人只佔總人口的百分之六，這種書在英國絕對不可能有銷量，還不如寫一些她專攻的文學類書籍。

當然，這些建議不無道理，一個不再相信宗教的人竟然要寫一本宗教書籍，何必如此折磨自己。然而，她最後還是不顧周遭的強力勸阻，沒有放棄這份心願。冥冥之中，彷彿真的有著某種超然力量讓她經歷各種事件，最終導向神學之路。從她決心要寫《神的歷史》那一刻起，她的人生便徹底改變。

> 我是透過自學方式學習神學的，所以某種程度來說，我只是個入門者，但是入門未必不好，反正入門不就是基於自己喜歡而開始踏入某個領域嗎？我默默專注在我這個主體上，度過了那些孤獨的歲月。每天早上，我都會想趕快起床衝向書桌，翻開書本提筆寫作，甚至是想到要抓狂的境界。[13]

她再度埋首書堆，反覆閱讀著各種與宗教書籍，並從十字軍東征的書中感受到自己內在產生的微妙變化——開始慢慢可以體會別人的傷痛。幾年下來，阿姆斯壯親身經歷了情感之牆徹底崩解的過程，她閱讀了描述血流成河的虐殺紀錄，還有把猶太人關進教堂裡放火將他們活活燒死的故事，以及把小孩、婦女強姦後屠殺的故事。他閱讀著這一切，感覺到椎心刺骨的疼痛。在修女院裡冰封已久的心靈，隨著閱讀逐漸融化，那是久違的感同身受，能夠如此真切地感受到別人的痛楚。

逐漸恢復的共感能力，就好比是閱讀給她的一份禮物。她透過閱讀各種宗教經典與神學書籍，領悟到其實「共感」才是到達融會貫通的最安全也最踏實之路，也是引發正向變化的心理能力。後來她在其自傳書《螺旋階梯》中自白：「共感科學引領我持續研究，也徹底翻轉了我體驗世界的方式。」

此外，她透過閱讀還學會了「沉默」這件事，研究神學期間，她幾乎手不離書，有時可能兩、三天都不與人交談，其實沉默對她來說是一件習以為常的事情，因為自幼在修女院時就經常保持沉默，但是在修女院裡的沉默和閱讀時的沉默是截然不同的，身為修女時，沉默的背後充滿著緊張與不安，因為要嚴守大大小小的戒律，還要戰戰兢兢以免被老師訓斥；但是閱讀時沒有人強求她要保持沉默或者對她的行為下指導棋，該讀什麼、怎麼讀完全取決於自己，在沉默的文字與她之間，沒有任何人事物介入。到後來，她甚至達到可以聆聽沉默的境界，沉默之中有著只有在沉默時才會顯現的層次，她讀著書，漸漸深陷那奧妙又優美的沉默之聲當中。

12 同註9。

13 同註9。

自從不再因為有人與我對話而導致閱讀中斷，書上的單字開始與我的內在展開對話。那些單字不再只是單純用來表達腦中的有趣想法，而是直接向我的困惑與渴望攀談。現在的我，已經不再像從前只為了應付下一場訪談而蒐集書裡的概念與事實，我學習到聆聽的要領，聆聽那些靜謐地埋藏在字裡行間深處、難以言喻的深層意涵。[14]

最終，她悟出了所謂求道，其實關鍵在於你有多麼投入於當下，這是優先於尋求偉大真理或人生根本的問題，而不是整日汲汲營營於追尋某個絕對者或者天堂，我們應該思考的是如何以一個完整的個體生活在這世上。穆罕默德和耶穌都不是執著於天堂或某個神的人，他們反而是用盡全心全意朝「豐滿的人性」修行，這也意味著只要是人，任誰都能像他們一樣在「當下」變得神聖偉大，也就是別再一味被動等待神來選擇自己，而是要在自身內在發掘神性並加以修煉才對。她透過研究宗教和神學，寫下了《神的歷史》這本書，領會到「真正的信仰其實是讓一個人變得更像個人」的道理，並且想要與世人分享這份領悟。

由凱倫．阿姆斯壯提出的這份從基督教到佛教等宗教都共同蘊含的深層訊息，徹底擄獲了大眾的心。自從《神的歷史》出版以後，她的人生也出乎意外地有了大躍進。這本書尤其在美國和荷蘭備受好評，也因此開啟了她的世界巡迴演講之路。然後就在不久之後，躍身成為世界最大眾化的宗教學家以及宗教評論家。曾經因為沒有受到

【圖說】凱倫．阿姆斯壯除了深究宗教，也研究歷史上曾經發生過的各種宗教紛爭。範切斯科．哈耶茲（Francesco Hayez），〈耶路撒冷聖殿的毀滅〉，一八六七年。

神的感召而感到絕望、還俗的她，在沒有宗教博士學位的情況下寫了一本宗教書，然而，這本書之所以會比其他任何宗教著作都飽受歡迎，正是因為透過大量閱讀所培養出來的共感力與洞察力。二〇〇八年，凱倫．阿姆斯壯因過去為促進宗教自由奔走各項活動的貢獻而備受肯定，獲得了「國際四大自由獎」[15]和「TED年度大獎」，成為今日宗教領域的世界級解說家之一，深受各界推崇。

14 同註9。

15 譯註：「國際四大自由獎」由「羅斯福基金會」頒發，獎勵能做到美國已故總統羅斯福倡導的言論、宗教、不虞匱乏和免於恐懼等基本自由。

遇見改變人生的書籍

佛教作家阿倫．沃茨（Alan Watts）問坎伯：「你信什麼宗教？」他可能是想要問身為神話研究者暨比較宗教學者的坎伯，在涉獵過這麼多宗教以後選擇信哪一個宗教。坎伯答道：「我在書上畫線。」[16]

在所有日常活動中，唯有閱讀最能夠使坎伯感受到喜悅，但這不表示他會盲信於書裡的內容，他只是把書視為最有趣的「玩具」。我們似乎難以從宗教和玩具之間找到任何相似點，這兩者看起來好像是恰巧相反的兩件事，然而，坎伯並不這麼認為，對他來說宗教和玩具都有著可以讓人達到極樂（bliss）與忘我境界的共同點，他強調：為了提升自己的精神、過著充實的人生，一定要有屬於自己的玩具。並補充說明自己最愛的玩具是「閱讀時會感到有趣，最後卻不會作任何結論的書籍」。

那麼，和坎伯一樣從事相同工作的阿姆斯壯又是如何呢？對她來說，她藉由閱讀這件事情本身獲得了聖靈方面的力量，儘管她在宗教裡苦等多年也沒等到深度共感與超越自我的體驗，但最終還是有透過閱讀達成。阿姆斯壯的閱讀以艾略特的詩為契機點，並以文學作為起點，逐漸延伸至神學與宗教學。閱讀不但治癒了她，也使她產生根本上的改變。等於閱讀為她的內在與外在各開了一扇門。

書，究竟是如何輕拍我們的肩膀，讓我們回顧過往人生，最終甚至改變人生的呢？書與閱讀究竟隱藏著什麼樣的力量？要是想藉由書改變人生，那麼，到底又該讀哪一種書以及如何閱讀？我想，這些問題可以透過以下其他轉變者的實例來一探究竟。

遇見一本書

每一本書都會綻放特有的光芒，而這道光能變得多耀眼燦爛，通常取決於讀者的感知能力。大部分的書只會在我們面前短暫閃耀，隨即馬上失去光彩，但是有些書會一直綻放如太陽般的光輝，甚至照亮讀者的人生。

梭羅在《湖濱散記》（*Walden*）中提到：「多少人因為閱讀一本書開始了他生活的新紀元。」他在二十歲那年閱讀的《論自然》（*Nature*）一書——拉爾夫・沃爾多・愛默生（Ralph Waldo Emerson）著，帶領他到達了全新的人生境界。而這道智慧光芒也延續到了甘地的身上，因為集結了梭羅演講出版成書的《公民不服從》（*Civil Disobedience*），為甘地日後想出其核心哲學思想「真理永恆」（非暴力抵抗運動）有著關鍵性的靈感啟發，他甚至曾經說過：「我發現了一位啟蒙老師——梭羅，也從『公民不服從』的概念發想出我想要推進的運動名稱。」並將這本書親自譯成印度文，書名為《不服從於法律的義務》，只為了讓更多印度人可以看見這本書。如此巧遇的一本書，不僅徹底改變了一個人的人生，更進一步改變其他人。世上最厲害的投資專家股神巴菲特也曾說：

> 我通常是靠閱讀學習。（中略）如何用最短時間將你的人生做出最偉大改變？要是你知道有什麼方法比閱讀更有效，希望你可以遵從那個方法。然而，如果從人類至今發現的方法當中找尋，相信你絕對找不到比閱讀更好的方法。[17]

16 摘自《追隨直覺之路》，喬瑟夫・坎伯著，浙江人民出版社，二〇一六。

這段話對於巴菲特來說並不誇張，因為他同樣也是在遇見一本書之後徹底翻轉了人生。在就讀內布拉斯加州大學三年級時，因緣際會下接觸到班傑明．格雷厄姆（Benjamin Graham）寫的《聰明的投資者》（*The Intelligent Investor*），他深深著迷於這本書，反覆閱讀了好幾回。數個月後，他申請上那本書的作者格雷厄姆所在的大學，準備攻讀研究所，拜作者為師，數年後還在老師的公司裡一起工作，這就是一本書改變了一個人一生的最佳證明，不是嗎？

被稱為是美國國父的班傑明．富蘭克林（Benjamin Franklin），從小就喜歡在父親的小書房裡閱讀，他當時閱讀的兩本書：柯頓．馬徹（Cotton Mather）的《Bonifacius: An Essay Upon the Good That Is to Be Devised and Designed》和丹尼爾．笛福（Daniel Defoe）的《論計畫》（*An Essay upon Projects*），都對他日後組織並領導商人為主的社團「共讀社」（Junto）、設立消防隊、圖書館、獎學會等公共組織帶來許多靈感。

有句話是這麼說的：「書造就的人，比人造就的書還要多。」像閃光燈一樣把新世界和隱藏於內在的力量照亮的一本書，會徹底顛覆一個人的人生，而這種相遇不能單純視為偶然，所以小說家艾瑞卡．鍾（Erica Jong）曾說：「書本會到世上旅遊，神祕的是，它會輾轉經過很多人的手，並在某個人迫切需要這本書時剛好出現。宇宙的力量會引導這樣的相遇發生。」由此可見，人與書的相遇其實都是命運。

提問式閱讀與人文書

從學生時期開始，我們就活在多不勝數的問題堆裡，儘管畢業離開學校以後，考卷上的那些題目不僅不會消失，還會在你出社會工作、結婚生子以後，變得更加複雜且重新展開。我們必須為日常生活中隨時面對到的問題提出適當解答。

這時，我們被要求的是回答而非提問，為了找出解答，我們拚命掙扎，就連親自去發覺新問題的勇氣都沒有。因此，我們幾乎忘了如何提問，尤其對自我人生的提問方法更是早已忘得一乾二淨，整日只有汲汲營營於找尋答案。「思想會被生活支配」這句話的終極意思是：我們只會在人生給予的問題中思考並生活下去，而自行懷抱「新問題」，也就意味著找回人生的主導權，把過去寄託給父母、主管、社會的主導權重新掌握在自己手中。

簡單來說，要能夠拋出具有深度的問題，才能稱得上是一本好書。好書會促使我們對自己提問，將關乎生死、學習、意義、成長、神等這些問題的種子植入讀者內心。藉由這些根本問題使人生迎向全新面貌。過去因為被生活經濟問題綁架，導致無暇檢視自我的那些重要價值，會經由一些新提問而成為人生的重心。

當然，有深度的提問並不保證一定會得到有深度的解答，但是沒有前者也必然不會存在後者。提問是一種觀點，觀點則會決定找尋答案的範圍與方向。最重要的是，根本性的提問會使你回顧自己也重新檢視人生。

這就是為什麼在人生轉變期最好多接觸人文書而非實用書的緣故，實用書往往直接提供讀者答案，而非拋出問題，那些成功的必要條件、創造更好人際關係的原則、更有效地思考行動，都會像教條式地整齊羅列；反之，人文類書籍往往不會直接給予答案，反而會提供值得省思的脈絡（觀點與假設、人物與事件之間的連結關係），並拋出提問。當自我成長類的書籍在倡導「養成哪些習慣才會成功」時，人文學書籍會先說明關於習慣的背景，並且反問讀者「為什麼人類會被自己創造的習慣支配？」這就是為什麼人文學比較艱澀難懂的原因。它雖然會點出一個大方向，但是究竟該如何應用以及如何解決問題，是不會給你具體答案的，必須靠自己從中找出解答。

因此，許多人寧願選擇閱讀有提供簡易處方箋的實用書，也不願閱讀人文書，但是在效率性與實用性的另一面，也存在著「一致性與偏頗」的陷阱，這點是需要注意的。身為一個尋求成長突破的人，難道只能靠一種既定

17 摘自《永恆的價值：巴菲特傳》（*Of permanent value*），安迪・基爾派翠克（Andrew Kilpatrick）著，財訊出版，二〇〇〇。

方法達成嗎？關於「我是誰？」這樣的問題，究竟是否存在著明確答案？或者發覺自我的方法是否只有一種？通往幸福的捷徑長什麼樣子？這些問題在實用書裡都會提供具體答案，甚至強迫讀者將其視為唯一正解，盲從於那些答案。

接下來這則故事，是一位英國知名管理學家查爾斯・韓第（Charles Handy）辭去工作後，創立一人企業時，透過閱讀改變人生的真實故事。一開始，他只是專挑競爭對手、也就是其他管理顧問所寫的書籍來讀，但是不久後，他便得出了一個結論：經營管理類書籍雖然有很多不錯的概念，讀起來卻十分乏味。於是，他想起了自己經常對那些積極進取的事業家們所說過的話：「別只想著贏別人，要想如何與眾不同。」

因此，他不再閱讀競爭對手寫的書籍，取而代之的是閱讀自己真正有興趣的歷史、文學、傳記等書。在那些書裡，可以看見許多人的生平故事以及生命中面臨到的各種問題。其實韓第是畢業於牛津大學古典文學系的人文學徒，人類以及人生課題，才是他真正想要照亮、展現於世人的議題。人們雖然稱他為經營管理顧問，但他卻自認是「社會哲學家」。他藉由各種人文書拓展了自己的精神領域，並發現經營管理最終還是與人有關。他曾說：

> 如果自己要與眾不同，而不是勝過他人的話，我就得跳脫出自己的專業領域，才能看得更透徹、觀念更創新。如同我經常向業界指出，真正的創新往往來自本業獲自己的公司以外。我認為想與眾不同，你就得偶爾踏入一個全然陌生的世界，用全新的角度看事情，或是看見新事物。[18]

一本好的人文書，不僅會引導你對人生拋出提問，還會使你犀利地鑽研那些過去不曾留意、知道其存在卻選擇置之不理的人事物，以及每個人都知道、與每個人都有關卻無人願意提及或說出口的「公開祕密」，譬如對「死亡」這類的議題也會毫不避諱地拋出各種疑問。因此，韓第、坎伯、阿姆斯壯、艾力・賀佛爾（Eric Hoffer）等，這些藉由閱讀度過轉變期的人，大部分都選擇了人文書來閱讀，相信絕非巧合。

當「深度」不斷累加，閱讀將變得更廣

坎伯的「全作閱讀法」，簡言之就是把一名作者的所有著作統統閱讀完畢，再去尋找對此作者影響最深的人物，其所有著作來閱讀，這麼做的出發點是為了深入探究一位作者的思想，也就是思想產出的背景、過程、觀點與假設等，並藉此掌握整體脈絡。

雖然乍看之下，只專注於一位作者好似會變成偏頗狹隘的閱讀，但其實不然，還恰好相反。要是對一位作者探究得愈深，就愈像發現大樹的根一樣，向周遭蔓延、拓展範圍，你會掌握到作者的思想大綱，理解範圍也會變得更為廣泛。尤其要是繼續尋找影響該作者甚鉅的人物著作來拜讀，最後就會發現，原來活躍於不同領域的人物，在本質思想層面上是像蜘蛛網一樣交錯相連的。藉由這樣的閱讀方式，可以使我們用嶄新的觀點來看待已知的事物，將過去已知事物做出新結合，提升至更高次元；比方說，坎伯就是閱讀了榮格的所有著作，將其心理學觀點結合神學，發展出屬於自己的獨特性。

現代管理學之父彼得．杜拉克（Peter F. Drucker）也和坎伯一樣用相似的方式閱讀，唯一差別是杜拉克不是從作家探究，而是從「領域」鑽研。他從二十歲出頭就開始出社會工作，每三年就會研究一個特定主題，不管是統計學、中世紀史、國際法、法律機構的歷史，還是日本藝術等領域，持續了六十多年，每三到四年就會換一個主題研究，他曾在《杜拉克精選》（*The Essential Drucker*）中這樣寫道：

18　摘自《大象與跳蚤：預見組織與個人的未來》（*The Elephant and the Flea*），查爾斯．韓第（Charles Handy）著，遠見天下，二〇一一。

後來，我漸漸發展出一套系統，直到現在我都仍奉行不渝。每隔三到四年，我會挑一項新主題加以研究。或許，花上三年時間還無法精通這項主題，但至少足夠讓我有基本的了解。[19]

以這樣的學習方法為基礎，杜拉克一生寫了逾三十本書，他的著作除了有自己的專業領域——經營管理學，也涵蓋法學、政治學、經濟學、社會學、自我成長等，另外還包含了散文隨筆、小說，以及個人自傳。杜拉克和坎伯口徑一致地認為：「這套學習法不只使我累積了相當程度的知識，也讓我得以用開放的姿態來看待新主題、新觀點以及新方法。」

然而，以鑽研領域的方式閱讀時，有一點需要特別注意：感興趣的領域範圍不能太廣。一旦注意力分散，便無法深入掌握一個領域的脈絡。我們要把焦點放在杜拉克是以小範圍領域鑽研這件事，例如：中世紀歷史、法律機構的歷史、日本美術等，並且花上好幾年只鑽研於該領域。坎伯同樣也沒有一口氣閱讀多位作家的作品，而是一次只專攻一名作家的所有出版刊物。不論從作者還是從領域切入，出發點都一樣，就是要讀得夠深。從作家衍伸至其他作家、從領域衍伸至其他領域，都是之後的事。若要鑽研得夠深，從一開始就不能把範圍設定得太廣，因為當你探究到一定的深度時，就會像挖掘到埋藏在地底下的深泉一樣，瞬間領悟龐大且歸結到根本的整體脈絡。

當心「思想貧困」與「缺乏實踐」

以驚人閱讀量著名的艾力．賀佛爾，其實有著不幸的童年，七歲那年，他和母親牽手走樓梯時，不慎失足一起滾到樓下，母親在那場意外中不幸喪命，大腦受到撞擊的他則是雙眼失明，在一片漆黑的世界裡生活了八年，直到他十五歲那年，某天早晨醒來睜開眼睛，才發現自己又重新找回了視力，等於是奇蹟似地康復。賀佛爾在驚嚇之餘趕緊整理好心情，冷靜面對當下情況。他當時是把視力恢復這件事視為「上蒼賜予的短暫福份」，於是決定盡情享受過去失明時一直渴望的閱讀與觀光。他幾乎是著了魔似地沉溺於閱讀，甚至離開家鄉當個流浪者，盡其所能地趁視力再度被剝奪以前，把所有想看的書、想看的世界統統看盡。

雖然賀佛爾直到死前都沒再失去視力，但他也將一生大部分時間都用在閱讀、寫作和餐風露宿上，不論是做勞動、淘金，還是當碼頭工人，都享受著走路、工作、思索的生活。他從未接受過正規教育，但是憑藉著閱讀與流浪，建構出屬於自己的獨特思想，擠進了世界級哲學家行列，而這也使他獲得了「路上的哲學家」頭銜。

在那段四處流浪的日子裡，某天，他坐在貨櫃列車的車頂上思考著一個問題，卻遲遲想不出解答，感覺光靠自己的頭腦應該想不出什麼好點子，可能需要經歷一段漫長的思考過程才有辦法想出答案。當時，他看見自己的手已經不自覺地伸進背包裡正準備掏出書本，瞬間，他馬上意識到這項舉動是在「逃避艱難的思考過程」，他清楚知道要是不斷逃避，就無法成為真正的學者。所以那是個令他難以接受的不愉快發現，他一把抓起了書本，朝空中丟去。

其實從拋出好問題、讓我們自行找尋解答的層面來看，書是訓練我們思考的良好工具，應該是不爭的事實，但是一旦想要從書裡找到「完美解答」，或者認為書會提供那樣的完美解答時，我們反而容易受限或原地踏步。這樣就變成不是在讀書，而是被書讀了。這也是為什麼坎伯會認為，真正的好書是「閱讀時感到有趣，但又不會為讀者下任何結論的書籍」，因為書的功能不應該是提供結論或答案，而是提供思維的素材與靈感才對。

將個人電腦普及化的賈伯斯，在面對記者的提問「電腦對您來說有什麼意義？」時，曾回答：「是一台思考的自行車。」有趣的是，為什麼不是汽車而是自行車呢？汽車坐久了，雙腿肌肉只會愈來愈退化，但是自行車騎

19 摘自《杜拉克精選：個人篇》（*The Essential Drucker*），彼得・杜拉克（Peter Drucker）著，天下遠見出版，二〇〇一。

久了，雙腿肌肉卻會愈來愈強健。換句話說，對於賈伯斯來說，電腦並不是可以託付想法或者便於思考的被動工具，而是培養思考力的主動工具。書同樣也是不能做為汽車使用，要當成自行車來利用才行。關於「積極思索」的重要性，路上的哲學家艾力．賀佛爾表示：

我一輩子浪跡天涯、勤奮思索，那些一閃而過的靈感，都是在我工作中突然浮現，我很享受枯燥乏味、反覆一致的工作，在和夥伴們聊天時，我的大腦其實在組織文章。直到我退休以後，才發現儘管自己佔用了世上所有時間也做不了任何事。或許頭朝下、屁股朝上是最好的思考姿勢，同時往兩個方向延伸的動作可以看作是靈魂的伸展。這樣的方法是非常具有生產力的。[20]

不論閱讀還是寫作，都要以「實踐」作為基礎，因為沒有實踐於日常的知識不僅不會留下記憶，也不會創造任何改變。這和平時人們常說的「世上最遠距離是從頭到心」不太一樣，更遠的是「從心到腳的距離」，因為理解後所感受到的和親自實踐是完全不同層次。釋迦摩尼曾對弟子們強調：「我的教導只是一塊浮木，等你們游過江河，就得將這塊浮木丟掉。」書同樣也是一塊浮木，游過江河後就得馬上丟掉，繼續前往接下來的旅程。當你忘記這項事實的時候，反而容易深陷知識的幻影。

閱讀家要有實踐作為後盾，人生才得以真正改變。許多人會對甘地、法蘭可、法頂禪師（법정 스님）、丁若鏞（정약용）等人物心懷景仰，絕非只因他們學識淵博、能言善道，而是因為他們言行一致、筆行一致、知行一致的緣故；亦即，他們畢生都在努力將知識、言語、文字、行為合而為一。

點燃心火的閱讀法

小時候，我（勝晤）是個不折不扣的調皮鬼，看到書就會搖頭，整天只想著和朋友一起玩跳格子遊戲或打電動。家裡有著六十本成套的世界文學集，大我兩歲的哥哥是一本都不放過，全部看完，而我只有閱讀其中兩本，一本是《魯濱遜漂流記》（*Robinson Crusoe*），另一本是《十五少年漂流記》（*Deux ans de vacances*）。比起閱讀，我更喜歡看電影或運動、和朋友聊天，也認為這些事情比閱讀來得更有意義。父母總是對一年讀不上一本書的我感到十分擔憂。

直到上了國中以後，某天，當我在看書時才察覺到原來閱讀是如此有趣的一件事。當時有一部名為〈特警冤家〉（두칸스）的韓國電影，叫好又叫座，後來搭著電影熱潮出版了影視劇本小說，某天晚上回到家，我發現書桌上正好擺著那本書，看過電影的我，很喜歡編劇安排的故事情節，於是想要再次重溫劇情，結果沒想到一看就停不下來，直到凌晨都還開著燈閱讀那本書。父親似乎從我的房門間窺見了我讀書讀到愛不釋手的身影，我猜他當時應該有感到欣慰吧。

隔天，父親帶我到市區裡的一間書店，那是他第一次想要買書送我當作禮物。父親在書店裡翻找了約一小時，最後他終於拿起一本包裹著金色書衣的書，走向收銀台結帳。各位不妨猜猜，當時還是國中生的我，收到父親送我的第一本書，會是什麼書呢？

20 摘自《真實的想像》（*Truth Imagined*），艾力・賀佛爾（Eric Hoffer）著。無中譯本。

那是西格蒙德·佛洛伊德（Sigmund Freud）的《夢的解析》（*Die Traumdeutung*）。就算現在這把年紀閱讀也還是有些吃力。我一直好奇父親究竟是自己讀過所以推薦給我，還是基於什麼樣的原因要送我那本書？但我始終沒有開口詢問他這件事，總覺得有些不好意思。自從收到那本書以後，我的閱讀又再度進入了休止期，我翻了幾頁，打了幾個哈欠，便把它打入冷宮，心裡想著「我果然不是讀書的料」，吹著口哨跑去了電動遊戲間。自此之後事隔十五年，等我已經是二十八歲時，才第一次真正體悟到閱讀的樂趣。雖然這只是半開玩笑說的話，但也因為父親的那一次出手闊氣，竟使兒子無知了十五年。

妨礙閱讀的三大情感

成為研究生以後，我才真正感受到書是「有趣」的，這都要多虧無意間閱讀到的一本書：具本亨的《四十三歲，重啟人生》（마흔세 살에 다시 시작하다），使我心跳加快到徹夜輾轉難眠，那是某位友人推薦給我的書，原本只是隨意翻開閱讀，沒想到竟從書裡找到自己過去年輕時為何心理總是受傷難耐的原因，並窺見我夢想的人生與理想的家庭樣貌，最重要的是，我還看見了使我絕望的大學時期失明原因與改善處方。猶記當時，我的心跳得非常快，那天晚上，由於心情太過亢奮，遲遲無法入睡，只好趕緊再從床上爬起，打開桌燈把書上畫線的部分重新來回讀了幾遍，我後來在家門口徘徊，還吞雲吐霧了一番，寫了幾張明信片給朋友後才終於睡著。

那天晚上的閱讀經驗，徹底拉近了我與書的距離，就像愛情剛萌芽時一樣，我竟然會因為一本書而感到電流流竄全身，對我來說，那是前所未有的衝擊。閱讀之所以有趣，並非因為閱讀有益帶知識，而是透過閱讀的過程本身，可以感受到宛如在漫遊旅行的那種感覺，讓我意識到「原來我還活著」，那種感覺深刻到令我難以忘懷，也不免感歎為何那麼晚才領悟到閱讀的真趣。

而我的經驗剛好和阿姆斯壯的情形一脈相通，她當時也是在取得博士學位失敗以後，重新基於好奇和興趣去接觸書籍，不再是義務性或帶有目的意識的閱讀，這樣的結果反而使她更能專心享受閱讀，甚至聽見過去在修女院時期從未有過的「上帝之聲」。

閱讀的精髓在於投入與出神，當閱讀中少了「樂趣」，那麼自那一刻起，真正富含意義的閱讀便不復在。其實不論作任何事情都一樣，只要自己感受不到快樂，便難持之以恆，也難深入鑽研。那麼，該怎麼做才能找回閱讀的樂趣？首先，我們得先知道有幾個使閱讀變無趣的「妨礙情感」。

第一是「義務感」，在學校裡學到的教訓：「要多讀書才會成為優秀的人」這句話會徹底消滅一個人原本對閱讀抱有的好感。從這種義務感出發的閱讀，很容易演變成「多讀症」，一年設定要看五十本書且每年都有達成的人，往往很難擺脫簡單快速閱讀的書籍誘惑，最終，只會停留在「炫耀式的閱讀」裡，獲得的也只是粗淺繁雜的知識。

一年內要看完五十本書絕非重點，儘管只讀了五本書，有幾行是真正打動自己的文句才是重點；比起書櫃裡收藏了多少本書，多少次被那些深深烙印在心裡的字句搞得徹夜難眠才是重點。若要盡情享受閱讀的樂趣，就要選擇非常吸引你、符合你當下狀況和程度的書籍，而非基於義務或目標閱讀。除此之外，要細細咀嚼書裡的每一句話，因為一句名言會使你變得更有涵養和風度，而這也會使你人生變得更為豐富。

破壞閱讀樂趣的第二種情感是「焦慮感」，也就是害怕自己落後於人，愈是在意某本書只有自己沒看過、身邊其他人都已看過的人，愈容易執著於書店的暢銷排行榜，因為這種人的選書標準是基於擔心，然而，暢銷書（bestseller）難道就真的是最好的書（bestbook）嗎？誠如字面上所言，暢銷書只是很多人購買的書，並不保證內容有深度，就好比麥當勞等世界級連鎖餐廳不會提供健康、風味深厚的餐點一樣，事實上有許多暢銷書是在出版社與書店行銷的操作下誕生，且往往只有曇花一現。

不過，我並不是叫你不要閱讀暢銷書，許多暢銷書也會提供讀者閱讀樂趣與智慧，透過暢銷書，你可以掌握該時代追求的價值與社會趨勢，但是基於焦慮而進行的閱讀不僅不容易持續，也難以理解該時代的普遍價值，因為真正了解一個時代和搭上時代的順風車是兩回事。一本好書是會長期對讀者產生影響力的，普遍來說，像古今中外的古典書籍與長時間熱銷的長銷書（Steady seller）都是好書的最佳證明，一本書能夠長期受到讀者愛戴，也表示讀者在那麼長的一段時間裡，都有透過那本書獲得改變之意。

幾年前，邁可．桑德爾（Michael J. Sandel）的著作——《正義：一場思辨之旅》（*JUSTICE: What's the Right Thing to Do*）有長達一年多時間都盤踞在暢銷排行榜前幾名。相信閱讀過這本書的人一定知道，書裡內容不僅有著深入洞察，而且還是一般人難以理解的程度。我很好奇究竟有多少非法律相關人士能完全讀懂那本書，然而，之所以還是可以暢銷又長銷的原因有三：反證了當前社會的不公不義、大眾對暢銷書的執迷、能夠閱讀這本書好像也表示知識水準較高的虛榮心。

最後一種妨礙閱讀情感則是「虛榮心」，即想要過分展現「我是會讀這種書的人」的那種心理。這種人往往會專挑一些艱澀難懂的書或專業書來閱讀，甚至經常引用那類書籍的內容來支撐自己的論述主張。雖然不能以偏概全，但是隱身在名作家和專業術語背後的行為，其實是出於不想被人發現他缺乏自信且無知的心理，等於是刻意用超出自己知識範圍的華麗語彙與艱澀概念，來隱藏想要彰顯自己知識水準的慾望。

真正對該領域瞭若指掌的專家，不會躲藏在深奧的用語背後，反而懂得深入淺出——學習時鑽研得深入，向人說明時又能說得淺顯易懂。有品格的高手是不會站在「甲方」的位置，一副高高在上的姿態，而是懂得放低身段，配合對方的眼界與高度。

被「義務感」、「焦慮感」、「虛榮心」這三個阻礙情感左右的閱讀，可能當下會顯得有成效卓著，但其實很可能會淪為金玉其外敗絮其中的閱讀，也難持之以恆；更嚴重的是，這些阻礙因素還會在我們的潛意識裡輸入負面意識——書是無趣的東西，這會不知不覺強烈地作用在我們的人生當中，使我們去尋找其他更快速又簡便的娛樂，或者以工作忙碌為由不再去碰觸書本。總是把「我沒時間看書」掛在嘴邊的人，多的是一整天花大把時間在智慧型手機和電視上，一旦開始累積對書本的負面認知，就會因為壓力的反作用力而使人更遠離書籍，當你愈遠離書籍，壓力就會與日俱增，形成一種惡性循環。

閱讀是為了徹底瓦解自我

身為「IT強國」的韓國，一日之始都是從手掌大小的手機畫面開始，環顧通勤時的地鐵車廂內，每個人都擠身在狹窄的空間低頭緊盯手機螢幕。被貼了好幾年的標籤——OECD國家當中閱讀率最後一名，剛好和智慧型手機普及率世界第一名形成了諷刺的強烈對比。韓國成人當中每十名就有四名是一年讀不到一本書，反之，使用智慧型手機的時間則是每天平均兩小時。

當然，你可能會提出反駁，認為智慧型手機同樣也可以取得一些資訊和知識，內容也不亞於書籍；的確，如果從搜尋資料的速度與便利性來看，書籍根本不是智慧型手機的對手，而且說得更精確一些，正因為這樣的便利性，使我們逐漸遺忘閱讀的「樂趣」。然而，閱讀並非單純只為獲得資訊，它是一把打破僵固思維與偏見的「斧頭」，讓我們將那些自己也從未察覺的先入為主觀念推翻摧毀，敞開心房拓展對自己以及他人的理解。

反觀智慧型手機則是有著強烈排擠異見的傾向，當我們在網路上搜尋資料時，往往不是為了打破自己先入為主的觀念，反而是為了鞏固自己的思維，因為大部分人都是為了找到支撐自己主張的資料而使用搜尋引擎，鮮少有人會為了尋找與自己意見相左的資料而登入網路。社群網站也是，雖然標榜是平行的意見交流空間，實際上卻儼然已變質成「物以類聚」的空間。社群網路上的朋友大部分都是和自己相似（like-minded people）或者可以分享個人興趣喜好的對象，自己不喜歡的人事物則只要動動手指點選一下，就可以立刻封鎖或永遠刪除對方。因此，我們變得一直只有在接收自己想聽、想看的訊息，與我不同的想法則歸類為歧見，道不同不相為謀，這也是為什麼最近在網路上的話題討論，都不會走向協議或者是折衷，而是形成分裂或兩極化現象的原因所在。所有人都只蒐集自己想看的資訊，對於那些與自己立場對立的資訊，則是充耳不聞。

書也是如此；許多人並非為了打破固有觀念而閱讀，反而是為了強化那些觀念而看書，也就是自己心中對某件事情已經早有定奪，然後再去找尋可以佐證那份論點或者對自己有利的書籍來閱讀，完全無視於不同意見的資料與觀點，然後讀得沾沾自己、自得其樂，著實令人汗顏。

深入閱讀一本好書的人，不會因為書中的論述與自己背道而馳就馬上闔起，因為他們早已歷經多次打破自我偏見的過程。所謂深入閱讀，其實是發現並檢討內心偏見與稚拙的過程，並且以全新的觀點重新接納。容易使我們的既有思維更加穩固的書，很難稱得上是一本好書；能夠打破舊有思維，使我們邁入新境界的書才是好書。朴雄賢（박웅현，音譯）在其著作《書是一把斧頭》（책은 도끼다）中，引用了小說家法蘭茲・卡夫卡（Franz Kafka）的一段話，值得我們銘記在心。

> 要是我們讀的書不會給我們一記當頭棒喝，使我們從夢中清醒過來，那又何必讀這本書？凡是書，都應該是一把斧頭，將我們封冰已久的內在深海劈成碎片。[21]

閱讀是為了徹底「瓦解」，為了打破陳腐的認知框架以及偏見，為了慘烈地粉碎、覺醒並反省，這才是看待閱讀應有的姿態。這就好比要填補東西以前得先清空一樣，既有觀念要先被打破才能夠接納新領悟。如果想要知道自己現在的閱讀方式究竟是否正確，只要觀察近幾個月來的閱讀是否有帶給你一些新觀點、新體悟，使你耳目一新，還是一直停留原地、毫無長進便可知道。切記，健康的閱讀是經常使你打破既有思維的。

精挑細選，審慎選購

人們不看書的主要原因為「沒有時間」。那麼，要是週末有三小時的閒暇時光，他們會閱讀嗎？答案是一樣不會。他們寧願拿這三小時去看電影或者見朋友。最終，看書其實無關乎時間有無的問題，而是「優先順序」的問題。然而，要突然改變長期以來習慣的生活順序，談何容易。

要是真的擠不出時間看書，就必須靠閱讀「品質」來取勝。富蘭克林曾說：「要多讀書，但不要讀太多的書。」意即，與其讀很多書，不如好好讀一本書，反覆讀、確實讀。

最終，閱讀的品質和選書的眼光有直接關聯。選書時也要像挑選智慧型手機一樣慎重仔細，相信很少有人會去手機行裡直接詢問櫃台人員：「最近哪一支手機賣得最好？」然後就當場付款把手機買回家，細心的人往往會從琳瑯滿目的手機堆中找出一支符合自己需求的手機，並且上網看遍各大3C產品專家所寫的開箱文，然後順便詢問一下周遭人士的使用經驗，最後才會決定要購買哪一支手機。既然挑選一支只用兩年左右就會汰舊換新的手機，都能如此大費周章，那為何在挑選一本會影響自己潛意識一輩子的書籍時，卻總是不假思索、草率決定？

許多人在選書時會參考書店裡的暢銷排行榜，但其實誠如前述所言，暢銷書單純只是銷量佳的書籍而已，比起暢銷書，選擇長銷書的踩雷機率較低。史考特．派克（M. Scott Peck）的著作《心靈地圖：追求愛和成長之路》（*The Road Less Traveled*），是在原文書出版二十五年後才登上暢銷排行榜，至今依舊備受讀者愛戴。時間是最好的驗證方法，大部分的網路書店都不會把長銷書按類型作區分，但是實體書店卻會另外規劃出「經營管理類長銷書」「小說類長銷書」等獨立區域，因此，建議最好親自到實體書店走一圈，翻閱試讀後再決定要帶哪一本書回家。

選擇好書最準確的標準是：「不值得讀第二遍的書連一遍都不值得讀。」然而，光靠大略翻閱是難以判定這

21 摘自《書是一把斧頭》（책은 도끼다），朴雄賢（박웅현）著，二〇一一。無中譯本。

本書有無反覆閱讀價值的，而這同樣也是網路書店的最大致命點——不能自由試閱，雖然附有試閱功能，多少可以窺探一二，但是光靠那幾頁的篇幅還是不足以讓我們做判斷。網路書店上的讀者評分、讀者評語同樣也很可能是所謂的業配文，因此，書還是要靠親自翻閱、試讀，嗅探一下內容才最為準確。

選書時至少要看三個地方：序言、目錄、一段內文。如果以人作比喻，序言算是一個人的門面，包括外表容貌和整體散發出的氣息；目錄是體型身材；內文則是言行，展現著一個人的人品。我們可以先透過序文，推測出整本書的大致方向，然後再看目錄，了解作者的思考系統與書的主題是否組織完善，最後再從目錄中挑選自己有興趣的章節，試讀內文中的一段文字。像這樣慎重地翻閱過一輪以後，你的內心一隅至少會對這本書產生「這本書不錯」的想法，這時，關於該不該買的標準是，我們究竟會不會買一支只有到「不錯」程度的智慧型手機？儘管看上去好像有許多不錯的內容，但是如果都沒讀到說進你心坎裡的句子，就不能草率決定。我們應該買的是瞬間可以照亮心靈的那種書，而非只有「不錯」程度的書。

許多人在選書時會因為書名吸引人而購買，但其實根據我的經驗，鮮少有書名魅力和內容品質成正比的案例，尤其愈是刺激響亮、吸引人的書名，愈容易出現內容涵養不足或者陳腐老舊的情形。雖然也不能完全不在乎書名，但是切記，書名的魅力並不保障內容品質。內容難以匹配華麗包裝的書，表示沒什麼內涵，大部分還會扭曲或者毀損本質。愈是使你眼睛為之一亮的書名，愈要小心謹慎、稍作保留，仔細端詳過內容以後再做決定才是上策。

先前我有強調，比起「找尋答案式閱讀」，要選擇「提問式閱讀」，為了達到提問式閱讀，就必須挑選能夠強烈引發好奇心的書籍。儘管那些內容當下看似非必要，但至少抱持著好奇心閱讀，就會擁有面對世界的不同觀點，就好比海綿會吸水一樣，儘管沒有特別刻意吸取知識和資訊，最終也依然會獲得更具深度的知識，這點十分有趣。反觀追尋答案式的閱讀，往往難以突破讀者的既有知識，使人毫無長進。因此，最好的書並非暢銷或者長銷書，也不是人文或古典，而是能夠強烈觸動到你的好奇心的書籍。

牢記在心的閱讀

有時會遇到讀很愉快，讀完卻一個也記不得的情形，甚至在事隔幾個月之後，就連那本書的書名都想不起來。像這樣幾乎從書裡得不到任何東西時，還有必要再繼續閱讀那本書嗎？如果你是對閱讀有興趣的人，相信多少都會煩惱過一次這樣的問題。儘管閱讀不是一件高效率的事情，但至少基於以下兩種理由，閱讀仍具其重要性。

首先是因為就算沒有在意識裡留下記憶，也會儲存在潛意識裡，對我們的人生造成深遠影響。小說家伊塔羅．卡爾維諾（Italo Calvino）曾說：「古典是會帶來特殊影響的書，而非年代久遠的書。」根據他所言，古典會發揮其特殊影響力的情況有兩種，一種是讓讀者感受到宛如電流經過般，難以忘懷的某種領悟，烙印於心；另一種是讓讀者毫無察覺地默默駐留在潛意識裡，若是這種情形，古典會在我們意識不到的人生另一面悄悄起作用。

不曉得各位是否有過以下這樣的經驗，我經常會與人分享親身經歷過的經驗或領悟到的「人生訊息」，但是某天當我在翻閱過去讀過的書籍時，竟發現原來那些人生訊息都是來自閱讀過的書籍，而且都有劃線註記，原以為是自己切身領悟到的智慧，沒想到竟然是某本書裡的一段話，我只是將其付諸行動、身體力行罷了。在那當下，我不免感到有些羞愧，並且對無形的閱讀力量深感欽佩。閱讀時的「衝擊」會在我們的靈魂留下痕跡，然後在不知不覺間，對人生發揮其奧妙無窮的影響力。

第二種閱讀之所以重要的理由，是因為可以促進我們「思考」。其實我們透過閱讀獲得的東西與其說是知識，更貼近「思考力」。「思考」究竟意味著什麼？一般我們所說的發呆，又和思考有什麼不同？兩者之間的關鍵差異就在於：問題。思考時一定會有某個問題，比如「這次休假該去哪裡好？」這種就是思考，藉由問題來觸發意識運作；反之，要是在思考度假勝地時突然想到「之前在濟州島跟某個朋友大吵一架⋯⋯」然後沉浸在無關緊要的胡思亂想裡，那麼我們就會將此稱之為「發呆」，也就是在沒有明確問題的情況下，一下冒出其他想法、一下又想起往事或某些雜念，讓意識隨著腦中想起的記憶隨波逐流的情形。思考的前提是要有某個明確問題，然後探究該問題的答案的過程；亦即，思考是「問題與答案的合體」。

真正的一本好書，作者會向讀者發問，並且提供找尋解答的方法，藉此刺激讀者的思考能力；因此，儘管閱讀完畢以後什麼內容都記不得，也早已從閱讀過程中自然訓練到提問、找答案的「思考力」。這就是為什麼有閱讀習慣的人，解決問題的能力也較優秀的原因所在。

當然，刻意把書裡的重要內容牢牢記住也是必要的，因為那些內容會成為拓展思維的踏板。為了將重要的內容謹記在心，「記錄」是最有效的方法。雖然另外摘出重點或者把重點筆記下來也是很好的方法，但是如果時間不夠，光是在文句底下畫線標示就已足夠。我的書總是畫滿著底線、星號、筆記，還會貼上標籤，看上去顯得有些雜亂，但這是因為我深信「書要是讀得愈乾淨，腦袋也會變得愈沒墨水」的緣故。我通常會使用三色索引標籤，綠色用來標示書裡的核心內容，黃色標示案例與故事，紅色則是貼在整本書最打動我的部分。待我讀完一本書以後，就會重新翻閱貼有紅色標籤的部分，使書裡的內容和餘韻延續一段時間。

其實歸根結柢來看，閱讀就是獲得「金句良言」，因為真正改變一個人一生的是書裡的某些句子，而非整本書的內容。所謂金句良言，是會將讀者心裡既有的觀念、想法，一語道破、正中下懷，明確展現於意識表層。此時，內心會悸動是因為暗存已久的內心想法剛好被人以適當文字表現，瞬間感到明亮的原因則是因為原本幽暗無光的心靈，頓時被精闢的火苗點燃的緣故。能夠遇見在靈魂上留下印記的文字，就如同遇見人生導師般珍貴，隨時隨地都能夠參與這份恩典，正是閱讀帶給我們的最大喜樂。

那晚，
那本書，
那句話，

說不定就能引發一場革命。

——尼采[22]

22 摘自《切下那隻祈禱的手》（切りとれ、あの祈る手を），佐々木中(Ataru Sasaki)著。無中譯本。

寫作
「人生」這本書的作者只有自己

轉變期的寫作本質，
是為了徹底「觀察」內在，而非「展現」自我。
自傳、日記、書寫等，都是用自己的語言如實記述自己的人生。
當你如實寫下親身經歷時，
專屬於你的歷史、世界儼然成形。
藉由文字觀看、實驗自我，
進而到達「超越自我的境界」。

具本亨[1]
靠著凌晨寫作改寫人生

具本亨在邁入四十歲之際，突然飽受不明原因的焦慮所苦，雖然從表面上來看，他的人生看似一帆風順，在全球化企業擔任經營創新組組長，領著人人稱羨的優渥薪資，平日也樂於閱讀、登山，但是他的內心彷彿在黑暗中迷失了方向，不知從何時起，失眠的情形愈演愈烈，每天都得拖著疲憊不堪的身軀去上班，工作效率也愈來愈差。一開始他不以為意，也不曉得這份焦慮感究竟源自何處，但就在某天，他突然驚覺原來這份焦慮源自於自己。他看著年過四十感到無力的自己，開始試圖展開自我對話。

「原來人真的會老啊，老成這樣的你到底是誰？這真的是你當初想要的人生嗎？你到底都做了什麼啊！」

他一直都認為自己是認真過生活的人，然而，明擺在眼前的事實是：過去那麼平庸，現在那麼鬱悶，未來那麼茫然。他突然切身感受到原來這麼不了解自己。「我是誰？我想要什麼樣的人生？」這是個重要卻又難以回答的問題，而且沒有人能替他回答。他當下說不出自己究竟想要什麼樣的人生。為了克服這樣的窘境，他準備起身前往智異山進行「葡萄斷食法」，因為他想要戒斷總是羈絆著他的生計問題——象徵「飯」，所以想要藉由斷食行為來徹底告別過去。

當他開始執行一整天只吃葡萄的斷食法以後，隔沒多久，他便會在凌晨自動醒來，可能是因為肚子實在太餓，導致睡眠容易中斷。在他輾轉難眠的過程中，不爭氣地流下了男兒淚，因為那是他過去上班時渴望已久、朝思暮想的自由生活，但是當他真的落實執行的時候，卻發現每天早晨睜開眼睛都不想要做任何事情，只是個被鬱悶壟罩、活在過去的人躺在床上。他覺得自己根本不像人生的主人，也很後悔過去好幾次站在人生岔路時，因為考量生計而選擇次要選項。

就在那一刻，他聽見了發自內在的心聲：「起來寫作吧，你不是一直都很想寫書嗎？」在那之前，他從未認真寫過一篇文章，只是長年下來一直有個心願，想寫一本關於改變的書，卻遲遲沒能付諸行動。

從那天起，他每天都會固定在凌晨醒來寫文章。一開始的寫作目的只是為了省察自我，寫下自己的特質、優缺點，以及十三年來都做了哪些事。後來他試圖刻劃自己想要的人生，並設定實踐計畫。雖然他平日愛好閱讀，但是過去只有純粹閱讀，沒有另外多做整理。他意識到自己的閱讀方式也要開始有所調整，於是專門挑選有助於自我探索的書籍來閱讀，並整理出能夠有所洞察的書籍，然後再增添一些自身想法。具本亨就是藉由像這樣的閱讀和寫作方式，開始探索出新人生。

他的寫作原本只是為了省察自我，但在不知不覺間，已經默默發展成寫書。他身為全球化企業的經營創新組組長，在組織變革現場坐鎮指揮了十三年，擁有一身豐富歷練，自認是時候該寫一本書了。於是，凌晨時間自然成了他為第一本著作所做的投資，而第一本書的讀者也是自己。他為了解決渴望改變卻又懼怕改變的自身問題而提筆寫書，這本書同時也為和他面臨一樣問題的讀者所寫。

每天凌晨固定寫作兩小時，這對他的人生造成了很大影響。雖然工作和職場都沒有任何改變，但是他每一天的精神與每一天都不再像過往一樣茫然。他以著作主題「改變」來看待自己日常裡的一切，當他有了這個明確的關鍵字以後，不只面對工作，在面對書籍和電影、詩和小說、山和海的時候，都有明顯感覺到和以前截然不同。

1 編註：具本亨（1954-2013），創立改造人生研究所。在韓國 IBM 從事經營改革工作二十餘年。著有《上班的日子，就該像獅子一樣》（大樂文化出版）。

他領悟到「萬物皆會改變，改變是生命的根本存在方式」這番道理。為了確保能有凌晨兩小時的寫作時間，他必須調整一天的作息，不僅要比以前早睡，也要盡量排除不必要的晚餐聚會，不能暴飲暴食，宵夜也要節制，等於凌晨兩小時的寫作，還額外使他擁有均衡的一天和身心協調。

他想要擁有全新人生，寫出第一本著作正是最完美的開始，他全心全意投入寫作，並從中再再感受到原來自己還活著。

> 我與文字之間有著某種共鳴，當那頭在擊鼓的時候，我的心就會感受到震動，這種一體感會突然襲捲我整個人。[2]

開始寫作十餘月後，第一本著作《和熟悉事物說再見》（익숙한것과의결별）終於正式出版。具本亨是在公司領到剛印刷好的熱騰騰新書，他一拿到書便衝進廁所，手裡拿著的那本書，終於不再是別人的著作，而是親手一字一句寫出來的作品。寫書過程的畫面宛如跑馬燈一樣一張張掠過他的腦海，他在這本書的最後寫道：「我很享受寫這本書的時光，一天兩小時——和自我共處的那段時間，成就了這本書。」當他看見凌晨兩小時的成果將他從茫然與焦慮中救贖時，難掩內心激動地留下了感動的淚水。這本書放到讀者手中以前，其實是他寫給自己的訊息，一種為了解決自身問題——想改變卻又無力改變、不能瘋所以更想發瘋——的垂死掙扎。

沒想到第一本書出乎意外地銷量不錯，當時韓國正處於「IMF經濟危機」時期，這本書的內容剛好搭上了時下正夯的「改變」議題，所以各家報社、電視台都爭相報導。隨著第一本書問世，具本亨也順勢成了「改變經營專家」，正式踏入文壇，這本書就這樣為他開啟了新的人生之門。十年後，他在改版重出的這本著作裡寫道：

> 我因這本書而重生，它讓我知道，原來我是可以寫書、專注、給自己一份禮物的人。最重要的是，它讓我發現原來自己是可以掏出內在資產做出貢獻的人。[3]

如今，寫作儼然已成為他最喜愛的活動，尤其凌晨兩小時的寫作時間是他絕不妥協的時間。他經常強調，「我的一天只有二十二小時」，可見寫作的那兩小時是被他優先排除在外的。

> 凌晨，是帶來改變的分界線，彷彿從夢裡甦醒、重生，只要下定決心就一定能夠達成，也是誕生未來的幸福時光。我都用這段時間寫作，寫作對我來說是一種儀式（ritual），用來迎接嶄新的一天，也蘊含我當下的精神、覺悟以及希望，並用那樣的心情、感受度過一天。因此，唯有寫作，才能正式啟動我的每一天。[4]

他身為改變經營專家，非常清楚知道在改變他人以前要先改變自己。他設立了一套嚴格原則，並努力遵守。第一，將所學事物先套用自己身上；第二，從自身實驗中選出最有效的方法，在不同條件下，驗證是否仍然可以運用在其他人或組織上；第三，不分享自己也沒有的東西。透過以上這三種原則，他期許自己可以有所改變，並將遵循這套原則的方法寫成書、做成計畫。

舉例來說，他為了落實告別熟悉的事物，以到訪智異山進行的斷食經驗為基礎，研發出一般人也可以在家進行的自我改革方式：一週葡萄斷食法。他先親身試過以後再推薦給家人，提高了這套方法的通用性，另外也在其

2 摘自《歲月致青春》（세월이 젊음에게），具本亨著。無中譯本。

3 摘自《和熟悉事物說再見》（익숙한 것과의 결별），具本亨著。無中譯本。

4 摘自《我將成為這種人》（나는 이렇게 될 것이다），具本亨著。無中譯本。

第二本著作《陌生之地的早晨》（낯선곳에서의아침）中，將「葡萄斷食法」放入「七日自我改革」的一環做詳細介紹。此外，他也將葡萄斷食法發展成自我成長計畫活動──「找尋自我的旅程：1st Page of My Dream」，幫助一般人進行人生改革，並藉由類似過程，完成了「自我改革地圖（Self-Revolution Steering Map）」、「Me-Story Project」、「職場人士必殺技──創造模式五階段」、「改變經營研究所的研究員制度」等方法論。

具本亨在寫第一本著作時就動了想要自立門戶的念頭，三年後，他離開了公司，自立門戶。他想像著有朝一日離開公司的情景，並留下了這段話。

> 從這天起，屬於我的人生將會正式展開。我不用再做其他人交付的事情，而是去做我自己的事，讓使命感占據我心。我會在每天清晨專注做我個人的事，讓專注帶來靈感與創意，每天早晨醒來，我也會練習相信「不可能之事」，每天做的夢也終將實現。我會花更多時間在自己身上，和我心愛的人分享更多喜悅。我會成為充滿創意的專家，透過差異化成為獨一無二，然後再透過工作對世人做出貢獻。我不用被企業雇用，也會自行雇用自己，所以我再也不必依賴任何人。最終，我將成為完全自由之身。[5]

二〇〇〇年二月，具本亨終於為二十年職場生涯畫下了句點，這是他過去三年期間透過閱讀和寫作兩種工具，不斷探詢自我、鑽研興趣的結果。他將所學內容套用在自己身上，運用於工作，把書上的理論按照實務現場校正，並將方法再升級。他添加一些個人想法在這樣的過程上，整理成文字。隨著文字逐漸累積，多到滿溢的程度時，就會細修成人們會感興趣的型態，彙整成一本書出版問世。因此，在他離開職場的時候，早已是出版三本書的狀態──《和熟悉事物說再見》、《陌生之地的早晨》和《朝向世界級》（월드 클래스를 향하여），而這三本書也成了踏板，促使他從平凡上班族搖身一變成改變經營專家。

他在四十六歲那年離開公司，創立了一人企業──「具本亨改變經營研究所」，身兼老闆與職員角色的他，從浩瀚無窮的經營改變領域中，選出了三種可以作為專業特殊化的領域。一是以美國波多里奇國家質量獎作為依據的經營管理診斷；二是在組織內部加速改變的方法；三是將焦點擺在個人的自我革命。第一、第二點是他十六年來在職場上處理的主要工作，第三點則是他過去三年期間專注研究的領域，有助於個人改變，並收錄於他的第一、第二本著作當中。

具本亨在出版第一本書之後事隔六年左右（二○○○年三月），又出了一本實驗性自傳書，主要是回顧自己四十至五十歲的人生。二○○七年再版重出的這本自傳，書名叫做《四十三歲，重啟人生》，四十三歲是他第一次在凌晨提筆寫作，過去十七年來，他一直都是個不折不扣的上班族，透過自我省察式寫作，才得以晉升成為改變經營專家，從原本只領死薪水的上班族變身成一人企業代表。

具本亨把中年危機作為審視自我的契機，開始投入寫作，透過寫作重新探究自我，發覺才能，看見天賦，創造了一個可以完全做自己的「小世界」。他在二○○七年再版的《和熟悉事物說再見》後記中，簡述了自己過去十年來的生活。

> 自一九九七年寫這本書開始，我就過著從此自由的生活。我度過了三千六百個日子，看了一百二十次的滿月，也走訪了十五個從未去過的國家。我讀了一千本書，寫了十四本著作，遇見三十位弟子，也認識了將近百位「夢想家」，然後透過一千次的演講，接觸過十萬名聽眾。我過了一段宛如秋風掠過天空般的舒適日子，我很幸福，這都要多虧寫了這本書。這本書對我來說就像是非常靈驗的吉祥物或護身符，是一座與世界交流的橋樑，也是一面照亮自我的明鏡。[6]

5 摘自《深度人生》（깊은 인생），具本亨著。無中譯本。

6 摘自《和熟悉事物說再見》（익숙한 것과의 결별），具本亨著。無中譯本。

維克多．法蘭可[7]用全身寫作，克服死亡

一九四四年十月，維克多．法蘭可因為猶太人身分，被強行移送至奧斯威辛集中營。在他抵達奧斯威辛集中營以前，大約有兩年時間都是和家人一同待在位於捷克北部情況較好的特雷津集中營裡。出生於維也納的法蘭可，是擁有豐富臨床實驗經歷與傑出實力的精神科醫師。從幾年前開始，他就以過去學術研究及親身經歷為基礎，創立了一套新的心理治療法──「意義治療法」（Logotherapy），並將其整理成書。在他被強押進奧斯威辛集中營以前，這本書已經處於初稿完成的階段，他將原稿偷偷縫在外套內裡，隨身攜帶。

當所有人抵達奧斯威辛集中營時，納粹親衛隊士官開始實施「鑑別」，士官面無表情地看著排隊走到他面前的猶太人，用手一個一個指示他們，排去右邊或左邊，排向右邊的機率大概是十次裡面只有一次。長長人龍裡，沒有人曉得這簡單的指令背後究竟隱藏什麼意義。這時，終於輪到了法蘭可，士官對他指向了左邊，但是他放眼望去，左邊的隊伍裡幾乎沒一個是他認識的，反之，右邊的隊伍裡還有看到幾個熟面孔。於是他趁士官不注意，悄悄移動了位置，排去右邊。

直到那天傍晚，法蘭可才驚覺原來這項偶然的決定竟讓自己撿回了一條命，士官的手指方向其實是在決定一個人的生死，左邊是指送往「毒氣室」，右邊是指留下的意思。當然，能夠倖存並不表示就有好日子過，那樣的人生根本生不如死。

他們將人群分類完畢以後，開始要求每個人都要交出身上所有物品，法蘭可開始感到焦慮不安，手不停摸著

偷藏在外套內裡的原稿，這份原稿對他來說格外重要。其實早在幾年前，他與太太婚後不久，就經歷了令人難過的決定，當時猶太女性只要懷有身孕，就會馬上被拖往集中營，所以兩人不得不把好不容易懷上的胎兒忍痛抹去。因此，對於法蘭可來說，第一本著作的原稿就如同「精神上的孩子」一樣珍貴，就算自己不幸離世，也希望這份原稿可以被保存下來、流傳於世。他對著負責沒收物品的看守人員苦苦哀求，希望可以通融他攜帶這份原稿。

> 你看，這是一份學術著作的手稿，我知道你會怎麼說。你會說我能夠保住老命已經該謝天謝地，不敢再有非分的奢想了。可是我實在克制不住。我必須不計一切代價保留這份手稿。這是我這輩子的心血結晶。你知道嗎？[8]

結果法蘭可得到的回應是一連串輕蔑的嘲笑與謾罵，他被扒光身上所有衣服，就連全身上下的毛髮也全被剃光，最令他感到絕望的是原稿被沒收這件事。「我彷彿一無所有，沒有任何人留在我身邊，不只是肉身的孩子，就連精神上的孩子也是！」對他來說當時僅剩的東西只有肉體、眼鏡、腰帶，能做的事情則只剩從毒氣室裡被屠殺的難友身上找尋自己能穿的衣服。他選了一件單薄老舊的外套穿在身上，正當他把手伸進口袋裡時，他摸到了一張小紙條，上頭寫著猶太教最重要的祈禱詞：「Shema Yisrael」（以色列啊，你要聽）。出現在《舊約聖經》裡「申命記」第六章的這段內容，主要是在強調堅定心智實踐人生的姿態，是小時候法蘭可的父親每天複誦的祈禱詞。

由於當時在集中營裡持有祈禱文是被嚴格禁止的，所以可想而知這張小紙條的主人一定是抱著必死決心偷藏

7 編註：維克多・法蘭可（1905-1997），奧地利神經學家、精神病學家、意義治療法的創辦人。著有《意義的追尋》、《意義的呼喚》（心靈工坊出版）、等。

8 摘自《活出意義來》（*Ein Psychologe erlebt das Konzentrationslager*），維克多・弗蘭克（Viktor Frankl）著，光啟文化，二〇〇八。

攜帶進來的，那是一段絕妙的巧合，法蘭可雖然被剝奪了藏在衣服裡的原稿，卻也獲得了某人藏在衣服裡的祈禱文。當他對人生不抱有任何期待、灰心喪志的時候，這份祈禱文向他拋出了提問：「這張紙條是不是在暗示實踐比寫作更重要？」他在如此血腥殘酷的現實裡，竟然還能領悟到人生的義務與責任。法蘭可在其著作中也曾提及過發現這張祈禱文的故事。

> 我不得不把這段「絕妙巧合」解讀為是神的旨意，祂要我按照自己所寫的內容「活著」，按照我指導的內容實踐。[9]

奧斯威辛集中營的生活慘不忍睹，大部分囚犯都是拚了命的爭取更多食物、更好衣物、更少體罰，因為這些都和生死存亡有著最直接的關聯。法蘭可認為，比起那些事，設定未來目標並專注投入實現，會更有動力讓自己堅持下去、熬過苦難。他企圖想要在毒氣室、火葬場、殺戮現場證明這項假說，於是先自行設立了一個目標——將親身經歷的集中營經驗和自己創立的意義治療法作結合，以提升意義治療法的完整度。他尤其想要把集中營裡的親身體驗和對其他收容人的觀察，彙整成「集中營心理學」研究，並在重獲自由以後與世人們分享。此外，他也暗自下定決心，在奧斯威辛集中營被沒收的那份第一本著作原稿，也一定要想辦法重寫完成。

首先，他先觀察自己在集中營裡的心理變化，查看自己的心境轉折，究竟如何想辦法適應最糟糕的現實情況，與此同時，他也以精神科醫師的角度深入觀察其他收容人的心理變化，以及投靠納粹的猶太囚監們其心理狀態。他發現，在這段過程中（包括自己也是），大部分的囚犯都會在三個階段歷經心理上的重大改變——「剛進入集中營時」、「慢慢開始適應集中營生活時」、「獲得釋放，重獲自由以後」。除此之外，法蘭可還研究在生存率不到百分之五的集中營裡，究竟哪種人更容易倖存下來。根據他的說法是，擁有明確活下去理由的人，也就是相信「人生意義」的人，相對來說會比較容易存活。譬如：「我有非做不可的事情尚未完成」，當這種目標意識愈強，就愈能夠堅強地撐過慘無人道的試煉。

法蘭可沒有停留在觀察者的角色，因為光靠觀察者的心態是難以在「死亡集中營」裡存活下來的。他過去身為精神科醫師，曾為無數位患者諮商、診療，如今他待在集中營裡，也想要發揮所長，將過去開給患者的處方箋——意義治療法的原理與方法，套用在他自己以及其他難友們的身上做實驗。

首先，他先運用「意象訓練法」（image training），好讓大家在無法逃脫的集中營裡堅持活下去，舉例來說，想像回到故鄉以後面對大眾進行「集中營心理學」的演講畫面；想像朝思暮想的太太就在身邊，用心與她對話。後來這套方法也被重新系統化，成了「意義劇治療法」（Logodrama）。

等他開始逐漸適應集中營裡的生活以後，開始以個人和團體為對象，嘗試以精神療法來進行治療，例如，運用意義治療法幫助想要尋短的難友或灰心喪志的同伴。在集中營裡，自殺是一件稀鬆平常的事情，儘管納粹設定了規則：不可以拯救試圖輕生的收容人，但他還是以過去擔任精神醫院醫師時，經常需要到自殺未遂患者病房裡巡房的經驗，努力阻止集中營裡的難友們想不開而尋短。

他讓那些一心求死的人重新意識到「活下去的理由」，讓他們察覺有些事情只有他們才能完成，藉此重新喚醒他們的求生意志。最終，這種方式明顯奏效，因為意圖自殺的人最長端出的理由便是「已經生無可戀」。法蘭可把經由這些經驗領悟到的一些事和印象深刻的案例，速記在他費盡千辛萬苦才取得的小紙條上，只為了日後收錄在其第一本著作當中。

當然，在集中營裡收容者是不可以持有筆記工具的，所以要抄寫東西是非常困難的事情。一開始，法蘭可是把重點記在他拾獲的那張祈禱文的空白處，後來在四十三歲生日那天，某位難友送了他一支極短的鉛筆和納粹親

9　擷取修改自《活出意義來》；《維克多・弗蘭克傳記》（*Viktor Frankl*），安娜（Anna Redsand）著，無中譯本。

衛隊用過的文件，他以速記的方式在文件背面寫下要收錄於書的標題、實例與想法。

由此可見，法蘭可在死亡集中營裡能夠咬牙苦撐的最大動力正是寫作。寫作至少救過他三次，第一次是他設立了重寫原稿的目標，這給了他很大的力量，讓他在每次距離死亡非常近的時候，都得以堅持活下去。每當他徘徊在生死邊緣時，都會反覆提醒自己，要重寫關於意義治療法的書籍這件事，並將自己在集中營裡的所見所聞公諸於世。最終，他在逝世兩年前出版的回憶錄《意義的呼喚》（*Was nicht in meinen Buchern steht : Lebenserinnerungen*）原文裡就有提到：

> 我想我能存活下來，除了其他一些因素外，和再現我的手稿的決心有關。[10]

第二次是在他生病遊走在生死關頭時，寫作向他伸出了援手。當他從奧斯威辛集中營被移送到最後一個集中營——圖克海姆集中營時，剛好爆發了斑疹傷寒疫情，當時有許多收容人都不幸感染，由於集中營不提供藥品治療，所以身體比較虛弱的人就開始不支倒地，一個接一個相繼喪命。法蘭可也沒能逃過這場傳染病的肆虐，然而，真正拯救他的不是醫生也不是藥物，觀察那些罹患斑疹傷寒的人便可發現，大多是因為高燒和惡寒導致精神恍惚，在睡夢中失去意識身亡，因此，法蘭可為了戰勝毒血症，刻意選擇徹夜不眠。究竟要如何拖著病危的身體，不眠不休地咬牙苦撐呢？

> 這幾個鐘頭，我試著構思演說的辭句，後來，我又開始重新撰構我在奧斯威辛消毒間被沒收的那份書稿，並且用速記把重要的字彙寫在一張張的小紙片上。[11]

法蘭可正好在他被釋放的一個多月前罹患斑疹傷寒，寫作可說是在他面臨人生最危急的時刻救了他一命。

一九四五年四月二十七日，法蘭可被美軍從圖克海姆集中營裡放出來，重獲自由的當下，根據他的醫療診斷報告顯示：「收容人編號一一九．一〇六的體重是三十七．五公斤，有心律不整的問題，推估很可能心臟肌肉有損傷，因長年飢餓導致身體浮腫，手指有三根以上凍傷痕跡。」他在圖克海姆集中營附近的一間醫院裡接受治療，休養了兩個多月，後來在慕尼黑生活了一陣子，便開始著手意義治療法的書籍寫作。在慕尼黑的最後一天，他接獲了令他悲痛萬分的消息。當初他在特雷津集中營裡和母親不幸失散，就在四天後，母親被送進兒子待過的奧斯威辛集中營裡，並且在毒氣室裡身亡。法蘭可緬懷著逝世的母親，重回他的故鄉維也納。

回到維也納以後，沒想到還有更令他悲慟的消息在等著他——朝思暮想的太太緹莉．葛若瑟（Tilly Grosser）也離開了人間。太太就在戰爭結束前幾個月，於伯根—貝爾森集中營裡喪命，當時她年僅二十五歲。不久後，法蘭可又接到了哥哥與大嫂也在奧斯威辛分營的一個礦坑雙雙殞落的消息，父親則早在多年前被關在特雷津集中營裡時，飽受飢餓與肺炎之苦，最後是在法蘭可的懷裡沉沉睡去。法蘭可等於頓時失去了所有至親，除了一位妹妹還活著以外，其他人都已不在世。他深陷絕望，強烈的痛苦與空虛感再次將他吞噬。法蘭可之所以能夠在集中營裡堅強地存活下來，只有兩個原因——一是要見到母親與太太，二是要完成意義治療法的著作，然而，如今等於是有一大半活著的理由頓時消失不見。

「在這樣的情況下，我還有活著的理由嗎？」法蘭可陷入嚴重憂鬱，朋友們也都擔心他會不會想不開去尋短，實際上他也確實動過自殺的念頭，只是在走投無路的那一刻，寫作又再度拉了他一把，因為對於法蘭可來說，他還有一件死前一定要做的事情沒能完成——在集中營裡被奪走的那份手稿，甚至早已取好書名《生存的理由》（*Ärztliche Seelsorge*）的書在等著他完成。

10 摘自《意義的呼喚》（*Was nicht in meinen Buchern steht: Lebenserinnerungen*），維克多．法蘭可著，心靈工坊，二〇〇二。

11 摘自《活出意義來》，維克多．法蘭可著，光啟文化，二〇〇八。

他下定決心，那就先把這本書寫完再說，他雖然暫時「保留」了自殺這個選項，但是等書寫好出版以後，他是真心不想再活了。事隔多年，他表示：「當時寫書對我來說，是唯一一件有意義的事。我瘋狂投入寫作。」最終，與集中營心理學有關的內容收錄在法蘭可的第一本著作《生存的理由》文末部分，也總算完成了他多年來的心願。他回憶當時把原稿交給出版社的時候，從未感受過的那份喜悅，說道：

> 此生最有成就感的一刻，或許是把寫好的書稿交給第一家出版社時。[12]

後來儘管其第一本著作《生存的理由》問世，他也沒有選擇輕生，因為他發現未來還有好多需要活下去的理由。法蘭可持續寫作，一九四六年光是一年內就出版了三本作品。繼第一本書《生存的理由》出版之後，生動記述著集中營生活的《活出意義來》（*Ein Psychologe erlebt das Konzentrationslager*），以及將他在維也納社區大學演講的講稿集結成冊的《向生命說Yes！》（*trotzdem Ja zum Leben sagen: Ein Psychologe erlebt das Konzentrationslager*）也陸續推出，雖然有許多人認為，其第一本著作《生存的理由》的原稿早已完成的差不多，但要是根據他剛從集中營裡出來的狀態來看，這絕對是令人嘖嘖稱奇的生產力。可以看得出法蘭可對寫作的渴望比任何人都還要來得強烈，也迫切需要將自身經歷公諸於世。

一九四六年二月，法蘭可重回維也納綜合醫院精神科擔任醫師，並在這間醫院裡找到了共度下半生五十餘年的伴侶。兩人在隔年七月結婚，婚後幾個月便喜獲千金。法蘭可這下才終於能和已經獲得的「精神之子」以及苦等多年的肉身之子，一同重啟人生。就在那時，他在工作上也發現了新志業——正式將意義治療法傳播到世界各地。如果說，他在被關進集中營以前是一名神經學者暨精神科醫師，專注於治療病患的話，那麼，集中營的那段經歷，則是開拓了他看待心理治療對象的眼界，因為他已經證明，意義治療法不僅對精神病患者有效，對所有因不同理由而遭受心靈折磨的人也都能奏效。

發現自我、創造未來的寫作

法蘭可一生著作逾三十本，其中尤其以《活出意義來》銷售成績最佳，這本書被翻譯成二十多國語言出版，全世界總計賣破一千兩百萬本，在韓國也以《死亡集中營》為書名翻譯出版。

其實當初法蘭可是想以匿名方式出版的，這樣感覺才能毫不避諱地誠實吐露在集中營裡觀察到的一切，以及自身體驗到的故事；然而，周遭朋友們都異口同聲持反對意見，他們認為為了確保書本可信度，一定要公開作者真實姓名才行，經過百般勸說下，他才決定聽從朋友們的建議，在書封上不顯示自己的姓名，但在折口處有附上作者簡介，這就是為什麼有一段時期這本原文書的封面上沒有作者姓名的原因所在。有趣的是，原本不想呈現作者資訊的著作，竟成了他聲名大噪、享譽全球的作品。

拯救人生的寫作

「以血撰書沒什麼，以自己的鮮血來撰書可就不容易了。」法蘭可用這句話來形容《活出意義來》這本書對世界造成的影響力，因為這並非一本由名作家或名人所寫的書籍，而是由一位和一般讀者沒有任何不同的人，將

12 摘自《維克多・法蘭可：找尋人生意義》（*Viktor Frankl: A Life Worth Living*），安娜（Anna S. Redsand）著。無中譯本。

其畢生經歷生動誠摯地記錄下來，所以格外打動人心。

除此之外，「以血撰書」裡還蘊藏著一個重要訊息——「迫切」，因為《活出意義來》是一本足以讓法蘭可先保留輕生念頭也一定要完成的書。法蘭可在完成第一本著作《生存的理由》以後，非常渴望想要把自己在集中營裡遭遇的一切集結成書，所以立刻投入了第二本書的寫作，整整花了九天時間回顧、口述集中營裡的點滴，並由速記師幫忙將內容整理成文字。法蘭可在他的房間內不停來回走動，他不依靠任何資料或文獻，盡其所能地將過去那段自身經歷傾訴宣洩。有時當他在回顧集中營生活時，還會痛苦地跌坐在地、痛哭失聲。他藉由寫作將自己的經驗反芻，並透過寫作過程使自己逐漸恢復生命力。當迫切之心與個人經歷結合的時候，寫出來的文字將發揮極大力量。

寫作，對於法蘭可來說有三種拯救意義。首先，寫作是不要放棄人生的最大理由，也就是「活著的意義」及等待他實現的「志業」；其次，寫作使他得以「自我客觀化」，讓他與充滿各種苦難的當下處境保持距離、客觀看待，至少在他寫作的那段期間，能把集中營看作是心理實驗室或研究室；最後，寫作提供了他「自我超越」的環境，根據法蘭可的說法，人類會在面對充滿挑戰性的課題時奉獻，以達突破自我極限，並且克服受過各種試煉傷痛的自我。就好比不斷追求幸福，幸福只會離你愈來愈遠一樣，愈是執著於自我，便無法精進自己。法蘭可強調，真正的自我實現是靠自我超越的附加價值所達成。

凱倫．阿姆斯壯也和法蘭可一樣，藉由寫作治癒了自己，並為人生開啟了另一扇門。她在宛如博士學位被剝奪那段時期的煎熬，鼓起勇氣把人生中最痛苦的修女院經歷寫成了書，對她來說，寫那本書是一項折磨人的事情。一開始她滿腹委屈，急於傾訴過去在修女院裡七年下來所累積的憤怒與悔恨，尤其言辭犀利地批判修女養成教育，認為裡面只有嚴厲苛酷，距離靈性相當遙遠。

然而，最終她還是將那份原稿修改重寫，只因為她的摯友問了她一句話：「既然那麼討厭那個地方，怎麼能待那麼久？」這句話對阿姆斯壯來說簡直就是當頭棒喝，使她重新看待過去身為修女的那段時期。耗時一年才出版的《穿越窄門》（*Through the narrow gate*）一書，正是以全新觀點講述其失敗的修女院生活，從作品中也可感受到引領她走向修女之路的初心。

當我完成《穿越窄門》最後幾頁時，我發現原來在修女院度過的那段日子，是人生中最有意義的時光，因為我從此徹底改變。（中略）我寫那本書的時候，重新想起了那份渴望——引領我走上聖職一途的聖意，使我的那份渴望再度甦醒。[13]

寫作並集結成書，是一件可以重新發掘自我、治癒自我、改變自我的方法，也是尋找、回答人生提問的一種便捷途逕，具本亨、法蘭可、阿姆斯壯的著作，都是自我探索、治癒自我的過程，也是各自對人生向他們拋出的課題所做的最佳回應。

深入探究自我的「自我省察式寫作」

如今最普遍的寫作是利用臉書、推特等社群網站或部落格書寫。雖然這些社群網站的ＰＯ文內容不盡相同，但都有幾個共同點：展現自我、包裝自我、在乎他人眼光。然而，轉變期的寫作和這種寫作截然不同，不，應該說是完全相反。轉變期寫作的本質是為了深入洞察自己的內在，而非展現自我，因此，比較會侷限在「個人故事」裡，將自己的人生以自己的語言誠實記述，這時，我們才終於創造出屬於自己的世界。具本亨是在四十多歲時出

13　摘自《螺旋階梯》，凱倫・阿姆斯壯著。無中譯本。

版了《四十三歲，重啟人生》這本自傳，將過去十年來的自身經驗匯集成書，並於序文中寫道：

在這充斥著他、她、他們的故事世界裡，我的故事終於誕生，我的歷史、文明也才得以存在，等於是創造了屬於我的世界。[14]

雖然在人類漫長的歷史裡，存在著許多偉大人物的故事，也的確令人印象深刻，但是他們的故事依舊無法使人從根本上產生改變。尤其翻開書本閱讀時的那份悸動，在闔上書以後便會逐漸消失。當你回歸現實，面對著庸庸碌碌的人生，歷史（history）就會瞬間變成「他的故事」。唯有在真切地寫下親身經歷過的「我的故事」時，才會形成所謂我的歷史以及我的世界。透過文字洞察自我、實驗自我，並逐漸到達「超越自我」的境界。

具本亨並非為了出書而寫作，對他來說，寫作是自我探究的手段與學習的一環，發覺隱藏的自我，也是再創造的一種實驗。他將凌晨做為自我探索時間，以寫作作為研究方法，探究的對象則是他本人。自我改變是針對自己進行的一連串實驗與學習，並套用於人生的活動，當這些過程跨越了某個臨界點的時候，就會完成一本著作。

卡爾·榮格在和曾經如父親般追隨的佛洛伊德訣別以後，進入了人生轉變期。六年來的轉變期，他沒有出版過任何一本書，但是當他度過那段轉變過程以後，就開始仔細觀察自己的夢與潛意識，將那些內容統統記錄下來，成了豐富的資料。其著作《紅書》（*The Red Book: A Reader's Edition*）與《黑書》（*Black Books*）就是最具代表性的例子。有趣的是，這兩本書都不是在他生前出版的，主要原因是一方面他不想讓這些內容公諸於世，另一方面則是因為這些紀錄都是潛意識裡的私密紀錄。榮格把《紅書》藏了起來，只有給周遭幾個親密友人閱讀，而這本書最後是在他逝世五十年後才終於公開。《黑書》則是迄今尚未出版，根據負責管理榮格著作權的子女們表示，出版《黑書》的可能性幾乎是零。

榮格在《紅書》裡記錄著自己的轉變過程，並將當時體驗到的事物忠實地以文字和圖畫作紀錄。他一開始是將這本紅皮封面的筆記本稱作《新書》（*Liber novus*），似乎也意味著想要寫出和《黑書》不一樣的內容，開始進行內在探險的意思。實際上，當你在仔細閱讀《紅書》時，會不禁懷疑榮格是否罹患了精神疾病，因為裡頭記錄著許多新奇古怪的體驗，而這也證明了他的紀錄是那麼的赤裸，毫無保留。和榮格合作密切的霍爾（R.F.C. Hull）在閱讀完《紅書》以後表示：「榮格是行走的精神病院，也是負責該病院的醫師。」此外，《紅書》裡到處都有榮格獨創的分析心理學概念雛形，而這也等於證實了像《紅書》這種自我省察記錄書確實奠定了榮格心理學基礎的事實。

約瑟夫・賈沃斯基在妻子向他提出離婚後徬徨無助之際，接觸到一本親戚送給他的休伊・普拉徹（Hugh Prather）的著作——《寫給自己》（*Notes to Myself*）。誠如原文書名所述，這本書是由作者稱之為「日記」的「黃色紙條」集結而成，上頭寫著一些瑣碎的想法與日常領悟。於是，賈沃斯基也開始寫一些深入觀察自我的文句。一開始他和普拉徹一樣只有在便條紙上簡單紀錄，然後堆放在文件夾裡，幾個月後再取出重新閱讀。藉由這樣的方式，他了解到自己的情感與想法是如何轉變，並且發現自己會一直重複某種模式。後來，他開始不再使用便條紙，而是改用筆記本做詳細記錄，並且持續與自我對話。就如同對於法蘭可來說，口述集中營生活是一段「自我治癒」的過程一樣，對於賈沃斯基來說，寫作也是「淨化」的過程。他在《領導聖經：關於領導力其深層意涵之探索旅程》（*Synchronicity: the Inner Path of Leadership*）中寫道：

> 對於當時面對著終極一生最大危機的我，正好迫切需要這樣的過程。如今回想當初，我似乎是在那無聲的對話中面臨重要的抉擇點時，獲得了引領我的重要領悟。[15]

14 摘自《四十三歲，重啟人生》（마흔세 살에 다시 시작하다），具本亨著，二〇〇七。無中譯本。

15 摘自《領導聖經：關於領導力其深層意涵之探索旅程》，約瑟夫・賈沃斯基著，圓智出版，一九九八。

寫下關於自己的一切，意味著將過去和當下的自己，鉅細靡遺地作記錄。當這樣的記錄累積到一定程度時，才會真正了解自己究竟是誰。此外，「關於我的故事」是超越過去、迎向未來的記錄，藉由回顧自己走過的路，才能描繪出未來想要的人生。透過記錄過去與現在，才得以擁有嶄新未來。

超越特定領域的多元化寫作

將寫作作為轉變工具的人，他們的另一個共同點是：嘗試以各種方式進行寫作。其實從某個層面來看，這是可預見的事情，因為轉變的本質就在於實驗。一般上班族通常是寫報告文件，研究生則是寫研究論文，隨著身分角色的不同，會寫一些制式化的文章，但是反觀正值轉變期的人，他們往往會想要嘗試各種不同的寫作方式。

舉例來說，梭羅當初是以寫日記為中心，但也寫過各種類型的文章，舉凡像是輕鬆的散文、論文水準有系統的文章、演講原稿、詩詞等。賈沃斯基是從便條紙記錄進化到日記，內容結合了旅行與寫作，把旅途中遇見的重要人物以及訪談內容記錄下來，並將日積月累的文章彙整成《領導聖經：關於領導力其深層意涵之探索旅程》。

班傑明．富蘭克林（Benjamin Franklin）也是在年輕時度過了一段轉變期，同樣在那段時期嘗試各種寫作方式。他在二十一歲那年創立了一個小團體「共讀社」，不僅靠寫作解決其私人事業宣傳等問題，還解決了圖書館建設等公共議題。除此之外，他還以自己發行的報紙以及自一七三二年起印製的《窮理查的年鑑》（*Poor Richard's almanack*）作為舞台，暢談八卦新聞、自我成長、科學、政治等主題，並依情況寫下報導、社論、隨筆、論文、信件等各種不同形式的文章。經過這一連串寫作練習，富蘭克林最終建構出自己特有的寫作風格與文體──樹立了追求教訓與機智、愛用對話體的風格。他在自傳中強調：「寫作對我的人生有很大幫助，說它是促使我成功的原動力也不為過。」

榮格也以各種形式寫下關於潛意識與深層心理學的文章，舉凡像是《黑書》、《紅書》等記錄其內在心理狀態的日記，到結合了演說文的《向死者的七篇布道文》（*The Seven Sermons to the Dead*）、《超越功能》（*Civilization in Transition*）、《潛意識的結構》（*Structure & Dynamics of the Psyche*）等，都是心理學論重要巨作。如果說《黑書》與《紅書》是收錄著探索榮格內在的具體過程，那麼其心理學論文則展現了分析心理學是藉由什麼樣的過程形成，然後《向死者的七篇布道文》（*The Seven Sermons to the Dead*）則是上述兩種形式的結合。

寫作是可以形成、創造自我的方法，前述提及的那些作者，正是透過嘗試不同的寫作模式，試圖更立體地剖析內心深處的自己，與此同時，找出最適合自己的表達方式，並且樹立了自己的寫作風格。他們透過這樣的過程，一點一滴慢慢進步。

我們常說人生宛如一本書，不論是哪一種書，都是未完成的著作。的確，人生是完全憑自己力量寫下每個單字、句子、頁面的書籍，筆者是親自寫文章的人，作家則是主導故事的人。我們每個人都是各自人生的筆者暨作家，因此必須捫心自問：「我的人生是一本著作，而我就是寫這本書的筆者，也是決定故事發展的作者，那麼，我究竟該如何寫、寫什麼才好？」

為了成長與改變的寫作

我（昇完）過去在公司上班時，三十四歲前就和別人一起合著過五本書，但是在人生中的轉變期那五年期間，則是一本書都沒有出版。那段期間，我試過很多次想要寫作出書，其中有兩次甚至已經完成初稿，但是最後都因為各種理由而不了了之。要是以前的我，想必一定會為了出書而絞盡腦汁，那麼或許真的至少可以出個一、兩本，過去的我總是為了把握出書機會而卯足全力，但是不曉得為何，當自己處於轉變期的時候，出書反而不再具有多麼崇高的意義。

雖然書沒出成，但我還是保持每周寫兩篇文章的習慣。尤其以「心靈書信」為主題，每週固定寫一篇，總共持續了五年，不斷實驗我的寫作方式。文章的主要元素都是我的實驗對象，包含主題與素材，展開方式、文體等。以前我總是在固定的框架中寫作，寫作主題也往往侷限於組織經營管理和自我成長類型，但是在轉變期寫的兩百六十多篇心靈書信，不受限於形式，從人文觀點寫下我的日常、想法，以及當下感興趣、學習到的事物。

當然，我還是有幾項原則的。首先，我試圖將閱讀、思維、實踐結合寫作，心靈書信當中的一段，我會介紹一本書，並把自己的感想與體驗寫入其中。這樣不僅可以剖析自身經驗與思維，還可以洞察那本書的作者觀點，並將閱讀過程進行一番彙整。

第二項原則是文章不過於冗長，把篇幅設定在兩百字（原稿紙二十五頁）以內的長度，也就是不超過一般書籍的三頁分量。之所以要設定文章長度，主要是為了訓練自己可以寫出一篇富含重點的主題式文章。

第三項原則是可以盡情自由書寫，但至少要經過三次以上的潤修作業。自由書寫初稿表示未經社會觀點或自我檢閱，自己愛寫什麼就寫什麼的意思。我並沒有限制初稿的篇幅，大部分都是寫得比較冗長，裡面包含最原始的想法、情感和經驗，另外，也會盡可能將書裡令我印象深刻、想要記下的文章抄寫記錄下來；而修改初稿時我會以「編輯」的觀點來加以修潤，宛如武士和雕刻家一樣，把不必要的部分修剪刪除，這項動作可以大幅提升初稿的完整度。所有文章都是精神活動下的產物，因此，修潤文章也等於是在整理思緒。

第四項原則是定期寫、定期完成。我會每週固定寫一篇心靈書信，並於每週二公開。這主要是為了防範自己隨時都有可能陷入倦怠期，透過公開給所有人閱讀的壓力，使自己保持寫作。這些文章並非為了獲得金錢上的補償，也並非出於強迫，完全是為自己所寫、專屬於我的文字。

像這樣固定寫了五年的心靈書信，對我來說是具有複合式功能的。它可以是書評，也可以是整理書中重點內容的抄書，同時也是把自己喜歡的文句一一謄寫的筆記。此外，透過寫作與閱讀，使我變得比較能夠接受自己的開朗與陰暗面。

小說家喬賽・薩拉馬戈（Jose Saramago）[16]在面對「你的學習對象是誰？」的提問時，曾回答：「我向自己寫的小說學習。」維持寫作一段時間後會發現，有時文章會超前，也就是變成不是自己在寫文章，而是在潛意識或者「某股力量」的驅使下，自動產出文字。寫作者往往會為了揭開那股力量的神祕面紗而努力觀察自己的寫作過程，並且嚴肅思考自己所完成的文章。這樣的過程就稱之為自我學習。我從自己所寫的文章、寫作過程，以及未來即將要寫的內容中學習，我希望可以靠寫作鍛鍊自我。

16 編註：葡萄牙作家，一九九八年諾貝爾文學獎獲得者，代表作品有《修道院紀事》、《盲目》（時報出版）等。

試寫一本自傳

世界史是指世界的歷史，國史是一個國家的歷史，而每個人都有屬於自己的歷史，故稱個人史。歷史是要被記載的，不記下來就會逐漸流失遺忘。沒有記錄就沒有歷史，更沒有自己的世界。不論如何，自己的歷史要自行記錄保存，沒有人能替你做這件事。藉由記錄自己的故事，可以宣告「自己」這項存在本身，也可描繪出人生新頁，等於是透過過去觀看未來的意思。

哲學家尼采在其著作《人性的，太人性的》（*Menschliches, Allzumenschliches*）中提及，「直接式的自我觀察最終也不足以了解自己，我們需要的是歷史，因為過去是在無數次水流中不斷流入我們的人生。」社會心理學家埃里希．弗羅姆（Erich Fromm）推薦以「撰寫自傳」作為普羅大眾都能運用的自我省察方法，他認為寫自傳的最大優點是「可以畫出自己的自畫像」。

各位不妨也試著以記錄自己的故事、個人歷史的方式開始寫作，其中最普遍的形式自然非自傳莫屬，為了方便回顧過去，建議把時間進行分類，不論是以十年為單位作分類，還是以人生中的重要事件為基準皆可，或者以年為單位，將至今印象最深刻的事件進行摘要紀錄即可。

如果寫自傳會令你感到有壓力，簡單寫一下年度大事件也無所謂，然後自訂一些小標。當以小標的方式羅列出人生各階段發生的重要事件與內在變化時，人生的軌跡就會變得更為明確。自訂小標時，要使用能夠展現當時人生的精簡單字或文句。年度大事件是將一個人一生的歷史濃縮成精華，將走過的路進行摘要。

要是難以全靠文字展現，利用照片和圖像作為輔助也未嘗不是一種方法。試著取一張面積較大的紙張，將自己的人生旅途描繪出來，透過地圖的方式描繪展現人生。或者也可利用河流或樹枝等圖像作輔助，要是將人生旅程比喻成河流，那麼源頭會是何處？當時我的人生究竟是寬是窄，是深還是淺？大海在何方？現在的我已經流到哪個地方？自由描繪出腦海中浮現的場景、圖像和文字。

除此之外，自問自答的方式同樣也有助於回顧過往，譬如，具本亨就是在年過半百之際開始創造「研究員制度」，培養學徒。當他在篩選研究員時，每一位面試者都需要交出自己的「個人史」，無一例外。而且個人史至少要寫滿二十頁，內容則要回答以下幾個問題：

- 請描述自己的出生故事（例如：胎夢、母親講述的誕生故事、自己最初的記憶等）。
- 至今靠自身力量達成的最高成就是什麼？那份成就為什麼無比珍貴？
- 認為自己難辭其咎、最心痛的場景是哪一次？
- 試舉三個比起其他面試者相對優秀的才能或特質。
- 本人有哪些人格特質上的缺點？為了克服這些缺點，至今做過哪些努力？
- 我有什麼樣的價值觀與職業觀？什麼事情被排在人生優先順位？和工作有關的最重要價值是什麼？為什麼會有那樣的價值觀？
- 我有著什麼樣的興趣和特殊技能？為何會對那些事情感到有趣？
- 在人際關係裡最重視什麼？為何會有這樣的想法？
- 至今對社會做出最大貢獻的事情是什麼？未來想要做哪一種貢獻？
- 最令你印象深刻的一本書和一部電影分別是什麼？為什麼感動？
- 誰是你人生中最重要的老師或榜樣？

要能寫出二十頁關於自己的內容並不是一件容易的事情，但是完成這項任務的人都異口同聲地表示，無關面試成功與否，這都是一件非常有價值的過程。他們覺得藉由這項每個人都必須執行的任務，不僅回顧了自己的一生，也更深入了解自我，甚至能以全新的觀點遠眺未來。

誠如歷史學家卡爾．貝克（Carl Becker）所言：「每個人都有著各自的歷史，也是自己的歷史學家」。寫出個人史的人，可以成為其人生的歷史學家。當然，撰寫個人史雖然並非唯一一種省察自我、整理人生的方式，但效果是有經過認證的，尤其對於喜愛寫作的人來說，可謂是最佳方法。

日記，觀察自我、與自我對話

亨利·梭羅在二十歲左右開始寫日記，因為他採納了住在同社區的美國代表思想家──愛默生的建議。梭羅在逝世半年前為止一直都保有寫日記的習慣，翻開他遺留下來的三十九本日記會發現，一個人的人生和思維逐漸擴張的軌跡。他的日記充斥著日常事項與值得留意的事件，還有當下腦中浮現的想法等。梭羅認為，比起其他人寫的傳記，透過本人寫的日記更能夠真正了解一個人，因為日記是藉由每天的日常生活記錄，毫不包裝、美化地展現一個人。他在一八五二年一月二十七日的日記中寫道：

> 我時常在想，與其將日記裡的想法改寫成散文形式出版成書，不如直接將日記出版上市或許會更好。日記裡的文字與人生息息相關，因此，不會令讀者閱讀起來備感壓力。日記比其他類型的文章少了一分人工感，多了一份單純感。要不是因為有日記，我想我應該找不到容器可以盛裝我所描繪的素描。單純的事實、姓名、天氣等資訊，其實超乎想像地傳達許多事情。試想，被捆在花束裡的鮮花會比草原上的鮮花美麗動人嗎？[17]

我們從窺探某個人的日記，便能深入了解那個人，因為日記是最誠實的對話記錄。寫日記的行為是一種自我反省與探索的過程，可以藉由一整天發生的大小事重新檢視自己並修煉心靈。從微不足道的小事物看見其中深奧意涵的模式，是深化思維的一種方法，持續進行會看見具體現象，還能培養掌握事情背後的本質或原理。

人生是日復一日的集合，記錄自己的一天才是理解自我與人生的捷徑。將一整天反芻，平心靜氣地寫下日記，那麼你的思想也會被整理得井然有序，用更客觀的角度觀看自己經歷的一切。像這樣把自己退一步保持距離觀察的練習模式，久而久之自然就會開始對自己拋出問題，尋求解答。具本亨就深刻體驗到寫日記的過程對於了解自我有多大幫助，他在集結了一年份日記出版成書的《日常的癡迷心醉》中寫道：

> 記錄的內容會是今日發生的事件、感想、行動等，每一天都是一個小點，人生正是由這些小點聚集而成。今日的記錄是用微視鏡將小點放大。如何記述是取決於身為歷史學家的你，要用何種觀點、品味來記錄自己的歷史。不論是把一整天從早到晚的事情鉅細靡遺寫下，走寫實主義記述風格，還是只擷取特定精華串成歷史骨架，或者按照時間以年代大事的方式書寫，甚至是隨心所欲地記錄都好。總之，那是你的今天，加總起來就是你的人生。[18]

寫日記沒有正確解答，就好比梭羅、具本亨也都是以自己的方式寫日記一樣，只要依照自己想寫的方式進行即可。因為要以自己喜歡的方式進行，才能享受其中，也才能維持長久。

寫日記時最需要注意的一點是：「強迫感」，也就是每天都要完整記錄一天的壓力。許多人對於寫日記一事望之卻步的主要原因也是來自這種心理壓力。克服這項問題的方法是以「一段日記」（1 Paragraph Diary）的方式進行記錄，便可以克服這項問題。「一段日記」的寫作方式非常簡單，可以用各種方式書寫，不論是將一整天摘要出一段精華，還是把一天當中最印象深刻的事件寫成一段文字皆可。有趣的是往往一開始只想寫一段，到

17　摘自《梭羅日記》（*Thoreau's journals*），亨利・大衛・梭羅（Henry David Thoreau）著。無中譯本。

18　摘自《日常的癡迷心醉》（일상의 황홀），具本亨著。無中譯本。

後來都會停不了筆，寫到將近一頁多的份量，算是一種「以小成大」（Small Big）的效果。日記本建議最好選購成人男子手掌的大小，大概是平裝書的尺寸。雖然不限使用筆記本類型，但其實在市面上也有販售「1 Paragraph Diary」專用日記本，這款日記本的座右銘是「一日一段」（One Day, One Paragraph），一開始以這本日記本作為入門款使用也是不錯的選擇。

除此之外，一段日記也非常適合作為一天的開始儀式，也就是每天早晨將自己準備迎接全新一天的心情寫下；當然，要在每天晚上作為一天的結束儀式記錄一天下來的感想，也無所謂，但是要注意，不要淪為反省文；或者設定在中午作為書寫時間也很好，因為中午是回顧上午、眺望下午的絕佳時間點。中午寫的一段日記是在心中畫下一個點的行為，這個點不論是問號（提問、好奇心）還是驚嘆號（感動、領悟）都好，是逗號（休息、淨空）也無妨。

不論用何種方式書寫，日記都會使那些逐漸消失、遺忘的事物永續留存，日記是思維的過程，也是盛裝內容的容器，更是與自身的對話。雖然轉變工具不盡相同，但是所有工具在運用上都有著同樣本質：省察。省察的具體方法當中，沒有什麼是比日記更確實的，因為這是每個人在日常生活中都能實踐的事情。

抄寫與筆寫，用至理名言修身養性

朝鮮實學的權威丁若鏞將抄寫與筆寫作為其最重要的學習方法。抄寫和筆寫幾乎是相同活動，抄寫是指「擷取書本當中最重要或最必要的內容進行記錄或集結成書」，筆寫則是指把書或文章的全部或一部分謄寫的意思。

丁若鏞不斷對弟子們強調，抄寫是奠定學習的基礎，其弟子當中最優秀的黃裳，甚至年過七十也一直實踐著抄寫習慣。黃裳三十歲那年，師父丁若鏞從流亡中解放，他離開康津郡以後，為了維持家中生計，到將近六十歲時都一直過著農夫的生活，但是儘管如此，他也從未懈怠過抄寫一事。他一生抄寫過的文章多如牛毛，堆疊起來早已超越他的身高。他將抄寫與筆寫的文章集結成了《扈園叢書》。

此外，黃裳在六十六歲那年筆寫了《莊子》，他又因師父丁若鏞的建議，將中國宋朝詩人陸游所寫的一千多篇詩詞以極小文字一篇篇抄寫下來。在他謄寫完畢以後，甚至將其感想寫成〈吟誦感懷陸游詩的草書完成〉（육유 시의 초서를 마치고 감회를 읊다）。草書與筆寫一直都是黃裳到晚年的重要進行事項。一八六二年，他抄寫了中國南朝梁代太子、文學家蕭統的詩文總集《文選》，一八六三年二月，七十五歲那年則是專注於抄寫丁若鏞的詩篇。

抄寫與筆寫的用意不只是單純發覺文章或者謄寫文字，而是在閱讀完一篇好文章以後，透過重抄一遍照亮內心並細細品味其意涵。詩人張錫周在其著作《如果是如此美麗的文章》（이토록 멋진 문장이라면）中寫道：

> 抄寫的第一個目的是為了安撫浮躁不安的心，為心靈獲得簡單的歡愉，在心無雜念地抄寫好文句的過程中，為求發現心靈的淨化與靈魂的成長契機。抄寫吧，那麼經典名句裡的光輝將照亮你心，那道光是治癒與希望之光。[19]

筆寫是將文章謄寫並整頓自我。維持著筆寫習慣的人，以「安撫情緒、打開思維、喚醒感覺」來形容筆寫效果。綜合上述理由，抄寫與筆寫才得以在混亂的轉變期當中，成為找回重心的一項訓練。那麼，究竟應該謄寫哪種書籍與文章呢？答案是喚醒自我的書籍和照亮心靈的文章。具體來說，古典和經典名句尤佳。經典名句是可以自我反省、開悟、啟發新觀點的文句，而充斥著這種文句的書籍則為古典。除此之外，還有另一項適合筆寫的文

19 摘自《如果是如此美麗的文章》（이토록 멋진 문장이라면），張錫周（장석주）著。無中譯本。

章想要推薦給各位，那便是「詩」。如果是筆寫初學者，建議從詩詞開始著手會比散文來得更為容易，黃裳就是選擇《莊子》來筆寫，並謄寫其師父丁若鏞以及詩詞典範陸游的詩篇。

自傳、年度大事、日記、筆寫等，不論你選擇用哪一種方法，最重要的都在於寫作時的心態，不管寫什麼都記得一定要腳踏實地保持書寫。每天或者定期重複進行的活動，會造就出一個人，並影響其人生。具本亨是每天凌晨寫作，梭羅則是在凌晨閱讀、傍晚寫作，榮格處於人生轉變期時，將清晨和傍晚設定為寫作時間，坎伯也在轉變期額外設定每天三至四小時寫日記或文章。如果將寫作作為轉變工具，那麼就必須投入相對的時間與努力，每天都要花心思在這件事情上才行，這是不論用任何形式寫作都不能忘記的重要原則。

轉變工具三

旅行
旅行前後的我，不再是同一人

向外出走的浪跡天涯，只是旅行的一半故事，
旅行的本質是由外往內的深入探索。
轉變者是為了找回自己，
甚至進一步為了遇見隱藏的自己而旅行。
等於是將自己投射在陌生環境裡的人、事、物上，
重新認識自我。
轉變期的旅行是一段填滿「新自我」的過程。

約瑟夫・賈沃斯基[1]藉由旅行發覺人生奧妙

「約瑟，我們離婚吧，我愛上了別人。」

妻子向他說道。某個寧靜的夜晚，因為妻子的一句話，人生宛如晴天霹靂徹底粉碎。妻子坦言自己外遇，對方是她就讀休士頓大學時認識的，兩人目前正在交往中，經過一番長談後，妻子向約瑟提議：「從今晚開始，我希望你可以搬出這裡。」他對於這樣的事實感到不可置信，痛苦的情緒交雜著憤怒、混亂、背叛，宛如驚滔駭浪般朝他襲捲而來。他因為深陷絕望而全身顫抖，那是他二十年婚姻就此畫下句點的瞬間。

約瑟在接獲太太的這項通知以前，他的人生可以說是近乎完美。他的父親是負責調查水門案的檢察官，他自己同樣也是享譽美國的知名律師。高中時期交往的女友最後成了他的妻子，兩人育有一子，一家三口住在美麗的城鎮上，一間寬闊又溫馨的房子裡。他有著人人稱羨的條件，甚至連賽馬牧場都有，只因為要培養他的興趣——騎馬。約瑟的人生看似完美，卻因為妻子突如其來的離婚提議而徹底摧毀。他失去的不只是妻子和兒子，而是整個如詩如畫般極其美好人生。

和妻子分居的那段期間，他痛哭失聲、鬱鬱寡歡。雖然是因為失去家人而悲痛萬分，但是另一方面也是非常懊悔過去毫無想法、盲目庸碌地過生活。他將過去多年來背負、壓抑的所有痛苦，藉由嚎啕大哭全部釋放。這是他事業有成以後有史以來第一次放開自我、讓自己的情感得以盡情宣洩，他在辦理離婚的期間連哭了好幾個月。

正因為他那樣毫不保留地傾吐自己的情感，所以時間流逝的速度彷彿變慢許多，過去那些歲月則像夢境一樣模糊，他從未認真感受過每天的每一瞬間，藉由這次機會，他才開始慢慢思考自己在人生中到底要什麼，並透過寫日記和閱讀，第一次深入思索人生哲學與個人問題。

面對旅行，他也改變了許多，比起追求走訪多個景點，他更想與年紀相仿的人交流、談話，因為他想要知道其他同年層的人是否也和自己一樣，對人生充滿著遺憾，他後來發現，只要是社會聲望達到一定程度的中年人，大部分都有著和自己類似的經驗，也就是物質上的慾望已被滿足，卻不覺得自己真的活著，許多人口徑一致地認為自己一點也不自由。他們都想要做一些有意義的事情，但只能茫然的擔憂，被現實問題和世俗慾望搞得裹足不前。

在他聽完這些心得分享以後，他下定決心以後要解開人生束縛，隨心所欲地過日子，這和其他執著於某些事物的中年男子徬徨截然不同，他想要的是——放下所有執著的真正自由。

下好這樣的決心以後，他採取的第一個行動便是衝動式旅行，因為他發現自己從未有過臨時起意、說走就走的經驗，所以某天，他簡單收拾了行李，在毫無行程規劃、預訂機票住宿的情況下，隻身前往法國巴黎。他的行李也十分簡便，這對於平時行程規劃縝密的他來說，是非常不尋常的行為。他只有簡單帶幾本令他印象深刻的書籍——《天地一沙鷗》（*Jonathan Livingstion Seagull*）和《愛的藝術》（*The Art of Loving*），便展開了接下來為期七週的旅程，而這段旅程也徹底顛覆了他的人生。

遠赴巴黎旅行期間，他深深著迷於當地的幾座教堂。某天，他走進沙特大教堂（Cathédrale Notre-Dame de Chartres），被眼前肅立莊嚴的景象看得瞠目結舌，然而就在那時，神奇的事情發生了——周遭的一切彷彿都與自

1　編註：約瑟夫．賈沃斯基（1935-），組織學習協會、全球領導啟動協會創辦人。著有暢銷書《領導聖經》（圓智出版）、《修練的軌跡》（天下文化出版）。

己合而為一，他經歷了前所未有的「一體感」（Oneness）。原本他只打算在教堂裡待一小時，但是因為被那難以言喻的心醉神迷感徹底吸引，所以在那裡待了整整一天，讓自己沉浸在那股敬畏感當中。那是一段奇特又驚奇的體驗，彷彿置身在截然不同的磁場裡，朝世界完全敞開心胸的感覺，和他在旅行過程中閱讀的《天地一沙鷗》裡描述的投入狀態幾乎一樣，書裡寫道：「只要解除思想的束縛，你就掙脫了身體的束縛。」他當時是這樣回想的。

> 那天下午接近傍晚時分，我遊走在教堂內，思索著關於自由的兩種概念。第一種自由是「解脫」，也就是從壓抑的環境中脫身，在父親的影子下奮鬥生存的過去十五年期間，我最常感受到的就是想要從順應中解脫的慾望，但是現在又有另一種概念的自由從心底浮現——用盡全心全力追逐人生目標，而且不靠人為或約束「創造」，任由人生的創造氣息，藉由自我付諸行動。[2]

可以忠於當下，但是任由人生引領自己，這份自由對於約瑟來說是非常重要的領悟，他下定決心，要來實驗看看這項領悟。首先，他先從「心理引導的不可行目標」下手，那看起來像是一場很酷的實驗，同時也是享受旅行的絕佳方法。當時義大利一級方程式賽車大會正進行得如火如荼，他為了一睹自己的偶像——尼基．勞達（Niki Lauda）的廬山真面目，透過各種管道打聽有無方法可以見上一面，但是早在六個月前，觀賞一級方程式賽車的門票早就銷售一空，要再買到門票的可能性幾乎是微乎其微。然而，他並沒有因此而打退堂鼓，他決定先起身前往米蘭，在那裡住一晚，隔天再想辦法。

當他凌晨醒來之際，發現外頭正下著傾盆大雨，距離賽車場還要走四十五分鐘才會到，但他身上沒有攜帶任何雨具。他猛然抬頭一看，發現有個身形和他相似的男子，身穿雨衣、手撐雨傘，正朝著飯店大廳的接待櫃台走來。他毫不猶豫地起身走向那名素未謀面的男子，向他說明自己的情形，並請求能否借用那些雨具。對方以皮笑肉不笑的尷尬表向他答道：「好吧，反正也沒什麼不可以的。」

他就這樣穿梭在滂沱大雨之中，好不容易抵達賽車場，卻仍沒有入場券可以入場。他走向櫃台，誆稱自己是某電視台的體育記者，不小心把通行證遺留在飯店裡忘記帶出門，工作人員最終還是被他那懇切的眼神折服，不得不把多餘的出入證拿給他使用。那天，衝破五十萬名觀眾，他站在賽車手尼基・勞達的法拉利旁，觀看選手們出發。那是一段陶醉癡迷的經驗，在那條起跑線上流竄著一種特別的能量，和他當初在沙特大教堂裡感受到的經驗類似。他當時雖然並未察覺，但是透過旅行，他逐漸注意到所謂的「共時性」。

隔天，他同樣體認到這一點，他和飯店裡遇見的那名借他雨具的男子相約見面，招待他吃頓飯，男子在吃飯過程中提及一段驚人故事，原來他是二次大戰美軍戰鬥機的機師，在某次義大利海岸上展開的空中對決中，擊落了一架戰鬥機。他當時真心希望敵國的戰鬥機師可以免於死劫，於是緊急撥打無線電請求救援，直到救難隊員抵達現場，他都一直在上空盤旋守護。當救難隊員找到機師時，他以低空飛行的方式朝敵軍的機師豎起了大拇指。隨著時間流逝，戰爭結束，他重返美國，收到了一封來自義大利戰鬥機師的信，原來對方是靠飛機機身上的編號找到他的。兩人最終碰了面，義大利機師為了向他致謝，拜託他一起合夥經營自己的皮革工廠，就這樣在姻緣際會下，兩個人成了很要好的事業夥伴，也是絕佳拍檔。約瑟聽完這段故事以後，同樣也經歷了許多類似巧合，這段故事促使他開始關注這種有意義的巧合。

旅途中我獨自生活，享受閱讀，但偶爾還是會想與人往來，神奇的是每當我有這種想法時，就會突然冒出一些驚人的緣分。當時我的內在存有容易使對方接近的特質，同時也有軟弱的一面，當我領悟到原來可以

2 摘自《領導聖經：關於領導力其深層意涵之探索旅程》，(*Synchronicity: The Inner Path of Leadership*)，約瑟夫・賈沃斯基，圓智出版，一九九八年。

用過去從未經歷過的方式和層次與人接觸時，早已經是很久以後的事了。這也是一種實驗，要我保持耐心，將自己交給人生流向，以開放的心態，不疾不徐地等待下一個階段，並把握好上天賜予的良機。[3]

旅行的最後一週，他在坎城的某間小餐館裡閱讀《愛的藝術》，他抬起頭望向窗外，觀看著街道上行走的路人，就在那時，他看見了一名有著褐色大眼的女子，渾身散發著迷人魅力，兩人剛好四目相交，尷尬地對彼此送上一抹淺淺微笑。他重新專注閱讀，約莫十分鐘過後，他再次抬起頭發現，剛才那名女子已經站在他面前，詢問能否和他一起共桌。女子似乎也對於自己會做出這樣的行為感到不可置信。

那名女子名叫柏娜笛特，坦言從未如此主動接近過異性，但是那天不知為何就是想這麼做，也認為非做不可。聽聞女子這麼一說，兩人不禁笑了出來，從此以後成了朋友，一同四處遊玩。他們倆一開始都是以觀光行程為主，聊一些輕鬆的話題，但是不久後就發展成可以聊人生話題的關係，變得比之前更為緊密。雖然只是短暫相遇，他們的緣分卻和其他任何異性關係的層次全然不同，彼此都深深影響對方，一切彷彿就像是上天刻意安排的際遇，讓他試著去實踐《愛的藝術》裡所談到的那些原則。書裡強調，透過愛，可以了解到最深層的世界。

柏娜笛特在旅行結束的那天早晨，忍不住向約瑟表白，告訴他這些日子以來的相處，對她來說意義非凡，對人生也有很大影響。在她離開後，約瑟流下悲喜交加的眼淚，那是一段令人動容的經驗，因為他第一次聽說某個人的人生因他而產生影響，那天得到的教訓強烈到足以翻轉他的人生。

當我們處於以開闊的心迎接人生無限可能、接納人生下一階段給予的任務狀態時，我們會在各自的人生裡遇見極其重要的貴人。（中略）這就好比是和特定對象相遇，卻毫無限制的靈魂結合。在敞開心胸的狀態下，只要有過一次這種相遇，日後必定會再發生同樣情形。[4]

類似這種「靈魂的結合」體驗，在其日後的旅程中也經常發生。儘管結束了歐洲之旅，約瑟也依舊邊從事律師工作，邊找時間安排一些短期度假。某次，他前往懷俄明州的大蒂頓國家公園（Grand Teton）旅行，一早醒來準備起身前往被白雪覆蓋的溪邊釣魚，沒想到一隻土撥鼠突然從層層白雪中竄出，離他只有三公尺左右。土撥鼠用牠那雙漆黑發亮的眼睛直視著約瑟，一動也不動地坐在原地，然而，觀看許久的牠，彷彿是要討約瑟歡心似地，突然開始表演特技。牠一躍而上，做了個後空翻，落地後又再度凝視約瑟的眼睛，彷彿是在對他說：「這招如何？」

一開始約瑟也像個石頭一樣不為所動，但是看到土撥鼠的特技表演後，臉上終於浮現了笑容，他和土撥鼠一樣把頭歪向同一邊。他們倆就這樣互看彼此好長一段時間，當下，他感受到一股奧妙的氛圍，彷彿自己和土撥鼠合而為一的感覺，就和遇見柏娜笛特時一樣，彼此眼神交會時，柏娜笛特、土撥鼠都不再是他者。約瑟徹底感受到自己和他人、甚至和大自然都是密不可分的關係。尤其有件事情是讓他足以用肌膚感受到自己與宇宙有關，當時的他雖然不曉得，但那是許多神祕主義者們稱作「圓神意識」（Unity Consciousness）的自覺體驗。

後來他的旅行依舊持續，同時也體驗到類似「自我」的界限消失不見的經驗，當這些相似經驗反覆發生時，他才終於意識到原來那種「無界限」的狀態是透過有意義的巧合、也就是共時性產生。他努力不想再錯過任何小巧合，並開始將自己交付給人生，任由它發展。某天，他收到了一個包裹，發現裡頭裝有一本小冊子，標題寫著「身為領導者的僕人」，便開啟了他對「僕人式領導」（servant leadership）概念的興趣，也算是對小巧合做出的積極回應，因為那是他長期研究領導力以來，最需要的關鍵拼圖。

他認為是時候該將過去經歷的一切做一番整理了，因此，他獨自前往位於科羅拉多州的斯廷博特斯普林斯

3 同註2。

4 同註2。

（Steamboat Springs），展開為期兩週的旅行，並在那裡下定決心要成立培育「僕人式領導」的團體。雖然他的人生在四十歲那年成功，但那是來自他從未認真為自己活過的痛定思痛中所結出的果實。他在腦海中規劃出「美國領袖論壇」（American Leadership Forum）這種全國性的團體，讓一些和自己當初一樣徬徨、浪費才能的人有所改變。後來透過好幾次旅行，他的這項點子也逐漸有了明確輪廓。

經過連續幾週長考，他終於做出了一項艱難決定——離開做了將近二十年的律師事務所，徹底告別法律界，只為了落實過去一直只有在腦中構思的美國領導論壇。當時他還沒有任何具體想法與計畫，對於課程規劃等教育方法也一竅不通，不僅沒有任何人脈或這方面的專家可以尋求協助，甚至也沒有可以創立全球性組織的資金和資源。然而，神奇的是，儘管他的條件如此令人堪憂，他卻仍有強烈的信心認為這個夢想會實現，因為他對那些透過旅行體認到的共時性深信不疑。那時正好是他接獲太太的離婚通知屆滿五年的時候，這都要拜過去藉由旅行和閱讀治癒身心所賜。雖然在實務面還處於毫無準備的狀態，但是心態上早已和五年前大不相同。他回顧當時是這麼說的。

> 離開公司那天，我跨過了「門檻」，站在新的起跑線上。從那時起，許多神奇的事情發生在我身上，那些都是我從未料想過的事情，也遇見了一連串對我有實質幫助的傑出人才。簡言之，就是在我不費吹灰之力的情況下，獲得了需要的一切，所有情況也都恰好吻合。[5]

這種「有意義的巧合」將他引導至全新的人生境界，他不再想要控制世界，而是任由人生隨時間流逝。後來，他在一本雜誌上偶然讀到物理學家戴維·玻姆（David Bohm）的文章，決定登門拜訪，拜其為師；他在機場裡遇見一名渾身充滿著神祕感的女子，他追上前去，最後甚至一起步入禮堂（對方同樣也在前一晚夢見自己遇見真命天子）。他聽從自己內在的聲音四處拜訪專家，最後成功創立了「美國領袖論壇」。十年後，他接獲荷蘭皇家殼牌公司（Royal Dutch-Shell Group）知名的「腳本戰略規劃組」（亦稱「情景規劃組」）邀約，負責帶領整個團隊，也參與了組織學習相關的研究殿堂——MIT的組織學習中心。現在的他，則從事幫助領導者與組織一同感知新未來、培養創造力相關事宜。

他一直對於過去自己堅守本分、設定好目標往前推動的能力深感自豪；然而，在他好不容易走到人生巔峰的時候卻經歷了離婚風波，使他跌落谷底。經過一連串混沌的黑暗期以後，透過四處旅行結識朋友，不僅重新改寫了自己的人生，還領悟到其他類型的奉獻——「對畢生志業的奉獻」。那是一種信念，當你相信自己的志業和自己只是龐大世界裡的一部分，並在這份信任感當中埋首努力時，就能經歷任何人都想像不到的巧合與相遇，以及物質上的支援，萬事就能夠迎刃而解。至今，他依舊透過自己的人生，證明著這份信念與共時性的力量。

5 同註2。

李潤基[6]
在神話的發源地成為神話專家

作家兼譯者的李潤基，總是自稱「過人」，他甚至將自己的書房取名為「過人齋」，意思是「經過世界的人其住處」，究竟為什麼要稱自己是過人？難道是因為追求人生要到達毫不眷戀的境界？還是一直把自己當作是「浪人」或「行走在路上之人」？有一點可以確定的是，他確實曾在路上獲得關鍵性的領悟。

一九九九年二月，土耳其伊斯坦堡，李潤基坐在馬摩拉海（Marmara Denizi）和黑海之間的海灘邊酒吧裡小酌，和朋友旅行中的他，即將前往希臘一個禮拜。他凝視著黑海，突然想起希臘神話英雄伊阿宋（Jason）和阿爾戈（Argonauts）英雄故事。

古希臘愛俄爾卡斯（Iolcus）王國的王孫伊阿宋，是希臘神話中帶領阿爾戈船跨過黑海、度過重重難關，航向北國科爾喀斯（Colchis）奪取金羊毛的英雄。那是一段充滿險惡的冒險，伊阿宋幾乎是賭上了自己的性命，因為一旦進入黑海，就必須通過一對名叫「敘姆普勒加得斯」（Symplegades）的撞岩，也就是兩座隨時會撞擊在一起的岩石，只要有船隻經過，那兩座岩石就會像自動門一樣開合相撞，把船隻撞得支離破碎。伊阿宋是有史以來第一個成功通過撞岩的希臘人，而自此之後，那兩座岩石也就不再相撞。

李潤基之所以會望著眼前的黑海想起這段故事是有原因的，因為當時的他，早已投入希臘羅馬神話研究多年，這方面的書他寫過好幾本，翻譯作品也逾數十本，幾乎是神話專家的等級。然而，他並不喜歡這個頭銜，一方面是因為對於自己的產出結果不甚滿意，另一方面則是因為讀者反應也沒有特別熱烈。他重新回想伊阿宋的冒險旅程，發現了自己的根本問題。

我的著作並非靠親身體驗或翻譯而成，只有佈滿著密密麻麻的黑色活字，宛如土耳其的昏暗酒吧一樣漆黑，這就像是在彩色世界裡出了一本黑白神話書一樣，怎麼能成得了氣候呢。[7]

他發現自己雖然研究了神話好長一段時間，也寫過多篇文章，卻從未親自踏上希臘神話現場。他之所以會鑽研神話，是因為他相信探討神話是思考人類普遍性與人類根本之事，借用他的說法就是，研究神話是「在眾神之間發揮無限想像力，用無限緩慢的步伐行走」之事，「最終，閱讀神話是思考、想像、行走，以及傾聽難以定義的生命之歌。」然而，在沒有素材和體驗作為基礎的情況下，是無法產生思考與想像的。神話不僅是很久以前的故事，解釋起來還很複雜，因此，非常需要親臨現場實際走一遭，但他卻偏偏缺乏這樣的經驗——在希臘神話誕生的土地上親自觀看、觸摸、感受、思考。這就是為什麼他會將自己的神話書比喻為「黯淡的黑白神話書」。

坐在伊斯坦堡的「昏暗酒吧」裡，看著眼前一望無際的大海，彷彿被雷劈到似地意識到自己該做什麼，他需要親自探查神話現場的經驗，於是下定決心，「好吧！我也要跨過我的黑海，通過我的撞岩！我也應該要奪取我的金羊毛，不是嗎？」如果說伊阿宋的目的地是科爾基斯，那麼李潤基的目的地則是希臘；伊阿宋的目標是金羊毛，李潤基的目標則是在神話發源地用全身重新認識神話，觀看神話現場的照片與博物館遺物照。

雖然心意已決，但還是有諸多問題使他放心不下，比如身體能否負擔這段艱苦旅程、不甚寬裕的經費問題又

6　編註：李潤基（1947-2010），韓國著名作家，著作《希臘羅馬神話之旅》（遠流出版）在韓國銷售達百萬冊，用東方式的情感和想像力解讀希臘羅馬神話，並且認為理解神話是理解人類生命的捷徑。

7　摘自《李潤基的希臘羅馬神話5》（이윤기의 그리스 로마 신화 5），李潤基（이윤기）著。無中譯本。

該如何解決等，當時他和家人一起在美國密西根州立大學社會科學擔任客座教授，偶爾才會往返韓國，在那樣的情況下，長時間的希臘之旅對他來說並不是一件容易做決定的事情。這次的土耳其、希臘之旅也是他經過再三考量才起身前往的，然而，他當時的年紀早已五十二歲，要是再不去走一趟，感覺以後就再也沒有機會去了。

> 我必須前往那裡，我需要通過我的敘姆普勒加得斯撞岩，跨越我的黑海。[8]

他決定將這趟土耳其、希臘之旅作為正式啟程前的前置作業，在希臘停留了一週左右，盡可能探索當地。從天氣、物價到交通，以及停留好幾個月所需物品、照相器材、旅行經費等，統統都打聽得一清二楚。結束旅行回韓後，他立刻開始收拾行李準備出發，因為他認為自己當時的情況不甚理想，要是再將此事往後拖延，肯定又會不了了之。儘管事前已經徹底探查過一輪，還是難掩內心憂慮。不知是因為自己想太多，還是擔心太多，李潤基甚至連續作了好幾天的噩夢，然而，杞人憂天的唯一解藥正是積極準備，這樣才能讓雜念沒有浮現的餘地，恐懼與擔憂也會消失不見。

就如同伊阿宋在展開冒險前都有作好事前準備一樣，李潤基也需要作好萬全準備；另外，故事裡有一位技術高超的木匠叫做阿爾戈（Argo），為伊阿宋蓋建了一艘高速船「阿爾戈號」，李潤基也有一位認識已久的攝影師，願意將昂貴的攝影器材設備借給他使用，並指導他一些基本的攝影技巧。照片是他這趟旅行中一定要帶回來的寶物，因為如果要實現其目標——符合二十一世紀的全彩神話書，就勢必得有一些彩色照片作為輔助。

李潤基把需要在韓國準備的事項統統弄妥以後，於一九九九年七月重返美國。回到美國的他，開始獨自練習使用攝影機，但是礙於他從未認真拍攝過照片，所以攝影實力的進步速度不如預期。至於經費的部分，則是獲得了過去就熟識的出版社贊助，願意支援部分旅遊經費，所以多少也減輕了一些經濟上的負擔。如果說伊阿宋有五十名阿爾戈英雄幫助，那麼李潤基則有一名隨時在側的伴侶，也就是他的妻子與他同行。

李潤基決定花三個半月時間以希臘為中心探訪歐洲四國，由於這趟旅行時間較長，所以光是事前準備就花了三、四個月。要帶的行李也非常多，除了一大箱攝影器材外，還有三台相機（專業用、一般用、小型相機）、各種鏡頭、三角架、三百捲相機膠捲。

一九九九年八月，他終於抵達希臘。為期三個月的旅程，以希臘作為起點，然後沿途經過巴黎、英國，最後抵達義大利羅馬，不僅要親自走訪那些希臘神話現場，還要仔細參觀各個博物館與美術館。這趟旅行的主舞台是西方神話的故鄉——希臘，他在希臘首都雅典娜附近找了一間可以落腳的住處，花了兩個多月時間走遍希臘每一個角落，從南邊的克里特島、斯巴達、柯林斯等，到北邊的德爾菲、塞薩洛尼基、海港城卡瓦拉，以及有著許多古代遺址的薩索斯島，只要是有神話遺址和博物館的地方統統都不放過。繼希臘之旅之後，十月和十一月份則是依序從法國、英國走訪到羅馬，總共只有耗時短短一個月左右，他的目標非常明確，只鎖定在珍藏著希臘羅馬神話相關遺物與藝術作品的博物館及美術館，舉例來說，在法國他就去過好幾次羅浮宮和奧賽博物館，在英國則是從大英博物館開始參觀，後來也陸續走訪了幾間主要博物館，而羅馬他選擇停留一週左右，參觀一些主要博物館和古羅馬遺址。

其實從表面上來看，他的這趟旅行根本不足掛齒，根據他的描述是極其狼狽的，由於攝影器材設備大部分都是從朋友那邊借來的，所以在整趟旅行過程中都要隨時保持警戒，慎怕一個不小心就遺失或損壞；為了節省費用，也必須住在最便宜的旅店；他和妻子通常都得靠大眾交通運輸移動。他一整天必須扛著三台相機，妻子則幫他攜帶四顆鏡頭到處走動。那是一趟無比艱辛的旅程，他卻樂在其中、甘之如飴，因為他可以用全身去感受、體驗過去一直都只有透過書籍接觸到的希臘和歐洲各個角落。

十一月，李潤基從羅馬飛回希臘，短暫停留了幾天便重返美國。結束這趟旅程的他，喝了一瓶在希臘購買的

8 同註7。

傳統烈酒——烏佐酒（Ouzo），然後整整昏睡了兩天。交雜著喜悅、擔憂、懇切、焦急、好奇心與艱辛的這趟「神話之旅」，也就這樣告一段落。

透過這次尋找希臘神話所展開的為期三個月之旅，他究竟得到了哪些收穫？最重要的莫過於有把過去書裡閱讀到的神話發源地與神話裡出現的各個場景都實地走訪了一遍，此外，也透過歐洲幾間美術館親眼觀賞神話相關遺物與美術作品等，並利用相機將它們記錄下來。後來發現從韓國帶去的三百捲相機膠捲根本不夠用，所以在旅行途中還有從韓國再補寄三百捲過去，總共用了整整六百捲。整趟旅行下來，他所拍攝的照片高達一萬五千多張，這些照片在李潤基接下來的十年間完全運用於寫作及神話書翻譯，根據他的說法是，「自二〇〇〇年起出版的希臘與羅馬神話書，都是這趟旅行下的產物」。

伊阿宋當初是為了尋找金羊毛而啟程，李潤基則是為了尋找神話而展開這趟旅行。對於李潤基來說，這段旅程是成長蛻變的契機。旅行為他開啟了新的一扇門，旅途歸來後沒多久，他便接到了韓國某間報社的邀約，讓他連載刊登「開啟新千年的神話散文」一年，於是自二〇〇〇年初落腳於韓國以後，便馬上投入神話書籍寫作。當時的他，早已做好撰寫希臘羅馬神話全彩書的萬全準備，那是曾經紅極一時的著作——《李潤基的希臘羅馬神話》誕生的瞬間。這本書是他旅行歸來後寫出的第一本書，從直接將作者名放入書名呈現來看，或許某種程度上也顯示作者自己已經接納了「希臘羅馬神話專家」這個頭銜。

《李潤基的希臘羅馬神話》[9]系列，是第一部由韓國作家撰寫的大眾化神話入門書籍，早已是知名作家兼譯者的他，憑藉著才華出眾的文筆、人文思維，以及兩百張有助於讀者理解的彩圖和照片，彙整成這部作品，堪稱是「神話圖鑑百科」。出版專家們都對這系列作品讚譽有加，認為文字結合圖像不禁增添閱讀趣味，還能啟發讀者想像力。要是沒有他當初實地走訪拍攝回來的那些照片，或許連想都不敢想像要出版這種書籍。

《李潤基的希臘羅馬神話》在二〇〇〇年六月出版，掀起了韓國的希臘羅馬神話熱潮，這不僅是有史以來第一本銷售破百萬冊的神話書，還是創下總銷量破兩百萬本記錄的系列套書。能夠有如此驚人的銷售數字，多少也有靠一些運氣，因為書籍剛上市不久，他就受邀擔任EBS電視台節目——「李潤基的神話之旅」講師，雖然這件事情不在他原本安排的事項內，但是對於宣傳著作來說，是不可多得的絕佳機會，最後也因此在大眾心目中留下「李潤基＝神話專家」的印象。

二〇〇〇年九月，他甚至進一步將一九八九年翻譯的湯瑪斯・伯爾芬希（Thomas Bulfinch）著《希臘羅馬神話故事》進行全面性的修改，然後再版重出。為了讓讀者可以同時享受閱讀文字和觀看圖像的樂趣，他將自己在旅途中拍下的照片，包括畫作、雕刻、建築照片等，共千張全彩照統統收錄於書中，除此之外，還額外加上圖說與註釋來補強伯爾芬希的原文，而這也是為什麼他的名字在書封上呈現時，旁邊寫的不是譯者而是寫「編譯」的原因所在。他非常自豪這本書和過去出版的神話翻譯書不同，和其他任何神話套書也都不一樣。

李潤基將自己在旅行過程中獲得的知識與經驗，運用在往後十年修改重出過去翻譯過的四本神話書，並推出了八本神話著作。許多書都登上了暢銷排行榜，至今依然備受讀者愛戴。比起這些外在成果，更亮眼的是他的內在成就，他在最後一本神話著作《李潤基的希臘羅馬神話5：阿爾戈英雄冒險故事》（이윤기의 그리스 로마 신화 5：아르고 원정대의 모험）中，如此定義這趟旅行：

【圖說】如同為了搶奪金羊毛而展開的旅行為伊阿宋開啟了新的人生之門一樣，這趟探索神話之旅對於李潤基來說，也是蛻變成神話專家的關鍵轉捩點。〈伊阿宋與金羊毛〉，紀元前三百四十～三百三十年。

9 譯註：台灣曾翻譯出版本系列第一冊，書名為《希臘羅馬神話之旅》，遠流出版，二〇〇五。

更重要的是，我已經不再懼怕我的黑海，就如同伊阿宋的阿爾戈號順利通過撞岩以後，兩座巨石便不再相撞一樣，如今，我的撞岩也不再能阻撓我的去路。自從我啟動船隻航向我的黑海以後，恐懼、擔憂與舉棋不定便從我身上徹底消失。10

坐在土耳其酒吧裡凝視著黑海所下的決心——在神話的起源地靠著自己的雙腳一步一步認識、探索，是一項偉大的決定。他順應著那份決心，展開為期三個月的探訪神話之旅，這段旅程在他的人生中成了「偉大的開始」。透過旅行，不僅開拓了空間上的視野，精神上的視野也被拓展，培養出用全新觀點看待神話、思考神話的力量。伊阿宋的冒險故事對於希臘人來說是朝向新世界做出新挑戰的寓意，而這趟探索神話之旅對於李潤基來說，則成了自身的神話。

「旅途之人」（Homo Viator），人類會透過旅行而有所領悟

具本亨在人生轉變期安排過兩次長期旅行，一次是四十二歲到智異山進行為期一個月的斷食之旅，另一次則是離開任職二十年的公司，獨自展開為期一個半月的南島旅行。

他在「操控我的三種熱情」當中就有將旅行列為其中之一，然而，在工作超過十五年從未認真旅行過的他，終於再也耐不住鬱悶，只好在他工作第十六年那年下了一個果斷決定。他請了一個月的長假，到智異山裡進行斷食，這是一段「內在之旅」。斷食中的某天清晨，他突然找到自己的畢生志業——成為作家，自那時起，他便開始每天凌晨寫作，維持十個月後出版了第一本書。

第一本書出版後再隔三年，具本亨離開了公司，他辭職後做的第一件事情就是旅行，等於是每工作十年就休息一個月，總共給自己兩個月的休假，然後獨自走遍南島。他沒有安排任何計畫，隨著自己的步伐、看哪個地名吸引人就去哪裡，循著腦海中的記憶、感受著旅人們的足跡，四處漂泊流浪。他透過旅行，放下過去二十年來一直操控自己的習慣，探尋心靈的邊境與奧妙之處，放慢腳步、發現新的自我。對他來說，這是一趟尋找自我之路。旅行結束後，他成立了一間具本亨改變經營研究所，成為一人企業家，從此展開新人生。他強調：「要是沒有那兩次的長期旅行，我應該不會成為作家，也不可能以一人企業家的身分在社會上占有一席之地。」

10 同註7。

賈沃斯基同樣也是在離婚後毫無規劃的情況下，拎著一個小背包，裡頭裝了幾本書便起身出發去旅行。那是一段衝動的冒險，隨著自己的心意浪跡天涯，並將此行視為是一場「把自己託付給人生自然動向」的實驗。他在自己的第一本著作裡回憶這趟旅行時說道：「當時的我還不曉得，原來這趟旅程是非常重要的初期階段，使自己走向將來富含意義的學習。」

真正想要了解自我的人，都必須起身離開；懷抱著根本問題、想要尋找解答者，也必須離開安逸之地，踏上未知的陌生道路。安逸之地是目前所在的地方，陌生之地則是某個未知的地方。這趟旅程不論是內在道路還是外在道路，或者兩者皆是，我們都得成為「旅途之人」（Homo Viator），也就是「旅人」。自稱是「過人」的李潤基說：

> 解開被牢牢綑綁住的人生，浪跡在充滿著冒險與試煉原野上的人，不抗拒人類未知世界與該世界無數經歷的人，這些人我們都認識。透過這樣的經驗，會讓那些「過人們」了解人類未知的事物，讓原本不存在的東西變得存在。[11]

流浪在全然陌生的環境裡進行探索，才能找到隱藏在自我深處的真面目。行走在冒險與試煉的原野上，在該處不抗拒光線與黑暗的人，方能找到真正的自我。具本亨與賈沃斯基的旅行，恰巧是轉變期旅行的最佳範本，那麼，轉變期的旅行本質究竟是什麼？轉變期的旅行又有哪些特徵？

尋找「自我」的旅程

朝外部世界展開的旅行是有終點的，但是轉變期的旅行卻沒有終極目的地，因為自己就是旅途的終點。轉變期的旅行主要是在探究自我，我們是為了重新找回自己，與隱藏的自己相遇而旅行。旅行是用「新我」填補自我的過程。

有時透過旅行，我們會看見不同的自我，這究竟是為什麼呢？首先，因為我們比較不用在意他人的眼光，還能卸下身分、角色與責任，將那隱藏已久、自己也沒察覺到的「自我」展露無遺。此外，從旅行是「內在與外在的相遇」這點來看，就足以形成很好的條件來發掘自我。旅人往往會和外在不熟悉的事物接觸並擦出火花，藉此看見全新的內在自我，等於是全新的環境召喚了全新的自我。要是仔細觀察會發現，那其實並不是過去從未看見過的自我，只是偶爾會綻放一下光芒，隨即又會躲進社會面具（角色）的背後，所以才會被忽略沒有看見。換句話說，旅行並非能使人改頭換面，而是把隱藏在深處的各種自我面貌撈出水面，旅行是重拾自我的過程。

不過話說回來，李潤基的希臘之旅是「找尋神話的旅程」，同時也是為了發掘「神話專家李潤基」而啟程的儀式；具本亨獨自前往的兩趟旅行恰巧也有著異曲同工之妙。從表面上來看，李潤基與具本亨的旅行好似南遠北轍，兩者截然不同，但從本質上來看其實是一樣的，因為都是尋找自我潛力之旅。具本亨同樣也是透過兩次的單獨旅行，發覺到隱藏於內在的「作家」面貌（從很久以前就有過念頭在將來要出一本改變經營管理書），以及能夠走上「一人企業家」之路的力量。

榮格是從一九二五年起至一九二六年止遠赴非洲旅行，如果說與佛洛伊德訣別後開始接觸潛意識是榮格最重要的內在經驗，那麼非洲之旅在他的人生中則是最重要的外在經驗。

當時年過半百的榮格透過遠赴非洲旅行，離開了長年居住的歐洲，拓展了對陌生文化與思維的興趣。然而，

11 摘自《李潤基的希臘羅馬神話5》，李潤基著。無中譯本。

旅行中的他發現，原來自己是把這段旅行當作逃避沉悶現實的手段，這種逃避式的旅行主要目的不在尋找自我，反而還會迷失自我；亦即，榮格自覺到在外四處遊走的旅行成了迴避內在探索的手段。在此並非指不要去走訪外部世界之意，而是在進行外部旅行的同時也要觀察自我內在的意思，也就是隨時檢視緊湊的旅遊行程是否會消磨掉反省內在自我的餘裕之意。

我們通常會將旅行視為是在外遊走、四處觀賞的行為，但這只有說對一半，尋找自我的旅行是由外而內、從淺至深的過程，藉由外在陌生環境裡所遇見的人事物以及偶發性事件來做為借鏡，這才是轉變期旅行的核心。

拿著羅盤衝入其中的探險家

通常提到旅行，大多數人都是按照事先規劃好的行程表，跟著導遊或團體一起行動，這些參加團體旅行或者包套旅行的遊客，往往會被有限的時間追趕，以車代步，只為了爭取更多時間踩更多景點，旅遊方式也是屬於走馬看花型，到了特定景點就下車拍照留念、購買紀念品等，宛如到處打卡般走走停停。我們之所以會想要旅行，其實最主要就是為了脫離日常的枷鎖，但要是再度跳入另一個圍籬，便稱不上是轉變期的旅行。

轉變期的旅行和舒適、效率等這些單字相距甚遠，冒險與探索才是其特徵。因此，轉變期的旅人比較不會按照旅遊書推薦的行程走訪各地，比較近似於拿著指南針走入未知世界的探險家。探險家走的路不會是流淌著鮮乳或蜂蜜的樂園，比較接近穿梭在黑暗的迷宮當中，或者掉入河川深淵裡冒險犯難，就好比伊阿宋經歷了通過撞岩的絕命危機一樣，轉變者有時也會面臨巨大危機。榮格在非洲旅行時，不斷被自己可能會被蛇咬死的預感折磨，與他同行的友人則為了使他安心而走在隊伍前頭，還幫他抓了十幾隻以兇猛、動作敏捷著名的曼巴蛇；同樣有著預感認為一趟冒險犯難的旅行將會是通過自身撞岩的李潤基，則是在旅行途中碰上死傷人數高達數百人的大地震，這讓他曾經一度認真思考是否該中止旅行。

韓飛野（한비야）在三十四歲那年毅然決然離職，開啟了為期七年的獨自一人環遊世界之旅。她在一九九六年出版的第一本書《風之女，行走地球三圈半1》（바람의 딸 걸어서 지구 세 바퀴 반 1）中自白，放棄了自己過去熟悉安逸的人生、走遍世界各地付出了昂貴代價以後，她瞭解到一件重要事實，那就是「航向世界之海的這艘人生船，掌舵者是自己，不能由任何人代勞，也萬萬不可交給他人。」換句話說，不論人生路走得崎嶇坎坷或者平坦順遂，都應該由自己牢牢緊握人生重心，跨步向前邁進的意思。

如今，相隔第一本書出版已有二十年之久，現在的韓飛野究竟和當初有何不同？她在過去這段期間換過不少職業，第一次出發旅行時還是宣傳專家的她，經過七年的環遊世界一圈之後，成為了真正的旅行家。結束旅行後寫了幾本旅遊書的她，在四十二歲那年搖身一變，成了緊急救援專家，開始走訪世界各地救災現場，然後她下定決心，要將自己親身經歷的國際救援現場與理論、政策結合，於是在五十二歲那年遠赴美國留學，在美國塔夫茲大學弗萊徹法律與外交學院學習人道救援，並順利取得了碩士學位。自二〇一二年起，每年她都會花將近一半時間在大學教書，其餘時間則用來從事國際救援活動。雖然看起來想法會隨著她的職業而有所改變，但是其本質思想依舊和當初沒兩樣，反而變得更加堅定。她在二〇一五年出版的《一克的勇氣》（1그램의 용기）中強調，過去她從人生中獲得的最大領悟是，「自己才是人生這艘船的船長」。

韓飛野的意思是：自己才是人生的主人。乍聽之下，這是再理所當然不過的一句話，但是對她來說，為何會是需要特地點出的重要領悟？因為人生就好比是航向未知世界的漫長旅途，若要通過一片汪洋大海，就很可能會遇見颱風肆虐、被風浪追逐、暗潮洶湧等情形，但是如果因為害怕擔憂而不啟動船隻，那麼就無法展開真正的人生旅途。要是因為不想面對大風大浪而讓其他人替你掌舵，或許當下會輕鬆許多，但勢必也會離自己的人生愈來愈遠；當然，也不可能激發出各種沉睡在自己內心深處的可能性。風平浪靜的大海無法培育出實力堅強的船長，若不是一名有能力的船長，也無法盡情在人生中探險。

轉變的其中一個目的是變成人生的主體，因此，轉變期展開的旅行也會距離舒適很遙遠，也就是說，轉變期的旅行不會是安排好的套裝行程，會比較接近背包客式的旅行，需要冒險犯難、跨過生死的那種，至少不能是仰賴導遊帶領或者按照預定路線行走的享受型觀光，也不能成為尼采所說的那種「旅行中成為被觀看的對象」。轉變期的旅人要成為旅行的主體而非客體，也就是主動型的觀察家，尼采甚至更進一步說：旅行者當中最高等級的人，是「經歷了所見之事並把它們全部融入自身，一旦回家就必定把它們全部傾而出，在行動上和作品中展現出來。」

帶著疑問出發的探索之旅

旅行是「濃縮過的人生」，韓飛野甚至說，旅行一年等於平凡人生的十年，表示旅行過程中的體驗非常多。而轉變期的旅行才是真正用全身去感受人生中的重要問題，屬於濃縮型任務（Quest）。

二十八歲那年正逢轉變期的坎伯，向母親借車展開了獨自橫跨美國國土的旅行，當時的他只有大概的行駛方向，沒有明確目的地，但是他的旅行目標非常明確——必須藉由這趟旅程找到自己的人生目標和未來出路。他想要尋找和內心渴望的事物相符之事，把自己寄託在那件事情上。

坎伯的旅行大約維持了一年，幾乎是「流浪」的境界，根據他的說法：一切都是可能性，一切都是線索。那次的流浪，是可以用鼻子嗅著周遭氣味四處遊走的機會。後來他表示，居無定所、浪跡天涯的日子，可以讓自己逃離思考的牢籠，掙脫囚禁自己的偏見，並從中發覺自己的定位。

坎伯在四處旅遊的過程中，靠著閱讀與寫日記，不斷努力尋找自己究竟要的是什麼。雖然到旅行結束為止都沒能明確找出自己的天職，但是他有發現一項重要的線索，過去在大學時期學習生物學與數學的他，透過這趟旅行徹底體認到自己不適合走科學，平時感興趣的人類學也從人生清單中剔除掉了。除此之外，他還獲得了幾個線索，舉例來說，他寫了一些自己感興趣的「原始」與「美國印第安族」議題文章，並發現自己比較適合走文學而非科學之路。

轉變期的旅行不是按照制定路徑（course）行走，而是帶著內心重要的疑問展開探索。疑問（question）裡面其實已經帶有探索（quest），疑問會啟動探索，探索則是解開疑問的過程。要是沒有疑問，就沒有探索的理由；沒有探索，則無法解開疑問。

具本亨準備前往智異山進行斷食之旅時，內心其實一直有著這樣的疑問：「我是誰？我真正想要的是什麼樣的人生？」因為他一直以來都是為了家庭生計問題而操心，況且身為一家之主，根本沒有時間想這個問題，但當時的他已經壓抑許久，感覺內心已經承受不了這些壓力，隨時都有可能會爆發。約瑟夫・賈沃斯基也是藉由旅行，向自己拋出了根本性的問題，「現在的我過著什麼樣的生活？預計會走向何處？對人生有何期許？」這是很重要的問題，卻也是他從未認真思考過的問題。答案分明在自身當中，但是為了找尋解答，他卻需要一段遠行，究竟是為什麼呢？為什麼一定得靠遠行才能找到藏在內心裡的答案呢？

某次，榮格聽聞英國作家托馬斯・布朗（Thomas Browne）說過的一段話以後深表同意，「在外尋找摸索的敬意，其實在我們自己身上就有了。非洲的一切，以及非洲的敬意，都在我們內心深處。」並說道：

> 正是這句。然而，為了讓自己接納這個重點，所以需要遠赴非洲。[12]

12 摘自《榮格與非洲》（*Jung in Africa*），布雷克・懷爾・伯萊森（Blake W. Burleson）著。無中譯本。

下象棋時往往容易當局者迷，旁觀者清，因為退一步反而能掌握大局，觀看事情也較為客觀。旅行就如同當一個自身的旁觀者，一趟旅行回來就會看清自己過去所在的位置。另外，轉變者雖然是手拿指南針的探險家，但並不依賴地圖。對於轉變者來說，內心疑問會扮演地圖的角色，比起按照規劃行走，他們更追求自由，並敞開心房，隨時迎接因緣際會。

回到「本來的自我」

賈沃斯基在旅行過程中領悟到兩種自由，這絕非偶然。除了「解脫的自由」與「任由人生動向帶領自己」的自由外，他在旅行過程中還有領悟到另一項自由，那就是「成為本來的自我、最高貴的自我」。他強調，「這種自由是所有尋求自由的人都有的，尋找方法是改變我們的意識水準以及改變對自己的思考方式」，旅行是在未知道路上用全身進行的具體體驗，這種體驗不僅會影響、甚至還會開拓一個人的精神領域。一旦精神變得寬廣有深度，旅行的舞台同樣會變得寬廣，體驗則變得更加具有深度。通過旅行，身體和精神會相互作用、深化昇華。

榮格透過非洲之旅，體驗了其內在的「非洲」（潛意識），並試圖確認自己的存在理由。具本亨之所以會離開公司、啟程旅行，其中一個理由正是因為想要把戴了二十年的職場面具摘下，進而挖掘出躲藏在內心深處的自由靈魂。他在旅行的期間不斷反覆問自己，究竟能否走上一人企業家之路，這並非因為舉棋不定，而是透過不斷的反問來培養自己的內在力量。

旅行是指遇見身處在不同空間、說著不同語言、有著不同風俗以及用不同方式生活的人，並對他們加以觀察，然後在這段過程中樹立自己的生活方式。我們透過旅行會確實感受到活著的方法其實很多元，與此同時，你也會了解到原來人們活著的方式也大同小異，不論走到哪裡，人人都是一天吃三餐、晚上睡覺、組成家庭、工作等，換言之，人會透過旅行同時體驗到特殊性與普遍性，並藉由這段過程發現「自己的獨特性」。

「我們不應停止探險。所有探險的盡頭都將抵達我們最初的起點，並且重新認識這個地方。」美國詩人艾略特曾經說過的這番話，可以完全套用在旅行上。真正的旅行，是回到自我的過程——甚至是重新發覺本來的自我；是一趟流浪於外在空間並於內在空間進行探索的旅程，由出發、旅程、返還形成的巡禮之路。

從旅途中獲得啟示的方法

我（昇完）在轉變期的時候安排過兩次旅行，第一次是在二〇〇九年七月正進入轉變期的時候，人生第一次嘗試獨自旅行，對於當時的我來說，無疑是一大挑戰。出發前我憂心忡忡，因為自己是個容易寂寞且不太會找路的路癡，我的擔憂從行李的大小就能看出，當時明明是夏天，照理來說衣物較薄，行李也應該要較輕才對，但我的背包卻是快要爆炸的狀態，塞滿東西。甚至到出發前一刻依舊忐忑不安，所以還重新規劃了一次旅途路徑、宿舍、交通等事項。

原本預計會是為期一週的旅行，最後不到四天就宣告中止，而這四天當中有一天是和當地朋友一同度過的，所以嚴格來說，真正獨自一人旅行的時間只有短短三天。雖然當時中斷旅行的主要原因是因為梅雨季的到來，但那其實只是藉口，真正的原因是因為耐不住寂寞，一點也不想再繼續旅行。最終，我連原本規劃要去的甫吉島都還沒到，在海南大興寺就決定掉頭。對於當時的我來說，那已經是極限。

後來在二〇一五年三月，我安排了第二趟旅行，因為我總覺得應該要走完六年前半途而廢的旅行，而這次我同樣將旅行期間設定為一週，可是對於獨自旅遊一事依舊覺得不自在。我原想重溫二〇〇九年走訪過的那些地方，然而心念一轉，我決定跟隨自己的心意，愛去哪裡就去哪裡。這次我沒有安排任何計畫，只有設定要去尋找幾年前過世的兩位「心靈導師」——法頂禪師（법정 스님）和具本亨的足跡。

最終，我享受了八天的單獨旅行，要是沒有原定行程，我其實很想再多旅行一週。這次我不再對獨自一人吃飯感到彆扭，自己一個人走在街上也能自在地哼唱歌曲，旅行即將結束之際，甚至對於不能再繼續旅遊感到自責。

正因為當初根本沒料到自己可以獨自旅行超過一週，所以才會事先排滿了旅行結束後幾天的行程。雖然很遺憾旅行不能夠繼續，但是順利歸來的我，心理卻是無比踏實，因為相較於前一次的旅行，我很肯定自己又往前邁進了一大步。

旅程送給我的三個啟示

我透過第二次的旅行領悟到了三件事。

第一件事是我瞭解到「寂寞」與「孤獨」之間的差異。過去我一直以為，寂寞和孤獨是同樣的情感，但我後來發現並非如此，寂寞是伴隨著斷絕與孤立的情感，也就是和平時依賴的特定人事物斷絕或隔離時所產生的情感；孤獨則是指不依賴任何事物的心態，懂得一個人獨處、思考、說話、行動的那種度。從某種意義層面來看，寂寞是指「想要逃離孤獨的情感」，無法欣然接受孤獨這件事，也無法享受孤獨的狀態。寂寞是一種情感，孤獨則是一種存在方式。寂寞的另一個名字是依賴，而孤獨的另一個名字則是自尊。

初次單獨旅行時，我是感到寂寞的，然而，第二次的旅行就不一樣了，整趟旅行過程中，我都只是孤獨絕非寂寞。我終於可以體會，為什麼神學家保羅．田立克會說：「寂寞是用來表達獨處時的痛苦；孤獨則是用來表達獨處時的狂喜。」如果說我從第一次單獨旅行中找到的是「可以克服寂寞的自己」，那麼第二次獨自旅行則讓我發現了「可以享受孤獨的自己」。

第二件事是對「孤立」與「自立」有了深入洞察。經過轉變，我最想得到的是自立，但是實際上卻招來了孤立。孤立和自立是截然不同的概念，如果說孤立是帶有斷絕與迴避的性格，那麼自立就是與自律和自由有著很深的關聯。自立生成於自律與自由之地，我卻將孤立與自立混為一談，不斷想要靠斷絕與迴避來達成自立。這也是為什麼我會經常感到焦慮不安、陷入茫然的原因所在。

我領悟到的第三件事情是「一個人旅行，是人生中非常好的一段訓練」。獨自旅行會碰上各種大小事都得自己去瞭解、自己作決定的過程，正因為凡事自己作決定所以自由，但也因此得由自己全權負責。換句話說，獨自一人的旅行，是全靠自己一手創造的。要是以奴隸、俘虜、受害者的心態，是絕對不可能獨自完成旅行。你必須具備主人精神、自律性、自立的態度，才有可能單獨旅行，而旅行也是培養這種心態的最佳訓練方法。

旅行的目的是旅行本身

旅行的重點不在於去多遠或者去過多少地方，重要的是旅行過程中你的神智是多麼的清醒。去過許多知名景點，打卡式遊賞各個遺址地，不能算是一趟好旅行。旅行是找尋內外過去世界的旅行，比起目的地，態度更為重要。

荷馬（Homeros）的史詩《奧德賽》（*Odyssey*），主角奧德修斯（Odysseus）是希臘聯合軍的將領，參加特洛伊戰爭奮勇殺敵十年，最後雖然拿下勝利，卻在回程途中發生了一些事情而顛沛流離了好長一段時間，歷經千辛萬苦才回到故鄉伊塔卡（Ithaca）。透過這段返鄉旅程，奧德修斯成了截然不同的人，他經歷了各種大小試煉，過去傲慢的姿態已不復見，取而代之的是謙虛。他從一個擅於權謀術數的人，徹底變成才智多謀的賢人。受奧德修斯這段冒險旅程啟發靈感的希臘詩人康斯坦丁諾斯．卡瓦菲斯（Constantine Cavafy），寫了一篇名為《伊薩卡》（*Ithaka*）的詩篇，其中幾段寫道：

當你啟程前往伊薩卡，

但願你的道路漫長，
充滿奇蹟，充滿發現。

讓伊薩卡常在你心中，
抵達那裡是你此行的目的。
但路上不要過於匆促，

最好多延長幾年，
那時當你上得了島你也就老了，
一路所得已經教你富甲四方，
用不著伊薩卡來讓你財源滾滾。

用伊薩卡賦予你如此神奇的旅行，
沒有它你可不會啟程前來。
現在它再也沒有什麼可以給你的了。[13]

旅行是通往其他世界的冒險與探索，古今中外，所有英雄神話當中具有資質成為英雄的人，都會離家走上未知道路。類似探險的旅途會改變他們的人生，提供他們成為真正自我的機會。旅行前的我與旅行後的我，再也不

13 摘自《詩啊，你真美！》（시야, 너는 참 아름답구나！），具本亨改變經營研究所。無中譯本。

是同一人。他們並非因為是英雄所以展開冒險，而是冒險使他們成為英雄。

旅行的目的是旅行本身，旅程則是其補償；這句話就和「完整存在於此時此地」是一樣的意思。旅行是體驗此時此地的現在進行式，而這也是啟程者要保有的最重要態度。

轉變期旅行的五大技巧

第一，轉變期旅行的本質是內在與外在的相遇，旅行是行走於道路上的事，如果想要藉由旅行踏上「心靈之路」，就得懂得感受「路途上的心意」；要懂得發現心意，並且用心投入。獨自一人走久了，有時思想會簡化，彷彿進入冥想狀態一樣清空心理所有雜念。此時，我們可以靜觀其變，你會發現一條隱藏在內心深處的道路。用心摸索著蜿蜒崎嶇的道路行走，是「外在地理學與內在地理學合為一體」的過程。

第二，轉變期的旅行最好獨自進行。離開過才看得清過去自己所在位置，獨自一人時也才能夠更看清楚自己。獨自一人的時候，我們會更自然地回頭檢視自己，因為會直接面對到「實際存在的孤獨」，此時此刻，也會以較為客觀的視角觀看自己正在執著什麼、利己之心、貪念慾望等。轉變期的具本亨與約瑟決定獨自旅行，韓飛野也是，不只獨自一人走遍世界各地，就連韓國國內巡禮也獨自完成；她推薦獨自徒步行走是最佳的旅行方法，原因是「自己一個人旅行，可以藉由遇見的人事物看見欣賞的自己、討厭的自己，慢慢對自己更有所了解」。

要是對單獨旅行感到困難，不妨找個人旅伴也可以。出發去尋找神話的李潤基就是和太太一起同行的；眼看醫師執照考試就迫在眉睫，卻騎著摩托車前往中南美洲旅行的切．格瓦拉，則是和他的好友阿爾貝托．格拉納多（Alberto Granado）同行。但是切記，旅行人數最好不要超過兩名。為了自由探索自我，短暫脫離社會關係是必要的。除此之外，慎選旅伴也很重要。因為在旅行過程中彼此的慾望很容易無法達成共識，所以一不小心就很可能會起衝突，甚至失去這段關係也不一定。心靈相通、彼此互補的人才是最好的旅伴。

第三，行李最好只帶自認最簡化的程度再縮減一半即可，我們從蝸牛為何可以終其一生整天扛著比自己身體還要大的房子行走便可得知，因為牠的房子裡空無一物，什麼都沒有。旅人的行囊要和蝸牛的房子一樣，行囊的重量與旅人對旅行的擔憂成正比，真正擅長旅行的人，會懂得盡可能縮減自己的行李，因為他們心知肚明，行李的重量與自由度是成反比的。儘管非常時期並非靠物資來應對，但是旅行新手依舊會想要透過各種物品來淡化內心的不安全感，而旅行經驗較為豐富的老手則都知道，一旦踏上旅途，那些擔心的事情幾乎都不會發生，就算真的發生，也一定會有人出手相救。

第四，走路即是反省、學習。就算是同一個空間，也會依照你是徒步行走還是搭乘汽車而有不同感受。人類的視線會因速度而受影響，徒步行走雖然是最緩慢的旅遊方式，卻也是最能夠完整觀察周遭一切的方式；汽車雖然移動快速，但是無法徹底觀察周圍環境。旅行的本質是過程，那麼要是從徒步與搭車這兩種方式來看，兩者不只是速度上有差異，時間觀念也不同，眼睛所看、耳朵所聽的事物也會不一樣，走過的路截然不同，思維與體驗自然也大相逕庭。要是搭車旅行，就不可能用全身去感受旅行過程，也就無法培養眼界，因為無法仔細觀看或長時間觀察。

具本亨在離開公司以後展開的旅行過程中，抵達南島地區時他是以每天行走二十公里的方式旅行。這麼做的目的是為了思考、為了休息，也為了克服對未來的不安與自立門戶的恐懼。自認是「職業散步家」的梭羅，總是以步代車。偶爾安排一趟旅行，也不會利用馬車或火車等交通工具，而是偏好以徒步的方式行走在大自然裡。具本亨和梭羅都清楚知道一件事，領悟是來自路上，而非車上。

第五，閱讀與寫作是旅行的良伴。我們從各個人物故事中可以看出，閱讀、寫作、旅行這三者是非常契合的事情，約瑟每次出發旅行前都一定會隨身攜帶幾本書，有趣的是，他每次都會帶過去令他印象深刻的書來重新閱讀，而非攜帶從未看過的新書。儘管是同一本書，也會依照何時、以什麼樣的心態閱讀而有不同感受。尤其他不只閱讀，還在旅行過程中寫日記，將沿途發生的事情、看過的美景統統寫下，並把書本和旅行中學到的點滴詳細記錄。

具本亨也在旅行中閱讀、寫作，譬如，到南島旅行時，他帶了幾本書放在背包裡，走到海南大興寺時，就閱讀與這間寺廟有一段淵源的西山大師（휴정）著作，閱讀完的書則寄回家中來減輕行李重量。當他抵達康津茶山草堂時，他邊想著茶山丁若鏞邊寫作，每天仔細記錄旅行點滴。後來出版的《離開與相遇》（떠남과 만남），正是集結了所有這段旅程的記錄而出版成書，而這本書也是他離開公司以後推出的第一本著作。

我（昇完）通常在準備出發旅行時，也一定會帶上幾本書。二〇一五年獨自展開的那趟旅程也是，那次旅行的主要目的是為了找尋我的心靈導師具本亨與法頂禪師的足跡，所以我帶著各一本他們的著作啟程出發，我置身在松廣寺（송광사）佛日庵與雙磎寺塔殿（쌍계사）等禪師們生前待過的地方，翻開法頂禪師的著作《無所有》（무소유），細細咀嚼著書中幾個段落的文字。不知為何，待在禪師們長期身處過的地方閱讀，書裡的文字彷彿都活了過來，與我一同喘息。書與我之間再也沒有任何隔閡，我可以用全身感受那些文字內容。旅行途中的閱讀樂趣在於——在作者待過的地方閱讀其著作。我之所以能把當時的景象記得如此清楚，正是因為我都有寫日記記錄的緣故。寫作不僅可以將旅行體驗留下記錄，還可以長久保存、隨時取閱。

由此可見，閱讀、寫作、旅行這三者，就像三兄弟一樣意氣相投，閱讀是「坐著進行的旅行」，旅行是「行走的閱讀」，寫作則是「用手書寫的旅行」，當三者結合在一起時，便能發揮相生的效果。

小說家馬塞爾．普魯斯特（Marcel Proust）曾說：「真正的發現之旅不在於尋找新風景，而是擁有新眼光。」旅途歸來的人與出發前是截然不同的存在，因為一段旅程會改變一個人。結束旅程返家的人，會用不一樣的視野與思維看待過去熟悉的世界，不僅內心變得更為廣闊，人生也變得更有深度。旅行與人生就是這樣產生連結的。

轉變工具四

興趣
用專注與喜悅，重新創造人生

轉變期的興趣是指：完全沉溺於某件事。
雖然會像日常生活中的興趣一樣帶來樂趣，
但是投入程度會比平常深，也有著非凡意義。
不同於業餘愛好者（hobbyist），狂熱分子（mania）是透過興趣體驗「至極」，
當你投入得愈深，自我的界線就會變得愈模糊，同時也提升自我。
這些人重視的往往不是結果，而是專注投入時的那份喜悅，
他們清楚知道，唯有在深刻投入的過程中，才能擁有一副雪亮的眼睛。

保羅・高更[1]
藉由興趣轉變人生方向

代表法國後期印象派的畫家——保羅・高更（Paul Gauguin），其實到三十五歲以前都是個平凡上班族，但這件事情卻鮮為人知。他過去是一名成功的證券交易員，由於生活優渥，一開始只是單純收藏畫作，以此作為「富人的高尚興趣」，後來才開始親自作畫。不同於其他畫家從小就被開發作畫潛能，高更開始畫畫的時間相對較晚，是在二十六歲那年，而他真正開始稱自己是畫家（artist-painter）而非股票經紀人，則是從三十五歲開始。

由於父親英年早逝，自幼家境貧寒，他十七歲那年擔任實習領航員，負責船舶的航行路線，搭著貨船環遊拉丁美洲與北極等地，二十歲時收到海軍徵集通知。擔任海軍的三年期間，他人在印度得知了母親逝世的消息，趕緊折返巴黎。回到家後才發現，原來不只母親，就連姊姊也不幸在戰火中喪命，房子也被燒個精光，等於一夕之間成了身無分文的孤兒。

母親艾琳去世前，最放心不下的就是出海中的兒子高更，於是她拜託自己一名生活富裕的朋友——在銀行業工作的阿羅沙（Gustave Arosa）當高更的監護人，阿羅沙也答應艾琳，等高更回來以後就會安排他在銀行裡工作，因此，高更才得以擔任股票經紀人一職。對於身無分文、獨自一人的高更來說，這個職位是他唯一獲得的遺產，也讓他快速打進了上流社會。高更在這份要求仔細、精準的工作上發揮了傑出才能，在公司裡也站有一席之地。累積了許多財富的高更，馬上融入了巴黎人的生活，就在那時，他遇見了一名名叫梅蒂・蘇菲・嘉德（Mette Sophie Gad）的女子，與她共組家庭。

母親的好友阿羅沙算是帶他進入畫作世界的啟蒙老師，阿羅沙身為他的監護人，從不吝於給予忠告，而在過程中也自然把他對美術的興趣傳授給高更。在對美術擁有淵博知識的阿羅沙的薰陶下，高更自二十五歲起便培養出欣賞美術的眼光，並學習收藏畫作的方法。阿羅沙的女兒瑪格麗特（Marguerite）原本還是個業餘畫家，她教會高更使用水彩毛筆和畫布的方法，等於是為他開啟了畫家的命運。

對於當時的高更來說，收藏畫作並非只是基於興趣或藝術陶冶，他和阿羅沙一起走訪各個畫展空間，蒐集新生代畫家的作品，享受中產階級的人生。他主要收藏的都是印象主義畫家的作品，諸如：馬內（Édouard Manet）、莫內（Claude Monet）、畢沙羅（Camille Pissarro）、塞尚（Paul Cezanne）、雷諾瓦（Pierre-Auguste Renoir）、西斯萊（Alfred Sisley）等畫家，當時除了馬內以外，其他畫家都比較沒沒無聞，所以作品價格也沒有特別貴，然而，高更投入太多金錢在收藏畫作，這也引來他的妻子不滿，開始擔心起家庭的未來。

他和一起在銀行工作的埃米爾．舒芬尼克爾（Emile Schuffenecker）走得很近，舒芬尼克爾同樣也是在美術方面有資質的人，曾經還在美術展上拿過獎，但是因為對成為專職畫家沒有信心，所以才會邊在銀行工作，邊把作畫當成業餘活動。兩人一同走訪各地、蒐集美術作品，也一起出席印象主義作品展示會欣賞各種作品。高更接受舒芬尼克爾的指導，開始練習油畫，有時週末還會一同到郊外速寫、前往藝術家的聖地羅浮宮，模仿一些大師級的畫作。

由於他主要都是蒐集印象主義畫家的作品，所以也比較常接觸這類型的畫家，與他們相互切磋交流，這些相處經驗都成了使他更加投入、精進畫作的契機。當時正熱衷於學習作畫的高更，甚至親眼見到號稱是印象派之父

1 編註：保羅．高更（1848-1903），後印象派的代表人物，除去繪畫之外，在雕塑、陶藝、版畫和寫作上也有一定的成就。影響了法國前衛藝術以及後續許多著名畫家，如畢卡索（Pablo Picasso）、馬蒂斯（Henri Matisse）等。

的愛德華・馬內，他回想那段記憶說道：

> 我也記得馬內，他也是個不會令人感到壓力的人，他說他很滿意我的作品（當時我才剛踏入繪畫領域）。我不知該如何是好，於是回答：「我只是個業餘畫家。」當時的我，白天還是股票經紀人，只有晚上和假日才能學習作畫。馬內說道：「才不是呢，畫得不好才叫做業餘。」那句話聽起來是那麼的悅耳。[2]

自那時起，高更便和舒芬尼克爾一起參加每週日舉辦的美術研討會，正式開始學習畫畫。就在那時，他遇見了未來的師父畢沙羅。高更拜畢沙羅為師，在他底下學習，並接受作畫方向上的指導，逐漸熟悉印象主義畫風。畢沙羅不僅介紹保羅・塞尚、阿爾芒德・基約曼（Armand Guillaumin）等印象主義畫家讓他認識，還建議他參與他們的畫作聯展。自從彼此有所交流以後，高更決定擺脫掉古典主義畫法，開始物色屬於自己的繪畫技法，漸漸對藝術的本質價值有所理解。

一八七六年暑假，他前往蓬圖瓦茲（Pontoise）拜訪畢沙羅，兩人一同作畫，那年是他第一次參加「Le Salon」美術沙龍展，最後還幸運獲得了獎項，被獲選為沙龍展作品以後，他變得更有自信，原本只是利用閒暇時間作畫的他，自此之後就開始正式投入繪畫。這原本只是他的業餘興趣，沒想到竟逐漸佔據他的時間，變成整個週末都在畫畫，最後甚至連平日下班後的時間也全部用來做這件事。他愈來愈沉迷於作畫。

隔年，雕刻家朱爾・厄內斯特・布約（Jules Ernest Bouillot）在家中成立了工作室，高更開始向他學習雕刻，就在那段時期，他離出了妻子梅蒂與兒子埃米勒（Émile）的胸像，三十二歲那年，他在克羅賽爾（Crocell）租了一間小房子作為個人工作室，每到下班或週末就會在這間工作室裡埋首作畫、雕刻，在如此專注投入的練習下，有了〈裸體習作〉（*Study of a Nude*）等深受好評的作品。當他愈投入作畫，實力也日異月新。

一八八〇年是高更人生當中最穩定的時期，不論是工作還是家庭、興趣，都十分協調。他在股票業界已站穩地位，和妻子也感情融洽，他總是以「丹麥的珍珠」來稱呼他的愛妻，膝下也育有三名孩子。然而，好景不常，隔年雖然是高更轉行當畫家以後正發光發熱的時候，但同時也是試煉的黑影愈來愈逼近他的時期。隨著五大強國之一的法國帝國瓦解，國家頓時陷入經濟危機，該年十一月，法國股市一夕崩盤，而這也連帶影響到高更原本穩定的工作，等於硬生生把「富有的巴黎人」人生畫下了句點。股市崩盤短短兩個月，他就面臨到經濟困難。那時，他不得不思考自己的將來，但依舊存有一線希望，因為他的畫作在展示會上仍然獲得好評，著名評論家保羅・杜朗—盧埃爾（Paul Durand-Ruel）也買過他的畫作，他相信自己只要努力作畫，一定能在市場上賣出不錯的成績。

一八八二年，三十四歲的高更擅自做了一項重大決定——離開證券公司，這件事情甚至連和家人、朋友都沒商量過就先斬後奏了。事後得知此事的妻子梅蒂錯愕不已，高更的師父畢沙羅也對於這魯莽的決定感到不可置信，他一直以為高更只是把畫畫當興趣，雖然看得出在藝術方面多少有些天分，但也不至於到辭職轉行做專職畫家的程度。由此可見，高更當時對自己是充滿自信的。某天，他向家人和朋友宣示：「從今以後，我每天只會做一件事，那就是畫畫。」自那天起，他終日守在畫布前作畫，那時正好是他人生的分水嶺。

然而，現實沒有如他想像般順遂，許多人因失業被迫淪落街頭，巴黎的物價也持續飆漲，加上他最小的兒子保拉・高更（Pola Gauguin）才剛出生，需要撫養家庭的重擔也日漸嚴重，他有時甚至得放下畫筆，做一些張貼廣告海報的零工。其實廣告公司曾經有向高更釋出更好的正職工作，但還是被他斷然拒絕了。即使他的銀行帳戶早已空到見底、兒子還罹患了疾病，他仍想把所有時間與努力投入在印象派藝術展示會的展出作品上。雖然後來萬不得已，他們一家人搬離了巴黎，移居到生活費用相對便宜的里昂（Rouen），然而，生活不但毫無改善，甚至還變得更加窘迫，而這也連帶使原本早就惡化的婚姻生活走上離婚一途。妻子梅蒂認為，身為一家之主的高更早已失去撫養家庭的能力，就算為了孩子，也沒理由繼續留在法國。

2 摘自《生氣的高更與悲傷的梵谷》（성난 고갱과 슬픈 고흐），金光宇（김광우）著。無中譯本。

最終，高更一家人搬回妻子的娘家——丹麥哥本哈根生活，高更在一間纖維公司任職了一段時間，當了一陣子的業務，不過最後還是受不了那裡的單調生活與親戚們的冷嘲熱諷，決定重新投入繪畫，於是獨自帶著次子克羅維斯（Clovis）回到巴黎。那時的他窮困潦倒，兒子還得了天花，臥病在床，簡直就是雪上加霜。高更白天做著一天只有五法郎的體力工，晚上則是照顧生病的兒子，好不容易才撿回兒子一命。日子依舊一貧如洗，對於很晚才轉當畫家的高更來說，藝術家之路確實害他付出了慘痛又昂貴的代價。

後來，他和原本是師父的畢沙羅也交惡，畢沙羅早期認為，高更是可以承接他畫風的首席弟子，但是高更偏愛的畫風和經常以農村、港口作為繪畫主題的畢沙羅相距甚遠，保羅・塞尚的作品反而還比較吸引高更，他一直認為塞尚的作品裡一定隱藏著某種公式，最終，忍不住好奇地拜託師父畢沙羅向塞尚打探一下那個「公式」究竟是什麼，而這也成了壓垮師徒關係的最後一根稻草，引發畢沙羅的不滿。在畢沙羅看來，高更就是個機會主義者、模仿者，對他充滿蔑視，並以一封信宣布師徒從此訣別。

不見改善的經濟問題與孤立無援的現實窘境壓得高更喘不過氣，而在這段期間能夠救贖他的只有畫畫。除了遇到經濟或健康上的問題外，他都有落實自己下定的決心——每天作畫。他在寫給好友的一封信中，如實呈現了當下的心境。

> 我在這裡與藝術展開搏鬥，比其他任何時候都還要激烈，金錢問題、生計問題都阻撓不了我。（中略）我還站在起跑點上，未來六個月內應該不會有什麼結果。總之，我已身無分文，跟個乞丐沒兩樣。或許也是因為如此，我才會在夢裡尋求慰藉吧。不過，再過一陣子，說不定情況就會好轉了。[3]

當時高更的畫作還沒有建立出特有的畫風或自己的世界觀，相較於其他畫家，他算是很晚才踏入這個領域，所以只能先從模仿開始，因此，他早期的作品大多都只有模仿印象派畫家作品的水準，直到他搭上了當時新興的新印象派（Neo-Impressionism）畫風，才開始有了新的實驗。

生活困苦的他，根本沒有本錢請模特兒，最終能夠自由描繪的對象只剩下自己。他獨自一人在小房間裡畫著鏡中反射出的自己，開始一點一點擺脫印象派的影子。他看著年輕畫家一批接著一批湧現，各自展現著新繪畫技法，也曾經懷疑過自己的才能。他當時迫切需要新環境與自我充電的時間，他的每一天都宛如置身戰場，年輕畫家相繼而出，在競爭激烈的巴黎，對於繪畫風格不明的高更來說是難以立足，最終，他為了確立自己的畫風，決定離開巴黎，另尋其他棲息之地。當時他在寫給妻子的信裡這樣寫道：

> 總之，今年冬天，我想要到布列塔尼畫幾幅畫，（中略）有人幫我安排了一份務農工作，但這等於是要我放棄未來，要是只需耐心和一點點的支援即可保障我的美好未來，那麼，我終究還是不會放棄藝術。[4]

一八八六年，他搬到畫家們群聚生活的小鎮——布列塔尼（Bretagne）的阿旺橋，那裡風光明媚，也有許多居民會大方為畫家擔任無酬模特兒，吸引不少生活困苦的畫家群聚在那裡，自成一格，形成了生活圈。再加上當地物價相對便宜，也能節省開銷。高更開始展開一項實驗，測試自己的畫風能否簡化，他拋開以往習得的印象派畫風，以特有的裝飾技法繪圖，對陶器製作也產生了興趣。一開始，高更按照畢沙羅的建議嘗試用印象主義技法來作畫，但是自從他著迷於陶瓷藝術、開始接觸日本美術以後，透過獨特的經驗，逐漸形成了自己專屬的獨創畫風。隨著時間流逝，高更在阿旺橋畫家村的年輕畫家之間愈來愈受肯定，成了其中的核心人物。

3 《保羅・高更》（*Paul Gauguin*），大衛・斯威特曼（David Sweetman）著。無中譯本。

4 同註3。

高更陶醉沉迷於布列塔尼的自然景觀，逐漸渴望零汙染的原始世界，他發現了特殊題材，為了專心投入創作，動起離開文明社會的念頭。某天，他下定決心，將體弱多病的兒子送回丹麥妻子身邊，以原始人身分搭上了往巴拿馬行駛的船隻，只為體驗全然原始的生活，並將大自然的強烈原始感放於畫布上呈現。

然而，期待很快落了空。他抵達的巴拿馬並非一片原始樂園，因為那裡正如火如荼地展開運河興建工程。滿心失望的他轉移陣地到加勒比海的馬丁尼克島上，蓋了一間小木屋，在當地定居。而他在這座比布列塔尼還要原始的小島上度過的時間，也成了日後奠定其獨特美學的穩固基礎。

高更徹底擺脫了印象主義的影子，在自己的畫作中增添許多獨創性，這段時期也是他原始性與綜合性萌芽的時期。他在馬丁尼克島上描繪的畫作比以往還要色彩分明，在展現色彩明暗度上有著優秀的美感，因為在那座小島上，只有耀眼的太陽與原始自然，強烈的太陽光照亮了沉睡在他心中的原始本能，如實地透過畫作呈現。高更運用自然的原始性，描繪出一幅幅象徵內在世界的風景畫。他堅信「藝術是一種抽象化展現」，廣範圍地關注著大自然與人類，並將兩者化零為整。

【圖說】保羅．高更，〈布道後的視覺〉，一八八八年

然而，島上的生活並非一帆風順，高更在原住民家中觀察他們的日常，共度歡樂時光，但是那裡的夏天酷熱，居住的房子也被當地雨勢逐漸侵蝕，最終，他被腹瀉與高燒折磨得苦不堪言，隔年只好重返巴黎。回到巴黎的他，和當初離開巴黎前簡直是判若兩人。在他完成〈布道後的視覺〉這幅畫以後，他如此告白：

今年的我，犧牲了一切事物、技法、風格，因為我想要畫一些自己平時不會畫的東西。[5]

長年深受畢沙羅影響的畫風和技法，已經消失得無影無蹤。他不再拘泥於遠近法，轉而用裝飾性構圖與平面式色彩進行繪畫，徹底展現他已經破繭而出、走出屬於自己一片天的企圖。高更使盡渾身解數豎立而成的畫風，後來被稱作是「綜合主義」，有別於印象主義畫家們將外形、外在現象重現，綜合主義是綜合了畫家的想像與經驗，將隱藏的世界表現出來。他藉由強烈的顏色和較粗的線條簡化形體，並描繪出自己的原始情感。原本只是把收藏畫作和畫圖當作興趣的他，終於創造了屬於自己的世界，更擠進了大師級畫家的行列。

跟隨大師吧！不過，何必模仿大師呢？大師為何被稱大師？因為他們從不模仿任何人。[6]

---

5 摘自《保羅·高更》（*Paul Gauguin*），朴德鑫（박덕흠）著。無中譯本。

6 《保羅·高更》，大衛·斯威特曼著。無中譯本。

赫曼・赫塞[7]
用繪畫面對人生危機

第一次世界大戰將整個歐洲推入萬丈深淵，正要準備展翅高飛的文學家赫曼・赫塞（Hermann Hesse），也成了巨大火球、慘遭波及。當時赫塞是高人氣小說家，接連好幾本小說都創下成功佳績，來自四面八方的邀約不斷。他是三個孩子的父親，居住在視野遼闊的房子裡，整日埋首創作，偶爾享受旅行，同時享受著穩定與安樂。然而，第一次世界大戰展開以後，他的完美人生從此一落千丈，朝著完全無法預期的方向失控墜落。

赫塞無法認同自己的祖國——德國的帝國主義——引發的這場戰爭，尤其對德國的知識分子更是失望透頂；因為他們不僅不反對戰爭，甚至以「要是沒有軍國主義，德國的文化就會被隱身在過去」來發表聲明，也就是支持戰爭並煽動民族主義。最終，他寫下了反對戰爭與極端式民族主義的文章，接連刊登在德國、瑞士、奧地利等報章雜誌上，他特別針對煽動藝術家與學者們的民族仇恨，將戰爭延伸到精神世界的行為進行嚴厲批判，並主張藝術家的觀點要超越國界、朝向人類。然而，這樣的發言使他在德國付出了極其慘痛的代價。他不僅被德國輿論貼上祖國叛徒、賣國賊等標籤，充滿憤怒的信件也如雪片般飛來，生活頓時飽受各界威脅。最終，他的所有著作甚至還遭查封，禁止出版也禁止販售。

更慘的是，他在那時接獲了父親的死亡通知，對於自己未能照料好父親感到自責不已、悲痛欲絕，就連妻子瑪莉亞也罹患了精神疾病，最小的兒子則因生重病而住院，一口氣接踵而至的磨難也使得赫塞陷入了嚴重的精神危機，最終，他不得不中斷寫作。痛苦難耐的他，決定尋求精神科醫師的協助，當時他遇見的醫生正好是榮格的弟子約瑟夫・朗（Josef B.Lang）。赫塞接受約瑟夫・朗的幫助，專心做心理治療，而在治療過程中，約瑟夫・朗也不斷帶領他重新回想幼年時期，每當他面對那些記憶時，都會引發巨大衝擊。與約瑟夫・朗的談話，使赫塞變得更能夠真實面對自己。

赫塞在接受這段治療過程中飽受刺激，他開始寫下自己的「夢境日記」，而這也使他的夢境變得更豐富多元。某天，赫塞夢見自己喝得爛醉，獨自一人走在傍晚的街道上，這時，他遇見了一名金髮、身材健壯的男子迎面而來，隨即便立刻衝上來要毆打赫塞，兩人扭打成團。最後赫塞被打得一敗塗地，正當金髮男子要離去時，赫塞朝著男子的背影開口詢問對方姓名，於是男子回過頭回答：「德米安。」從夢裡驚醒的赫塞，先是對於這場扭打打輸人家感到羞愧，但是德米安這個名字卻成了他日後創作的種子，久久難以忘懷。

自從戰爭開打後，赫塞除了寫一些評論與報章上的新聞報導外，他沒有寫其他任何文章。雖然他想過要將心理治療後所產生的內在變化改寫成文學，也就是將心理治療結合小說，但他始終找不到合適的切入點。他耐心等待著某種能量被徹底激發，再也不想像以前那樣刻意絞盡腦汁發想小說。這時，德米安那場夢境成了他提筆寫下新小說的關鍵契機，赫塞在作完那場夢沒多久以後，便把自身經驗結合了德米安這個角色，寫成了一本小說。當時他投入寫作的程度是寫到紙張不夠用，甚至得拿官方寄來的信背面空白處來寫。

以筆名埃米爾・辛克萊出版的這本《德米安》（*Demian*），是赫塞人生最辛苦的時候完成的作品，一推出就瞬間擄獲了大眾的心，榮格也不例外。榮格讀完《德米安》以後甚至還寫了一封信寄給赫塞，表示這本書令他印象深刻。榮格當時剛結束北非之旅返國，其著作《榮格論心理類型》（*Psychologische Typen*）也正好處於原稿收尾階段。由於《榮格論心理類型》這本書後來對赫塞來說同樣也留下深刻印象，所以當他收到榮格的來信時，決定回信提

7 編註：赫曼・赫塞（1877-1962），德國詩人、小說家，於一九四六年獲得諾貝爾文學獎，二十世紀最偉大的文學家之一。著有《德米安：彷徨少年時》（漫遊者文化）、《荒原之狼》、《流浪者之歌》（遠流出版）等作品享譽世界文壇。

議一同進行心理分析。後來兩人中間有斷過幾次聯繫，但和榮格的心理諮商一直持續到一九二一年夏天。雖然赫塞曾以「眼冒血絲般疼痛」來形容自己的忍耐程度已達極限，但在繼約瑟夫．朗之後，榮格是第二個幫助他很多的人。

約瑟夫．朗和榮格兩人不約而同地都在心理諮商過程中建議赫塞，「繪畫會有助於治療你的心理傷痛」。赫塞雖然從未接受過專業的美術指導，但是他顯然有被這番建議打動。他開始提筆作畫，毫無壓力地盡情揮灑，在即將邁入四十之際，他以粗獷的筆觸描繪了一幅幅瑞士的美麗風景，並從中獲得了文學創作時從未感受過的喜悅與平靜。他在某封信裡面寫道：

> 我透過至今從未嘗試過的事情——繪畫——發現了出口，使我得以擺脫經常難以承受的悲痛。客觀來說，這件事有何價值並不重要，因為它對我來說是文學給不了我的藝術安慰，並使我重新沉潛。8

身為成功的作家，赫塞寫作時反而會感到神經緊繃，唯有繪畫時能使他如釋重負；這是因為他對繪畫沒有壓力，不一定要畫得很厲害，只要忠於「透過畫畫與大自然心靈溝通」就好。套一句他說過的話：「畫完畫以後不會像寫完文章一樣沾得我滿手都是黑色墨汁，而是會把我的手染得紅紅綠綠的。」赫塞藉由作畫逐漸找到了如何與至今壓抑已久的情感和解，實際上，在《德米安》裡描述主角辛克萊透過繪畫發現如何和真正的自己相遇場景，正好如實展現了赫塞的轉變過程。

如果對照赫塞的畫作和小說，會發現一個非常有趣的現象——兩者氛圍截然不同；赫塞的畫作色彩鮮明，通常都是以亮麗的水彩畫為主，很難想像竟是人生低潮期所作的畫，典雅、簡單的畫占多數，幾乎找不到抽象、複雜的畫作，人物畫則是少之又少，大部分都是以風景畫為主。比起夜景，他更常畫白天的景色，描繪冬天景色的畫作也十分罕見。藉此，我們可以推測他當時應該是為了忘掉黯淡的現實，而沉迷於繽紛多彩的畫畫遊戲當中，將殘留在自身體內的希望與樂觀極大化。

反觀赫塞的小說則是嚴肅而沉重的，他所寫的每一本小說幾乎都是在談論人生當中的矛盾、人類的雙重性、角色人物為了實現畢生志業，突破重圍、穿過逆境的孤軍奮鬥故事等，既黑暗又複雜。此外，另一項值得注意的是他的小說全部都是關於人的故事，幾乎所有小說裡的主要角色，都是以埃米爾・辛克萊（Emil Sinclair）與弗朗茲・克羅默（Franz Kromer）、納爾齊斯（Narziß）與歌爾德蒙（Goldmund）等，對比性強烈的人物出現。他往往會透過這樣的角色關係安排，讓兩種極端的價值融合呈現。就好比象徵邏各斯（logos）的納爾齊斯與象徵厄洛斯（eros）的歌爾德蒙，就是從對方身上看見彼此的「影子」，並加以補強整合。

從這樣的意義來看，赫塞的明亮簡潔畫作或許也是為了補強、整合其小說與人生的潛意識嘗試也不一定。如果說寫小說對他來說是與現實的鬥爭，也是自我省察的過程，那麼畫畫則是用來補強前述並作為休閒娛樂的活動。他不斷嘗試以小說重現隱藏在自己內心深處的各個面貌，並以圖畫為自己的內在漆上各種色彩。畫畫時的他，是雲朵、房屋、樹木、花朵、湖水，也是紅色、藍色、黃色。

畫畫將他從疲憊黯淡的人生中徹底救贖，他透過繪畫獲得了安慰與寧靜，忘掉了世俗的煩憂、克服危機。一九一九年，他正式投入繪畫，並於該年寫下〈色彩的魔術〉（*Magie der Farben*）詩篇，其中寫道：「並且永遠從那頭暈目眩的紛亂，彩虹又升起來了。」一九二五年的一封信中也有提及：「在我人生最低潮的時候，要是沒嘗試帶我給安慰與救贖的畫畫，我可能很早以前就已經是另一個世界的人了。」

赫塞從四十歲開始畫畫，直到死前都還一直維持這項習慣。他生前留下約三千幅水彩畫，甚至還親自為自己寫的小說畫入插圖，並將親自畫好的水彩畫透過信件或明信片方式寄給友人。在那段著作慘遭禁止出版、生活窘迫的期間，還曾兜售過寫有詩篇以及親自畫上水彩插畫的明信片。

8 摘自 Naver cast 的專題報導〈諾貝爾文學獎作家列傳：赫曼・赫塞〉。

究竟是什麼原因使他如此著迷於畫畫呢？從他形容自己「工作總是不幸、受限、挫折的」來看，或許是有跡可循的。有段期間，他甚至以「我犯了一個致命性的錯誤，將才華作為職業」來形容自己選擇以寫作為業的悔不當初。一旦才華變成了職業，就會失去心理上的餘裕，得不斷投入工作才行。為了滿足他人的期待，也必須不斷精進自己的才華。然而，唯有畫圖是從興趣出發，所以才能從那種壓力中完全解放。

寫作再也不能為我帶來真正的快樂，但是身而為人，就得享受人生樂趣。（中略）但是你看，某天我卻發現一項全新的樂趣，已經四十歲的我突然開始接觸繪畫，我從來不把自己當成畫家或者夢想成為畫家，但是畫畫是一件非常酷的事情，它能使人愉悅、沉得住氣。[9]

他甚至在邁入晚年時表示，比起寫作更喜歡畫畫，也曾認真考慮過是否應該拋下作家身分，轉行當畫家來維持生計，他在自己寫的一篇名為「繪畫」的文章中寫道：

只要看到適合畫畫的好天氣，我這顆衰老的心，就會感受到少年時期終於等到放學的那種喜悅，想著今天要來做點什麼事情，意欲的回音再度繚繞。那是我的美好時光，每到夏天，我都會等待那種艷陽高照的日子到來，我從十年前就開始嘗試當畫家，維持著微薄的生計，漸漸離開文學。（中略）為了展現畫畫對我來說是更重要的事，我還成為插畫家，為其他兩位作者的著作裝飾內頁。然而，比起這些工作，在夏日戶外的大自然裡、陽光和微風中畫圖，是更酷的一件事。[10]

為他帶來紓壓感的不只有畫畫這件事，赫塞在四十二歲那年，於瑞士盧加諾湖附近的蒙塔諾拉（Montagnola）找到了新的住處，他是透過朋友得知那裡有個空房子，於是立刻收拾行李前往察看，他第一眼就看上了那棟有著奇特外型的房子。這個地方名叫卡薩卡木齊（Casa Camuzzi），原本蓋著一座小城堡，十九世紀中葉才落成，但因為年久失修，看上去就像一棟華麗廢墟，不過這對於赫塞來說一點也不是問題，他決定買下這棟房子，一來是因為房價便宜，再來周遭風景美不勝收，最重要的是二樓有著一個小陽台，只要站在那裡，一大片的樹林就會直接呈現在腳下，沿著陡峭的山坡向下生長。

在卡薩卡木齊展開的全新人生，被赫塞視為是另一種解放。雖然現實情況依舊充滿著不確定性，生活也是一連串的窮苦落迫，心情卻宛如從作了好幾十年的噩夢中甦醒般如釋重負，感覺像是經歷了一場戰爭後，重新點燃了以為早已冷卻的熱情。

他在這棟房子裡繼續接受心理治療、畫畫，並藉此回頭檢視自己。他查覺到原來長期以來自己好像都在假裝提早領悟到某些事情一樣，那是太早嚐到的成功滋味，他總是想像著「純真的善意、高尚的純粹」，但實際上則成了「沒有自我人生的天使」。確認了自己當時的定位以後，他才終於找回拋下過去固有的價值觀、將自己投身在混沌當中的勇氣。因為他開始相信，真正的人生，絕對不只有純真、善良的事物，也包含混亂、殘暴與衝動。他用全身接受著世上的光影，並努力將那一切透過圖畫或文字表現。白天他通常都是在蒙塔諾拉周遭草皮上或森林裡畫畫，晚上則在卡薩卡木齊住宅裡瘋狂寫作。他當時在日記本裡寫道：「我忙得蠟燭兩頭燒。」

搬移至摩塔諾拉生活後，過沒幾個月他就完成了《克萊因與華格納》（*Klein und Wagner*）和《克林索最後的夏季》（*Klingsors letzter Sommer*）兩本小說，這兩本都是在描述赫塞自身的故事。他將不得不繼續面對奮鬥的苦難，透過文學的形式展現，尤其《克林索最後的夏季》更是備受矚目，因為是一本可以深入理解藝術家的內在世界及行為的作品，這是繪畫對他造成的直接影響。當初是為了克服精神上的危機而開始作畫、接受心理治療，沒想到他的內

9 摘自《輾轉難眠的夜晚》（잠 못 이루는 밤），赫曼・赫塞（Hermann Hesse）著。無中譯本。

10 同註9。

在世界開始逐漸擴張，而這也對他的小說創作帶來了很大影響。比如說，自此之後，赫塞的小說篇幅開始增加，因為相較於以往的作品多了許多細節與情感描述，另外，浪漫元素明顯減少，他開始將藝術、靈性、東方智慧相結合，就像《流浪者之歌》（*Siddhartha*）等作品一樣。

以《德米安》作為分界點，赫塞的小說通常都是在描述「找尋真正的自我」，他的作品充斥著找回失去的自我、純真的人性等旅程，他傾向尋找內在道路，喜歡描述靈魂與現實展開對決，尤其受佛洛伊德和榮格的心理學影響，獲得不少靈感啟發，穿梭在潛意識的世界裡，揭開人類的神祕面紗。榮獲諾貝爾文學獎的小說家湯瑪斯・曼，在一場祝賀赫塞七十歲大壽的演講中對赫塞的文學作品作出了這樣的評論：

> 赫塞的作品井然有序、大膽夢幻、理性睿智，充滿著傳統、愛情、記憶、祕密，絲毫找不到任何模仿（epigonen）他人的影子，他的作品將清新脫俗，早已昇華至全新的精神階段、甚至是革命性的階段。

湯瑪斯・曼的評價一語道破了赫塞的文學作品特色，赫塞在轉變期前的作品大致上都是井然有序、夢幻的，而經歷過轉變期以後的著作，則相對大膽且理性，我們從《鄉愁》（*Peter Camenzind*）、《車輪下》（*Unterm Rad*）、《漂泊的靈魂》（*Knulp*）等早期作品中，就明顯可見抒情浪漫的氛圍；後來從《德米安》之後的作品開始，就成了深入探索自我的建構者，像《流浪者之歌》、《荒原狼》（*Der Steppenwolf*）、《納爾齊斯與歌爾德蒙》（*Narziß und Goldmund*）、《玻璃珠遊戲》（*The Glass Bead Game*）等後期作品，就充滿著強烈的自我省察與冷血文明的批判，超越善與惡、感性與理性等二元式對立結構，展現了強調自我實現的赫塞思想精髓。他藉由專心接受心理治療與繪畫，成功克服了內在危機。如果說心理治療是和長期壓抑的潛意識進行正面對決，那麼繪畫則是在大自然裡將意識清空的冥想治療活動。透過這兩種方式，赫塞才得以克服精神危機，進入新的精神次元。等於過去的問題已經再也不是問題，著實到了更高層次的境界。

改寫人生、提升精神層次的興趣

二次世界大戰當時，納粹黨在奧斯威辛集中營門口掛著寫有「勞動帶來自由」的招牌，然而，諷刺的是，那裡是距離自由最遙遠的地方。猶太收容人從早到晚只有付出勞力，沒有一個人認為自己是基於自發性地勤奮工作。如今，雖然奧斯威辛集中營已經廢除，多少職場人士卻還是整日被工作綑綁，成為勞動的俘虜。大部分的職場人士每天汲汲營營，但他們的忙碌都不是源自自己的熱情，今日的忙碌將延續至明日，我們從語帶自嘲的玩笑話「今天辛苦也無所謂，因為明天也會繼續辛苦」中，可以窺見職場人士的百般無奈。不幸的是，希臘神話中薛西弗斯（Sisyphus）必須不斷重複將巨石推往山頂的故事，竟成了如今我們這個時代職場人士的辛酸神話。

為了跨越「因為瘋不了，所以很想瘋」的社會風氣，人們紛紛轉從生活興趣中找尋喘息空間。建立社團一起登山、玩樂器等種種活動，藉此確認自己還有在享受生活。興趣只是枯燥日常中拂袖而過的一陣風，它往往不會使我們充飽電力然後重回工作崗位，而是使我們更希望自己可以停止工作；因此，把興趣排在工作前面的職場人士，在工作上往往也只是表現平庸。然而，不論把興趣排在生活中多麼優先的順位，大多數的興趣終究還是只會淪為排解鬱悶現實的活動，絕非為了重新創造現實。

興趣的三種層次

我們從高更和赫塞兩人都是靠繪畫這項興趣改寫人生的案例來看，他們的興趣和一般興趣是不一樣的。他們徹底改變了自己的職業世界，當然，兩人之間也有不容忽視的差異。

高更透過興趣轉換了人生跑道，一開始他只是把收藏畫作當興趣，後來開始利用週末親自提筆作畫，最後是連平日下班後都會固定畫畫，甚至不惜辭去自己既有工作。他原本也是過著工作和興趣並行的日子，後來發現生計出現問題，才放棄本行、專注繪畫。反觀赫塞則是沒有選擇轉換跑道，他在維持本業的情況下結合了興趣，使其本業深化、擴張。畫有超過三千幅作品的他，從藝術面來看才華並不算出色，然而，這項興趣卻為他克服了精神危機，在他日後的文學世界裡，也留下了難以抹滅的痕跡。

兩人擁有興趣的契機也截然不同，高更是為了改善外在危機（財政問題）而提起畫筆，赫塞則是因為面臨內在危機而開始畫畫。由此可見，兩人雖然擁有相同興趣，但出發點不同，最後卻都達到深層程度，改寫了各自的人生。究竟區區一個興趣，怎麼能徹底翻轉人生呢？高更與赫塞的興趣，和一般職場人士的興趣又有何區別？

事實上，興趣程度可分三種層次，最原始的層次是為了「工作中的小憩」，也就是為了重新振作重返工作崗位而從事的修復身心活動，諸如：物理學家愛因斯坦在解不出問題時，會靠拉小提琴來紓解壓力；英國政治家邱吉爾則是透過短暫午睡來充飽體力，這些都是廣為人知的例子。儘管在二次大戰期間也照樣每天會睡午覺的邱吉爾甚至曾說：「午覺是唯一使戰爭導向勝利的方法。」我們用不夠鋒利的斧頭很難長時間劈砍木材，這就是為什麼人人都需要充電的原因。

第二種層次是，為了「享受閒暇時光」而從事的興趣活動，也就是離開工作崗位，享受另一部分的人生。要是人生只有被工作填滿，毫無空閒，那麼職場就會是你所接觸的全世界。當這樣的生活不斷重複，職場就會成為監獄，圈住你的身體和精神。休閒生活是指享受與家人及親密對象相聚在一起的時光，扮演著為疲倦人生帶來一點喘息空間的角色。這種興趣會使日常脈絡產生轉變，亦即，改變人生前景與背景，因此，不僅會使人變得自我客觀化，還能以觀察者的視角退一步觀望自身問題。

不懂得享受休閒生活的人，就好比是一台沒有剎車的汽車；不會為自己充電的人，則好比是一台油箱見底、卻仍持續奔馳的汽車，兩者都十分危險。我們雖然會透過工作中獲得的事物來維持生活，但其實也可以透過休息所獲得的事物使我們有動力繼續工作下去。補滿油、修理老舊零件，都是必要過程。

暫時將車子熄火，用雙腳親踩地面，與大地一同呼吸，和自然合而為一，同樣也是在人生中不可或缺的體驗。

第三種最高級的層次是，為了「將人生提升到新境界」的興趣。這樣的興趣會有助於將日常提升至更高次元，同時也使你切身體會到「自己還活著」的事實。不過弔詭的是，這種興趣不會鎖定位在遠處極高的目標，而是專注於「此時此地」。全心全意投入在目前進行的活動當中，形成渾然一體的現象，將當下變得意義非凡。透過專注投入於某件事，我們會採納全新的典範、刷新精神，跨越至更高次元的精神世界。

赫塞透過自身興趣「繪畫」，自由穿梭在各種興趣層次裡，對他來說，畫畫是一種休息，也是從受詛咒的世界解放，同時也是拓展人生深度的冥想。最重要的是，美術為赫塞的文學題材、文體、環境風景描述、人物心理描述都添上了獨特色彩。他正式以藝術家作為小說主角也是從此時開始，《克林索最後的夏季》（*Klingsors letzter Sommer*）和《納爾齊斯與歌爾德蒙》（*Narziß und Goldmund*）就是最佳證明。

反之，對赫塞有深遠影響的心理學家榮格，則是靠繪畫和雕刻石頭、蓋石頭屋作為休閒興趣。在他與師父佛洛伊德訣別後，過著一段黑暗憂鬱的低潮期時，這些興趣對他的心理起了很大幫助。他在其自傳《回憶．夢．省思》（*Memories, dreams, reflections*）中自白：「每當我遇到人生中的障礙物時，都會畫畫或雕刻石頭。這些活動都是一種通過儀式，讓我能夠進入下一階段的思考與事情。」

亨利．大衛．梭羅更是以散步為業，可見這件事情對他來說非比尋常。每到散步時間，他總是帶著一根拐杖、攜帶型望遠鏡、放大鏡、筆記本和鉛筆出門，觀察研究各種動植物與礦物，寫作靈感大部分來自散步過程，寫日記的筆感也是從散步中拾獲。他的日記是散步下的產物，並以此份日記作為基礎，寫出了《湖濱散記》。對於梭羅來說，散步是可以提供他安息的時光，也是將日常變得更為豐富的技術，將人生提升至全新境界的重要活動。

很顯然地，只要是適合自己的興趣，都會滿足以上這三種層次，在此一定要記得的一點是，儘管興趣可分為三種層次，但是不論是哪一種層次的興趣，都會為我們的人生帶來好處，前提是要先有「專注」，不論是當作修復、充電自我，還是作為樂趣、人生轉變，抑或是某種改變、靈感，統統都是由「專注」所結出的花朵與果實。

「清空式滿足」，專注所帶來的創造性留白

根據正向心理學大師米哈里·契克森米哈賴（Mihaly Csikszentmihalyi）表示：當我們處於「心流」（flow）狀態時最為幸福。他透過「經驗取樣法」（Experience Sampling Method, ESM），研究出專注投入的經驗明顯與幸福有直接關聯的事實。契克森米哈賴的研究團隊提供受試者呼叫器，請他們配戴一週，呼叫器會不定時響起，一聽到響聲，他們就得馬上把當時所做之事，以及當時的投入程度、幸福感全部記錄下來。這項實驗進行了一年，有兩千三百多個樣本，實驗結果請參見下方【表四】。

根據這份結果顯示，人們在吃飯、性愛、聊天時最感幸福，然而，在此值得注意的是這些活動的持續時間，尤其吃飯和性愛的維持時間極其短暫，要是一整天只做這兩件事，真的會感到幸福嗎？這種活動可能可以帶來一時的快感，但是也會很快消失不見。我們從下方這分表格的最右邊欄位即可得知，這三種活動的投入程度都不是最高，受試者選出的投入度最高活動反而是興趣及運動，雖然興趣比吃飯或性愛的幸福感低，卻能夠有最高的投入度，且持續不間斷。

【表四】從事各項活動時的幸福感、動機、專注程度比較

	主觀幸福感	動機程度	專注程度
吃飯	非常幸福	非常高	平均
性愛	非常幸福	非常高	高
聊天及社交活動	非常幸福	非常高	高
興趣及運動	幸福	非常高	非常高
看電視	普通	非常高	低
工作或讀書	不幸福	非常低	高
休息	普通	高	非常低

資料來源：《心理學式煉金術》（심리학적인 연금술），高英建、安昌日著。無中譯本。

有趣的是，從事興趣活動時所產生的專注度，會對工作中累積的壓力起緩和作用。從事興趣活動期間，可以使你渾然忘記造成壓力的問題本身。因此，當我們再度面對該項問題時，得以用全新的視角看待問題。這和看電視、打電動或喝酒等暫時性逃避問題的方式截然不同，因為從事這些活動或許可以短暫從問題中抽離，卻難以擺脫焦慮，不安感會像幽靈般不斷糾纏；反之，專心投入興趣活動時，會呈現一種彷彿從未發生過任何不愉快的事情一樣，原本滿是煩惱、擔憂的腦海也會瞬間清空，這種「心理上的留白」，會提供我們退一步看待問題的餘裕，因此，很多時候都是「旁觀者清，當局者迷」。

興趣之所以會使我們心理留白，主要原因有二，一是因為允許失敗，當我們在練習樂器或做運動時，儘管會因為緊張而犯下失誤，卻不會對人生帶來致命性的威脅；更何況興趣是永遠都會有下一次，且可以任由自己實驗的活動，實驗範圍非常廣。但是反觀工作就不一樣了，只要犯下一次失誤，就很可能會招來致命性的後果，能夠自由發揮的幅度也相對較小。

興趣會帶來心理留白的更根本原因，是因為我們在專注投入的過程中，「自我」會消失不見。每一項痛苦事物

的中心都存在著「自我」，面對問題、感受壓力、痛苦煎熬的對象都是「我」，要是沒有「我」，就不會有問題、痛苦、壓力。然而，當自我消失，留白就會出現，這份留白並非空蕩蕩，而是會被可能性填滿。法頂禪師曾將這樣的狀態稱之為「清空式滿足」，和「淨空心靈，就會發生奧妙之事」的真空妙有境界是同樣概念。有趣的是，當你投入得愈深，自我就會愈模糊，同時也會愈昇華，可說是極其矛盾的現象。

強烈專注投入於某件事，便會體驗到的這種狀態，坎伯稱之為「極樂」（bliss），心理學家亞伯拉罕．馬斯洛（Abraham H. Maslow）則將此定義為「高峰經歷」（peak experience），他解釋道：高峰經歷是指感受到至高無上的快樂感與內在完成感的瞬間，幾乎每個人一生中都會經歷這種高峰狀態，唯有透過這種經歷，才能成為實現自我的那種人。

心理留白、極樂、高峰經歷、真空妙有、清空式滿足等，其實概念的本質都一樣，只是表達方式不同罷了。不論怎麼稱呼這種現象，備感痛苦的「小我」都會被瓦解，然後和某種巨大的東西合而為一，藉此親身體驗到自己還真切地活著。高更即使經歷各種試煉，不受社會肯定，卻還是沒有放棄自己的興趣——繪畫，正是因為他發現從繪畫中可以感受到這種極樂。

業餘精神、純粹熱情與享受的心態

通常業餘（amateur）一詞都是用來形容「單純當作興趣、輕鬆享受，還不到可以靠這件事情維持生計的實力」，但真是如此嗎？這個單字源自拉丁文的「amator」，也就是「愛人」（lover）之意。換句話說，業餘人士意指可以單純喜愛某項活動，只為達個人喜悅而進行某件事情的人，這和專業人士「professional」，也就是「為物質代價從事某件事情的人」是恰好相反的概念。

業餘人士的本質是充滿單純的熱情和享受態度，不為金錢或聲譽，而是純粹投入於某個領域或某種活動，享受過程本身，並從中獲得快樂。通常不會執著於某種理念或堅信某種信條，極其自由且富含創意性。而這也是為什麼出乎意外多的是像保羅・高更一樣，一開始只是業餘人士，後來竟成為專業人士的原因所在。

前述提及過的宗教學家阿姆斯壯就是沒有宗教學學位的人，儘管她有一段修女院的經歷，但是在牛津大學專攻的是英語文學，也沒有成功獲取博士學位。她以業餘人士之姿自行研讀神學與宗教學，也正是因為如此，她才能用更開放的心態去接觸宗教。她甚至自白：「我很慶幸大學時期學的不是神學或比較宗教學。」

坎伯同樣沒有神話或宗教相關背景，只有英語文學碩士學位，也是以業餘雜學家身分自己摸索鑽研神話、宗教、分析心理學等學問。韓國最傑出的神話解說家李潤基也沒有相關學位，甚至只有國中畢業的文憑，他稱學校是「輸送帶」，並稱自己一生當中做過最正確的選擇，就是從那條輸送帶上跳下，他對於這樣的決定深感自豪。雖然多年後他依舊重新考進了神學大學，最後卻仍選擇放棄學業。

不過這並不表示學位一無用處，只是學位可以成為「社會認可」的手段，卻不能夠作為平凡與非凡的分類標準。高更、阿姆斯壯、坎伯、李潤基，這些人都是懂得維持業餘人士精神的專業人士，他們儘管成了該領域的專家，也不斷努力維持當初那份最純粹的熱情、樂在其中的態度、自由的精神。子曰：「知之者不如好之者，好之者不如樂之者。」這句話正好道盡了業餘人士精神的力量。

高更碰上人生最大難關時，之所以能夠在異鄉重啟人生，正是因為他儘管已經轉做專職畫家，依舊沒有失去業餘人士精神的緣故；坎伯之所以能夠整理出貫穿古今中外神話的相同原理，也是因為他一直都保有業餘人士精神。這些轉變者都把他們投入的新領域視為興趣，靠著單純熱愛那件事的力量，將該領域擴張並使其大眾化。這就是興趣可以成為人生跳板的原因所在。

從業餘愛好者（hobbyist）晉升成狂熱分子（mania）的方法

許多人想要擁有屬於自己的休息時間，一個月或者一年也好，都想要重新整理一下自己的想法、做一些平常想做卻不能做的事，有些人會為了休息而休學或離職，但多數人只會停留在「想」而已，最後還是會搖搖頭重新面對現實，他們會以「為了溫飽、養家糊口，不論如何還是不能斷了生計」為由，做出強烈辯駁，然而，不停下腳步歇息的理由，真的只因為錢嗎？

其實有另一項理由是大部分人沒辦法休息的原因——和休息的品質有極大關係，意即，藉由休息獲得的利益不一定會比工作賺錢對未來人生更有價值。許多人尚未發現能使自己專注投入的「真正有價值的活動」，尤其是當你休息的時間愈長，可以專心投入的活動就應該要更明確，但礙於大部分人都不曉得自己真正想要做的「那件事」是什麼，所以才會難以放膽休息。

人們之所以對「休息」一事不給予太高評價，大多是因為不清楚正確休息的方法。韓國統計廳在實施「二〇一五年社會調查」時，其中有一項就是針對韓國人的休閒文化進行調查，結果顯示，週末或閒暇時從事的活動當中，收看電視占百分之七十，休息占百分之五十一，各居第一、二位，而百分之七十四的民眾表示對自己的休閒生活不甚滿意，主要原因是經濟壓力佔百分之五十八、時間不夠佔百分之二十。我們從先前的【表四】中也可看出，收看電視的動機雖然最高，但幸福感只有普通，尤其專注投入度是低的。此外，單純休息的專注程度顯示為最低。從這樣的觀點來看，這份調查可以解讀成，有四分之三的調查對象都對於自己的休閒生活感到不甚滿意。

真正的休息並非指單純解除心理緊張感、呆坐在那裡，休息是要以它本身去做更積極的活動，因為一旦心理放鬆狀態持續太久，就會和緊張狀態一樣對身體有害。身體麻痺者的身上會長褥瘡，是因為身體失去了適當程度的緊張感，精神也是一樣的道理，要是過度放鬆，反而會馬上備感無力、憂鬱。

主動進行某項興趣會比什麼事都不做來得更能達到休息效果，因為人類會透過專注於某件事而感受到幸福、活力充沛，隨著雜念消失，心理上的餘裕呼之欲出，你會有嶄新的觀點來思考自己所遇到的問題；再加上專注可以培養瞬間集中力與抗壓性，起到免疫療法的作用。興趣之所以不只是休閒或娛樂，也可以是轉變人生的工具，正是因為它有著這種複合式的力量。

從自己感興趣的事情著手

我（勝晤）從小就對料理很有興趣，但是由於父親對於兒子進廚房一事不甚滿意，所以真正不用在意任何人眼光、享受做飯是從我搬出家裡獨自在外生活開始。當時和我一樣獨自在外生活的朋友都只會煮泡麵果腹，雖然我也不是多會做，只是簡單做個炒飯或煮個韓式湯鍋配白飯吃而已，我卻發現自己在煮飯時會感到心情十分放鬆，有時甚至還會全神貫注到彷彿整個時空變得寧靜緩慢一樣。

三十七歲面臨人生第二個轉變期時，我開始正式學習料理。一開始原本只有報名三個月的料理課程，後來愈上愈覺得有趣，最後在眾多女性學員當中（我是課堂上唯一的男性）堅持上了整整九個月。正式上課約莫一個月左右，我就有預感我找到了畢生的興趣，因為料理比我想像中還要有趣、有成就感。儘管上完料理學院的課程，下了課以後，我還是會每天在家練習做菜。就這樣默默做了兩年，剛好當時電視圈掀起了一股料理節目風潮，派出許多明星級主廚來擔任節目嘉賓，我都會準時收看節目並按照那些廚師們教的料理方法親自動手做做看，於是我的料理實力也跟著與日俱增。不論是糖醋肉、乾烹蝦等中華料理，還是韓式鍋類、各種蒸煮料理等，基本上都不再需要看食譜就能憑感覺進行，做菜實力進步不少。而在那段期間，在家事分配上煮飯自然落到了我頭上，但我並不排斥，反而感到開心，也相信這樣的安排會持續一生。

享受做料理的過程中，我領悟到一件非常重要的事實，原來做菜其實就和寫作、演講是一樣的概念，透過學料理，我發現自己有一項才能，那就是在正式料理前會先在腦海中畫出一張「步驟圖」，我不用刻意去思考，也會自然而然排出做菜流程，因此，我可以比其他人更快完成料理，也不容易有失誤或者發生食材遺漏的情形。

然後不知從何時起，我開始把這項技能運用在寫作或演講，發現自己可以在短時間內整理出自己要寫什麼內容、要和聽眾朋友們分享什麼，以及各種元素要如何安排、融合在一起等。後來我會把握那一剎那想出來的架構，筆記下來，再進行寫作或演講。就如同依序放入食材和醬料烹調料理是一樣的道理，如何將知識素材調配得津津有味，同樣也是身為作家或講師必須具備的能力。多虧料理，讓我在日後的演講與寫作上變得更能夠意到隨筆、文思泉湧。原本只是當作興趣的料理，出乎意外地對我的工作也產生了影響；輕鬆展開的興趣，竟從此深深影響了我的人生。

然而，更重要的是，自從開始做料理以後，我變得比以前更專注也經常笑容滿面。雖然在餐桌上吃飯時也很開心，但我更享受在廚房裡做菜時的那股氛圍，使我感到放鬆愉悅。做料理時我的思緒往往會變得清晰明亮，做完菜就會和家人一同圍坐在餐桌，分享著日常點滴。感覺再過一段時間，就會有兒孫們一起湊在餐桌邊熱鬧地吃著我煮的飯。我的父親對於自己一輩子都沒有培養一項興趣感到十分後悔，所以時常提醒我一定要找到一個可以享受一輩子的興趣，我很慶幸自己有照父親的意思去做。

如果想要藉由「零負擔的專注」享受真正的休息，就得先戒掉懶在沙發上看電視的行為，找尋適合自己的具體活動。舉例來說，可以從很久以前就很想嘗試的事情開始著手，或者重拾以前半途而廢的樂器或畫畫也好，抑或是學習過去從未嘗試過但感覺會有趣的插花、料理，實現一心想從事的志工活動等皆可。不論是哪一種活動，只要能夠使自己專注投入，並藉此獲得精神上的放鬆、找回活力、帶來喜悅與靈感，那便是最棒的興趣。

專注於「希望」而非「慾望」

不論什麼活動，一旦發現有想要去嘗試發展成興趣的事情，記得先評估以下這兩點，第一點是這項活動是不是自己真正想要的，第二點是能否長時間享受做這件事。其實這兩點是一樣的意思，因為要純粹喜歡這件事，不帶有任何盤算過的理由，才能長時間享受這件事情帶來的樂趣。

德國哲學家馬丁．海德格（Martin Heidegger）透過「自身性」（Selbstheit）的概念，介紹如何發掘真正想要的東西，假設自己已經瀕臨死亡，那麼自己真正想要的事物就會清晰可見。終其一生都在研究死亡的伊莉莎白．庫伯勒－羅斯（Elisabeth Kübler-Ross）甚至強調：「死亡反而能成為優秀的導師，照亮我們的人生，因為當我們面對死亡之際，人生中的每件事自然就會排出優先順序。」

海德格稱慾望是「平日十分渴望，但只要想到不久後自己會死掉，就變得毫無意義，價值度急速下滑的事物」；然而，希望則恰好相反，「要是想著自己不久後便要離開人世，就會更想要趕緊把握時間去完成的事物」。

慾望是以結果為導向，對成敗敏感，喜悅感是暫時保留直到達成為止。因此，為了避免失敗，會遵循許多人走過的道路，甚至為了盡可能快點達成而抄捷徑，很容易不擇手段或受邪門歪道誘惑，但是等到真的實現慾望時，會發現內心感到無比空虛。因此，就會不斷追求更高慾望，這就是慾望的弔詭之處。

相較之下，希望是傾向於重視過程，追求希望的人，會專注在此時此地。實現希望的過程和旅行十分相像，一樣是從旅途過程中感受喜悅。雖然不曉得前往目的地的過程中會發生什麼事，但是喜悅與期待之情會起相生作用，成為跨越困難的力量。透過這樣的經驗，我們會用有別於以往的眼光來看待逆境，並從中獲得啟發。

接下來有幾個可以明確區分慾望還是希望的具體問題，要是你的生命只能夠再延續十年，你會想要做什麼事情來度過餘生？十年算是一段滿長時間，不能單純只有休息或者四處旅行，需要的反而是可以每天讓自己快樂的日常活動，也就是從每天做這件事情的過程中，感受到純粹的喜悅，而非要等真正達成之後才會有成就感的那種事情。當我們認真思考過這項問題，才能夠找到畢生的興趣。

作為工作平衡軸的興趣

社會改革家史考特・聶爾寧（Scott Nearing），在其百歲人生中，直到逝世前幾年都不忘拿起鏟子。他雖然是個作家也是講師，但是有滿長一段時間付出許多勞力，他熱愛親手蓋建房屋、開挖池塘、堆砌石牆，尤其石牆是耗費了十多年才堆砌而成。他曾經甚至坦言，堆砌石牆才是他認為最有趣的興趣。

> 我們（夫妻倆）不放過任何一顆石頭，統統帶回家中仔細觀察，並依照石頭的形狀分類成堆砌石牆用的石頭、鋪在地面上的石頭、蓋煙囪用的石頭等，徹底享受著蓋建塔屋這件事。（中略）親手蓋建房屋對我們來說是代替網球或高爾夫球的休閒活動，蓋房子時可以順便運動身體，還能曬到太陽，呼吸新鮮空氣，所有維持健康所需的必要因素都能獲得，甚至還能得到一棟既美麗又牢固的房子，豈不是一舉多得？[11]

值得注意的是，不只是史考特，許多人生轉變者都以使用身體而非大腦的活動作為興趣。不論是高更與赫塞的繪畫、梭羅的散步，還是榮格的蓋建塔屋，都屬於肢體活動，法頂禪師也是親自維護自己的菜田、劈柴生火、煎煮茶水，成功克服自閉症、成為世界級動物學家的葛蘭汀，則是每到放假就會跑到阿姨的動物牧場裡幫忙。

許多人生轉變者的興趣會與肢體活動有關，無非是因為他們的職業大部分都是靠精神工作，要使用大量的腦力，所以才會藉由肢體活動作為身體與精神的平衡軸（counter weight）。誠如「健康的身體同時也要具備健康的精神」所言，我們的精神唯有在與肉體達到平衡時最為健康。教育心理學家哈沃德．加德納（Howard Gardner）甚至主張，「身體有自己的知性」，透過運用身體時的動作，思考的範疇也會跟著擴大。莫札特在作曲時會不停張動嘴巴、抖動手指，同樣也是為了激發自己的想像力。

不只是精神與肉體的平衡，嚴肅與輕鬆、理性與感性、開朗與陰暗、系統與非系統等平衡，同樣也是興趣的重要考量因素。就如同赫塞的明朗簡潔式水彩畫風，潛意識地反映了其黑暗又複雜的小說一樣，興趣可以扮演人生與工作的平衡軸及逃生門角色。創造出《愛麗絲夢遊仙境》的路易斯．卡羅（Lewis Carroll），其實原本是牛津大學的數學教授，這件事情鮮為人知。他偶爾會說故事給當時的校長李德爾教授的三個女兒聽，最後他將那些故事集合起來，成了如今的《愛麗絲夢遊仙境》。儘管他終日與數字為伍，但是每到晚上就會判若兩人，通常會寫一些為小朋友創造的詩與童話故事，也享受玩攝影、拼圖。等於是為了使身為數學教授經常使用的理性與邏輯達到平衡，進而喜歡從事一些充滿感性與創意性的活動。

興趣會成為補強職業的平衡軸這件事，也正好說明了大部分的興趣為什麼都帶有一點「遊戲」性質，因為如果要擺脫掉充滿著各種規範與賺錢等嚴肅感的工作世界，就得透過遊戲解開人生，以達平衡。發現人類史上第一種抗生素青黴素（penicillin）的諾貝爾生理醫學獎得主——亞歷山大．弗萊明（Alexander Fleming），每次只要一離開研究室，就會專注在玩遊戲或打電動上，不只打撲克牌、下西洋棋，還打高爾夫球、乒乓球、水球等，需要運用到肢體的運動也難不倒他。有趣的是，當他在玩這些遊戲時，他不會套用一般的遊戲規則，而是會不斷創造無厘頭的遊戲規則，使遊戲增添趣味性。他曾經只用一根高爾夫球桿打過十八洞，也曾躺著打高爾夫球，甚至想過要在室內打高爾夫球。

11 摘自《史考特．聶爾寧自傳》（*The Making of a Radical*），史考特．聶爾寧（Scott Nearing）著。無中譯本。

遊戲是可以因從事本身而感到滿足的活動，玩遊戲不需要明確的目的或動機，單純投入就能享受箇中樂趣，也毋須爭輸贏，更沒有義務需要解釋結果。然而，我們並不會因為遊戲沒有目的而把結果單純視為樂趣，因為將來它一定會以另一種型態為某項良好的目的做出貢獻，這點是無庸置疑的。

要是你不曉得該玩哪一項遊戲，不妨試著從兒時常玩的遊戲開始著手，那個時期的自己是最純真的，當時熱衷的活動，很可能就是你內心最純粹的「希望」。榮格與佛洛伊德訣別後，度過了一段痛苦糾結的時期，某天，他突然想起自己小時候拼拼圖的畫面，那是他約莫十歲時蒐集小石子堆成房屋與村落在玩耍的場景。榮格在自傳中回顧當時，說道：

> 原來我的人生就在這裡！那個孩子依舊存在，享受著我所缺乏的創意人生。我該如何到達那裡？（中略）為了重新和那個時代連結，我就必須得回到那裡，玩著兒時遊戲，重新過一次身為孩子的人生才行。[12]

他開始在住宅附近的湖邊用小石子堆房子，從小房屋開始，到城堡、教會等，逐漸完成一座小鎮。就像在做某種儀式般，在有限時間內全心全意地堆小石子。這並不是單純在模仿兒時的遊戲，而是藉由小石子完成一座小鎮來「再創造」（re-creation）自己的精神，把崩塌的內在世界進行重建（rebuilding）的行為。他藉此擺脫了佛洛伊德的精神分析學影子，開始建立屬於自己的心理學，等於也是他的重生（rebirth）過程。他透過這項活動感受到內在的創造力，不僅為他開拓了內在世界，甚至日後也親手在蘇黎世湖附近一處名叫波林根（Bollingen）的地方，費時多年蓋建了一棟塔屋。這件重拾興趣之事，榮格稱它為「命運的轉捩點」。

轉變期的興趣和日常中的興趣，最大差別在於投入的程度，日常生活中，我們會為了休息與轉換心情而進行興趣活動，然而，轉變期的興趣活動雖然同樣伴隨著樂趣，投入程度卻更深，並附有特殊意涵。這就是業餘愛好者（hobbyist）與狂熱分子（mania）的差別。

轉變期的興趣是沉迷於某一件事，高更甚至覺得只有週末畫畫還不夠，就連平日下班後也想投入作畫，最後甚至特地準備了一間工作室，全心全意投入繪畫；赫塞則是半輩子畫了數千幅畫還不夠，甚至認真考慮過是不是應該要轉行當畫家；梭羅將每天四小時的散步時間視為人生最重要的事情，並且認為上天賦予他的命題就是探究野生大自然，以人類的語言將那些觀察研究整理成文章。像這樣著了魔似的瘋狂投入一件事情，彷彿與那件事情合而為一的狀態，這種人我們稱之為狂熱分子，這些人的特徵是透過興趣經歷高峰，體驗過高峰感的人，會清楚知道那份喜悅感來自過程而非結果，要完全沉迷於某件事情才會達到那樣的境界。唯有在深深投入的過程中，才會換來一雙雪亮的眼睛；唯有獲得了「超越眼界」的狂熱分子，才會懂得藉由興趣徹底翻轉人生。

12　摘自《榮格自傳：回憶・夢・省思》（*Memories, Dreams, Reflections*），卡爾・榮格（C. G. Jung）著，張老師文化，二〇一四。

空間
在神聖的場所重啟人生

這是一種可以體會自己是什麼樣的存在、
將成為哪種人的空間；
也是可以對過去、現在、未來的自我搭話的空間。
在這種神聖的場所裡，有著喚醒記憶、觀察與想像的力量。
記憶是對過去的反芻，觀察是對現在的投入，想像則是照亮未來的光芒。
轉變期的空間，不僅是身體駐留之處，
同時也是精神能量聚集、流動、循環的場所。

亨利・大衛・梭羅[1]
在湖濱散記裡實驗理想人生

一八四五年春天，二十八歲的梭羅提著一把斧頭走進華爾登湖邊的森林，他蓋了一間簡樸的小木屋，耗時三個月。該年七月四日，是他第一次搬進那間小木屋並在那裡過夜的日子。而這天恰好也是美國的獨立紀念日，雖然這只是一場巧合，但他選擇搬進這棟小木屋裡生活則是出於意圖安排。梭羅在其著作《湖濱散記》中寫道：

> 我到森林去，因為我希望有心的過生活，只去面對生活的必要部分，看我是否能夠學取它所教導的，而不要在我死的時候發現我沒有活過。我不想去過那不是生活的生活，因為生活是這樣可貴。[2]

梭羅搬到華爾登湖畔定居，並非出於一時衝動，他早有這項打算好幾年了。一八四一年十二月二十四日，他在日記中寫道：「如果我能將現在的自己抛下，我希望立即移居湖邊，傾聽風行蘆葦中的低語。」然而，就在隔年，和他感情要好的親哥哥約翰突然驟逝，梭羅因此深陷憂鬱長達好幾個月，移居計畫也只好暫緩保留。一八四三年五月，他在平日景仰的愛默生建議下，搬進了愛默生的親哥哥家，並擔任家教老師，一起生活了八個月。隔年，他決定到父親經營的鉛筆工廠幫忙。

一八四五年三月，和梭羅住在同個城鎮的詩人威廉・埃勒里・尚寧（William Ellery Channing）寫了一封信給梭羅，他眼看梭羅遲遲沒有找到人生方向，建議他要不乾脆到華爾登湖畔蓋一間工作室，尚寧身為梭羅的摯友，非常清楚知道梭羅有著這份尚未完成的心願。或許是受尚寧的那封信所影響，梭羅決定開始在華爾登湖畔蓋一間小木屋。

梭羅為什麼會年紀輕輕就想要隱居森林呢？梭羅認為，人生有無限種型態，沒有什麼事是比人類的人生還要來得百變多樣；有些人整日渾渾噩噩，過著宛如喪屍般的生活，有些人則是無時無刻保持神智清醒。對於擁有這種想法的梭羅來說，一直都有個夢想已久卻從未實踐的人生——徹底融入大自然，並且盡可能自給自足。藉由閱讀與寫作達到精神富裕的日常，成為自己的主人而非配合他人眼光生活的人，以精神與靈性為中心而非以物質與消費為中心的人生。簡言之，梭羅想要親身實驗看看，自己心目中理想的人生——樸實且高尚的人生，究竟是否能真的實現。

梭羅的故鄉位於美國麻薩諸塞州的康科特鎮（Acton），當時，康科特是個被美麗自然景觀環繞、住有兩千名居民的小鎮，而華爾登湖就位在小鎮外南方兩公里處，面積有二十五萬平方公尺，深度約三十一公尺，環湖周長二點七公里。梭羅對於出生在康科特這座靜謐小鎮感到無比幸運，他把康科特視為世界的縮小版，將華爾登湖視為太平洋。他從小就深深為康科特周遭的森林、湖水著迷，並認為華爾登湖是萬物生息的生命活水泉源，視其為朋友。「噢，華登，真的是你嗎？」對於梭羅來說，華爾登湖就是個「永恆的幸福快樂之泉」，我們不妨看看他在《湖濱散記》裡所寫的這段話：

1 編註：亨利・大衛・梭羅（1817-1862），美國作家、詩人、哲學家，著名的作品有散文集《湖濱散記》和《公民不服從》（紅桌文化出版）。《公民不服從》討論面對政府和強權的不義，為公民主動拒絕遵守若干法律提出辯護。

2 摘自《湖濱散記》（*Walden*），亨利・大衛・梭羅著，海鴿文化，二〇一三。

今晚，我依舊有了新感動，彷彿過去二十多年來都從未天天看著這片湖水般，喔！原來這裡是華爾登湖！[3]

梭羅搬進小木屋的第一天，其實房子還處於未完成狀態，但他還是對這棟小木屋十分滿意。不只因為這棟小木屋是他親手蓋建，也因為這棟房子對他來說是一個結晶體。他領悟到一件事，「我生活在更靠近了宇宙中的部分，更挨緊了歷史中最吸引我的那些時代。」也發現自己的小木屋就位在「總是新穎、不會被玷汙的場所」。

小木屋周遭森林茂密，距離湖水也很近，雖然和城鎮相距不遠，但是在方圓一點五公里內是沒有任何鄰居的。雖然這裡稱不上是荒野地區，卻已經是足夠獨立生活、與世隔絕的地方。梭羅以自己的方式在此生活，待了整整兩年兩個月又兩天。這段期間，他沒有穩定工作，只有在小木屋附近維護一下菜園，偶爾散散步、觀察一下大自然，然後閱讀、寫作。

大自然對他來說是老師，華爾登湖是學校，在該處遇見的每一種動、植物則是教科書。同樣的，梭羅在到訪加拿大看著蒙特婁聖母聖殿（Notre-Dame Basilica）時也說道：「康科特不需要蒙特婁聖母聖殿，因為我們的森林更雄偉，也更神聖。」他深信華爾登湖畔是距離天國最近的地方。對他來說，華爾登湖是神聖的場所，而蓋在湖畔一角的小木屋，則宛如神聖場所的中心——「小禮拜堂」。

其實村子裡的人都把梭羅視為怪人，有些人對他感到憐惜，有些人則認為他好吃懶做，也有些人認為他畢業於哈佛大學卻沒有一份穩定工作，只做著自己想做的事情，著實是個心智尚未成熟的人，或者將其視為現實逃避者，每天徘徊穿梭於山野間。但是在他度過這段華爾登湖時期以後，整個人變得更有廣度和深度。《亨利．大衛．梭羅傳記》（*Life of Henry David Thoreau*）的作者亨利．少特（Henry S. Salt）就曾表示：「梭羅的想法變得成熟，甚至完成其特有的文體，都是發生在這段期間的事。當初剛搬到華爾登湖邊的梭羅，還留有相當程度的年少無知，但是在離開華爾登湖的時後，已經有了身為成人的成熟、堅定與威嚴。」

梭羅在華爾登湖生活的二十六個月其實並不算長，但是這段經歷卻決定了他往後的餘生。他在這段時期達成了內在突破，一開始抵達華爾登湖時，梭羅還是個年近三十、價值觀不明確、一本著作也沒有、默默無名的小卒，但是在他離開華爾登湖時，已經開始過三字頭的人生，並對大自然和人生有著堅定的哲學思想、生活方式，還完成了第一本著作的原稿，以「公民不服從」作為明確的象徵式信條。

梭羅究竟是如何達成這種突破的呢？我們可以找出兩大關鍵因素：「實驗」與「省察」。梭羅把華爾登湖的大自然與自己的小木屋作為實驗室與自我省察的場所。

梭羅的小木屋裡總共有三張椅子，根據他的說法是，「一為孤獨，二為友誼，三為社交。」在此，孤獨意味著與自身對話，兩張椅子是為了和摯友對話，三張椅子則是為了和偶遇者（訪客）對話。梭羅把人們當作一個王國，也就是一個世界，所以第三張椅子也可看作是為世界準備。因此，梭羅的三張椅子也分別象徵著「省察」、「關係」與「世界」。

從《湖濱散記》中我們可以發現，對於梭羅來說，三張子椅子當中他最重視也最常使用的是「孤獨」，他甚至自白，「沒有什麼朋友比孤獨還要容易親近」。獨自一人隱居湖畔，坐在孤獨之椅上省察的對象是他自己。他想要探索的是內在世界而非外在世界，他深信自己的內在和大自然一樣有著大陸和大海，每個人皆是如此。他說：「去勘探你自己的更高緯度去吧！」並補充道：

> 你得做一個哥倫布，尋找你自己內心的新大陸和新世界，找出峽道來，不是為了做生意而是為了思想。每個人都是白己內在領域中的統治者，與這個領域一比較，世間沙皇的帝國只成了彈丸小國，一個冰雪融化

---

3 摘自《湖濱散記》，亨利・大衛・梭羅著，海鴿文化，二〇一三。

後留下的小沙丘。[4]

對於梭羅來說，小木屋就是一種禪房，在這裡，他開始正視自己的內心，持續自我省察，後來甚至到達可以精密觀察內心的境界，從他留下的日記與《湖濱散記》中便可看見。

此外，他住在華爾登湖也實驗了自己能否實現心目中的理想人生，要是借用他所說的「我願意深深地紮入生活，吮盡生活的骨髓，過得紮實，簡單，把一切不屬於生活的內容剔除得乾淨利落」，那麼簡言之，他所謂的理想人生，就是「和大自然完美融合，活得簡單，並完成自我」。他親身實踐了自己一心渴望的人生，並完成了實驗。

不過，具體來說，他究竟實驗了什麼呢？

一、親自蓋建房屋。梭羅在《湖濱散記》中詳細說明了自己蓋建這棟小木屋的花費，據他透露，這棟小木屋花了他二十八點十二美元蓋建，比當時哈佛大學畢業生一年的房租錢少一些，當然，他蓋的房子只有三米長、四點五米寬、二點四米高，而且只有一間房間，所以比較接近小木屋而非一般家庭式建築。

梭羅雖然在蓋這棟房子時有接受一些朋友的幫忙，但大部分都是靠他一人獨自完成。他之所以要親手蓋房子，是因為他將這件事視為準備容身之處的同時，也是在建構精神上的住處。對他來說，華爾登湖是在外部尋找到的心靈故鄉，在該處興建房屋就好比是在心靈建構中心，換句話說，親手蓋房子就好比是在鍛鍊精神，那個空間會成為自我省察與學習的中心。

二、盡量減少為生計所付出的勞動時間。經濟上的自立與自律性的勞動，是梭羅透過華爾登湖生活想要實驗的重要價值，為此，他盡可能親手打造家具、親自種田，以達到自給自足的生活模式。根據他表示，當時一週的生活費只花二十七美分，第一年自己務農下來創造了超過八美元的淨利。儘管他投入這項實驗的時間不長，卻對於自己是該年康科特最具自主性的農夫，並在務農一事上創下成功佳績一事感到無比自豪。

他十分抗拒被組織牽著鼻子走或者受社會世俗眼光左右的勞動，追求的反而是自發性的勞動。他認為工作不應該基於義務或者強求，工作應該是一項創造性的活動，或者工作本身即是目的、快樂。他住在華爾登湖畔的期間，一年當中真正在工作的時間不超過五十天，等於每週只有工作一天，其他天都過著自由自在的生活。

三、簡化生活。梭羅嚮往的另一個價值，正是極簡生活。為了探索這項價值是否有實現的可能，他進行了衣食住行方面的簡化實驗。當時美國整體社會籠罩在物質主義與技術所帶來的便利，而且還日漸嚴重，穿著、飲食、房子都成了展現社會地位的標準、評價他人的依據。梭羅並沒有追隨這樣的時下趨勢。

某次，有人問他喜歡吃什麼，他回答對方：「隨手可得的東西。」他認為飲食只要吃得健康、能滿足生存所需即可。這樣的觀念同樣也套用在他的穿著與居住空間上，衣服只要符合季節和體型，房子只要有適當大小、不漏水、空氣流通、暖氣沒有問題便足矣。他徹底將奢侈品牌除在人生之外，以最少量的必需品實踐極簡生活。

四、為了活出屬於自己的人生，從設計自己的一天開始。梭羅按照自己想要的方式設計每一天，他的「一日經營法」是把焦點放在身體、精神以及靈性活動的協調上。他一大早起床就會像接受洗禮般，以敬畏虔誠之心將身體泡入華爾登湖中。上午大部分都是在閱讀古典、冥想、經營菜園，白天幾乎每天平均散步四小時。

晚上通常是在寫日記或寫書。他對於寫日記一事賦予格外特別的意義，甚至擔心自己會不會太執著於寫日記，對他來說，日記是結合內在與外在生活的方式，就好比散步與思考、閱讀與寫作的結合。梭羅在華爾登湖生活時，不僅寫了好幾篇日記，還完成其第一本著作《河上一周》（*A Week on the Concord and Merrimack Rivers*）的原稿，並寫出《湖濱散記》的原稿。

雖然他獨自在華爾登湖過著隱密清幽的生活，但也無端被捲進一些出乎預料的事件當中。某次，他為了抗議美國的奴隸制度和墨西哥戰爭而拒絕納稅給政府，結果竟惹來了牢獄之災。在監獄裡度過了一個晚上以後，有人

4 同註3。

代替他繳清稅金才獲得釋放。這件事情對於梭羅來說，無疑是很好的契機，讓他得以深入思考關於個人與國家、自由與權利之事，甚至寫下了日後對於甘地和馬丁・路德・金恩（Martin Luther King）等多位名人影響甚鉅的著作《公民不服從》。

梭羅在華爾登湖探索自然，把大自然作為借鏡探究自我。藉由深刻的自我審查與各項實驗，他教育並完成自我。當夢想聚集，就會變成目標，當行為不斷重複，就會變成習慣，熱情和信念也是同樣的道理，只要不斷強化，就會變成成熟的氣質。梭羅在華爾登湖畔生活的那二十六個月，透過省察式實驗，悟出了對人生與自然的堅實哲學以及生活方式（與大自然的交流、節制、孤獨、沉默、自律與自立等）。他在《湖濱散記》中將自己的領悟簡述如下：

> 一個人滿懷信心，朝自己的夢想前進，並努力活出自己想要的人生，就會獲得意想不到的成功。[5]

5 同註3。

史考特與海倫・聶爾寧[6]
離開城市、憑自給自足的小農生活找到人生對策

經濟學者暨社會改革家史考特・聶爾寧，年輕時過著人人稱羨的人生。他出生在富有人家，接受名門大學洗禮，擁有博士學位，二十幾歲就當上了賓州大學華頓商學院經濟學教授，三十幾歲已經出版過多本著作，以僅次於伯特蘭・羅素（Bertrand Russell）的名演說家之姿，感動數千名大眾。身為經濟學家，他對於富有的分配問題十分感興趣，他主張：為了以防極少數的富人獨占市場機會，需要一些社會介入。此外，他認為不只是社會制度上的改善，人們的價值觀也要有所改變，社會與經濟才會發展進步。

另外，他對兒童問題也很感興趣，甚至展開反對壓榨童工的運動，最後慘遭學校開除。後來他雖然有再受邀擔任托雷多大學教授，但是隨著美國宣布參加第一次世界大戰以後，他出版了一本名為《極致瘋狂》（*The Great Madness*）的著作，內容批判當時美國的參戰決定，以反戰主義者的身分活躍於文壇，於是又再度慘遭除職。史考特當時的價值觀早已是如今的常識，但是在當時只有盲目推崇民主主義的美國社會裡，卻被視為是異端分子。

6 史考特・聶爾寧（1883-1983），美國的激進經濟學家，教育家，作家，素食主義者，倡導簡單生活。海倫・諾思・聶爾寧（Helen Knothe Nearing, 1904-1995），美國作家，倡導簡單生活和終身素食，被視為二十世紀六〇年代「回歸自然運動」的先聲。

史考特的挫敗和赫塞很像，兩人都是從年輕時期就深受歡迎的知識人，後來皆因反對祖國參戰而成為社會邊緣人，最後透過大自然治癒心靈這點也十分相像。短短不到一年時間，他們都從金字塔頂端墜落谷底，來得措手不及。

他失去了一切，在最年輕氣盛的時期被革職了兩次，甚至被國家認定為危險分子，最後他的著作原稿也被法院沒收，以間諜之嫌遭起訴。隨後，不再有人邀請他演講，就連投稿於報紙上的文章也被報社拒絕。當然，已出版的著作也被下令禁止販售，他不僅失去了舞台，就連家人也對他十分不解。史考特的妻子向幾乎失去經濟能力的丈夫提出分居，並帶著兩個孩子離家出走。被國家、職場、家人統統拋棄的史考特，最後是以微薄的國民年金好不容易撐過那段徹底失敗的日子。

正當他跌落人生谷底，備感挫折之際，老天又賜給了他一段姻緣，使他有了重新展開人生的動力。四十五歲的史考特，遇見了比他整整小二十歲的女子海倫．諾思（Helen Knothe）。海倫出身上流階級，生活富裕，和史考特的家世背景相似，自幼就在音樂方面展現長才的她，擅長彈奏鋼琴和拉小提琴，她高中畢業後便遠赴歐洲進修音樂。住在荷蘭阿姆斯特丹期間，海倫偶然接觸到領導神智學會的幾名核心人物，尤其是在見過印度的靈性導師吉杜．克里希那穆提（Jiddu Krishnamurti）以後，被這位年輕有為的青年深深吸引。吉杜．克里希那穆提從十四歲那年開始，就開始準備成為世界級導師（World Teacher），他當時是受全球矚目的靈性導師。

海倫和克里希那穆提互有好感，隨即便發展成戀人關係。海倫對音樂的熱忱令克里希那穆提動容，並帶領她學習東方宗教與神智學。一九二〇年初，海倫甚至跟著他前往印度接受靈性訓練，後來也一同遠赴澳洲，當他的弟子以及助理。然而，這段特殊姻緣維持沒多久，過了幾年時間，兩人的關係就變得疏遠，海倫擁抱著離別的傷痛，獨自返回美國。她放棄了一直深愛的音樂，把一切都賭在克里希那穆提身上，到頭來卻落得一場空。由於長期脫離社會專注靈修，所以還俗後的海倫坦言，自己是處於「腦袋還放在雲朵上，對於世上發生什麼事渾然不知」

的狀態。

正當她在煩惱著究竟該如何重新開始時，她在父親的一場聚會上巧遇了史考特，由於長年累月的靈修，她也練就了一番可以感知到肉眼看不見的部分的能力，她當時從外表看起來毫不起眼的中年男子史考特身上，看見了非凡的智慧。爾後，史考特建議海倫學習政治，海倫則與他分享關於靈性的一切。兩人後來慢慢發展成戀人關係，隨即也一起搬進了一間位在曼哈頓的公寓，那是個連暖氣都沒有的公寓。同居的這段期間，成了兩人的人生一大轉折點。他們亦師亦友，為彼此帶來了深遠影響。史考特說服出身上流階級、從小衣食無缺的海倫實地到工廠裡工作，看看殘酷的社會現實，海倫後來領著好幾個月的最低薪資投身工廠，結果因為某次要求提高工資而遭解雇；反之，史考特則是受海倫的靈性與冥想指導，沉迷於神智學當中。

當時他們倆對於西方文明和資本主義非常感冒，在他們眼裡看來，那裡充斥著偽善，將競爭視為控管原理，被權力蒙蔽雙眼的人們，宛如在賭博一樣，將戰爭視為工作。他們都渴望能盡快逃離這樣的西方文明，當時有幾種方案；一是逃亡至其他國家，然而，他們真正想要的並非逃避，另一種方案則是留在城市裡，但是要住在其他可替代的團體裡。在經過多方調查以後，他們得出了找不到任何一個團體適合他們的結論。最終，他們下定決心，要到人煙稀少的偏僻村莊，親手蓋一間房子、種植穀物，成為自給自足的農夫。

他們對鄉下懷有一些期待，希望有機會可以過單純生活、做有意義的事，於是他們開始選擇落腳處，想要四季分明、無時無刻都很美麗的地方，因為他們相信，季節循環不僅對人體健康有很大幫助，對人生也會帶來一些刺激，因此，他們認為東北方的新英格蘭地區會是最適合移居的地方，並在實際走訪各地好幾個月後，最後決定落腳遍佈山林的佛蒙特州。拜幾個月來不辭辛勞地到處走動所賜，他們也用低價買下了不少快要荒廢的荒蕪農場與設備。

由於他們過去的人生大部分都是生活在都市，要實踐這項決定的確需要一段適應期。頭幾年他們只有夏天會到那裡生活，因為他們還沒找到在那裡生存的方法，所以決定以循序漸進的方式準備移居這件事。就這樣過了一段往返紐約和佛蒙特州的生活，最終完成了「試住期」，他們用小卡車載著沒有多少的家當，正式移居鄉下。史考特回想當時說道：

> 我決定繼續以自由工作者的身分進行教學活動，有機會就演講、寫作。但是依舊有個問題尚未解決——我該靠什麼養活自己？在奄奄一息的社會秩序中被放逐邊疆的人，究竟能否堅守微薄的心願——不失品格地生活，同時幫助陳腐老舊、急速毀滅的社會秩序，汰舊換新成更有實現可能的社會體系？（中略）我在一九三〇年代美國的右翼壓力下，選擇了自給自足的農人生活，作為生存下去的手段。[7]

他們決定成為農夫時，史考特當時的年紀已經即將邁入五十，真的移居鄉下以後，他們才發現原來現實和想像有許多不同。雖然他們擁有八萬坪的土地，但大部分都被雜草灌木覆蓋，難以做為農業用地。他們打算把周遭的美洲黑楊拿來當作木柴燒，卻也在事後才得知根本不能夠用作木柴，好不容易打理好的農田過不久後也發現原來選錯了位置，因為隔年春天，溪水流進了田中央，使整個田地變得泥濘不堪。

儘管生活遇上如此多的磨難，生計方面卻是出乎意外地順勢而行。因為當時隔壁農場主人突然驟逝，他們剛好可以用很好的價格收購那片農田，並發現農場的楓樹流出的汁液可以創造出可觀的收入。楓糖和砂糖容易保管，隨時都可以輕鬆換取金錢，市場價格相對來說也很穩定，不會有突然暴跌的情形，這簡直是天外飛來的幸運。到那時為止，他們從未想過自己有一天會從事生產楓糖事業，多虧楓糖，讓他們擁有了穩定的經濟基礎足以在佛蒙特州定居。現在他們面臨的問題從「該如何養活自己？」變成了「該如何過協調的人生？」

自給自足的農夫生活不僅在經濟上能夠自立，同時也提供了相當程度的自由時間與機會，單純愜意的生活、有意義的事情、完美協調的人生，是史考特和海倫移居鄉下的主要原因。兩人為了達成這項目標，計畫了整整十年，這項計畫並非一次完成，是經過長年累月思考、親自體驗過，然後再逐漸修正而成。一九三〇年代中期，他們設定了以下這幾項支撐他們人生的重要原則，並嘗試努力奉行一生。

- 藉由務農自給自足，至少要能維持一半以上的生活，盡可能擺脫資本主義的經濟利潤追求（實際上生活的八成都是靠自給自足完成）。
- 不賺取金錢。從土地上收穫的任何農作物，都不能夠作為創造利潤的手段，包含拿去市場販售，也不得向銀行借錢。
- 只要備妥一年份的糧食，直到下一次收穫前都不再工作。如有多餘的農作物收穫，要與鄰居分享。
- 不飼養家畜，任何家畜製成的食品（包含肉類）都不食用。對生命要保有敬畏之心，不把同是生命體的對象當作奴隸對待。
- 不依賴機器，盡可能以身體付出勞力。
- 不浪費時間在修繕老舊房屋上，除非不得不維修時才考慮修理，不然就直接將就住。
- 使用最少量的木材，利用大自然裡的石頭親自蓋建房屋。
- 每天至少思考一次關於哲學、生死、冥想。

這些原則是兩人設定的十年計畫核心內容，他們把這些原則盡可能設定得更為詳細，並排定了優先順序，甚至將一天分成「四小時是為生計付出勞力、四小時是為從事知識性活動、四小時是為社交」的模式生活，工作時從不倉促，冬天要是農場結冰導致無法耕作，就會乾脆選擇外出旅行或投入社會活動，過著極其簡樸的生活。蓋房子其實是一件苦差事，但也非常有趣，他們夫妻倆利用石頭蓋建了所有房屋，因為石頭是最能夠和地面

7　摘自《史考特・聶爾寧自傳》（*The Making of a Radical*），史考特・聶爾寧（Scott Nearing）著。無中譯本。

營造出自然協調感的建材。他們的住處有著各式各樣的石頭，多不勝數。每當他們漫步在森林或鄉下各處時，只要看見可以徒手搬運的石頭，就會毫不猶豫地全部裝進袋子裡帶回家，幾乎沒有一天是空手返家的。這些石頭最後會依「邊角石」、「上等石」、「地面石」、「煙囪石」等不同用途進行分類。

某天，他們一如往常地邊撿石頭邊散步，突然發現前方有個垂直呈九十度的石頭峭壁。平滑的表面直徑長約八米，垂直陡峭的壁面高則有三米。一直嚮往能夠蓋一間最接近自然房屋的倆人，終於確信找到了最佳地點。他們為了讓新家盡量與這片石頭峭壁融為一體，於是把它作為新家的後牆，等於在家中就可以享受活生生的大自然。這座大石頭變成客廳的一部分，不僅阻擋了北風，也提供了炎熱夏天可以靠著消暑的位子。他們在這棟新家周圍堆起石頭做成石牆。當然，這時候的他們也依舊保持不急不徐的態度，細細感受著箇中樂趣，慢慢蓋建。

今天早晨，我用鋤頭翻動草地，把那些東西堆疊好，然後再用鏟子和推車，把鋪在草地下的泥土挖掘搬運。要是用推土機進行，這件事應該只需五分之一的時間便可完成，要是可以忍受那台機器巨大的聲響和令人不悅的難聞廢氣，只要站在一旁靜待觀看即可。然而，今天一早的我，沒有放棄任何一分一秒的工作時間，享受著付出勞力的滋味，並聽見烏鴉和海鷗的哭聲。（中略）人們活著最終是為實現自身想法，親自實踐才有意義，光用手指按下機器的啟動鍵是毫無意義的。[8]

位於鄉下的石頭屋與效率、便捷相距甚遠，他們有好幾年過著沒有電的生活，單靠壁爐作為家裡的暖氣設備，用水桶裡的水沖馬桶，只有在廚房裡安裝泵浦，便完成了家中排管設備的施工。洗澡時也要在桶子裡接熱水洗，然而，他們並沒有因此而感到特別不便，他們配合自己親手蓋建的房子，改變了生活習慣。當房子落成以後準備要添入家具時，他們的標準同樣也是以「簡單、便利」為主旨，拿掉所有裝飾、工藝、壁紙、窗簾、雕刻品以後，反而更能夠凸顯出既有的純粹美。他們坦言，隨著生活環境變得簡單，生活模式也同樣不再繁瑣複雜。

我們（夫妻倆）在擺脫競爭式、工業化社會必然會帶來的四種害處上，算是滿成功的。所謂四種害處：那些不停折磨貪欲於物質（包括金錢和家當）的人其權利、在競爭中想要脫穎而出的焦急與吵雜、在想要占有財富與權力的鬥爭中伴隨而來的勞心與憂慮、許多人湧入一個狹小地區生活所產生的複雜與混亂。[9]

聶爾寧夫婦的土地由於位處容易結霜的山坡高地，所以土壤貧瘠，不利於務農。然而，正因為他們知道早在以前也有農夫在此地生活逾百年，所以決定還是謹慎地踏出務農這一步，所幸當時鄰居們都很熱情，提供他們不少富有建設性的建議。他們按照鄰居的指導，在房子附近種植蔬菜，並沿著山脊開發成梯田，親自製作堆肥施灑在田地裡。除了天然堆肥外，他們沒有施灑任何人工肥料，也幾乎沒有用動物的排泄物當作肥料。像這樣在能夠避免結霜的田地結構上種植穀物三個月，便能採收足足吃上一整年的分量。

他們盡可能維持生食，主要是吃未加工過的新鮮蔬菜和穀物，也盡量不把從地面採收的食物做成罐頭保存。他們縝密地計畫每個季節適合栽種的植物，也因此總是可以吃到時令蔬果，冬天則是到房子地下室的蔬菜儲存場取出食用。就這樣年復一年，每個季節都能吃到不同的新鮮食材。

像這樣單純樸實的生活對人生也造成了很大影響，最重要的是人生變得充裕豐滿。不論在每一瞬間、每日、每月，都深刻感受到自己還活著這件事。他們擁有充分的自由時間，享受那些美好時光。儘管為了基本餬口而付出勞力、汗流浹背，但他們認真、享受工作，從不做得要死要活，也不會因為某天工作得較少而感到開心。勞動本身對他們來說就是開心事，工作完以後，他們享受閱讀、散步在樹林間、彈奏樂器等自由。

8 同註7。

9 同註7。

務農滿二十年之際，兩人共同出版了一本講述農村生活的書《度過美好人生》（*Living the Good Life*），不久後，他們便放下那裡的一切，決定搬移至其他地區生活。因為隨著這本著作的知名度提升，來自全國各地想要一探究竟的讀者也隨之增加，而他們早已厭倦這樣的不堪其擾。剛開始，他們還很熱情歡迎遠道而來的訪客，但是隨著訪客人數變多，他們的簡單生活也突然變了調，失去平衡。某天，史考特語帶憤慨地表示：「這樣根本無法工作！」夫妻倆認為是時候該轉移陣地了，於是他們毅然決然離開了佛蒙特州，轉移到緬因州展開新生活，並再次為他們的夢想人生實驗注入了一股新血。

有趣的是，他們在搬家時，幾乎沒有搬任何先前住處使用的物品。除了必需品有打包搬去新住處以外，其他物品根本是原封不動地留在原本的家中。生活了二十年、親手蓋建而成的石頭屋，以及親自改善的肥沃土壤，也都賤賣給了別人。史考特的兒子對於父親所做的這項決定感到滿心失望，但史考特寫了一封信給他，內容寫道：

> 我的人生與你不同，你希望安定，我卻對安定毫無期待。我希望不久後的將來可以做點不一樣的事，那件事情做完以後也希望能繼續做點別的事。我們在此生活了二十年，蓋了棟房子，耕作得也不錯。我們可以在這裡懷抱無限期待，也可以做著糖漿事業過無憂無慮的生活。然而，這只是維持現況，也意味著退步。[10]

聶爾寧夫婦想要透過自己的人生傳遞給世人的重要訊息是——人類的自由因資本家的權利而受限，唯有堅實的「自立」才能解開這項束縛，邁向自由。他們也警告世人，要是一旦習慣資本吞噬一切的這種體系，就會不得不成為非人性化、冷血無情的機械零件之一。他們倆徹底從這樣的體系監牢中逃離，身體力行展現何謂完美協調的人生，也希望人們可以更深刻投入自己的人生，獲得真正有價值的事物。

他們的農村生活維持了五十多年，史考特在年滿百歲又三週的那天，在家中望著外頭一望無際的大海，安詳地鬮上了雙眼，早已習慣徹底的素食主義、身體勞動以及極簡生活方式的他，活到百歲以後就宣布要自行斷食。他在海倫的陪伴下，維持意識到最後一刻才斷氣，他的身旁沒有醫師也沒有任何藥物，這一直都是他夢寐以求的臨終。這是唯有體驗過人生精髓的人才能夠享有的安詳死亡。海倫送走了與她生活五十三年的枕邊人以後，按部就班地執行完剩餘事項，並出版了《美好人生的摯愛與告別》（*Loving and Leaving the Good Life*），記錄著她與丈夫共度的人生點滴。在史考特逝世後十二年，也就是一九九五年九月，九十一歲的海倫也離開了人間。兩人的人生充分體現了事情的價值並非只存在於結果，也存在於過程中的果斷、耐心、努力和奮鬥當中。

10 摘自《美好人生的摯愛與告別》（*Loving and Leaving the Good Life*），海倫．聶爾寧（Helen Nearing）著，正中書局，二〇一〇。

人類創造空間，也會被空間陶冶

朝鮮實學思想家丁若鏞的首席弟子黃裳，一生從未參加過科舉考試，反而開拓出夢想中的人生。他一直渴望當個詩人或幽人，幽人是按照自我人生哲學與性格生活的隱士，幽人的人生忠於自我需求而非世俗標準，追隨發自內心深處的心聲而非時下潮流。幽人並非單純隱居之人，也不是逃避人生；幽人追求的是獨一無二的人生。

幽人會想要創造一個符合自己心靈的小空間，看待這處空間如自己的內心，打理這個空間的同時也整理內心。幽人希望空間和心靈可以相互感應，成就彼此，這是幽人的終極目標，而刻意與世界保持距離、獨自隱居，則是為了達成這項目標的手段。

讓黃裳擁有成為幽人這份夢想的人是其老師丁若鏞，丁若鏞為弟子寫了一本小冊子——《題黃裳幽人帖》（제황상유인첩），內容詳盡地介紹著身為幽人的人生。丁若鏞被解除流放以後，黃裳便帶著家人搬到了位於全羅南道康津郡外圍的大口面白磧洞隱居，當年他年僅三十，在那裡生活固然辛苦，卻持續籌備著幽人的生活。自幼失去父親的他，必須擔起照顧家人的責任，因此，他務農了三十年，閒暇時間則用來蓋建園林。

直到一八四八年，他終於在家人居住的房子後方山谷中找到了一處小山坡地，備妥居住空間，將這個地方取名為「一粟山房」，也就是如小米般小的房子之意。這個空間不是拿來作為生活起居用，它是個只有一房的小草屋，純粹為黃裳一人使用。根據他的說法表示，他在這間名為一粟山房的小天地裡，塞滿了書籍與各種文獻，並在一面牆上貼了一幅世界地圖。等於是在小米大小的空間裡，裝入了古典與世界等大事物。

黃裳蓋好一粟山房以後，按照師父在《題黃裳幽人帖》裡的指示，將山房周遭打理好，完成造景設計。他在

這裡種樹、養蜂、管理農田，並在一粟山房內專注閱讀、寫詩、抄書。晚年與黃裳一同郊遊的金正喜（김정희），則是將一粟山房取了個別稱，叫做「老學菴」，意旨「住有一位認真好學的老學生的小草屋」。

不只是黃裳，梭羅和聶爾寧夫婦同樣也是在大自然裡過著幽人的人生，本書中介紹的赫塞、榮格、李潤基、具本亨等，許多人生轉變者們也都展現著幽人的特性。所有人都忠於自己的精神、節奏、以及想要的人生，而非按照世俗要求的價值、世界的腳步、社會所賦予的角色過日子。他們都開拓出屬於自己的道路，最終於內於外都創造了屬於自己的世界。我們不妨藉由觀察他們的人生，來觀察空間這項人生轉變工具具有哪些特徵。

和世俗分離的自我專屬空間

二〇〇〇年十二月，李潤基在京畿道楊平郡（양평군）的一片荒蕪地上籌備了一間破舊不堪的工作室，像寺院一樣位處寂靜偏遠地區的工作室，只有簡單一房一廳一衛浴。初次到訪這裡的人，皆以「倉庫」和「畜舍」來形容，從這點來看，可以推測應該不是什麼華麗空間。在此值得一提的是，其實早在他擔任美國密西根州立大學客座教授回到韓國以後，便在京畿道南部果川市（과천시）重新蓋了一棟房子，他把其中最大的房間當作書房兼執筆室使用，等於是明明已經有了一個工作室，卻還另外安排了一間工作室，而且還是在交通不便、人煙稀少的荒涼地區。

究竟為何他要在生活不算寬裕的情況下，又多安排一間工作室呢？他在一場記者訪談中提到，因為不想被世俗要求與他人意見干擾影響，所以自行流放。自從《希臘羅馬神話之旅》成為暢銷鉅作以後，他的生活就開始變了調，整天被各大媒體邀約書稿，接受報章雜誌的訪談邀約、上電視節目擔任嘉賓等，生活過得十分緊湊，因此，能夠專心投入閱讀、翻譯、寫作等活動的時間和心理餘裕也變得比以往少很多。他當時迫切需要一個可以阻擋外部干擾的空間作為他的保護傘。他決定以工作室搬遷為契機，減少外部活動，認真書寫文章，重新投入神話等自己有興趣的領域。

對於李潤基的人生來說，在楊平郡找一間工作室是一道分水嶺，他耗費十年把這個地方打造成屬於自己的空間。工作室外還有一片農田可以種植蔬果，他更視樹木為希望，所以在周遭也種了一千多棵樹。另外，他還設立了在工作室後方弄一條銀杏大道的目標。他在晚年寫的散文集裡有提到，「透過栽種樹木，讓我學到很多事物」，並以「退耕還林」——把農田換作森林——作為自己的人生座右銘。隨著時間流逝，原本的荒蕪地、倉庫、畜舍，轉眼變成了書房、執筆室、森林。他熱愛他的工作室和森林，這處空間也成了他展開晚年人生的主要舞台。

不只是李潤基，許多人生轉變者都有準備一處屬於自己的「聖所」，這樣的空間就好比是坎伯所說的「小型禮拜堂」，與世隔絕，從世俗的時間與各種事件中隔離，算是一處可以被保護的空間。

赫塞在四十歲那年體驗了人生一落千丈的經歷，父親驟逝，小兒子被病魔纏身，太太罹患精神疾病，自己還因為發表了反戰文而被德國的國粹主義者認為是賣國賊、叛徒。在現實中找不到解答的他，最終決定離家出走找尋能夠隱身之處。一九一九年春天，他決定躲到瑞士提契諾州盧加諾附近的小鎮——蒙塔諾拉，並在卡薩卡木齊這個地方的一棟老舊城堡——當初為了打獵而建造的巴洛克風城堡，安排了一處屬於自己的空間。他刻意找了一間從小鎮上望去也幾乎看不見的房子。根據他的形容，「我只要關起家門，世俗的任何召喚都傳不進我耳裡。」「坐在小矮人的窗台上，就沒有人能妨礙得了我。」對於赫塞來說，蒙塔諾拉就是一個濃縮的小世界，卡薩卡木齊與小窗台則是將人生危機轉換成文藝復興式文學的聖所。

卡爾・榮格在好不容易通過轉變期以後，重拾了兒時熱愛的遊戲——堆石頭。有段時期，他幾乎每天都拿著石頭把玩，蓋建成小鎮和各式各樣的房子。後來他決定應該要以大石頭來玩才符合自己的年紀，於是在位於蘇黎世湖上游處波林根那裡，用大石頭堆建塔屋。他親自參與每一棟塔屋的設計與施工，故意不加裝電力或水道等便利設施，暖氣只靠壁爐，並親自生火做料理，營造出需要劈柴、打水的原始空間。他在塔屋各處畫上自己的潛意識表象——年邁的賢者樣貌，並在石塔牆刻上自己所看到的幻覺。那裡是他的基地也是隱身處。

在自然裡與大自然交感的空間

雖然赫塞曾說，卡薩卡木齊是他至今住過的房子中最特別也最美麗的，但事實上從外觀來看是極其簡陋、不便的，壁紙早已斑駁脫落、佈滿黴菌，不僅沒有熱水和暖氣設備，也沒有浴室空間。

儘管他必須忍受酷寒，接受各種生活上的挑戰，但他依然稱這個地方為「我的宮殿」，深愛著這個空間。因為雖然生活上會面臨諸多不便，眼前卻是一片美不勝收自然景觀。位於山坡高地上某個靜謐小巷內的卡薩卡木齊，有著小而美的庭院和開闊的遠景，房子周遭就有一片茂密的森林。赫塞正是在這棟房子和這片森林裡恢復身心的。在這座古老的城堡裡，他特別珍惜從書房向外延伸出去的小窗台，窗台下方就是庭院，再向外看出去是一片森林。這個小窗台對於赫塞來說是他的隱身處，也是與外部世界的分界線。赫塞在這裡觀察大自然、雲朵，有時也會提筆作畫和寫作。

具本亨開始他的一人企業以後，過了兩年半，他便搬到位於首爾北漢山南方山腳下的房子居住，他的搬家理由很簡單，因為那是一個親近大自然的空間。新家其實開車十五分鐘左右就能抵達光化門市區，但那裡的空氣品質卻和市區有著天壤之別，因為後方剛好倚著北漢山，前方則有北嶽山（북악산）和仁王山（인왕산），加上房子位於山腳下，前方視野遼闊，還可以遠眺南山（남산）與冠岳山（관악산）。具本亨自從搬到新家居住以後，變得非常親近大自然。他從很久以前就很嚮往回歸自然，所以每週都會去爬一次山，現在更是直接搬進山裡的房子居住。他藉由生活在被大自然環繞的房子裡，感受到與人類心靈產生共鳴的「自然之心」。

不只是赫塞、李潤基、具本亨，就連梭羅、聶爾寧夫婦、黃裳、榮格等，都是在大自然中找到屬於自己的棲息之地，這樣的結果並非偶然，因為在這樣的環境裡，人們可以與大自然為伍，與自己對話，體驗悠閒緩慢的生活步調、治癒心靈，並激發出無窮的生產力與創造力。卡爾・榮格之所以會對波林根有以下這段評語，正是因為他體驗到和大自然的親密交流。

> 我被寂靜環繞，人們住在和大自然完美結合的世界裡，極其謙虛。追溯回好幾世紀以前的想法，並以此遠眺遙遠未來，種種想法，充斥著腦海。在這裡，創造的痛苦會趨於緩和，創意和遊戲幾乎是同一件事。[11]

摘下面具，面對原始自我的空間

聖所是成熟的空間，赫塞當時是帶有明確目標前往蒙塔諾拉的，他知道自己必須克服存在危機，晉升到新的人生階段。他研究自我、做著自己要完成的課題，而非研究外部世界、做著世界要求他的事情。在他準備移居卡薩卡木齊時所寫的一本著作《流浪》（*Wanderung*）中就曾提到：「我想要讓自己變得更成熟，也早已做好死亡以及重生的準備。」他在自己的聖所裡揮別過去，迎接全新的人生，最後也如願克服了遭遇到的人生危機，使自己蛻變重生。

> 我的實驗是成功的，第一個夏天就接連寫完《克萊因與華格納》和《克林索最後的夏季》兩本著作，消除了內心的緊張以後，同年冬天再次提筆，開始進行《流浪者之歌》的寫作，因此，我並非毀滅，而是再次聚集力量專注創作。[12]

聖所是要摘下面具面對自我的地方，也是遇見最真實、最不造作的自身空間。在這個空間裡，不僅要對自己提問、專注於自身問題，還要帶著自己玩樂，探究自我。具本亨就曾以「每天在自己的聖所裡獨處二至三小時」作為自我改革中最重要的原則，至少在這段時間內可以確保自己是與世隔絕的、專注於冥想的，並強調這種聖所應該拋開所謂實用性，要能夠進行自我探究才是重點。每天清晨，他都會在他的聖所——書房裡寫作，並享受這段面對自己的時光。我們不妨來看看他是怎麼說的。

在那裡，沒有所謂日常。當時我根本沒想過這本書會賣得如何，也從來沒考慮過評論家或讀者的想法。就算寫作過程不順利，我也依然會坐在我的書桌前，思考自己該寫什麼內容。我忠於自己，這就是凌晨兩小時的神聖之處。[13]

榮格把蓋在波林根的塔屋當作聖所，他在自傳中提及，「塔屋是可以讓我以現在、過去、未來的我存在的地方，宛如母親的子宮，充滿母性。」尤其他更在自己蓋建的第二座塔屋安排了一間只有自己可以進去的房間，那個空間是使他投入思考、幻想的隱身處，同時也是充滿靈性、專注的場所。

我獨自待在一間房間內，我總是帶著這間房間的鑰匙，沒有我的允許，誰都無法進入這裡。年復一年，

11 摘自《榮格自傳：回憶．夢．省思》，卡爾．榮格著，張老師文化，二〇一四。

12 摘自《堤契諾之歌：散文、詩與畫》（*TESSIN:Betrachtungen, Gedichte und Aquarelle des Autors*），赫曼．赫塞（Hermann Hesse）著，天下文化，一九九九。

13 摘自《我將成為這種人》（나는 이렇게 될 것이다），具本亨著。無中譯本。

我在牆上作畫，描繪著從時間徹底隔離的世界、引領我從現在到永遠的一切。[14]

身處在聖所裡，我們屬於「大我」而非「小我」，從世俗的慾望、擔憂、義務中徹底解放。為了成為自己希望變成的那種人——也許其他人不知道，但自己非常清楚——而努力不懈。在聖所裡，名為「此時此地」的光輝將照亮我們的內在。那麼，轉變者在「此時此地」究竟都會做哪些事呢？他們會做「為了成為真正的自我」而需做的事；譬如，閱讀者會投入閱讀成為作家，作家會埋首寫作精進文筆，舞蹈家沉迷於舞蹈練習，畫家則是和其畫作合而為一，雕刻家會用雙手把隱藏在石頭裡的形體雕刻得活靈活現。不論做什麼事，都會在那個空間裡深刻感受到自己還「活著」。

李潤基經常問自己一個問題，「我的血液有沒有流經目前所做之事與人生？我在人生中著迷於哪件事？是表皮還是骨頭？問題應該是骨髓，但真的是骨髓嗎？」聖所是追求血液流通及骨髓的地方，而非表皮和骨頭。聖所和效率、成功毫無關聯，可能在日常生活中，成功和效率是重要的，但是唯有在聖所裡才會感受喜悅，追求卓越。

自行蓋建、發掘的樂趣

我們可以打造出屬於自己的聖所——創造與治癒的空間。梭羅在華爾登湖邊親自蓋了一間小木屋；聶爾寧夫婦每天散步時都會撿石頭帶回家，再經過分類，蓋建成石頭屋，砌成石牆；黃裳刻苦耐勞，創造了裝有大世界的小空間「一粟山房」；榮格則是在波林根湖邊用石頭堆建塔屋。

他們之所以會想要親手蓋建空間，是因為蓋房子的過程十分有趣。用自己的雙手親自創造一個屬於自己的空間，是極其幸福的事情，尤其男性的潛意識裡還有著原始動物本能——透過打造愛巢以確保安全感，因此，親手打造自己和家人生活的空間這項舉動，也可看作是在掏出「原始性的健康」來撫慰的行為。

親自探看適合自己的聖所未嘗不是一種方法，具本亨在找到被北漢山環抱的房子前，花了好長一段時間物色自己喜歡的空間。興趣是登山的他，每個月都會爬北漢山三、四次，就這樣爬了將近十五年之久。自一九九八年起，為了找尋喜愛的房子，每週六都會在爬完北漢山以後到平倉洞和舊基洞附近找尋房仲業者，他當時並沒有打算立刻搬家，也沒有充分的積蓄可以購買房屋，但是當時的他認為，為了準備心目中理想的家，平時就要多培養挑屋的眼光。於是，他花了五年時間看過無數種房型，並開拓了他的眼界，最後在二〇〇二年終於找到了和自己夢寐以求的房子相似的房型。赫塞搬到提契諾州盧加諾定居是在一九一九年，同樣的，他早在一九〇七年就知道這個地方，從那時起，赫塞就經常走訪提契諾州，四處閒晃。李潤基也花了好幾個月時間仔細地走訪各地，最後選了一處親近大自然的地方打造了屬於自己的空間。

不論是親手打造還是用雙腳親自找出的聖所，這段尋找過程本身就是喜悅也是樂趣，這點是轉變者們心知肚明的事實。我們之所以無法享受人生的主要原因之一，正是因為沒有一個小天地可以讓我們自由運用。發掘專屬自我的空間，並打造成心目中的樣子，這段過程就等於是在創造屬於自己的小天地。為了展開全新的人生、徹底研究自己，就必須得先有適合自己的空間。

14 摘自《榮格自傳：回憶．夢．省思》，卡爾．榮格著，張老師文化，二〇一四。

創造一個空間，成為真正的自己

我（昇完）有好長一段時間都很渴望能有一間堆滿書的書房，不被任何人打擾的空間，只有因我而存在的那種空間，我可以在那裡盡情享受閱讀、在書上畫線標記、寫作。這是我期盼多年的夢想，最後在三十六歲結婚那年，把新婚房裡的一間房間拿來作為書房，這份夢想才得以實現。

我想起當年和太太為了找房子而第一次到我們目前的住處那天，當這個地區映入我眼簾的那一瞬間，我的內心是悸動的。因為後方就有一座樹木叢生的小山，加上這個地區的房子有限高，所以環顧四週視野遼闊，隨處都能夠看見山，從我們家走路三分鐘就會抵達「磐石山」，山旁邊還有一條總長十五公里的溪流經過。那是一個可以親近山水的地方，而且因為是新開發城市，所以路面整齊乾淨，區域正中央還有一座公園兼廣場，房子也都小巧玲瓏，簇擁在一起十分討喜。唯一的缺點是交通不便，但我們還是毫不猶豫地選擇要搬來這個地方。

雖然我很喜歡這個生活圈，但更令我開心的是終於有了屬於自己的書房，書房對我來說，是學習、治癒和創造的空間，重要程度自然不在話下。我的書架上堆滿著自己感興趣、最喜愛的書籍，也有崇拜的老師們所寫的著作，到處都是別具意義的物品，筆記工具、筆記本、照片、畫作、松球、石頭等。放在這個空間裡的物品，不僅是對思念的象徵，也是我的另一面。因此，書房即是我的內心空間，我和書房會相互感應。這間不到三坪的書房，逐漸成了和我相像的空間，成了可以任由我安排的小天地。

我在書房裡自由閱讀、思考，與心目中敬佩的老師們相遇、探索自我、創造事物。書讀累了，就會看看窗外，窗外有著一棵大松樹，後方就是磐石山。書房同時也是探險空間，我每天都會在書房裡展開閱讀和寫作之旅，並且滿心期待地探訪陌生領域，我喜歡走訪珍貴的文化遺址地與風光明媚的地方，就連狹隘的巷弄也不放過。在書房裡，我是個不折不扣的探險家，一本又一本堆積如山的書和紀錄，是旅行的積蓄。像這樣看見更多新地點、新城市，書房就會愈來愈大，變成巨大的世界。

書房是我的聖所，讓我能夠徹底做自己。我一點也不想要多麼奢華的空間，我只想要可以解放自我、阻擋外部世界、將世俗的時間與刺激進行封印、清空小我的那種空間。我夢想能有一個裝得下精神宇宙的小空間。

每個人會產生共鳴的空間都不盡相同

從高中就開始住宿的我（勝晤），總有一件事情會令我猶豫不決，那就是到底該在宿舍裡讀書還是去圖書館讀書的問題，奇怪的是，每次只要一坐在安靜的宿舍書桌前，我就會很難聚精會神，反而是圖書館裡多人一起共用的那種大書桌，才有辦法讓我專心。或許也是因為如此，至今我寫的三本書都是在圖書館自習室的大書桌上完成的。

隨著第二次的人生轉變期開始，我為了找尋可以度過日常的空間，自然從圖書館開始下手，儘管家裡已經有滿坑滿谷的書和一張寬闊的書桌及書房，我還是花了幾天時間到住處附近的圖書館閒晃。首先，我先將帶有濃濃閱讀室氣氛、有隔間的桌子、太過狹小的空間、會和對面的人碰到腳的那種位子統統排除，我喜歡有窗戶的位子，儘管窗戶面積不大，只要能看到外頭的樹木隨風搖擺，陽光隱約能灑進來即可，有點愜意的那種座位。

後來我在果川市裡的一間小型圖書館找到了完全符合我需求的座位區，只要勤勞一點，就能佔到其中一個位子，我在那裡享受孤獨，每天一個人吃飯、一個人散步，直到晚上回到家人身邊以前，我可能一整天說不到一句話，嘴裡卻能哼著歌，甘之如飴。幾年後，我為了重回鄉下居住，不斷在找尋新的落腳處，所以走訪了全國各地，而找尋標準都還是以住家附近有無不錯的圖書館為主。只要我身為獨立工作者的一天，就不會有自己的獨立工作室，因為世上所有圖書館都可以是我的「小天地。」

人類會將喜愛的事物視為自我的延伸，這是一種擬人化的觀點。擬人化的對象不只有動、植物，還包含大自然、物品等，當然，空間也不例外。每個人會產生共鳴的空間不盡相同，這與其個性有關，昇完的聖所是書房，勝晤的聖所是圖書館。有些人偏愛在咖啡廳裡工作，有些人則認為獨立辦公室工作起來更為舒適。由此可見，可以成為聖所的空間極其繁多，但都有著一個共同點：在聖所裡的自己比在聖所外的自己「更能夠做自己」。當我們身處在各自的聖所時，會以最做自己的方式專注投入，這時，這個空間就會變成自己的世界和宇宙。

人類的空間是相連的

空間並非固定的，就好比世間萬物一樣，空間也會有所變化。德國精神治療師卡爾弗立德・葛拉夫・杜爾克海姆（Karlfried Graf Dürckheim）就曾在一份對人類生活空間進行的研究中指出，空間會依照住在裡面的存在以及在裡面進行的人生，成為截然不同的空間。空間會隨著身處在裡面的人一同改變，也會隨著當時支配整體自我的特定見解和傾向而有所改變。空間和人會照亮彼此，並產生共鳴。人類會創造空間，空間也會影響人類。

某人費心定期打造的空間，會展現出那個人的內在，從空間的型態結構、家具物品擺設以及填滿的物品，便可看出空間主人是什麼樣的人。尤其像書房這種個人空間，是融合著至高無上的精神和日常人生活的特殊空間。觀察空間整體結構與書房周遭環境、裡面放有哪些家具和物品，尤其書籍和書桌、珍惜收藏的工具和文具用品等，仔細觀察就能夠看出對方是以什麼樣的方式過生活。

我們透過一個人長時間停留過的空間，可以感受到他的內在風景。要是空間的主人某天離開了人間，這處

空間也被保留得如主人生前在世般完好如初的話，那就會是一個推敲主人內心世界再適合不過的場所。這就是為什麼人們會為了感受梭羅而前往美國的康科特，為了感受丁若鏞而到他長年被流放的居住地——康津郡的四宜齋（사의재）和茶山草堂（다산초당），為了探尋法頂禪師的純潔而遠赴位於順天市（순천시）的佛日庵。雖然梭羅、丁若鏞、法頂的身體已經離開人間，但他們的精神一直都在。

留意自己對哪一種空間感到著迷

有些場所可以為身體注入活力、為頭腦帶來靈感、提升精神層次，我們在這種空間裡可以體驗到截然不同的身心品質，因此，坎伯就曾強調：「我們每個人都要有屬於自己的聖所。」簡單來說，聖所是可以讓人體驗到自己究竟是什麼樣的存在、可以成為哪一種人的空間，我們在外四處閒晃時，往往會發現這樣的場所。

當然，每個人感到著迷的空間不盡相同，阿西西（Assisi）是我（昇完）在外部世界裡發現的心靈故鄉。位於義大利翁布里亞（Umbria）大區的阿西西，是一個小城，以聖方濟各亞西西（San Francesco）的誕生地聞名。我初次到訪阿西西是在二〇一一年八月，雖然只有短暫停留一段時間，這個地方卻對我影響甚遠。

阿西西帶給我的衝擊是「祥和」，不只因為那裡是聖方濟各亞西西和聖嘉勒（St. Clare of Assisi）的誕生地，還因為那是一座陽光普照的中世紀城市，有著古老的房屋、緊密相連的老舊巷弄，以及展開在小村落前的山坡大草原，另外，還有和白天截然不同的黃昏夕陽與徐徐微風，一切的一切，仍令我難忘。當時看到宏偉的聖方濟各聖殿時，與其說是被震懾，不如說令我感到很溫馨，聖殿的地下室裡安放著聖人的墳墓，我在那裡感受到難以言喻的能量，對這個地方讚嘆不已。

我不是基督徒，當初也不是出於自己的意願前往阿西西，我只是和一群朋友去義大利旅行，中途經過罷了。

當時我對阿西西一無所知，聖方濟各亞西西是哪一號人物也毫無概念，但阿西西這個地方卻帶給我明顯的祥和感與愛意。在這寧靜的小鎮上，伴隨著美麗風景的同時，還瀰漫著一股獨特的精神氣息，溫柔、輕快、虔誠，三者融合得恰到好處，儘管溫柔和輕快看似與虔誠毫不相干，我卻能夠從阿西西這個地方深刻體會到三者的完美協調。雖然這樣說好像有點奇怪，但我有明顯感受到阿西西這座小鎮的靈魂彷彿有在向我搭話，感覺心靈有被洗滌淨化，也突然激起了想要成為和聖方濟各亞西西一樣的人的慾望，我在那裡感受到前所未有的敬畏感，那是愛與和平。

結束旅行返家後，我開始鑽研阿西西與聖方濟各亞西西，上網查了許多資料，也讀了好幾本關於聖人的書才終於有所了解。聖方濟各亞西西從小就對自己出生在阿西西這個地方感到無比幸運，我也發現原來在阿西西感受到的那股氣息，例如：溫柔、輕快、虔誠的完美協調，正是他熱愛阿西西的理由。實際上，這三者是聖方濟各亞西西的人格特徵，放下自身所有財產，照顧貧困、生病的人，一生過得清貧，這位聖人正是愛與和平本身。

後來我也輾轉得知，原來有滿多人和我一樣在阿西西有相同體驗，小說家尼可斯．卡山札基（Nikos Kazantzakis）和赫塞都非常熱愛阿西西這個地方，甚至到訪過多次，每次都待上數個月，也都有出版關於聖方濟各亞西西的傳記小說。病毒學家約納斯．沙克（Jonas Edward Salk）在研發小兒麻痺疫苗的過程中，因為休假而前往阿西西，沒想到就在那裡獲得了研發這劑疫苗的關鍵靈感。沙克深信一定是阿西西的某種能量帶給他靈感，也認為這項體驗絕非偶然。他以阿西西的幽美風景與自身體驗為基礎，和建築師路易斯．康（Louis Kahn）一同創立了索爾克研究所（Salk Institute）——堪稱是阿西西版本的科學研究中心，這間研究所成立於二十世紀，被獲選為最傑出建物，至今培育出五名諾貝爾獲獎者，成為生命科學的誕生地。

二〇一六年三月，我重回阿西西，把前一次因時間不足、不了解而沒能走訪的地方統統走了一遍，這趟旅行依舊令我十分滿意，阿西西依然瀰漫著治癒、靈感的能量，我一直都很想要重回當地待上更久時間，但儘管現實情況不允許，我也認為無所謂，因為阿西西早已住在我的心裡。那裡儼然已經是我的心靈故鄉，就如同赫塞、卡山札基和沙克一樣，我可以把自己身處的空間打造成和阿西西一樣的感覺。

聖所不僅限於宗教空間，只要是和自己最能夠產生共鳴的空間，即是聖所。聖所是心靈的故鄉，因為在這裡，我們可以循序漸進地找回最純真的自我，重新發現使人生運作的動力。不妨多留意一下哪個空間特別吸引你，不論是親自打造自己的聖所，還是發掘這樣的空間也好，都要先清楚知道自己喜歡的空間特徵與標準。

我的聖所在何處

梭羅為何會為了實驗理想人生而搬到華爾登湖旁的森林？聶爾寧夫婦為什麼偏要搬進人煙稀少的緬因州，在鄉下展開全新的人生？具本亨為什麼看不上首爾多不勝數的房子，非要選擇北漢山南方山腳下的房子？榮格為何要在波林根打造一間隱身處？約納斯・沙克為何會在一個和研發小兒麻痺疫苗毫無相干的義大利小城獲得靈感？他們究竟是如何發現適合自己的空間？哪一種空間才能稱得上是聖所？我們從以下三種標準可以推測是否為自己的聖所。

第一，如果可以感受到自己的中心，那麼該處便是你的聖所。換言之，聖所是比自己更大的存在，舉例來說，可以感受到神聖的力量與共鳴感。根據坎伯的形容，聖所是會帶給我們「在這裡應該會讓自己有所突破，可以帶我到我想到的地方、訓練自己」這種感覺的地方。聖所會喚醒潛在於內在的力量，因此，會體驗到精神意識水準提升的感覺。

第二，如果可以自然而然地投入專注，那麼，該處便是你的聖所。相較於其他空間，聖所更能使人內心安定、聚精會神，比待在其他任何空間都還要能強烈專注。內心能夠到達像「水珠從空中掉落靜止」的那種專注程度，便是聖所。

第三，有無親近大自然。值得注意的是，許多轉變者都選在大自然裡安排自己的專屬空間。這些人的聖所幾乎都是在森林山河周遭，為什麼呢？聖所的特性當中有很重要的兩點：「治癒」和「靈感」，然而，我們最後會發現，沒有什麼地方是比大自然還適合做為治癒與靈感的泉源。根據各項研究顯示，醫院裡的患者在觀賞窗外自然風景時，會比整天看著窗外都是水泥建物或人造物來得更快恢復健康。實際上，人在綠意盎然的森林裡散步時，心裡也會感到放鬆自在、靈光乍現。這也是為什麼具本亨在搬移至北漢山腳下以後會表示：「坐在北漢山腳下，宛如被偉大的老師擁入懷中。」赫塞在盧加諾河與森林環繞的空間裡修復身心，並將該處風景挪移至畫布上，也重新開始進行荒廢了好長一段時間的小說寫作。

空間是「盛裝心聲的器皿」，向過去、現在、未來的自己搭話。在這樣的空間裡，有著喚醒記憶、觀察與想像的力量。記憶力是對過去的反芻，觀察力是對現在的專注，想像力則是照亮未來之光。空間不僅是身體停留的地方，也是精神能量聚集、流動、循環的場所。

為自己的聖所命名

丁若鏞在對他深信不疑、愛護有加的朝鮮正祖駕逝之後，慘遭政治陰謀陷害、驅逐流放。這項無限期流放一放就是十八年，他被放逐到康津，頭四年居住在生活起居十分簡陋的房子裡，將其命名為「四宜齋」，這是一個帶有「思想純淨、外貌莊重、沉默寡言、舉止謹慎」意義的堂號。丁若鏞在長年流放康津的期間，精進學問、寫書逾數百卷，將朝鮮實學集大成，培育弟子無數。他成功將絕望的流放生活轉變成人生中燦爛輝煌的時光，這一切的出發點都是在四宜齋。本書「老師」篇裡登場的黃裳和丁若鏞，兩人初次見面牽起師徒之緣的地方也是在這裡。黃裳也為自己耗費數十年親手打造的空間命名為「一粟山房」。

法頂禪師在全羅南道順天市松廣寺附近的曹溪山山腳下親自蓋建了一棟房子，取名「佛日庵」，在此居住長達十七年之久，後來改名為「水流花開室」；李潤基則是將自己位於陽平郡的工作室取名「過人齋」。水流花開室在法頂禪師的人生當中是不可或缺的重點修行地，也是執筆超過十本書的空間，過人齋則是李潤基生前最後十年的主要生活場所，二〇一〇年逝世的他，也永遠安息於此地。

我也為我的書房取了個名字——「回心齋」，這是由回心與心齋結合而成，回心指「朝向更高層次的心境，將意識從根本改變」，簡言之，就是用心領悟的意思。心齋取自《莊子》，指淨空心靈的意思。《莊子》指出，顏回是透過心齋前後的轉變點，來判斷有無自我。在此，自我指「小我」，故回心齋也有「放下小我，領悟大我」的空間之意。

我很珍惜「回心齋」這個名字，因為名字裡蘊含著我的精神以及我想要成為的那種人。這是一個可以讓我感受到自己是誰、可以成為什麼樣的人的場所。

轉變期的我，發掘了可以展開新人生的空間，並培養出可以自我突破的力量。為此，我必須先從外部找尋我想要的內在風景，像聖方濟各亞西西的故鄉阿西西與法頂禪師的佛日庵就是我所謂的內在風景，這兩處是我想要打造的空間原型，如今，我正以這兩處為範本，努力打造屬於我的空間。與此同時，正在寫這篇文章的我也終於領悟，打造回心齋其實也是在創造自我，這個空間本身就濃縮著我的新人生，而且在這個空間裡從事的所有活動本質都是為了培養內在力量，讓自己能夠蛻變成長。

我們可以主動發掘、創造自己的聖所，打造自己想要的一處小天地。組織空間和人生態度有著直接關聯，人類創造空間，也會被空間陶冶。

象徵
人會愈來愈像心目中的象徵

轉變期的象徵將引領你到達存在的本質，
轉變者的內在一旦有一個象徵，
他就會愈來愈像這個象徵，人生也會步上象徵的後路。
絕妙的象徵會幫助你深入觀察存在的本質，並發現無窮潛力。
因此，如果想要遇見真正的自己，就要先發現自己的象徵，
忠實地解讀它，將其內化才行。

卡爾・榮格[1]
從受害者蛻變成靈魂的治癒者

榮格在《紅書》中說道：「我追尋內在圖像的那些年，是我生命中最重要的時光。其他一切都源於此。」他所說的那些年，正是指一九一三年，該年，他和曾經景仰過一段時期的佛洛伊德訣別，對他來說，與佛洛伊德的相遇是最重要的一段緣分，因此，佛洛伊德逝世對他來說無疑是人生一大衝擊。

榮格和佛洛伊德是從一九〇六年開始往來書信的，總共維持了七年之久，從那些信件內容中可以看出兩人惺惺相惜之情，他們倆是從熱情、敬佩的友情開始，發展成支持、補強彼此的關係。榮格把佛洛伊德視為偉大的人物暨父親的角色，佛洛伊德則將榮格視為自己的接班人、精神上的兒子角色。但是就在幾年後，兩人因為對潛意識與精神分析出現意見分歧，加上性格上的衝突，導致心生誤會，最後甚至反目成仇。隨著瀰漫在兩人之間的緊張感日漸加深，對彼此的認知也出現極大轉變。對於榮格來說，佛洛伊德儼然已是權力主義的化身，想盡辦法操控弟子；對於佛洛伊德來說，榮格則是個退步者，無法自覺自己已經罹患精神官能症。兩人一同登峰造極，再一同墜落谷底，這段過程同樣能從兩人往來的書信當中清晰看出。

一九一三年三月，兩人終於寫了一封絕交信，當時榮格三十八歲，自認是一名擁有獨立精神的年輕有為精神科醫師，但是竟然要和原本最景仰的人物——佛洛伊德訣別，這件事情對他來說簡直是一大打擊。不僅影響到他的職場地位，他的精神更到達崩潰的狀態，他深受憂鬱症所苦，甚至出現精神分裂。原本充沛旺盛的人生意欲，頓時變得黯淡消沉，就連閱讀和社交活動都出現障礙，他卸下所有精神分析相關職責，也辭去了在大學任職當講師的工作。他只剩下家人和少數同事的陪伴，以及那間獨自營運的小醫院。

榮格是精神科醫師、學者，同時也和我們一樣是一個普通人，他勇敢面對自我懷疑。雖然從表面上來看，他似乎是處於一段「休止期」，但實際上那段時期和休息的概念相距甚遠，反而還罹患了很嚴重的精神疾病。雖然這項疾病後來披上了一層色彩，稱之為「創造性的疾病」，但在當時根本沒這回事，榮格迅速跌入潛意識深淵，不過從自行決定要墮落這點來看，這項跌跤應該屬於意圖式的，可是從另一方面來看，也像是不得已的決定。他徹底跌入潛意識裡，不僅開始會看見幻影，還會遇見無關自己意識自動生成、變化的那些不同面貌。他發現自己無法抗拒這些角色，為了活下去，就需要接納他們並為他們命名，甚至交談。

自從和佛洛伊德分道揚鑣以後，榮格體驗了一連串寓意深遠的夢境與幻影，其中有兩件事情值得一提。首先是一九一三年十月，他在火車車廂內看見的幻影，呈現著嚴重洪水淹沒北歐各國的畫面。當巨大洪水要淹到瑞士的國土時，阿爾卑斯山突然高聳隆起，阻擋了這場洪水，瑞士才得以幸運逃過一劫。然而，那場洪水突然變成了鮮紅色的血液，幻影也頓時成了驚悚畫面。這場幻影一直持續到火車抵達目的地為止，榮格驚嚇得不知所措，也切身感受到自己的精神處於極度虛弱狀態。直到隔年六月為止，類似這樣的幻影反覆上演了好幾回，雖然後來有人認為，這個幻影是在預知第一次世界大戰，但是對於當時的榮格來說，只對自己的精神分裂是否已處於危險階段而深感擔憂。

一九一三年十二月，榮格做了一個奇怪的夢，夢裡的他和一名褐色肌膚的原始人一同執行了一項任務，任務

1 編註：卡爾·榮格（1875-1961），瑞士精神病學家、心理學家，分析心理學（Analytische Psychologie）始祖。榮格和精神分析學家佛洛伊德（Sigmund Freud, 1856-1939）與個體心理學家阿德勒（Alfred Adler, 1870-1937）同為現代深層心理學（Tiefenpsychologie）的三大先驅。

內容是要殺死北歐神話裡的英雄齊格菲（Siegfried）。原始人和榮格趁破曉之際，躲起來伺機射槍殺害英雄，在夢裡主導這場暗殺行動的人是那名原始人，但榮格因為自己參與了破壞那偉大又完美的事物而深感自責、痛苦萬分。與此同時，他也因為害怕會被人發現自己犯下殺人案件而四處逃亡。這時，夢裡下了一場大雨，榮格頓時鬆了一口氣，因為雨水可能會沖刷掉犯行的痕跡，那麼這件事也不會被人發現了。但是他依然十分內疚，難以釋懷。

在這場夢境裡，齊格菲這個人物是一個重要象徵，他就和其他象徵一樣，可以從各種角度去解讀。首先，齊格菲可以代表榮格一直以來信任、依靠的某種態度或行為模式，那麼，殺害齊格菲就可以看作是必須得改變至今固守的態度或生活方式之意。第二，齊格菲也可以象徵某個特定人物，幾名研究榮格的學者主張，齊格菲其實是指佛洛伊德，曾經有段時期，佛洛伊德是榮格心目中的英雄，是「力量和效能」的理想。然而，榮格自己並不是這麼解讀的，他曾表示，自己只有對這個夢境產生強烈情感，但並不曉得背後原因是什麼。但是如果將齊格菲置換成佛洛伊德，從各方面來看，這場夢裡隱含的訊息就變得不言自明，而榮格在夢裡備感自責的原因也能夠得到合理解釋。

對於身為心理學家的榮格來說，親身遇見龐大的潛意識世界，著實提供了他畢生的研究素材。一九五七年，他曾談到《紅書》這本著作：「這本書就是始於那時，在那之後的枝枝節節幾乎無關緊要。我的一生都在闡釋那些意象，它們從潛意識中迸發，像一條深不可測的河流，在我的內心泛濫，幾乎要毀滅我。這些已超出我的一生所能承載。」我們不應忘記，這些都是他費時多年研究潛意識且用盡自己所能才得以有如今這樣的成果。

包括前述兩次事件，好幾次，榮格都是因為各種衝擊性的幻影與夢境而飽受折磨，怪異的是，夢與幻影都會一直以相似的型態重複出現，尤其愈是刻意忽略，就愈會以更強勁的力道透過夢與幻影呈現。後來榮格只好把幻影當成是「另一個現實」，就如同他所身處的這個世界是現實一樣。過去擁有豐富醫學知識與臨床實驗經驗的精神科醫師——榮格，非常清楚來自潛意識的幻影多麼危險，他甚至擔心自己是不是早已罹患了精神病，但是他認為，從潛意識裡產生的那些意象，不論是要帶領自己前往何處，都一定要跟隨。正當他站在兩者之間——精神疾病與潛意識的探索——猶豫不決時，他決定跨出關鍵性的一步——動員自己能夠籌備的所有方法，來探究自己的潛意識。

那天傍晚，我發現我已經死去。我的內在已經步入死亡，我發現外面的死比內在的死好太多。於是我決定，我要在外面死亡，內在存活。我轉身開始找尋內在還有生命之地。[2]

雖然他已經下定決心，卻還是不免擔心自己會不會失去控制自我的能力，成為潛意識下的犧牲品。潛意識固然有正向、創造力的一面，但也有負面、暴力性的一面。當我們處於人生危機、意識低落時，潛意識的破壞力一旦掌握了主導權，就會很容易使我們罹患精神官能症，嚴重的話甚至還會出現思覺失調症。尤其如果被潛意識操控，現實感會極度下滑失能，儘管睜著眼睛清醒著，不是熟睡的狀態，也會難以區分眼前的景象究竟是潛意識的幻影還是現實，容易誤把幻影當成是現實。

因此，對於當時的榮格來說，他迫切需要一個可以避免被潛意識轟炸的防禦網來保護自己，至少要找到一個可以讓立足於現實世界的肉身和意識有所依靠的地方。於是，他先以家人、住處以及幾年前在住處一樓開設的個人醫院作為日常生活重心，榮格自從和佛洛伊德分道揚鑣以後，一半出於己意、一半出於他意地幾乎退出了所有過去擔任的社會角色，就連人際關係也都全部斷絕，但是唯有自己經營的精神醫院沒有選擇關門大吉，他在自傳中曾提及：「家人和工作成了我隨時都可以回來的基礎，也證明了我是生活在現實裡的平凡人。」

榮格選擇的第二個防禦網是把每天的行程系統化，他刻意將自己的日常賦予秩序，想要盡可能阻止內在產生

2 摘自《卡爾．榮格：靈魂的治癒者》（*Carl Jung: wounded healer of the soul: an illustrated biography*），克萊爾．鄧尼（Claire Dunne）著。無中譯本。

混淆與迷失方向。他的一天大致上都是規律的，一早起床就會先在書房裡把自己在前一晚所作的夢境如實記錄分析，然後在預定的時間點寫信，這是他過去不曾有的行為。其實榮格是個視寫信為麻煩事的人，所以回信速度也不算快，過去經常被佛洛伊德叨唸回信太慢，然而，這時候的他竟然像脫胎換骨似的，會主動設定一段時間來寫信，並親自去郵寄。然後如果有一些患者預約上午要看診，他就會在自己的醫院裡為病人進行診療。

因探險潛意識而總是感到神經緊繃的榮格，某天重新開始了兒時熱衷的遊戲，幾乎每天都會在吃完午餐以後到住家附近的湖邊進行蓋房子遊戲，他利用石子和各種大自然裡的素材蓋建房屋和小鎮，這對他來說是必要的「創造式人生」生活方式，也是重溫「孩童人生」的方法。自午餐時間開始到下午兩、三點第一位患者來接受診療前，他都會在湖邊的泥地裡沉迷於蓋房子這項遊戲。透過蓋一些小房子、城堡、教會等，一棟一棟進而形成一個小鎮，要是哪天下午門診提早結束，也會繼續到那裡蓋房子。這個遊戲能夠幫助他神智清醒，也能使他找回內心安定。

遊戲進行一段時間以後，榮格開始對夢和幻影有了新觀點。從這時起，他開始使用黑色皮革裝訂的筆記本，詳細記錄多半在深夜才會出現的夢境與幻影。有時他為了完整重現自己的夢境與幻影而在這本「黑書」上畫圖，在他看來，撰寫這本「黑書」是對自己的本質進行體驗，也就是私下與自己的靈魂交涉的一項實驗。

除此之外，轉變期的榮格還有進行其他活動，只要一有空，就會起身展開徒步旅行或腳踏車旅行，旅行這件事對他來說就像是一種逃生口，讓他得以從精神上的緊繃感獲得喘息的餘地。順利通過了最煎熬的那段時期以後，榮格和周遭幾名人士共同創立了心理學俱樂部（Psychological Club），他將這個俱樂部作為自己的心理學知識實驗場。一九一七年，第一次世界大戰正進行的如火如荼，榮格當時在位於瑞士的英軍俘虜收容中心裡擔任義務役軍醫官，他把夜裡作的夢以及經常浮現於腦海的特殊意象畫下來，那些景象雖然不盡相同，但是整體來說都有著非常相似的元素——都是四方形或者圓形，而且都會有特殊紋路或者呈螺旋形，反覆往中心聚集或從中心向外發散。榮格後來才得知，原來這樣的圖騰在東方稱作「曼荼羅」，象徵整體性與完整性。

一九一四年夏天，榮格突然覺悟一項重要的事實——身為精神科醫師治療患者以前，應該要先治療自己。等於是突然有了自覺，認為要先醫好自己才能醫治他人，自己的內在體驗才是創造出獨一無二心理理論的要件。雖然他當時已經在撰寫《黑書》，但是他突然覺得，是時候該有一些不一樣的新東西了，他想要更深入、更直接地接觸自己的潛意識。如果說截至當時為止，他都是被迫陷入潛意識，那麼自那時起，他開始變得積極跳入潛意識裡，他決定要主動探索自己的潛意識。

榮格準備了一本用紅色皮革製成的筆記本，也就是所謂《紅書》的誕生，他開始投入《紅書》的寫作，不再使用過去所寫的「黑書」。他緩和了一下身心，盡可能讓自己的意識不要介入潛意識浮現的幻影與意象，任由它生成，然後當內心世界展現得差不多時，他開始向那些分裂出來的角色攀談，並將這一切藉由文字和圖象記錄在《紅書》當中。榮格將自己在潛意識裡遇見的那些角色，諸如：以利亞、莎樂美、蛇、腓利門等，紛紛記錄了下來，這些角色也成為日後的榮格心理學主要概念：心理類型（psychological types）、阿尼瑪（anima，男人心中「陰性心理傾向的化身」）、阿尼姆斯（Animus，女人心中「陽性心理傾向的化身」）、陰影（shadow）、本我（Self）等，提供了許多靈感。

《紅書》可說是榮格經過百般考量之後慎選而出的方法，讓自己尊重內在人生、傾聽潛意識所發出的訊息，他雖然透過這本書和出現在夢境與幻影中的角色達到更積極主動式的溝通，但他依然無法理解自己所做的夢和產生的幻覺背後究竟有何意義。不過，藉此他也培養出自行探索潛意識的力量，甚至認為只要一直鑽研自己的內在，就能完成專屬於他的心理學理論，進而重拾了人生希望。

誠如榮格所言，他的轉變期是在一九一三年至一九一九年，尤其是一九一三年至一九一五年這段追求內在意象的期間，是他人生中最重要的時期，也就是在這段時期開始投入《紅書》的寫作。如果說《黑書》是自由且忠實記錄著夢境的日記，那麼《紅書》則是進一步自行探索潛意識的報告書，記錄著他遇見的角色以及和他們的對話。爾後，在他完成簡述出自我內在探險的著作《向死者的七篇布道文》以後，榮格發現自己的精神已經康復不少，而這時他的轉變期也正好從一落千丈轉為平步青雲。相較於從前，他和其他人的交流變得活躍許多，他以截至當時為止的潛意識體驗與自我分析為基礎，開始撰寫日後成為分析心理學基礎的重要論文。

雖然他在轉變期沒有正式出版過任何一本書，實際上卻留下了相當多的紀錄，其中尤其以《紅書》最為出色，因為書裡如實呈現著榮格的轉變過程。榮格在逝世兩年前，也就是一九五九年，在一篇新增至《紅書》裡的文章寫道：「我一直都知道，紀錄在這本書裡的經驗，一定隱含著某種珍貴訊息，因此，我只能將那些經驗記錄成無價之書，並將回想該經驗時浮現於腦海的圖象盡可能地仔細描繪，別無他法。」

轉變前的榮格是個前途無量的精神科醫師，沒想到在登峰造極之際一夕崩盤，他以傷患之姿開啟了人生轉變期，而那份傷痛雖然在進入轉變期以後並未好轉痊癒，情況甚至還惡化，但是在經過一連串熱烈的自我分析過程，最後成功治癒了自己的傷痛。這雖然是一段極其殘酷的考驗，但也正因為這段考驗而徹底使他脫胎換骨，成功蛻變成靈魂的治癒者，並藉此奠定了日後他所創立的「分析心理學」基礎。

天寶・葛蘭汀[3]把象徵作為踏板，成功跨越自閉

一九八六年，一本意義非凡的書籍出版問世，這本書的書名叫作《星星的孩子》（*Emergence: Labeled Autistic*），在這之前，從未有過任何一本書如此詳細記錄自閉症患者的內在世界，光從這點來看，就可以說是史無前例的書籍。然而，更令人震驚的是，原來書裡的「某個自閉症患者的人生」其實正是作者本人的故事，等於是天寶・葛蘭汀——當時被醫生診斷要在療養院裡度過一生——的自傳。事實上，當時自閉症患者還沒有可以被稱作是「內在」的東西，儘管有也沒辦法接觸該領域，這是在醫學界超過四十年的定論。因此，這本書還被著名的神經科醫師——奧利佛・薩克斯（Oliver Sacks）盛讚是一本「不可能存在的書」。

自閉症（autism）是在一九四三年由精神科醫師里歐・肯納（Leo Kanner）在醫學界首次發表，當時剛好是葛蘭汀出生前幾年，所以葛蘭汀的母親事後才察覺原來女兒罹患的是自閉症，也是再自然不過的事情。葛蘭汀六個月大時，母親發現這個孩子不喜歡被人抱，只要一被抱著，全身就會變得非常僵硬。就算過了幾個月後也是，只要母親一抱她，她就會宛如被套牢的動物般，試圖用指甲抓傷母親。不過一直到那時候為止，母親都還沒有察覺有異，只是單純認為這樣的抗拒反應是孩子成長過程中很可能會發生的事情。然而，葛蘭汀到三歲六個月都還不

3 編註：天寶・葛蘭汀（1947-），美國畜產學學者、暢銷作家、和禽畜動物行為顧問。全球首位替自閉症患者講出心聲的女性，致力於宣導自閉症、並發明了擁抱機給過度敏感的人。著有《星星的孩子》。

會講話，經常易怒且反覆上演攻擊行為，直到五歲那年，母親才終於意識到原來女兒的這些症狀都是典型的自閉症兒會有的行為。

後來母親把她送去了一般國小，沒有特別送去身障人士學校就讀。葛蘭汀對於聲音和肢體接觸十分敏感，難以控制憤怒情緒，經常在學校裡砸毀東西，做一些突發舉動。因此，她總是獨來獨往，師生們也把她視為是一顆不定時炸彈，不知何時又會做出失控行為；不過另一方面，她又是個獨特、富含創意的孩子，當老師請學生們帶一隻寵物到學校走秀時，她竟然將自己扮成了寵物，並在學校一整天學狗叫、趴在地上。

國中時期是她人生當中最不幸的時期，她經常因為學生們擠滿學校走道、大聲喧嘩、被同學們嘲笑排擠、遭老師冷嘲熱諷而失控爆走，最後只好逃進自己的內在世界裡躲起來。她為了避免刺激到自己敏感的神經，所以盡可能採取一些固定的行為模式，但也因為不斷的壓抑自我，使自己暴露在時而畏縮時而暴走的不安情緒裡，搞得她筋疲力竭。這時的她，甚至還出現自律神經失調的症狀，生活過得苦不堪言。她因為無法控制內心怒火而經常毆打同學，國中三年級那年，終於闖下了大禍，她對著嘲笑她是智障的同學丟擲書本，差點弄瞎了這名同學的眼睛。而這件事也使她慘遭學校開除。

後來在母親的努力下，好不容易又幫她找到了一所高中可以就讀，而這也為她原本黯淡無光的人生，帶來了一線曙光。多虧有信任她、熱心幫助她的老師從旁關照，加上這間學校的氣氛也相對溫和，她的病情終於逐漸穩定。某個週日，葛蘭汀依學校規定去教會做禮拜。由於牧師唸的經文實在太過沉悶，她的靈魂暫時逃進了令她舒適的內在世界，然而就在那時，牧師的嗓音突然劃破她寧靜的內心世界，她嚇了一跳，趕緊抬頭望向上方。「叩門的，」牧師停頓了一會兒，繼續說道：「就給他開門。」

葛蘭汀感到不太對勁，正襟危坐。「我就是門。人如果通過我進來，就將得救……」牧師走到講壇旁，朝台下的聽眾呼籲：「各位面前有著通往天國之門，打開它將得救。」這句話在葛蘭汀心裡竟留下了強烈又深刻的印象。

自那天起，葛蘭汀開始努力尋找字面上的「天國之門」，她傻傻地翻找著所有衣櫥門、浴室門、建物大門、馬棚門，仔細觀察，卻絲毫不見天國之門的蹤影，她感到失望不已。某天，在她返回宿舍的途中，宿舍加蓋中的工地正巧映入她眼簾，當時已經是傍晚時分，所有工人早已下班，滿是灰塵的工地中央，放著一把長梯，她彷彿被什麼東西迷惑似地，搭著那把長梯爬上了四樓，然後沿著延伸至建物外的小平台走去，在一片漆黑當中，她看見了一個模糊的影子，她是這樣描述當時情形的：

那裡竟然有門！那是一道小小的木門，通往頂樓。我走進一處可以看見外頭的瞭望室，從三扇大窗戶望出去，可以俯視群山。我坐在一個大窗的窗邊，看著月亮從山脊後面升起，與天上的星辰會合。我內心充滿一種被釋放的解脫感。好幾個月來，我第一次覺得有安全感，對將來充滿希望。我被大愛與喜樂充滿。我找到了！通往天堂之門！我腦中亂飄的思緒，現在似乎有了意義。我真的找到視覺象徵了！我要做的是通過這扇門。我走下梯子時天色已暗，我再也不是以前的我，已經成了得救的人走了出來，我覺得我已經找到了命運之門。[4]

後來有好幾個月，葛蘭汀經常前往木工們稱為是「烏鴉巢穴」的那間瞭望室，只要走進那裡，她的心情就會變得異常冷靜，腦中也會浮現各種念頭，彷彿發現了過去從未見過的自己。雖然她沒能打開那扇門，但在那之後的一年間，她經常出入那個地方，坐在中央，看著通往頂樓的小木門，獨自冷靜地反覆思考著當時的內心混亂、與人之間的糾紛。她回憶起幾個月前在姨媽的動物農場裡看見牛隻被送進牛槽，於是她也親自嘗試鑽進那個牛槽

4 摘自《自閉症標誌的突顯》（*Emergence: Labeled Autistic*），天寶・葛蘭汀（Temple Grandin）著。無中譯本。

裡的經驗，並開始陷入沉思。此外，她也思考著自己與生俱來的心理障礙及人生未來，瞬間，她確信自己只要通過眼前這扇小木門，不管未來如何，一定都能夠迎刃而解。就這樣，她透過舒適的空間與門這個象徵獲得了內心安定，並培養著邁向現實的勇氣。

一年後，她站在瞭望室裡看向窗外。夜晚的天空高掛著不停閃爍的星星，彷彿在向她招手般，叫她再靠近一點。回想當時，她的說法是：

> 我終於了解母親想要對我傳達的訊息，每個人都要找到屬於自己的那扇門，並自行將門打開。沒有人能替你做這件事。通往屋頂的那扇小木門，象徵著我的未來與外在世界，我必須通過那扇門走出去。[5]

對她來說，打開那扇門象徵著要以全新的心態朝世界邁進，是時候該走出去了。她緊咬下唇，在繁星簇擁的那天傍晚，第一次轉動門栓，開啟「天國之門」。外頭的風呼喚著她叫她走出門外，那是靈魂的召喚。她思考了好一會兒，朝門外屋頂踏出了第一步。那是寓意深遠的一步，絕非一般的步伐，因為那意味著決定走向新人生。她不疾不徐地通過了那扇門，並下定決心不再回到過去。那一刻，新的人生徹底展開。多年後，葛蘭汀表示：「在跨越門檻的那一瞬間，經歷了精神與靈魂的大徹大悟。」

自從有了這件事以後，她的內心安定不少，對學習也重拾了興趣。她再也不會趁上課時逃進自己的內心世界，盡可能去試著接受人生。最後在一番苦讀下，終於提升了學業成績，最後也如願進了大學。

在她高中找回學習興趣之際，遇見卡洛克老師對她來說是另一件幸運事，他從不對葛蘭汀施壓，總是耐心等待她，也看見了隱藏在自閉症這個標籤下的無窮潛力。尤其他沒有譴責或禁止自閉症患者特有的「病態固執」，反而帶領她讓她把那份固執轉換成創意。舉例來說，葛蘭汀在上課過程中對接觸到的視覺假象展現高度好奇，老師就給了她一項作業，請她重現課堂上看到的視覺假象。葛蘭汀最後花了幾天時間終於想出這項作業的解答，震驚了班上同學。卡洛克沒有把葛蘭汀圈在學校或老師的框架內，反而努力嘗試走入她的世界。事隔多年以後，葛蘭汀回想起這位老師表示：「一位好老師的重要性，不論我強調多少次都還是覺得不夠。好老師的價值勝於黃金，要是哪天遇見，一定要緊緊黏在他身邊。」[5]

然而，儘管有卡洛克老師的支持，葛蘭汀還是深受頻繁發生的自律神經失調折磨，於是，她開始專注尋找能夠使自己內心安定的方法，尤其偶然接觸到的那台釋放牛隻壓力的牛槽，一直在她腦中揮之不去。

所謂牛槽，是在幫牛隻作記號或打針時，為了固定住牠們的身體而使用的機器，葛蘭汀是在高中放假期間，到姨母的家畜農場幫忙時看見的，從此以後，她便對這項設備充滿興趣。這個外型看似奇特的東西，瞬間擄獲了葛蘭汀的心。她仔細觀察牛隻走進去以後把頭伸出機器外，然後機器開始左右擠壓的過程。

> 我看著被拖進牛槽裡的牛，牠們的眼神充滿不安與恐懼，但是就在進到機器裡幾分鐘後，隨著牛槽兩側的板子開始擠壓牠們的身體，原本焦慮的眼神也跟著緩和許多。為什麼呢？難道是機器的溫柔力道緩和了牛的敏感神經，使牠們感到舒適？那麼，我能否也借助這種機器獲得心理上的安慰？[6]

那天，葛蘭汀不顧周遭人士的勸阻，堅持要進入牛槽裡親自體驗。她按下了啟動鍵，牛槽開始從兩側加壓，原本緊張的肌肉和心靈開始逐漸放鬆，那一刻，她那份執著於某件事情的特質再度被喚醒。開學後的她，開始長

5　同註4。
6　同註4。

時間鑽研牛槽，並把機器改良成適合自己的款式。一開始下定決心要打造這台機器時，學校老師和母親都不是很看好，唯有卡洛克老師支持她作這項決定，並對葛蘭汀說：「那就打造一台更棒的機器，進行完科學實驗以後，再來確認是否真能為人類帶來安全感，最後再把完成品展示給周遭人士看吧！」多虧老師的這番話，葛蘭汀第一次對科學產生了興趣，自己的固執性格也得以發揮在具有建設性的事情上。最終，她花了好長一段時間，費盡千辛萬苦，打造出一台適合自己的牛槽，成功發明出名為「擁抱機」（hugging machine，或稱壓力機）的機器。自那天起，她每天都會躲進那台機器裡，接受機器的擁抱，以找回情緒安定。

透過改造牛棚，葛蘭汀發現了一項事實：原來自己可以本能地體會動物的感受。這是受自閉症影響所致。她可以和牛一樣感受、思考，和人相處時會感到不自在，但是和牛在一起時反而感到舒適、幸福。在她發現自己有體會動物心情的這項技能以後，她決定轉換跑道。當時原本就讀心理學研究所的她，在碩二即將結束之際，毅然決然改讀動物學。她終於意會到原來騎馬的樂趣、在姨母的農場裡體驗到的一切、對牛槽感興趣等這些人生重要體驗，冥冥之中都是要帶領她往這個領域發展。她一邊攻讀心理學，一邊在販售家畜壓力機的公司打工，經常往返飼養場，而這樣的她會轉讀動物學系，或許是再自然不過的事情。

她開始接觸各種動物，跨過門檻走向外頭的那項行為，意味著把自己投身在新領域，就如同當初藉由通過烏鴉巢穴之門挑戰大學一樣，穿過門的行為帶領她落實了抽象的決定。

大學時期，通往宿舍頂樓的小小通風門是她的新象徵，雖然學校有規定不得通過那扇門爬上頂樓，但也正因為是被禁止的事所以對她來說更是別具意義，因為有意義的事情往往伴隨著風險，而她也發現原來自己內心裡有著打破規則的勇氣。一直到大學畢業為止，她為了確認自己對於未來的意志是否堅定，經常通過那扇通風門。

開始就讀研究所以後，她遇見了另一扇門——超市裡的玻璃自動門。這次的門和過去截然不同，她的敏感神經根本難以承受玻璃門的尖銳聲響和不定時開關。每當她只要靠近那扇玻璃門，就會嚇到雙腿發抖，全身冒冷汗。

要是逃離那扇門，感覺那扇門就會緊追在後頭，很顯然地，這是她的恐懼投射物。當時，她非常害怕人際關係，因為總是會有無預警的自律神經失調症出現，「要是在大廳廣眾下發作該怎麼辦？」是最令她感到窒息的恐懼。她發現只要站在超市玻璃門前就會變得心跳加快、全身發抖、作嘔，而這些身體反應就和見陌生人時一模一樣。

但就像高中和大學時期都有成功跨越那兩扇門一樣，她這次也必須鼓起勇氣通過這扇玻璃門。她決定一步一步慢慢來，每天接近玻璃門一點。感覺用力拉扯玻璃門會使其破碎，所以她小心翼翼、不疾不徐地，用盡全身力氣，三週內便順利自行走過了那片玻璃門。而這件事情讓她意識到，說不定和陌生人往來就和通過玻璃門是一樣的道理，強求來的人際關係或者輕易去緊貼他人，都很有可能將珍貴的緣分不慎弄碎，只要放慢速度、自然而然地靠近對方，就沒有開不了的門。那天晚上，她參加了心理學系的派對，要是以前，她根本不可能出現在這種派對場合上，因為她害怕接觸人群，但是那天，即使派對結束、幾乎所有人都離席散去，她還是留在會場與活動主辦人聊天。終於，原本緊閉的心門得以向其他人敞開。

藉由這樣的方式，她依序打開人生中其他領域的幾扇門，當然，對他來說每一扇門都開得很不容易。葛蘭汀為了克服自閉症這項障礙，比其他轉變者多花了將近十年時間摸索，但是儘管如此，她還是成功克服了自閉症，開啟了通往大學之門，以及與人往來之門。除此之外，她還有打開隱藏在自閉症下的「感受動物」之門，進而設計了尊重動物本能的家畜設備，也有寫出關於自閉症患者的情感與心情的書籍，為一般大眾對自閉症的認知打開了新的一扇門，更因此而打開了與世界各地自閉症患者交流之門。

葛蘭汀沒有把自閉症包裝得美輪美奐，也沒有輕鬆看待因自閉症所導致的長期斷絕人生重要事物，舉凡像是人際關係、社會生活、名聲等。但是與此同時，她也沒有因為自己罹患自閉症而感到羞愧，她將自閉症視為自己的一部分，欣然接受自閉症的黑暗面與光明面。她在某場演講上曾說：「要是彈彈手指就能讓自己變得正常，我也不會這麼做。」雖然自閉症的確是困擾她一生的極大難題，但是她從自行克服自閉症的過程中，獲得了無比珍貴的教訓與意想不到的禮物。

葛蘭汀在亞歷桑納大學取得動物學碩士學位，在伊利諾大學取得動物學博士學位，最後在科羅納多州立大學擔任動物學教授。美國目前使用的家畜設備有三分之一都是由葛蘭汀設計，她成功站上了世界級家畜設備設計師寶座，同時也是全球自閉症領域的權威。她依舊過著獨特、孤獨、固執、奉獻的人生，致力於找尋更友善對待動物的方法，讓世人對自閉症患者可以有更多了解，同時也讓自己多理解這世上特殊的族群（即大眾），最後，她也忠於自閉症世界外的自身角色與志業，努力不懈。

象徵裡蘊含著存在的本質與人生方向

坎伯主張：「當人生遇見瓶頸時，要透過特定的神話對應物來解決。」所謂的神話對應物，是指夜晚所做的夢境與神話儀式等這類型的象徵（symbol）。神話與夢境是象徵身穿的外衣，儀式則是藉由實際行為體驗神話和夢境，追求超越行為本身的意義——象徵式的意義。我們可以藉由夢境、神話、儀式這些象徵，發現我們自身的潛力，並且更加貼近真正的自己。

成功克服自閉症的葛蘭汀，其人生故事就是如實展現著象徵的力量。她在高中時期發現的「門」是象徵物，「烏鴉巢穴」是神話式空間，跨過那扇門走出去則是儀式。她第一次發現自己的象徵那天，在日記中寫道：「烏鴉巢穴是神聖的地方，透過那裡的窗戶看外部世界，會使我獲得某種強烈力量。」每當葛蘭汀在人生中進行別具意義的挑戰時，都會找到一扇具有象徵性的門，並自行為它賦予意義。譬如，她當初看著通往學校宿舍頂樓的小通風門是這麼想的。

> 我發現我不能不通過那扇門，唯有通過它，我才能確認是否可以順利畢業，也才能實現心中模糊不清的研究所夢想。實際上，通過那扇門走出去就好比是在簽一份合約——使自己更進步的合約，那會使原本抽象的決定變得更加寫實。[7]

7　同註4。

研究象徵逾五十年的榮格曾說，象徵所扮演的重要角色是「為人類的人生賦予意義」。他和坎伯一樣強調，只要我們可以理解並解釋出人生中面臨的重要課題其象徵意義，那麼，問題便可迎刃而解。

象徵是活的

還記得李潤基展開旅行的契機嗎？他雖然研究希臘羅馬神話多年，也出版過多本神話書籍，但還是對自己的工作不甚滿意。因為他被「彩色時代只出版過黑白神話書」的自責感折磨，後來他從希臘神話裡伊阿宋與阿爾戈遠征隊的冒險故事，找到了解決這項問題的線索。就好比伊阿宋在穿越黑海通過敘姆普勒加得斯撞岩以後，取得金羊毛歸來一樣，他也決定要跨越自己的那片黑海，並收集他的金羊毛回來。不只希臘，只要是神話發源地現場，李潤基都親自走訪，他要見證的是活生生的神話現場，而非單純透過書裡的神話接觸認識。二〇〇二年十一月，他在《文化日報》上刊登的文章中信誓旦旦地表示：「在黑海的那一頭，我拾回的金羊毛是神話。」

神話與象徵有著密切關聯，它並非單純虛構出來的故事，而是帶有寓意深遠的訊息，象徵也不是死的，是活的，所以會為我們帶來心理上的影響。象徵與人類會相互感應，因此，也有人稱象徵為「感應圖像」。強烈的象徵可以喚醒我們內在某些重要的東西，並傳遞訊息給我們，但有個前提，「象徵」只會對認真努力尋找背後意義的人具有生命力，對傾全力找尋意義的人透露自身祕密，因此，一旦發現寓意深遠的象徵，那麼記得一定要這樣問自己。

「這個象徵究竟具有什麼意義？我要如何接納並體驗這份象徵？這究竟是什麼東西的隱喻？」

何謂象徵？

象徵不是記號或符號，記號和符號有著明確意義，也可以用文字表現；舉例來說，交通號誌當中就有十字路口標示或直走燈號等，各有各的專屬意涵。反觀象徵則可以有多種解讀，同時具有一個以上的意義。因此，簡單來說，不論任何事物，要是除了一般通俗意義外還隱含著其他意義，那就是象徵。

象徵是既難解釋又極其簡單的東西，從某種層面來看就和食物一樣，吃過就能確切知道是什麼味道，但是往往難以用言語精準形容。尤其愈是特殊口味的食物愈難形容，象徵也是，愈是特殊的象徵，愈難明確解釋。然而，這並不表示一定要夠特別才能成為象徵，就好比葛蘭丁的象徵是「門」一樣，日常生活中隨處可見的平凡小物也可以成為象徵，前提是自己有無準備好一雙雪亮的眼睛察覺象徵。我們不妨看看接下來這個例子。

二〇〇四年，「死亡學」的先驅、同時也是《用心去活——生命的十五堂必修課》（*Life Lessons*）的合著者——伊莉莎白．庫伯勒–羅斯離開了人世，享年七十八歲。她的人生最後一程，如其所願是在佈滿鮮花、有著一扇大窗戶的房間內，被一群心愛的人團團包圍下，闔上雙眼。不愧是研究死亡主題超過四十年的人，她的告別式舉辦得十分特殊，家屬特地請了黑人來唱聖歌，與她熟識的其他宗教聖職者也分別為她進行不同的宗教儀式，祝福她走上一段全新的旅程。整場告別式的重頭戲是子女們站在棺柩前打開一盒白色箱子，箱子裡飛出了一隻飛蛾，朝空中飛去，這時，出席告別式的所有來賓紛紛打開事先領取的三角形信封袋，無數隻蝴蝶瞬間從信封袋裡展翅高飛，原來「蝴蝶」正是庫伯勒–羅斯的象徵。究竟為何是蝴蝶呢？這之中又有什麼樣的淵源？

約莫二十歲之際，庫伯勒–羅斯參加了一場在波蘭舉行的志工活動，其中有一天的行程是要參訪馬伊達內克（Majdanek）集中營，她當時看見牆上畫滿是蝴蝶，那是二次世界大戰時期在此處不幸喪命的猶太人所畫的，那個畫面令她印象非常深刻。「為什麼是蝴蝶呢？」雖然她不知道正確解答是什麼，但直覺告訴她一定有著重要意涵，蝴蝶圖騰就像某種命題，悄悄飛進了她的心裡。

事隔二十多年後，她透過長年研究死亡議題的經驗，終於了解那些預知自己即將死亡的猶太人為何要畫蝴蝶，根據她的說法是，「蝴蝶象徵肉身上的死亡，不代表生命的結束，那是靈魂離開肉體展開新旅程（死後世界）的起點。」借用她的說法，「俘虜就和奄奄一息的病患一樣，能夠預知自己的生命即將結束，知道不久後自己就會變成一隻蝴蝶。」庫伯勒－羅斯認為，當年在集中營裡面對死亡將至的人，就和她見過的那些臨終患者一樣，有著「人類的身體就像包裹著靈魂的繭，靈魂則是破繭而出的蝴蝶」的認知。從象徵層面來看，蝴蝶意味著「死亡」、「離開身體展開新旅程的靈魂」以及「靈魂的永生」，這樣的想法正好和研究死亡的庫伯勒－羅斯的核心思想相吻合。

象徵會喚醒某種徵兆或預感，當然，當下往往難以用因果來作解釋，要等時間流逝後才會發現那份巧合。就好比葛蘭汀在高中時期曾說：「站在那扇門前，我發現我可以辦到，我知道我一定畢得了業。」最後她確實順利從高中畢業，大學就讀的是心理學，並以第二名優異成績畢業。她的母親甚至為了讓她經常想起自己的象徵，還送了她一條項鍊，上頭刻有「通過那扇門」的字樣。

象徵會反映出我們的潛意識。榮格強調：「象徵是潛意識的語言。」換言之，我們的意識可以藉由言語或文字表達，但是潛意識是要靠夢境或神話等象徵性的東西才能展現，在此，潛意識是指自己沒有察覺到的「內心深處心聲」。外在發掘的強烈象徵，會滲透到內心深處，使人生產生改變；這就是為什麼當我們像葛蘭汀一樣擁有自己專屬的象徵時，就會找到使自己從根本改變的理由。這時，象徵會成為一種管道，使畢生志業、潛能才華等浮出人生表面。

以黃裳為例，黃裳號「巵園」，意旨梔子樹樂園。他從小就對梔子樹情有獨鍾，在他那棟老舊房屋附設的一處空地裡，甚至也種有幾棵梔子樹。某次，他為了和師父丁若鏞一起讀書，空著家裡不住，在外借宿了幾天，結果就在那時，他夢到家中庭院的梔子樹，並將該夢境撰寫成詩——〈夢見梔子後〉（치자 꿈을 꾸고）。

丁若鏞看著喜愛梔子樹的弟子黃裳，為他取號「巵園」，因為他發現弟子和梔子樹有幾分相像。一開始，黃裳還不知道自己為什麼會對梔子特別有感覺，但是後來他找到了明確的原因。黃裳在晚年所寫的詩篇〈梔子行〉中這樣寫道：

> 我終於知道，師傅賜予我此號的用意，
> 他是擔心我粗心大意，要我以梔子為楷模，
> 儘管在霜雪紛飛的環境裡，依舊屹立不搖、色彩鮮明，
> 也不會被用作木材，慘遭砍伐。
> 十顆種子開十朵花，沒有一顆是空心，
> 宛如言行一致的人，說到做到，十分有趣。
> 盛開的花朵顏色潔白，果實則屬黃色，
> 不像紫色、綠色這種間色，混濁不清。
> 既然有如此一位沉默不語的老師，
> 我應當正襟危坐，豈敢將它種在貧瘠的土地上。[8]

雖然黃裳在這篇詩裡刻意貶低自己，推崇梔子樹的德行，但其實丁若鏞為他取此號的本意並非要他以梔子樹為楷模，而是希望他能夠把梔子樹作為一面借鏡，發覺自己的過人之處。

黃裳以這件事為契機，將梔子樹視為「沉默的導師」以及「價值千金的掃帚，無時無刻警惕自己。誠如〈梔

8 摘自〈從詩篇閱讀巵園黃裳及一粟山房〉，金永奉（音譯，김영봉）著，《康津郡新聞》，二〇一六年五月三十一日。

子行〉裡面所描述的，實際上黃裳和榧子樹有許多相似之處，榧子樹不畏嚴寒、在冰天雪地裡依舊綠意盎然，黃裳也總是維持著一貫的審慎、沉穩態度；榧子樹不能作為木材使用，所以不會遭人砍伐，黃裳同樣不是兩班[9]出身，所以不必走入政壇，最後享年八十三歲。榧子樹上盛開的白色榧子花和結出的果實，都像極了他那份純潔的心和誠實人格。多虧其師父給了他一個機會，讓他得以用這絕妙的象徵來發覺自身潛力、觀察本質。黃裳在邁入中年之際，因為一心嚮往幽人的人生而蓋建了「一粟山房」，周遭甚至打造成一座榧子園，立志一輩子要活得像榧子樹一樣。

象徵是一面鏡子

我們從葛蘭汀與黃裳的故事中可以看見，象徵其實也是能夠照亮人類精髓的鏡子。然而，儘管是同一面鏡子，也要看照鏡子的人是誰，倒映出來的樣子會截然不同，象徵亦是如此，即使兩個人擁有一模一樣的象徵，從中領略到的意義也會有著天壤之別。

名主持人芭芭拉．華特斯（Barbara Walters）每次在對來賓進行訪問時，都一定會拋出一個問題，「如果你是一棵樹的話，你覺得自己會是什麼樹？」她會透過對方的回答，掌握初次見面的受訪者（interviewee）其人格特質。

要是具本亨被問到這題一定會非常高興，因為他總是把自己當成是一棵樹，他在其著作《四十三歲，重新開始》中提及，在他成立一人企業、開啟新人生之初，透過自然、尤其是樹木獲得了許多教訓，並表示「透過樹木，使我感受到與大自然合為一體的感覺，甚至找到了和我最像的象徵。」他平均每年出版一本書，這樣的計畫安排同樣也是因為象徵——花、樹葉、果實象徵著一棵樹的一年，他執筆寫下的書也是一整年的人生紀錄與結果。他經常賦予自己樹木的象徵性，並比對樹木進行自我檢討。

> 自己要先成為一棵傲然挺立的樹木，人們才會在樹蔭下乘涼、羨慕這棵大樹，並且想要將這棵樹的果實拿去種植繁衍。為了結出好果實，自己就得先成為一棵好樹，別無他法。（中略）我們要朝世界散播數以萬計的種子，有些種子可能會不翼而飛，有些可能會在銅牆鐵壁般僵固的心中失去生命，但最終一定會有幾顆種子跑進某人的心中。大自然享受著各種浪費，而這就是大自然會使世界會富饒的原因；因此，每年至少寫一本書吧，這是確認有無認真工作的標準。至少要向世界發送多個信號，才會有人回應。[10]

赫塞也對樹木賦予了特殊意義，他寫了一本足足像樹一樣厚的散文和詩篇，內容都是關於樹木，赫塞不僅熱愛樹木，也對樹木抱持著敬畏之心。套一句他所說過的話：「樹木是傳教士，總是可以帶給我一些啟發。沒有什麼比樹木來得更神聖、更能夠作為楷模的東西。」因此，赫塞將樹木視為神聖的對象，他與樹木交談，傾聽樹木的暗示，學習箇中真理。他把樹木當成朝思暮想的故鄉，視它為一種象徵。「仔細聆聽樹木說話的人，不會想再變成樹木，除了成為自己，不會想再成為某人。」因為透過象徵，已經對自己既有的樣子有所自覺，自己就是樹木，樹木亦是自己。

象徵是可以協助一個人更深入了解自我本質的東西，重要的象徵不僅可以照亮內心深處的自己，同時也告訴你人生意義，這是最驚人的部分；換句話說，象徵可以如實告訴我，「我的潛意識裡想要成為什麼樣的人」。

9 譯註：古代朝鮮貴族階級。

10 摘自《四十三歲，重新開始》（마흔세 살에 다시 시작하다），具本亨著。無中譯本。

夢境、神話與禮儀

雖然多數人並未自覺，但其實我們在日常生活中經常接觸也很常使用象徵。從美術、音樂到文學、哲學、宗教，許多事物都與象徵有關，其中尤其又以神話和禮儀最具代表。

夢想、神話和禮儀都是使用象徵性語言，從本質上來看是相通的。一生分析過八萬個夢境的榮格，和長期研究神話、禮儀的坎伯，兩人會精通象徵絕非偶然。坎伯將神話和夢境拿來做比較，表示「夢是個人的神話，神話則是集體的夢」。實際上，在一個團體裡根深柢固的神話故事，往往會出現在該團體成員的夢境當中；反之，像古代族長這種團體的首腦所懷有的「大夢」，則往往會成為該團體的神話或禮儀。

夢可以看作是潛意識裡發出的某種信號，透過夢，我們可以得到一些線索，了解各自的命運要如何實現，隱藏在我們內在的無窮潛力又該如何喚醒。然而，榮格在很早以前就已經指出，每個人一生中會收到無數通來自潛意識的信號，但大部分人都對這些信號毫無興趣，或者視若無睹。

對於現代人來說，夢是難以留下記憶、模糊、怪異的事情，因此，我們才會稱不切實際的想法為「白日夢」不是嗎？儘管我們對夢有興趣，也僅止於拿去估算吉凶罷了。神話也是，對於現代人來說，神話趨近於虛構或編造出來的故事。相對的，榮格和坎伯等人則視神話為連結人類意識與潛意識的橋梁，所以會用心傾聽，並持一貫態度。研究印度藝術史的阿南達．庫馬拉斯瓦米（Ananda K. Coomaraswamy）甚至強調：「真理是難以用言語表達的，但是神話的言語（象徵）是最接近真理的。」

今日，比起夢境和神話，我們可以藉由禮俗更直接地體驗象徵，雖然現代人已經鮮少主動接觸這些領域是不爭的事實，但在我們不知不覺的情況下，這些事物仍常參與意識；從用餐前進行的禱告開始，到宗教禮拜、過年過節的祭祀、寶寶滿一歲進行的抓周禮、婚禮、葬禮等，這些都屬於禮俗。這些禮俗的固有功能是為了提升人類精神而提供需要的象徵。根據坎伯表示：「禮節的功能，只有讓各位可以更專注於當下進行的事情其意義。」

美國印地安人在進行祈雨祭時，也富含著重要意義。因為一旦面臨乾旱，日常生活便受影響，但其實降雨只是遲早的問題，最終還是會下雨，關鍵在於人們的身心能否撐到那時候，所以在這樣的情況下，祈雨祭就能夠發揮使人堅持等到降雨為止的作用，像這種禮俗的根本功能是為了讓人面對困境、使人有堅持下去的力量，等於提供了振奮人心的環境。

夢境、神話和禮俗往往會對觀察者或參與者產生心理影響，尤其會激發人類的內在能量，讓我們心無旁騖地探究那些將自己積極拉往正向的象徵，遵循這種禮俗時，可以感受到敬畏與虔誠之心。接下來，我們就來仔細觀察象徵、夢境以及禮俗的實際運用方法。

和象徵一起進化的方法

使希臘小說家尼可斯．卡山札基（Nikos Kazantzakis）備受感動的三個象徵分別為：即將成為蝴蝶的毛毛蟲、躍出水面的魚、會吐絲的蠶。卡山札基將自己比擬成這三種動物，他在《靈魂的自傳》（*Report to Greco*）中提及：

> 我總是對神的三種被造物：即將成為蝴蝶的毛毛蟲、想要超越本性而躍出水面的魚、從肚子裡吐出絲的蠶，深感著迷。他們象徵著我的靈魂欲邁進的方向，永遠有著一股神祕感，彷彿和我一體。[11]

卡山札基從努力想要蛻變成蝴蝶的毛毛蟲身上看見了「層次提升的存在」，從誓死也要躍出水面的魚群身上感受到「朝向自由努力不懈的不屈不撓精神」，並從吃進桑葉以後吐出蠶絲的蠶寶寶身上看見了「創造的靈魂」。他稱這樣的象徵為「神聖且帶有預言式的象徵」，因為會使人著迷，也會預告未來人生。

象徵告訴我的事

我（昇完）也和卡山札基一樣，有著極其珍貴的象徵，其中之一便是「巷弄」。我每次只要看見老舊狹窄的巷弄，就會特別期待，尤其穿梭在那些巷子裡時，更會有一種難以言喻的喜悅，會使我陷入一種奇妙又特殊的鄉

愁。從首爾漢南洞（한남동）的小巷，到克羅埃西亞史普利特（Split, Croatia）的古羅馬巷弄，還有義大利阿西西的小巷，同樣都會使我感受到那股鄉愁情懷。然而，這份感覺並沒有任何可以做為依據的記憶或合理的理論支撐，所以為何會有這種感覺，我也實在搞不清楚。雖然我很享受巷弄探險，但是為什麼喜歡，就連自己也不曉得。後來，經歷完人生的轉變期以後，在解釋巷弄的過程中，基於象徵性，我發現了幾項事實。

第一，不起眼的無數條巷弄，其實連結著世界各個角落，宛如血管一樣交錯密布，這些小巷意味著「心靈的巷弄」。行走在人煙稀少的老舊巷弄裡，就好比在探索內在從未觸及過的未知世界。也就是說，外在世界的巷弄探險，可以和探索自己未曾察覺的自我作象徵性的意義串連。而走在初次踏訪的陌生巷弄裡所感受到的鄉愁，則恰巧呼應了懷念內心深處從未察覺過的真實自我。對我來說，世上數不盡的小巷弄，和存在於我的內在、我卻毫無察覺的龐大內心世界（即潛意識）是脈絡相通的。換句話說，原來每當我行走在陌生巷弄間的時候，都是在和自己的潛意識對話，並發掘過去未曾看見的內在自我。實際上，在穿過巷弄時，經常會浮現一些過去被我遺忘的畫面，或想出關於自身的新想法，我之所以花不少時間在鑽研分析人類性格的工具 MBTI（邁爾斯類型指標，Myers-Briggs Type Indicator），並自學分析心理學五年，是因為想要好好探索我的內心巷弄一番。MBTI 和分析心理學正是我的探險工具。

第二，我看見了性格「內向」的價值，過去三十多年來，我一直都是性格外向的人，因為活潑好客，所以喜歡到處認識朋友，對於外部世界發生的事物也很感興趣。因此，我一直難以理解性格內向的人，甚至覺得那些動作緩慢、悶悶的人一點也不有趣，或者不夠坦率。然而，為了探尋內心裡的巷弄，我發現內向的性格成了必備條件，因為過程中要有足夠的專注力投入在觀察自己的內在。除此之外，自從學習 MBTI 理解到內向性格有哪些價值以後，我才驚覺原來過去自己對性格內向這件事實在有太多偏見。

11 摘自《四十三歲，重新開始》，具本亨著。無中譯本。

最後，巷子對我來說，也象徵著我要前往的道路。我在巷子裡找到了人生方向的關鍵句——「探索人類小宇宙的內在探險家」（Inner Explorer），巷子裡的道路因為空間狹隘，只能靠自己的雙腳徒步穿梭，也因為孤獨，所以能使自己有所成長，我想要走到那些小巷的更深處，也想要走進周遭幾位朋友的內在，展開一場內在小巷的探險。

每個象徵都帶有其價值和意義。因此，要自行發掘屬於自己的象徵。擁有明確自我象徵的人，儘管人生遭遇難關，也不容易被擊倒，更不會因他人的評價而迷失自我。具本亨曾表示：「擁有象徵的人，儘管身處艱困環境，也不會輕言放棄，因為他們不允許自己的精神被抹滅。」更有甚者，以「探險家」作為象徵，自行前往危險地區，享受諸多不便，並欣然接受危險，因為這些就是探險的本質。也許，人生就是一連串發覺靈魂象徵、解釋並套用於自身的過程。這就是為什麼，找出自己是什麼樣的存在、人生的象徵是什麼，極其重要的原因所在。

屬於我的象徵是什麼

人會愈來愈像自己的象徵，人生也會逐漸走向象徵之路。若要看見真正的自己，只有一個方法：找出屬於自己的象徵。而「自我成長」正是盡可能實現並解釋該象徵的過程。羅馬尼亞出身的宗教學家米爾·伊利亞德（Mircea Eliade）曾說：「象徵可以實現精神上的人生本質。」

有趣的是，具本亨、赫塞、黃裳都是以樹木作為自己的象徵，為什麼呢？因為對於人類來說，樹木是超越個體與個別性、富含普遍意義的某種事物的原型。但是儘管如此，樹木也不可能是世上所有人的象徵。這世界充滿著各式各樣的象徵物，同一種象徵也可以有各種解讀。值得注意的是，上述三人雖然都將樹木視為重要象徵，各自對樹木的解讀卻全然不同。象徵是一面鏡子，同時也擁有許多面向，重要的是，發現那個真正可以代表自己的象徵，並慎重地將其解釋、賦予意義。

以卡山札基的三種象徵為例，「朝著看似不可能實現的未來展望，在上坡過程中努力不懈、奮鬥創造的生命」正是這三者的共同點。他一一發現這些象徵、並做出解釋時，獲得了寶貴的領悟。他的代表作《希臘人左巴》（*Zorba the Greek*）、《天丐：阿西西的聖法蘭西斯》（*God's Pauper: St. Francis of Assisi*）等，同樣也是在闡述為了超越肉身或物理變化，成為更高層次的存在，所進行的各種奮鬥、創造的靈魂故事。此外，透過《靈魂的自傳》（*Report to Greco*）一書也可窺見，身為作者的他，同樣有著這樣的人生目標。

誠如卡山札基的作品所示，象徵的發掘、解釋、實現象徵的經驗，會使人生產生根本上的變化，然而，發掘並解釋象徵乃繁瑣之事，沒有特別的興趣和專注力，是不可能找出象徵或解讀象徵的。要是有某個象徵走入你的內心，就應該慎重地觀察它，並且研究其背後究竟隱藏著什麼訊息。雖然不容易，但是只要對象徵懷有一份尊重，其背後意義就會逐漸顯現。

一個人的象徵是其本質，對於轉變者來說，象徵意味著「我是誰」「將來可以變成什麼樣子」，當一個人的內在座落著某個象徵，那麼，該象徵就會逐漸成長茁壯，然後改變那個人的一生。我們的人生會愈來愈像象徵，象徵也會隨著轉變的人生不斷進化。就好比卡山札基的象徵不只一個，具本亨和赫塞同樣也有著多種象徵。隨著象徵不斷發展，隱藏在那個人內在的本質也會跟著成長進化，等於是象徵和人生朝彼此開花結果之意。

創造一套會帶給你力量的儀式

對於梭羅來說，河流不只是面積較寬的水道，也有著滋養萬物的生命力，蘊藏著珍貴寶物。對於一般人來說，河流只不過是流動的水，但是對於梭羅來說，愈仔細觀察、聆聽，就愈能夠聽見隱藏在河流中的祕密。他把河流當作是自己的重要象徵，他會選擇以華爾登湖畔作為理想人生的實驗場，絕非偶然。他在一八三七年十一月的日記裡寫道：「每次只要到河邊，頭腦就會變得清晰，心裡也會湧現寬大又崇高的平靜、溫柔之心。」十餘年後，也就是一八五〇年的某天，他在某本日記裡寫道：「我們的內在人生宛如一條河流。」

梭羅只要聽著河水潺潺的聲音，就會覺得彷彿不再有任何事情能難得倒他，儘管冬天河面結冰，他也會拿著斧頭去敲破冰塊，仔細觀看河裡面的動靜。他在二十歲時寫下的日記中也表示：「若要反省，就要到寧靜的溪水旁，把身體交給流水，這是最佳方法。」實際上，他在華爾登湖畔生活時，每天清晨都會把身體泡進華爾登湖，根據他的說法，「那是一種宗教儀式，也是我做過最棒的事情之一。」他透過這樣的儀式，徹底落實了河流這個象徵和自身信念——「每天把自己歸零，每天都是全新的一天，永遠都要過嶄新的一天。」河流對於梭羅來說，是一種可以提供力量的象徵，使他得以修復身心並且找回自我。

像這樣屬於個人的儀式，是一種可以專注當下、喚醒潛力的活動，同時也是淨化內在的修煉，自我催眠的一種。儀式會使人相信，原本難以控制的情況或事物，將變得可以被人為控制。

其實有不少人會像梭羅一樣進行這種把自己與宇宙能量相連結的儀式，舉其中一名為例的話，就好比大提琴界的翹楚帕布羅．卡薩爾斯（Pablo Casals），他七十年如一日都以相同方式迎接全新的一天。每天早上起床以後，他就會用鋼琴演奏巴哈的〈前奏曲與賦格〉（*Prelude & Fugue*）兩首曲子當中的一首，卡薩爾斯甚至說過：「我根本無法想像用其他方式開啟一天」可見這個儀式在他的日常生活中是多麼的至關重要。

我（昇完）自己其實也有一套每天早晨幾乎都會進行的儀式——手沖咖啡。先把咖啡豆放進研磨機裡磨成粉，此時我會暗自心想，「把那些雜念也一併粉碎吧，今天又是全新的一天。」然後把新鮮磨好的咖啡粉放進濾杯，倒入一點熱水，稍待片刻。這時，濃濃的咖啡香開始瀰漫飄散，咖啡粉也會像麵包一樣膨脹，我再次祈禱，「希望今天能過得豐富精彩、芬芳四溢。」接著，我用熱水壺在濾杯上方緩緩畫著螺旋形倒出滾燙熱水，就好比寫著每一字、每一句一樣，由內而外，也如同閱讀著每一字、每一句一樣，由外而內，「期盼今日閱讀的內容、寫出的文字可以相互產生共鳴。」

沖泡咖啡的過程需要十五分鐘左右，我不是個慢郎中，但一天當中唯有這段時間會選擇放慢腳步，認真仔細地沖好一杯咖啡。親自用手沖泡咖啡的這項儀式，會喚醒我一天當中最重要的活動——閱讀和寫作——的意義。看著濾杯下滴出的咖啡，我的心情也會變得平靜許多。藉由喝一杯咖啡，讓自己神智清醒，也開啟全新的一天。

一項良好的儀式，會喚醒沉睡的意識，舒緩原本壓抑已久的力量。當一個人心靈變得脆弱無助時，存在感同樣也會低落；反之，心靈堅強時存在感也會提高。我們的心裡其實內裝著改變自我的力量，而儀式則可喚醒那股力量。

另外，好的儀式也會防止擔憂與懷疑，如果透過祈雨祭可以防止對乾旱的擔憂，亦即，可以懷抱即將下雨的希望，那麼，人們會更勇敢面對乾旱所帶來的各種苦難。同樣的道理，要是不去擔心今天的寫作會不會有靈感，那麼，一定可以更專注投入寫作。由此可見，儀式會使人專注於當下。

梭羅在《湖濱散記》中寫道：「我不曉得有什麼事實是比『人類具有藉由意識上的努力可以提升生活的能力』還要更鼓舞人心的。」適合自己的儀式，可以幫助培養「意識上的努力」所需要的力量，就好比梭羅一樣，我們也只要一直執行屬於自己的儀式，就會領悟到更高的境界。各位不妨也創造一個會為自己帶來力量的儀式，只要對自己有意義、有效果，任何儀式皆可。附有積極正面、堅定信念的儀式，可以為我們帶來安慰與勇氣，也會使我們把原本只是在心裡盤算的事情化為行動實踐。

創造個人儀式時，有兩點需要留意。第一，儀式一定要由本人創造，不是模仿某人，而是要找到真正屬於自己的儀式才行。而且儀式不是為他人進行，也不是為了做給其他人看。第二，儀式要夠簡單，雖然儀式可以是禱告、冥想、參禪或一百零八拜等各種形式，但是不管是哪一種儀式，都要能便於實踐才行，若是事前需要繁瑣準備的儀式，反而會使自己難以專心投入。

已經固定維持一段時間的儀式，也有著提醒自己的功能，換句話說，它會提供開始進行某種活動的契機，舉例來說，每天凌晨起床都要先背誦自己所寫的祈禱文再開始寫作的作家，儘管某天睡過頭，也不會感到自責難過，可以馬上進入寫作狀態，因為他能夠借助儀式的力量，毫無抗拒感地按照過去一直以來的生活模式，重新提筆；等於是儀式扮演了拉你去寫作的角色。

禱告，是最常見的儀式之一，禱告是和投入特定主題、超越自我的存在所進行的對話。就和其他儀式一樣，透過禱告，我們會獲得精神上的安定，並整理好心情。要是聚精會神地反覆禱告，就會發揮其強大力量。一般來說，大眾普遍認為禱告就是向某個絕對者或神許願的行為，但就好比哲學家索倫．奧貝．齊克果（Soren Aabye Kierkegaard）說過的，「禱告不會改變天父的心意，只會改變禱告者的心意。」這便是禱告的本質。

對於美國科學家暨政治家的班傑明．富蘭克林（Benjamin Franklin）來說，禱告就是生活的一部分。他每天早晨在開啟新的一天之前，都會先進行禱告儀式，一天也會固定禱告幾回，自二十二歲那年起，就寫了一本屬於自己的禱告書，並使用它，那本書的書名叫作《信仰的教條與宗教儀式》（*Articles of Belief and Acts of Religion*），裡面寫有禱告文、讚頌歌、信仰與原則。富蘭克林終其一生都使用這本禱告書，每天都會抽空進行禱告。禱告對他來說是一項重要的個人儀式，他曾經說過：「面對工作，要想像自己未來還有一百年長的日子；面對禱告，要想像自己明天就會離開人世。」

夜裡作的夢會告訴你一些事

我（昇完）在經歷轉變期時，作了幾次重要的夢，其中一個就是在本書第一章「召喚」中提及過的黑影夢境，作完那場夢以後，事隔六年，也就是二〇一五年十一月的時候，又再次作了一個寓意深長的夢境。那是一場宛如電影情節般精采絕倫的夢，夢裡的故事有點長，我卻能夠將這場夢記錄得非常詳細。夢裡最印象深刻的畫面是，一名男子用尖刀刺向我的心臟位置，所幸胸口剛好放有一本書，那把刀子就插進了書裡，使我躲過一劫，有驚無險。另外就是在這場夢裡領悟到與初心有關的三件事，我和一名男同伴從未來穿越到過去的時空，拯救了我的孩子，我把這場夢取名為「初心夢」，因為夢裡的核心訊息與初心有關。

「黑影夢」和「初心夢」兩者雖然都具有重要意義，但是作「初心夢」時的我和當初作「黑影夢」時的我早已截然不同。因為在這五年期間，我學習了分析心理學，也閱讀過許多關於夢境的書、把我作過的夢寫成了夢的日記，要是當初在作「黑影夢」時，已經擁有像現在一樣懂得聆聽夢境的態度，那麼，我想當初應該就不會那樣看待「黑影夢」了。我應該不只會每天確認大門有無徹底上鎖，同時還會檢查自己的「心門」，因為這是解釋夢境的基本。夢境有時會展現外在世界或關於他人的資訊，有時也會傳遞作夢者自身的內在狀態。

我的直覺告訴我，「初心夢」是一場非常重要的夢，我用盡全力試圖分析這場夢，一整天埋首於解釋這場夢境，並寫下約莫四頁份量的夢境日記。「初心夢」和「黑影夢」自然而然形成了連結，兩次夢境的共同點是：都有某個人用刀刺向我的心臟。第一次作的夢是一名小偷突襲沉睡的我，第二次作的夢則是一名男子攻擊清醒的我。作「初心夢」的時間點也十分奇妙，那是在我和這本書的合著作者勝晤一起去旅行時最後一天作的夢，我甚至想過，或許那趟旅程是為了作那場夢而展開，旅行、夢境、領悟，三者彷彿彼此緊密相連。

當時，我和勝晤正在編寫這本書的書稿，但是我們都難以心無旁鶩地投入寫作，因為我們都沒把握能否寫好這本書，也不知道當時是不是寫這本書的好時機，缺乏自信。然而，那場夢告訴了我，「找回初心，寫自己一直想寫的書，那將會救贖你。」因此，我以這場夢作為起點，終於可以開始卯足全力投入這本書的寫作。

影集《紙牌屋》（*House Of Cards*）是以一名患有自閉症的女孩向父親的友人提問「人為什麼會作夢？」作為開場，父親的友人回答：「那是為了讓你看清這世界啊。」榮格也曾說：「夢境不會有所隱瞞，他會告訴你一些事情。」但是為什麼夢是那麼模糊又難以解釋的呢？那是因為夢的語言是象徵，象徵則蘊含了各種意義，有著多種層次的解釋。

潛意識會以夢作為管道呈現自己，此時，象徵就會是其中的表現方式。如果說夢是潛意識的舞台，那麼象徵則是在該舞台上登場、發生的一切。不論用什麼方法解釋夢境，最重要的還是尊重潛意識的態度。耗盡半世紀以上研究象徵的榮格和坎伯異口同聲地指出，夢境會回饋努力想要了解其象徵的人等值的資訊。《夢，象徵，辭典》（*A Dictionary of Dream Symbols*）的作者——埃里克・艾克羅伊德（Eric Ackroyd）也表示：「要是你不把夢當一回事，那麼夢裡的內容也就毫無意義。但要是你認真看待夢這件事，那麼，夢裡的內容就會是嚴肅且寓意深遠的。」

當然，許多研究夢的專家都指出，不能把夢想得太簡單，尤其夢裡的象徵也不能定型成一種意義，例如：夢到豬就象徵錢，夢到糞便就象徵福氣，夢到殺人就象徵會有成就等，這種公式化的解夢不僅不具說服力，還很可能使自己陷入危險。解夢要考量到那個人的心理狀態與現況、過去經驗等，謹慎小心地接近夢境才行。

那麼，不是精神分析家或專家的人，難道就不能自行解讀自己的夢嗎？其實不然，還是可以的，只是有個條件，要以尊重夢境的姿態、持續誠實地看待它才行。可惜的是，我很難在此用文字清楚解釋該如何解讀夢境，因此，如果有讀者想要更進一步了解關於「夢」的一切，我在本篇最後附上三本推薦書單，供各位參考。詳細內容透過這些書便可得知，但在此還是有幾點想要向各位提醒告知。

第一，夢境最好盡可能記錄得愈詳細愈好，因為往往在日常生活中枝微末節的小事，在夢裡反而扮演關鍵角色，要是不仔細回想並反芻記錄，就會很容易忽略那些重要線索。最好在案頭放一本筆記本和一支筆，作完夢以後盡量趁記憶猶新時仔細記錄下來。或者，你也可以用智慧型手機的錄音功能，把夢境仔細描述一遍，錄音錄下來。實際記錄一次就會發現，其實自己可以想出更多夢境裡的細節與畫面。記錄夢境時，書寫或口述方式最好使用「現在式」，因為這可以幫助你更生動地重現夢境。並非所有夢都模糊不清、光怪陸離，有些夢要傳遞的訊息也很明確，像這種夢光靠記錄就能夠看見其意涵。

第二，寫下夢境以後，要細細回味內容，並詢問自己：「這個夢裡藏有什麼意義？它想告訴我什麼？」我們的潛意識不僅會透過夢來展現內在的糾結與身心痛苦的原因，還會告訴我們自己所擁有的潛力。我們可以忠實解讀出夢裡的各個象徵物或事件，但也不能忘記要去了解整體夢境想要傳遞給我們的是什麼訊息。

第三，要是經常夢見相似或相同夢境，往往表示該夢裡隱藏著重要訊息，要更留意才行。重複夢見相似夢境，同時也意味著自己尚未領悟箇中意涵，如果夢裡有反覆出現特定象徵物，記得不要錯過，那種象徵十之八九都是關鍵線索。尤其夢裡出現的大部分象徵，都是以畫面方式展現，解釋夢境，其實也就等於是在解讀那些畫面裡蘊含的意義和訊息。

埃里克・艾克羅伊德強調，「夢的最重要功能就是展現潛意識世界，也就是在潛意識層裡正在發生的事」「忽視夢境，就等於是拒絕打開自我認知的鑰匙」。我們的潛意識會透過夢來提供解決現實生活問題的線索，也會給我們自我成長所需的靈感。人類會藉由夢境領悟到真正的自我。

夢與夢的解析相關推薦書單

- 《榮格學派的夢的解析》（*The Way of the Dream: Conversations on Jungian Dream Interpretation with Marie-Louise Von Franz*），菲沙・寶兒（Fraser Boa）著。

  這是一本對話錄，記錄著和榮格的首席弟子——研究過六萬種以上夢境的——瑪麗—路易絲・弗蘭絲（Marie-Louise von Franz）的交談內容。她將一般民眾實際作過的夢境，從分析心理學的角度進行解讀，並說明榮格學派的夢的解析方法與分析心理學的基礎。

- 《夢，象徵，辭典》（*A Dictionary of Dream Symbols*），埃里克・艾克羅伊德（Eric Ackroyd）著。

  一本為大眾所寫的書，整理出經常出現在夢裡的象徵與畫面解釋，以及關於夢與潛意識的說明和解釋夢境的方法等，實用度高。

- 《我的潛意識房間》（내 무의식의 방），金書英（音譯，김서영）著。

  為想要自行解讀夢境的讀者所寫的大眾工具書，也是一本夢境指南書。書裡分享著作者實際作過的夢境，以及各種夢境實例，豐富多元，看完以後也會想要親自嘗試記錄夢境，並獲得分析夢境的自信。

轉變工具七

宗教
超越小我的領悟之路

良好的宗教會使人自由，
在此所指的自由，並非從某個地方解脫，
而是從「自我」中解放。
換句話說，是「從自身上獲得自由」，而非「我的自由」。
轉變期的宗教，是從尋求自我利益中解脫，
追求的是從自我本身解放、重拾自由，
轉變者會領悟到自我並非現實，
唯有透過清空自我，
才會接近自我存在的根源。

莫罕達斯・甘地[1]
探究各種宗教，設立政治信念

偉大的人物大部分都會在童年展現過人長才，但是甘地並沒有。在他就讀國小的時候，對於背九九乘法表一事感到痛苦萬分，性格也害羞內向，不太能和同學們打成一片，整天擔心著會不會有人要欺負他，因此，每到下課就會馬上跑回家。他骨瘦如柴，對自己沒有自信，也不喜歡在別人面前發表意見。國中時期的他，則是和一名叫作馬塔布（Sheikh Mahtab）的朋友，偷嚐了印度教規定禁止食用的肉品，也偷過別人的東西。

這樣的他，能夠有機會踏上英國留學之路是一件非常幸運的事情，他以平庸的成績驚險過關，上了一所規模較小的大學，但是因為耐不住思念家鄉之情，大學讀不到一年便休學歸國。然而，就在他為了尋求建言而去找祭司解惑時，得知了在英國比印度更容易取得律師執照的消息。深受那句話影響的甘地最後決定重回英國，滿心期待著只要拿到律師執照，就能夠功成名就、坐擁財富。幾年後，他真的如願當上了律師，但是回到印度卻得面臨先天性人群恐懼症問題，使他難以在民眾聚集的法庭上發揮應有的口才實力。第一次出庭時，他為了反問原告派出的證人而起身，但是因為受不了當時在場的民眾把目光全部聚集在他身上，所以最後幾乎是用逃的逃出法庭。爾後，他身為律師唯一能作的事情只剩下幫忙寫訴狀，他靠著這份工作賺取微薄的手續費，生活得十分拮据。

一八九三年，一間公司邀請甘地擔任律師，工作地點在南非。他拿著公司幫他準備的頭等艙車票，搭上了火車。正當火車抵達納塔爾省（Province of Natal）的首府彼得馬里茨堡（Pietermaritzburg）時，一名乘客走進車廂，上下打量了甘地一番，便走了出去。不久後，那名乘客帶著兩名站務人員重回車廂內，並叫甘地去坐貨車廂。甘地當下掏出了頭等艙的車票給站務人員看，但是他們只有對著甘地嗤之以鼻，並叫來了警察。最後警察把甘地拖下火車，就連他的行李也統統被丟出車外。甘地拒絕移動至其他車廂，最後也就眼睜睜地看著火車從他眼前揚長而去。他跌坐在原地好一陣子，然後起身前往會面點，在那裡找了個位置坐下。

那裡是海拔六百公尺的高地，尤其當時又是寒風凜冽的冬天。他的外套放在行李箱裡，但是行李箱已經被放到站長室裡保管。一時之間還沒平息心中怒火的甘地，擔心著要是回去找站長拿行李，很可能又會被羞辱一番，於是他留坐在原地，忍受著整晚酷寒的天氣，冷到全身顫抖。他徹夜未眠，思索著自己是否身負某項使命，畢竟這種事情並非個案，只要是住在南非的印度人，甚至只要是有色人種，都會遭遇這種不當對待。甘地認為，儘管自己受再多苦，也一定要把種族歧視問題斬草除根。

隔天早上，他再度搭上了列車，前往普利托利亞（Pretoria）。商人們紛紛聚集到查理斯車站，聽聞甘地的遭遇以後，他們也道出自己遭受過的各種屈辱，希望能藉此安慰甘地。然而，種族歧視問題並沒有就此停止，在他改乘馬車前往約翰尼斯堡時（Johannesburg），同樣的問題再度上演。白人領班一看見甘地就說了一句：「你這張車票已經失效。」當甘地主張自己的權益時，對方還狠狠打了他一記耳光，對他暴力相向。最後是因為車上乘客勸阻，才讓他得到了一個座位，但是一路上他的生命仍備受威脅。抵達約翰尼斯堡的飯店時，飯店也以房間已滿為由，藉故不讓他入住。經歷了這一連串的不當對待以後，甘地下定決心要為住在南非的印度人爭取人權。

多年後，當甘地被世界級傳教領袖約翰·穆德（John R. Mott）問道，「一生當中，最具創造性的經驗是什麼？」

1　編註：穆罕達斯·甘地（1869-1948），印度國父，印度民族主義運動和國大黨領袖，他帶領印度獨立，脫離英國殖民地統治。他的非暴力哲學思想影響了全世界的民族主義者和那些爭取和平變革的國際運動。甘地的主要信念是「真理堅固」，此鼓舞了其他民主運動人士，例如馬丁·路德·金恩和曼德拉等人。

的時候，他回答：「這段經歷是促使我在心裡萌生『真理永恆』理念的契機。」自從那天親身經歷過種族歧視問題以後，他的人生就開始出現轉變。其中最重要的莫過於，他在英國求學期間就時常關注的宗教議題，真實地湧入了他的人生。甘地深信的絕對者（或真理）從天而降，使他無端捲入那次的列車事件。他想要更進一步仔細了解關於絕對者的一切，也想知道究竟為何要讓他經歷那一天，他相信只要比較各種宗教，就一定能了解那位絕對者。

甘地開始研究各種宗教，在遭受種族歧視被趕出飯店後，第一個寄宿家庭的房東剛好也是一名律師，同時也是虔誠的基督徒、傳教士。儘管甘地知道房東一直希望他可以改信基督教，他還是以「想要仔細研究自己的宗教信仰——印度教，可以的話，也希望能夠多了解其他宗教」來回應。後來，經由房東的引介，他開始參加基督教的禱告會，並在那裡結識了一位貴格會教徒，透過與該名信徒的交談，得到不少推薦的基督教書單，他也一一將那些書籍研讀完畢。甘地在他的宗教日記本裡把自己對基督教的印象記錄了下來，每週都會拿給那名貴格會教徒友人過目，友人也會仔細閱讀並將自己的見解寫於一旁。他們經常一同散步，討論關於宗教的一切。

此外，甘地也和房東一起出席每隔幾年就會舉行一次的威靈頓佈道會，那是一場虔誠基督徒的聚會，為期四天的禱告會裡，甘地終於領悟到人們的真實信仰，並為此讚嘆不已。然而，他始終沒有找到需要改變信仰的理由，因為他不相信只有基督教徒才能被神救贖。包括耶穌是唯一繼承上帝神性這件事情也是，他雖然可以接受耶穌是殉道者、體現了犧牲的精神、也是神性的導師，但要是上帝真有兒子，那我們都該算是祂的兒子；假如耶穌就是上帝，那麼所有人也都可以是上帝。

甘地向其他基督教友誠實地吐露了內心疑惑，卻換來一陣吃驚的反應。他們一直努力向甘地傳道，但愈是賣力解說，愈使他看得更為透徹。最主要是甘地想要一探宗教的本質。當基督教友人向他強調，「一旦接受耶穌的偉大救贖，將獲得永遠和平」時，他反而認為應該要從「罪惡本身，不，應該說是認為自己有罪的這個想法本身」解放，要是做不到這一點，倒不如焦慮不安地過一輩子。

甘地一直以來最提防的就是宗教的偏頗和狹隘，對於自己信仰的印度教也不例外。他無法理解印度教裡充斥著各種派系和種姓制度，以及「不可觸碰的賤民」制度。此外，他也無法理解印度教的經典《吠陀經》是基於神的靈感所寫，因為要是果真如此，那麼聖經、可蘭經應該也和吠陀經的內容大同小異才對。

> 如果說我認為基督教並非完美無缺或最偉大的宗教，我同樣不認為印度教稱得上是最好的宗教。印度教的缺點我看得更多、感受更深。如果說「賤民」算得上是印度教的一部分，應該可以看做是腐壞的部分或毒瘤吧。我不能理解為何有那麼多宗派或種姓階級存在。

他為各個宗教之間存有的「競爭」性質感到不解，在找不到解決宗教上懷疑的方法時，他經常寫信給一名哲學家友人，通常都是在問自我與神的本質相關問題，而每次從友人那裡得到的回覆，都是「不要傷心」「持之以恆地繼續鑽研印度教」等建議，因此，他也閱讀了許多關於印度教的經典。

信奉伊斯蘭教的友人也和基督教友人一樣，極力拉攏甘地改信宗教。甘地都會盡可能接受他們的好意，甚至購買《可蘭經》的翻譯本來閱讀，深受啟發。除此之外，他也有找其他伊斯蘭教相關書籍來閱讀，這段時期，他廣泛涉獵各大宗教書籍，諸如：基督教、伊斯蘭教、猶太教、拜火教、印度教，這樣的經驗使他在內心裡留下了深刻的洞察結果。最重要的是，甘地藉此學習到獨立思考方式、高道德感，以及真實性。他對其他宗教同樣抱持著極高的敬意，習取值得學習的優點，深信不同宗教之間的平等與一致，偏頗狹隘的宗教觀則不具任何意義。

> 這番研究讓我對印度教產生高度敬意，開始欣賞其優美。但我並未因此輕視其他宗教。（中略）我針對不同宗教讀了一些書，促使我更加自省，凡讀到吸引我的地方，我便身體力行，這個習慣一直維持至今。[2]

甘地的宗教研究雖然和當初基督教友人們的期待背道而馳，但是甘地還是對他們心存感激，因為是那些人促使他想要去探索各種宗教。多虧結識了這群朋友，使他得以對宗教保持一貫的熱忱。自從他二十四歲前往南非工作以後，便開始埋首研究宗教書籍，維持了兩年時間。後來他在寫給祕書的一封信裡回憶起這段往事寫到：

> 我為了我的民族，翻閱過其他宗教的經典叢書，按照我的目的所需，熟悉基督教、伊斯蘭教、拜火教、猶太教和印度教。透過閱讀這些經典，我可以說自己有感受到對所有宗教都存有一樣的尊敬之心，雖然當下我可能沒有意識到。（中略）我以恭敬的心，閱讀完一本又一本的經典，並找到存在於其中一致性的根本道德。[3]

誠如甘地所言，他的宗教研究最後歸結於「道德」。他發現世界上不論哪一個宗教，都有著一樣的基本道德原則，因此，他深信宗教的本質在於道德。例如，愛與犧牲是所有宗教的根本原理，每一種宗教都在宣導：透過人類的愛與奉獻，將能到達神的境界。最終，他獲得了「宗教只是名稱和表達方式不同，從本質面來看都是一樣」的結論。

在甘地看來，整個宇宙充斥著神祕力量，但唯有這股力量——善良，亦即道德，才是恆久不變的唯一。他將這樣的道德稱之為「真理」（satya），有時則稱「真理」（satya），而這份真理在日後也成了甘地思想的核心。

甘地沒有在寺院或洞窟裡進行冥想、參拜儀式、靈交等，藉由這些方式尋找神，而是透過為同胞們的犧牲奉獻來找神。他會這麼做，都是因為基於對宗教本質的信念。他開始認為，應該要透過助人來追求神，不是純靠信仰而是要靠行動追求真理。其實這樣的態度反而沒那麼突顯印度教的精神——把重點放在個人式的救贖和解脫。

甘地對於宗教的探索不限於書籍閱讀，他把從宗教中獲得的領悟一一套用在自己的人生進行實驗。第一項實驗是「控制味覺」，身為印度教徒的他，長期都只吃素，他進行了各項實驗，包括戒甜食、醬汁和澱粉，有時還會只吃麵包和水果裹腹。起初，他還有吃蛋奶素，但後來也因為了解到家畜的犧牲而不再食用。他在自己和太太因病而遊走在生死關頭時，也拒絕了醫生的建議——要他喝牛奶和肉湯。透過味覺實驗，他領悟到原來真正的美味是存在於心，而非舌頭。

第二項實驗是「簡樸的人生」，一開始甘地還有用心佈置自己的住處，但是後來他發現，自己根本配不上那個房子。因此，他搬離了有著兩房的房子，改租只有一間房間的屋子。他的早餐都是自己親手煮的，每天也都會清洗襯衫、自行整燙。最後，他終於理解所謂「自助」的意義，而這也成了日後成立「不合作主義者道場」（Sabarmati Ashram）的基本思想起源。不僅如此，他也對子女教育堅持採實驗態度，他沒有把三個兒子送去學校讀書，甚至認為「與其像個整天拖著鐵球的奴隸一樣接受正規教育，不如無知地土法煉鋼還比較自由。」甘地對於可以教導樸實和奉獻精神的自身教育方式從未感到後悔。

經由這些實驗，他樹立了明確的信念，信念後來則演變成誓言。他開始奉行禁慾主義（brahmacharya），誓言不再與妻子行房，四十三歲那年甚至發誓放棄所有個人財產。透過這些明確果斷的決定，使他領悟其實誓言是開啟自由之門，拒絕發誓的人反而更容易受誘惑牽連，他甚至以「正因為我知道會被蛇咬，所以才要發誓從此遠離蛇」來比喻這套哲理。

甘地的人生可以用一句話來形容，就是「對宗教真理的實驗」。他在《我對真理的實驗》自傳中提及：

2 摘自《我對真理的實驗：甘地自傳》（*An Autobiography: The Story of My Experiments with Truth*），穆罕達斯・甘地（Mohandas Gandhi）著，遠流出版，二〇一四。

3 同註2。

> 我要寫的並不是真的自傳，我只是想把自己體驗真理的小故事寫出來，因為我的生命無他，唯真理體驗而已，要陳述這些事情，勢必就會以自傳的形式呈現。[4]

正因為有這樣的終身實驗，那些史無前例、甘地獨創的政治活動才得以實現。他在遭逢人生轉變期的時候，對宗教的關心也從宗教的普遍真理延續到道德觀，甚至到後來還演變成非暴力抵抗運動（或稱真理把持運動），他的人生之所以會走向政治、社會，全是因為以下這個原因。

他並非從一開始就打算改變世界，只不過是對宗教真理進行親身實驗罷了，後來他得到的結論是：眾生平等。他會在南非與僑胞們定期聚會，也是因為基於這樣的領悟。他在南非首都普利托利亞舉辦印度人集會，如實分享住在南非的僑胞們所遭遇的不當對待。在這場集會上，甘地發表了他人生第一場演講，這對於生性害羞、曾經因為緊張過度而衝出法庭外的甘地來說是一大突破。他在演講中提到，為了和相關當局交涉關於居住在南非的印度人所遭遇的不當對待，提議組織和平協議集會，並公開承諾自己會盡可能空出時間參與並與大家一同努力，儘管他當時的表達方式還略顯拙劣，聽眾們卻仍深受感動。他的人生從此開始轉變。

隔年，甘地創建了納塔爾印度國民大會，正式展開「真理永恆」（satyagraha）運動，satya 意指真理，agraha 則指堅持，所以兩個單字組合在一起也就意味著：為了貫徹真理所進行的非暴力抗爭。最初的真理永恆抗爭是在一九〇六年公布了新亞洲法草案的川斯瓦爾（Transvaal）開始，爾後，這個組織也為只有印度人才被要求繳納的人頭稅以及各種種族歧視問題持續提出抗議。尤其在一九一三年，甘地四十四歲那年，由他率領示威者從納塔爾遊行到川斯瓦爾的「真理永恆大遊行」更是受到全球矚目，因為最後包括甘地在內，總共有四千多名示威人士遭警方逮捕，歷經各種苦難，最終，他們獲得了來自世界各地媒體輿論的援助，才使得對印度人帶有歧視性的所有法案統統廢除。在這段過程中，雖然甘地多次出入監獄，但是從他身上早已找不到年輕時的羞澀與膽怯。在強烈信念面前，坐牢早已不足以構成威脅；就算被白人施暴，也無法削弱他堅定的英雄氣概。經過這場抗爭，甘地的名字也開始變得廣為人知。

一九一五年，他結束了南非生活，回到自己的祖國印度。睽違二十二年才回國的他，開始走訪全國各地，觀察印度人的現實生活以後，和來自南非的同伴們創建了「不合作主義者道場」。甘地在這個道場成立了社運團體，展開農民解放運動和支援紡織工人罷工活動等，具體落實了非暴力抵抗運動，後來甚至主導對英國展開的不合作運動，罷工現象遍及全國。一九二二年，甘地遭警方逮捕，因獨立運動而備感威脅的殖民政府，迅速進行了甘地的罪刑審判，但是就在這段時期前後，甘地已經是名符其實的印度國民大會最高領導人，也已是印度國人的精神領袖。

他和我們常見的政治家或獨立運動家截然不同，反而比較像聖人。甘地雖然親身參與政治，卻仍是個宗教人士，他一點也不想要有政治影響力或權力，只是在不平等的時代下，按照自己的親身實驗，設立了某些信念，並遵從這些信念落實行動罷了。他相信神就在我們的內在，甚至在民眾心中。因此，為了找到神，他也確信應該要和長期壓抑已久的民眾站在同一陣線，並且為成千上萬的民眾服務。後來切身領悟甘地思想的大眾，稱他為「聖雄」（Mahatma）。甘地的「實驗—省察—誓言」人生，徹底展現了宗教會對一個人產生多大影響，以及當一個人全心全意為真理服務時，可以達到什麼樣的境界。

4 同註2。

穆罕默德・阿里[5]
憑著信仰鍛鍊出不屈不撓的精神

一九四二年，出生在肯塔基州某個貧困家庭的凱瑟斯・馬塞勒斯・克萊（Cassius Marcellus Clay），是一個自尊心非常強的黑人少年。他的父親與他同名，其實這在肯塔基州是別具意義的名字，因為是直接取強烈主張廢除黑奴制度的白人政治家的名字來作使用。當時，肯塔基州是全美國種族歧視最嚴重的地區，自幼生長在這種環境裡的少年，自然清楚知道身為黑人如果要在社會上站有一席之地，就得在體育項目中表現亮眼，因此，他從很小的時候就開始學習拳擊。不只在體育館，在學校也專注訓練的克萊，十八歲那年，已經是創下一百八十勝紀錄的拳壇明日之星。

一九六〇年，克萊代表美國參加羅馬奧運，歷經千辛萬苦，好不容易奪下夢寐以求的金牌，這項消息被媒體大肆報導，他也隨即成了美國拳擊界的英雄，聲勢扶搖直上。擔任油漆工的父親把通往住家的階梯統統漆成了美國國旗，玄關處也擺滿著祝賀花籃，父親以兒子為榮，招集了所有鄰居一同歡唱美國國歌，克萊則是一直掛著那面金牌，過了一段金牌不離身的日子。

然而，好景不常，奪下金牌以後歡愉度日的某天，克萊和好友們去到一間漢堡專賣店用餐，瞬間，他意識到四周充滿著敵意的目光，原來那間漢堡店是專門給白人用餐的環境，就在那時，店裡的白人紛紛開始對他們出言不遜、譏笑謾罵。「我不賣食物給黑鬼！」漢堡店主人對著他們一群人咆哮，並把他們趕出店外。克萊感覺自己彷彿被重重賞了一記耳光一樣，他摸著後腦勺，低頭走出店外。在體育界，他雖然已經是美國的英雄，但現實生活中仍難逃種族歧視問題。

當時正好是美國種族歧視最嚴重的時期，各大洲公然實施著「黑白種族隔離政策」，黑人不能讀白人學校，也不能進白人教會，白人營運的餐廳、咖啡廳、飯店也不得進入，甚至只要有黑人對白人招手打招呼，也會被判有罪。一九五五年，密西西比州就有一名黑人少年因為對白人少女揮手說「Bye Babe」而遭兩名白人男子強行拖走殺害，但這兩名嫌犯最後卻是以無罪釋放。要是和白人起衝突或者回嘴，就會慘遭白人集體凌虐，這樣的案例多不勝數。反對黑人民權運動而披上白色頭巾的三K黨重出江湖也是在這個時期。

然而，長期壓抑已久的黑人不再甘願忍氣吞聲，黑人民權運動在美國遍地開花，一九五五年，一名黑人女子羅莎・帕克斯（Rosa Parks）因為拒絕讓座給白人而遭警方逮捕，這件事情成了引發黑人民權運動的導火線，一九六三年，甚至有二十萬名黑人聚集抗議，行進到華盛頓紀念碑前，在群眾面前進行動人演說的馬丁・路德・金恩（Martin Luther King），和展開激進黑人民權運動的麥爾坎・X（Malcolm X）等，都是這場運動的代表人物。

發生漢堡店事件不久後，克萊又遭遇金牌差點被白人小混混奪走的事情，他們之中的首腦想要把金牌佔為己有，於是威脅克萊，在一陣鬥毆下，成功把那群人擊退的克萊，騎著摩托車往俄亥俄河行駛。他站在河邊思考了一會兒，接著便把那面金牌扔進了河裡。當時的他，內心相當氣憤，對那面金牌毫無眷戀。克萊就是在那時下定決心——要為消除種族歧視問題奮鬥。他後來回憶起這段往事時寫道：

> 就在那時，當初在羅馬奧運場上以為自己「代表美國」的幻想徹底粉碎，原來我已經回到我那蔑視黑人

5 編註：穆罕默德・阿里（1942-2016），美國男子拳擊手。阿里以他的偉大拳擊職業生涯和激進的政治主張而名滿全球。

的故郷——肯塔基州。[6]

儘管在代表國家的奧運會上摘下金牌，返鄉以後還是不能自由購買自己想吃的漢堡，這樣的他，會深受伊斯蘭民族（Nation of Islam）——強調黑人的偉大以及眾生平等——吸引，或許也不是多麼出乎意外的事情。徬徨無助的十九歲那年，一場因緣際會下，他透過朋友介紹開始走訪伊斯蘭清真寺。他回想當時提及：

> 我第一次到邁阿密進行訓練時，參加了一場穆斯林聚會。聽完那場聚會的演說，發現那正好是我一輩子找尋的對象。那個人讓我知道，我並非黑鬼子，凱瑟斯・克萊這個名字不屬於我，我也不曉得我的語言、文化和宗教。[7]

一開始，比起宗教上的教條，他更對伊斯蘭民族的黑人解放理念有興趣，在那裡，他們指出黑人之所以無法翻身，是因為白人貶低、打壓著一代又一代的黑人，而黑人自己也已經徹底被白人洗腦，將這樣的不平等對待視為理所當然。吸引他接近這個宗教的是抗議黑人遭受的差別待遇，在改信伊斯蘭教以前，他足足花了一年時間閱讀伊斯蘭教經典、聆聽宣教。二十歲那年，他正式皈依伊斯蘭，並認為自己也是伊斯蘭民族的成員之一，但是面對大眾時，他還是選擇隱藏了這件事。

克萊尤其著迷於伊斯蘭教的禮節和用餐習慣，也享受訓練或體力鍛鍊，因為兩者都需要把身體管理好、直到獲得補償以前都要耐心等待。更重要的是，兩種方法都可以使自己找到人生意義，成為逃離外部世界的避難所，在那個世界裡，可以感受到難得的解放感。

克萊透過宗教，漸漸了解到身為人應該具有的正確道義，並開始思考自己在團體中、人際關係裡的定位與價值觀。伊斯蘭民族不僅對克萊的人格養成和選手經歷帶來深遠影響，還促使他認真思考自己可以對這世界帶來什麼樣的影響。

某天，克萊為了親臨現場聆聽伊斯蘭民族的領袖——以利亞．穆罕默德（Elijah Muhammad）的演說而前往清真寺，那是他第一次見到革命家麥爾坎．X，當時麥爾坎．X已經致力於為黑人爭取權力，但是在各種面向上，經常被拿來與馬丁．路德．金恩作對照。初次相遇，克萊就深深迷上了麥爾坎．X的思想，自那時起，他便拜麥爾坎．X為師，經常進行深入的探討交流，麥爾坎小心翼翼地觀察這名年輕拳擊選手，並待他恭敬如賓。

麥爾坎自稱是克萊的兄弟（brother），並以靈修導師自居。兩人相對而坐，聊了好幾個小時，都是在談論關於黑人的未來與拳擊選手的角色，尤其麥爾坎想要為克萊樹立明確的目的意識與自信，因為麥爾坎深信，為了爭取自由，一定要先從自我的根本開始改頭換面才行，能夠讓克萊戰勝他面對的龐大外在力量，唯一途徑就是培養內在力量，他告訴克萊，真正的自豪感並非來自自己的能力，而是和同樣身為黑人的民眾培養出來的人際關係。他想要傳達給克萊的最重要訊息是：大膽擔負起時代賦予他的角色，並利用這份影響力改變世界。每當麥爾坎進行宣教時，克萊都會用心聆聽好幾個小時，有段時期，克萊甚至效仿麥爾坎．X，將自己的名字改成凱瑟斯．X（Cassius X），意味著不再使用過去美國人為黑奴所取的姓氏。

隨著接觸伊斯蘭教兩年多時間，和麥爾坎．X這位精神導師相處交流下來，克萊開始擁有明確的自我主見，持續進行的嚴格訓練和激烈比賽，也使他逐漸找到專屬於自己的拳擊風格。克萊有著總是能刺激對手、煽動大眾情緒的口才，因此，人們也為他取了一個綽號——「無賴」（rowdy），視他為庸俗之人、長不大的屁孩，但其實這個時期的他，早已準備好蛻變成擁有屬於自己的人生哲學觀和價值觀的實力派拳擊手。

一九六四年二月二十五日，在邁阿密海灘會展中心展開了克萊的拳擊生涯第一個頭銜挑戰，比賽前的訪談

6　摘自韓國網路媒體 Naver cas 專題報導，〈人物世界史：穆罕默德．阿里〉。

7　摘自電影〈穆罕默德．阿里的審判〉（*The Trials of Muhammad Ali*），導演：比爾．辛格爾（Bill Siegel），二〇一三。

中，他以那充滿機智的口才宣示，這場比賽將會「如蝴蝶飛舞之姿閃躲，像蜜蜂螫人般痛擊對手」（Float like a butterfly, sting like a bee），實際上，比賽中的他也確實表現如此，克萊輕鬆地在擂台上宛如跳著舞步般不斷踩著步伐，順利避開了對手索尼．利斯頓（Sonny Liston）的猛烈攻擊，並以自己的拳頭將對方擊倒在地。最後成為拳擊冠軍的克萊，欣喜若狂地跳躍著，並對空咆哮：「我是最偉大的！我是王！是世界之王！」藉此機會，他終於靠自己的力量證明了他並非只是個會耍嘴皮的無賴，而是真正的強者。

徹底顛覆眾人預期的這場勝利，在當時拳擊界算是前所未有的驚人事件，跌破眼鏡的拳擊專家和賭客們，紛紛為自己的錯誤判斷感到扼腕。然而，奪下勝利以後，擂台外的克萊展現的行為再度引發熱議。要是在比賽中奪下勝利的選手，通常都會訂一間豪華飯店與友人舉辦一場歡慶派對，但是克萊反而是回到他的訓練中心（黑人貧民窟），找他的精神導師麥爾坎．X和歌手山姆．庫克等人，共進一頓寧靜晚餐，並與他們促膝長談。隔天，他和麥爾坎．X吃完早餐以後，在記者朋友們面前第一次公開承認自己是伊斯蘭民族的一員。

> 我相信真神阿拉，相信和平。我不想搬到白人居住的地方，也不打算和白人女性結婚。十二歲那年，我接受了基督教的洗禮，但當時的我還搞不太清楚狀況。如今，我已經不再是基督徒，我知道自己選擇什麼宗教，也了解真實是什麼。我不會成為你們白人想要的冠軍，會按照我的自由意志去做。[8]

這無疑是一種獨立宣言，克萊向全世界明確說出了過去任何一位黑人選手都不敢脫口而出的訊息。處處迎合白人的那個「無賴」已消失無蹤，取而代之的是一名坦蕩自信的叛逆小子。克萊在取得了冠軍頭銜以後，和記者們見面的場合上，公開宣布自己的名字已改為穆罕默德．阿里（Muhammad Ali-Haj，意指受人讚揚的人）。

阿里為什麼要說自己不會成為白人心目中的冠軍呢？當時美國的拳擊手有分兩種類型，一種是順從白人的

「湯姆叔叔型」（uncle Tom），另一種則是叛逆的「黑鬼型」（negro）。拳擊產業被有錢又有權的白人一手操控，大部分黑人拳擊手都是在那些白人的安排下活動，不論是在擂台上還是擂台下，他們都要服從於幕後的白人勢力才有出戰比賽的機會。儘管情況如此，拳擊在黑人社會裡依舊是通往成功的魅力捷徑，大部分的黑人拳擊手則會選擇以「湯姆叔叔」自居。

舉例來說，最具代表性的湯姆叔叔型拳擊手就是喬．路易斯（Joe Louis），他完全服從白人，按照白人的安排行動，接受用餐禮儀與正音指導，並被教導「與其對帶有種族歧視觀念的裁判表達抗議，不如直接被對手KO，放棄比賽」。除此之外，每次只要打趴白人拳擊手，就絕對不能喜形於色。路易斯雖然被教成了白人心目中的黑人典範，最終卻淪為身無分文、被人蔑視的下場。

然而，原本以忠實的湯姆叔叔形象示人的克萊，瞬間成了叛逆的黑鬼——穆罕默德．阿里，年輕挑戰者克萊原本是個鬼才，有魄力、有膽量、少根筋、幽默風趣；然而，就在繫上了象徵冠軍的金牌腰帶不到幾小時，竟成了對白人造成威脅的對象，向美國、基督教、白人正式宣戰。當大眾得知阿里是白人的敵人——以利亞．穆罕默德和麥爾坎．X的朋友以後，可想而知，不僅是拳擊界，就連白人社會也開始對他充滿敵意。

克萊的那場記者會一結束，馬上噓聲四起，世界重量級冠軍竟然拒絕認同美國，投靠白人社會的宿敵——伊斯蘭民族，成為其中成員之一，這項事實對於白人來說簡直是一大恥辱，當下，白人社會先是不願接受他的新名字，在某個電視節目訪談過程中，主持人也一直以「凱瑟斯」稱呼他，後來，阿里終於忍不住對那位主持人做出嚴正聲名。

8　摘自《阿里，刺向美國》（*Redemption Song - Muhammad Ali and the Spirit of the Sixties*），邁克．馬庫西（Mike Marqusee）著，無中譯本。

「凱瑟斯，你……」

「我不是凱瑟斯！我不是白人，你一直稱呼我白人的名字，但我不是。我不想再用你們的名字，我不是奴隸，我的名字是穆罕默德·阿里。」[9]

以白人為中心的世界拳擊協會（WBA）絞盡腦汁要撤銷阿里的頭銜，哥倫比亞唱片公司甚至將收錄阿里歌聲的熱銷唱片，從販售項目中刪除，知名電視脫口秀邀約也臨時取消，進行中的廣告合約則統統成了廢紙。

隔年，雖然阿里在比賽場上再度碰上索尼·利斯頓，拿下一勝戰績，三年期間也擊敗過無數位挑戰者，但是他真正的敵人並不在擂台場上。他必須和那些看不見的敵人奮戰，那些人遠比拳擊挑戰者可怕許多。美國政府為了派阿里參加越戰，發了徵集令給他，等於用潛規則來報復他。阿里完全不打算從軍參戰，「越共從來沒有瞧不起我，說我是黑鬼，我為何要殺他們？」阿里的這番話被刊登在報紙以後，來自全國各地的抨擊、謾罵信件和恐嚇電話如雪片般飛來。

一九六七年，阿里接獲徵兵委員會的出任命令，他拒絕了，然而，這項拒絕的代價實在殘酷，在他發表拒絕聲名一小時後，紐約州競技委員會便將他的拳擊執照和冠軍頭銜撤銷，並冠上各種罪名將他起訴。當時出席法庭的阿里，在交出的要求書上這樣寫道：

> 我想要反映我個人的信念，明確表明自己拒絕從軍的立場，我對於自身行為的意義和帶來的後果有著充分認知。重新檢視自己的良知，我發現接受徵召並不符合我的宗教信念。（中略）我只願聽從真神阿拉，祂才是最終審判者，這是根據我的良心所做的決定。[10]

然而，法院最終判決他服刑五年，這也等於是徹底把阿里從擂台上驅逐流放。為期三年六個月的服刑，正好是他二十五至二十八歲身為拳擊手體能最佳的時期，他在競技場外承受著極大壓力，一連串的試煉接踵而來。他從冠軍寶座上重摔下來，失去了實質收入以後，周遭人士也紛紛離他遠去。某次，在電視訪談中他提到自己因為需要錢，所以想要重回擂台打拳擊，結果因為這席話，遭以利亞・穆罕默德將他從宗教團體中除名。

儘管如此，阿里還是沒有違背自己的信念，他用自己方式持續推動黑人人權運動，他走訪全國各地的黑人居住區，並且面會聯邦監獄裡的受刑人，他到各個大學演講，甚至參與大規模反戰示威。阿里毫不猶豫地走進人群當中，走訪各個伊斯蘭民族家，諸如迦納、奈及利亞、巴基斯坦、土耳其等國，四處演講。一名記者曾向他問到，「對於自己去過的這些國家留有什麼樣的印象？」他回答：「身為一位想要擁有潔淨生活的穆斯林，我想要告訴他們，在美國也有許多兄弟與他們精神同在。」

最重要的是，阿里不同於過去任何一位「黑色力量」（Black Power）人士，致力於證明自己的信念是「非暴力」，最後不僅引發數千名人士選擇基於良心道德而拒絕從軍、參與越戰，在黑人運動員之間也掀起了抗議熱潮。

這段人生低潮期，阿里從未在外顯現過一次內心的憤慨，而這也證明了他的內在早已大幅改變，不再是當初那個年輕氣盛的小伙子。記者們也注意到了阿里那理性堅定的態度，卻又不失過去充滿調皮、愛開玩笑、超現實主義式的說話風格。他經常被記者問到：「會不會懷念拳擊？」但是每次他都會回答：「不，我想應該是拳擊在懷念我。」

阿里重新站上擂台是在一九七〇年亞特蘭大，隨著美國國內對越戰的輿論風向轉變，大法院也終於判阿里無罪，但是數年來飽受各界批評、往返法庭，沒有時間練習拳擊的他，當時早已是接近三十的年紀，對於拳擊手來說，更是該考慮隱退的年紀。但是他還是戴上了拳擊手套。

---

9 摘自電影〈穆罕默德・阿里的審判〉（*The Trials of Muhammad Ali*），導演：比爾・辛格爾（Bill Siegel），二〇一三。

10 摘自《阿里，刺向美國》，邁克・馬庫西著，無中譯本。

歷經嚴酷訓練，逐漸找回比賽感覺的他，一九七一年，終於和當時的世界重量級拳王喬・佛雷澤（Joe Frazier）一較高下。屬於湯姆叔叔型的佛雷澤，在各方面都和阿里形成強烈對比，因此，這項比賽不只是兩種風格截然不同的選手之爭，也是兩種意志之戰，吸引全球人士矚目。阿里這天和佛雷澤歷經十五回合的血戰，最終飲恨吞敗，拳擊評論家和眾多人士宛如事先約定好似地，開始紛紛視阿里為過氣選手，寫下許多詆毀他的文章。

然而，阿里卻是在職業選手生涯以來第一次經歷失敗，他以謙虛莊嚴的態度欣然接受這樣的結果，並且以「要是就這樣結束，我一輩子就會停留在只是個無賴拳擊手」來督促自己，繼續專注於訓練。這雖然是他生平第一次敗給對手，但他並沒有因此而感到挫折，三年後，他終於擊敗佛雷澤，成功地東山再起。後來他也和二十六歲血氣方剛、實力相當的喬治・福爾曼（George Foreman）展開對決，最後在第八回合使出一記反擊，順利晉級為世界拳擊協會（WBA）和世界拳擊理事會（WBC）冠軍。這是拳擊史上最具神話性的一刻，也多虧阿里過去在擂台外長期展開的抗爭，競技場裡掌聲如雷，瀰漫著超越一般拳擊比賽獲勝的喜悅與能量，那也是阿里一直以來堅守的信念、以及共享這份信念的人獲勝的瞬間。不分膚色黑白，全世界許多人都將阿里的這場勝利視為自己的勝利，他們知道，自己正在見證歷史性的一刻。

穆罕默德・阿里或許不是最好的人生轉變案例，雖然他在拳擊選手生涯裡攀上了巔峰，但他自己私下的人生卻不盡理想。他犯下不少失誤，也被捲入無端紛爭。他按照伊斯蘭民族的教義，毫不避諱地對媒體說出：「所有白人都是惡魔」這種發言，篤信宗教。不僅歷經過三次婚姻，甚至還發生過婚外情，有著兩名私生子，過著放蕩不羈的生活。這或許和他所屬的職業運動領域特性有關，也或許是因為少年得志所導致。尤其要是和前面介紹的甘地相比，阿里更顯不足。

他所參與的「伊斯蘭民族」，從靈性的層面來看也並非最佳團體，這些人和其他少數宗教團體一樣，用粗惡的末日論強求自立、清廉的人生，以及獨裁式的組織理論，並強調「兄弟情」，超越黑人民族主義、黑白隔離主義，甚至提出設立黑人民族國家等，展現了偏激的宗教團體風範。穆罕默德．阿里也是因為該團提承認黑人的偉大，並認同他所達成的個人成就，而成為他們的一分子。

然而，儘管阿里是個不完整的英雄，與不健全的宗教團體往來，宗教的本質仍然對其人格養成影響甚鉅，這點是不容我們忽視的。自從他被拳擊界驅逐流放以後，之所以沒有迷失自己，正是因為他對宗教的那份信念。他反而是在這段時期，使自己的自由意志與信念變得更為穩固。他在痛苦中學會了堅持與等待，發現自己內在存有著將情況逆轉勝的力量，這都是因為他很早就透過伊斯蘭教學習到自立與團結的教訓。儘管犯過許多錯，人格方面也還不夠完整，但是他的成熟背後有著宗教。路易斯．法拉堪（Louis Farrakhan）——從宗教生活初期開始就一直從旁觀察他的同事，也是現今伊斯蘭民族的領導人說：

> 一開始對於阿里來說，所有白人都是惡魔，但是阿里一直在進化，從伊斯蘭民族的狹隘觀點成長到伊斯蘭的普遍觀點，那正是阿里。[11]

儘管阿里是不完美的，但至少他在擂台外所做的那些事——挑戰社會輿論壓力、遵守自我良心、為大義與團體利益犧牲奉獻等，這些成熟的靈魂是我們有目共睹的。他透過宗教體驗了個人與社會的實際關聯，身為社會裡的一分子，也發現了自我。他那份不屈不撓的精神，來自民眾對他的愛戴與他對自身的信任整合，使他得以對抗存在於社會中的那些不公不義。三十八歲隱退的阿里，在他離開擂台以後，依舊熱衷參與著黑人民權運動，這正是出自於他對宗教的信念。

11　摘自電影〈穆罕默德．阿里的審判〉，導演：比爾．辛格爾，二〇一三。

宗教，抱持開放的心態

一群盲人生平第一次親手撫摸大象，其中一名摸著象腿，發現原來大象是樹幹形狀的動物，另一名摸著大象尾巴，認為是像蛇一樣的動物，再另外一名盲人則摸著大象腹部，表示大象其實像一顆石頭。其他盲人也紛紛根據自己撫摸的部位來解讀想像。其實每個人的觀點都沒有錯，因為各自都有把大象的一部分精準形容出來並做比喻，要是他們可以聚集在一起，把各自了解到的大象部位說出來相互交流，或許最終可以拼湊出接近完整的大象全貌。

然而，許多宗教人士反而是反其道而行，第一位盲人認為大象是長得像樹幹的動物，所以要是有人說大象像其他東西，他會認為那是在說假話；第二位盲人同樣也十分固執，因為自己親手摸過大象，所以會認為自己的經驗才是更真理，並對真理以外的其他意見充耳不聞，彷彿只有自己的理論才是永恆不變的答案一樣，視其他人為異端、無法相處的族群。要是支持某個特定宗教的人掌權，整個國家上上下下就會跟著改信那個人的信仰，把述說著不同宗教故事的人認定為危險分子，打壓迫害他們，甚至出動戰爭。我們從歷史上的那些慘絕人寰戰爭中不難發現，大部分都是因為基於宗教上的理由而引發戰爭。

封閉的宗教與開放的宗教

我們並非因為無知而窮途末路，更大的問題往往是「偏頗的確信」，盲人生平第一次撫摸象腿時，那份感動是偉大的，「喔！原來是個長得像樹幹，但是會走動的動物啊！」這項經驗可以說是受到神的恩典。然而，過度沉迷於這項體驗的人，會很難從這就是全部的確信當中抽離，最後反而看不見整體全貌。就算有觀看全貌的絕佳機會到他手中，他也會視若無睹。因為篤信自己才是對的人，其心靈之窗也會是封閉的。

尤其只要沒有持續鑽研，最初的感覺也會變得愈來愈模糊，奇蹟似的恩典也不會再出現。最後，這種人只會重視需要遵守的戒律與經典，變成喜愛定罪他人的律法主義者或根本主義者。在此，為了使用宗教界術語，所以使用了「根本主義者」這個單詞，但弔詭的是，這些人反而才是距離宗教根本最遙遠的人，根本主義者往往偏激地執著於宗教的表面而非根源，與世上各大宗教的宗旨——愛與慈悲——背道而馳，等於是陷入唯我獨尊的意識形態，並且對人施暴、策劃恐怖攻擊。

像這樣封閉式的宗教，最典型的案例就是恐怖組織 IS 和賓拉登所屬的蓋達組織（Al-Qaeda），這種宗教團體的最大特徵是「盲信」，被教導要無條件服從於絕對權威，主張要以他們的宗教作為信仰的終點，不再信奉其他宗教，並強求信徒既然已經找到最完整的真理，就不要再探尋其他宗教。一切解答和行為，都必須奉行該宗教的規定——已經是牢不可破的模式——只要接納祂、相信祂，好運或獎賞就會隨之而來；要是不服從於祂，則招來橫禍或天譴。雖然從表面上來看，是要信徒藉由解除自我更加靠近信仰的神，但其實是要你否定自我，服從教壇的絕對權威。

反之，「開放式的宗教」則具有謙虛、友愛、和平的特徵。當封閉式的宗教在忙於盲信與分派系之際，開放式的宗教反而在致力於使人敞開心房，變得自由。他們以謙虛的姿態接納人類有限且不完整的想法和眼界，並建議信徒們用開放的心態探究真理，他們懂得包容不同想法、不同信仰的人，整合這些不同意見，追求領悟真理的全貌。甘地透過「真理實驗」想要繼續維持的正是這種不停研究的態度。對此，他是這麼說的：

在所有宗教當中，我給予最高評價的宗教並非印度教，而是超越它的宗教——改變我們的本性，使我們追隨內在真理，總是能淨化我們的那種宗教。[12]

甘地雖然本身信奉印度教，但他也認為現實中的印度教有著許多缺點，他反而對「融合了所有宗教精神的宗教」給予更高評價。甘地對佛祖和耶穌也抱有很深的敬意，想要學習他們的精神。有時他甚至還會被友人嘲諷是「佛祖的信徒」，但是他卻對此感到十分自豪。甘地相信，不同的宗教之間存有平等與一致的部分。有趣的是，他這樣的開放態度反而使他對宗教更懷敬畏之心，也等於間接證明了一項事實——懂得尊重、學習對方的觀點，最終，也會開拓自己的眼界。

穆罕默德．阿里在一場訪談中，談到自己之所以會皈依伊斯蘭教的原因時，他是這麼說的：

「人類在誤會與自我陶醉中與人起衝突，但是在現實中只有一個訊息——智慧，這不是人類的訊息，是神的。我會改信伊斯蘭教的原因只有一個，因為在那裡人人生而平等，每個人都正直地過生活。據我所知，只有伊斯蘭教是聽從神的旨意，死後便能去到天國的宗教。」

這時，記者打了個岔，「可是馬克思也有說人人生而平等。」阿里接著說：「我不了解他，他是個有信仰的人？」「不。」「有做過善事？」「是，他希望這麼做。」「那他應該已經在天國了。」[13]

真理即是神

甘地剛開始在發表言論時，是以「神的真理」來述說，然而，隨著他的靈修到達更高境界，他發掘其實「真理即是神」。這兩句話雖然有著微妙差異，卻十分重要。「神的真理」是以神為中心，強調對神的絕對服從與敬畏之心，人類只不過是神所創造的被造物，要按照祂的旨意奉獻自己。反之，「真理即是神」這句話，則帶有「就連神也只是為了呈現真理的管道之一」的意涵，終極來說，是以真理為中心的；換句話說，不管你信不信神，追求恆久不變的真理，才是真正的宗教。那麼，究竟什麼才是恆久不變的真理？真正的真理有著什麼樣的特性？比較宗教學者吳江南，在其著作《何謂宗教》（종교란 무엇인가）中，以這樣的比喻回答了這些問題。

在過去人們以為地球是平面、大海有盡頭的那個年代，普遍認為要是航海時越過那條地平線，就會掉落深淵，失去性命，所以行動經常受限，後來發現原來地球是圓的，海的盡頭也沒有懸崖以後，人們才開始享受航海的自由，盡情航向遠方。更進一步地，當人們拋開過去認為人類不可能翱翔天際的保守思想，發現人類原來不僅可以飛行，還能衝破大氣層，抵達遙遠外太空時，行動範圍也就此變得更廣也更自由。[14]

真正的真理，會提供人類自由與解放，實際上耶穌、釋迦牟尼、穆罕默德等世界各個偉大宗教領袖所展現的是，重新檢視人們過去深信不疑的事物，將其徹底瓦解，藉此到達完全自由的境界；告訴我們不要選擇安於整齊劃一的道路，習慣於已經具有一套說法的觀念以及強烈體驗，應該敞開心房，使自己不斷攀升至新次元。

12 摘自《甘地的真理實驗故事》（*The moral and political thoughts of Mahatma Gandhi*），聖雄甘地（Mahatma Gandhi）著。無中譯本。

13 摘自《阿里，刺向美國》（*Redemption Song - Muhammad Ali and the Spirit of the Sixties*），邁克・馬庫西（Mike Marqusee），無中譯本。

14 摘自《何謂宗教》（종교란 무엇인가），吳江南（오강남）著。無中譯本。

主張「神的真理」的封閉式宗教，往往並未領悟宗教的真正意涵，反而執著於表面上的文字教條，強迫信徒要過著盲信的宗教生活。反之，把真理視為最高價值的開放式宗教，會發覺宗教背後更深層的意涵，也會使自己的人生導向宗教的原旨——體驗自由與解放的人生。

宗教的深層，從「自我」中解放

那麼，你一定會問，世上這麼多宗教，哪個是封閉式、哪個是開放式宗教？其實這個問題本身就是錯誤的，也是保守封閉的。我們不能以宗教的名稱或類型來區分其開放程度，實際上，在一個宗教團體內，開放和封閉是共存的，不論世界上哪一個宗教，都同時存在著表層與深層。

封閉式的宗教，即停留在表層的宗教，會專注在獲得「個人的好運」，把所有宗教活動當成是一種手段，只為了讓現在的自己和周遭人士更好。這不僅限於那些認為只要認真禱告，好運就會自來的信仰，還包括一些熱衷於慈善活動，但內心其實是為了「人死後會留名」，想要提升自己名氣的人，這樣的行為同樣也屬於表層上的信仰。他們看似嚴守宗教紀律，過著模範的生活，但其實只是為了免於遭受天譴，以這份功勞期待現世與來世能夠獲得補償。

相較之下，甘地和方濟各等偉大的老師，反而是將自己視為通往某個「龐大力量的管道」或者手段。他們總是以謙虛的姿態隱藏自己的善行，但愈是這樣就愈受人尊敬，最近登上聖人行列的德蕾莎修女就曾表示：「我只是一個工具罷了，是上帝手中的一支小小鉛筆，由祂思考、提筆寫作。」深層的宗教支持信徒從「小我」蛻變成「大我」，也會幫助信徒領悟到，其實最終內在的大我就是「神性」。在此，不要誤以為「小我」（ego）即是神，而是當 ego 消失時，神性就會自動顯現的意思。打個比方，天上的雲朵並不是天空，而是要等雲朵散去，天空自然顯現。因此，先將思想狹隘的「自己」清空是核心重點。佛教裡面所謂的「無我」，指從自我中心中解放出來，換句話說，要先把內心裡的自我消滅，宗教人生的基本態度才算備妥。

消滅自我難道就表示自己死掉嗎？並非如此。消失的那個空位會被新的存在填滿。九世紀，中國的德山禪師精研《金剛經》多年，某天，他去找龍潭禪僧講解《金剛經》，龍潭不發一語地聽其解釋。夜晚，德山想要回去休息，但是外頭漆黑一片，根本找不到路。他向龍潭要了一盞燈，正當他提著燈準備要離開之際，龍潭突然把他叫住，並把燈火吹滅。當下，德山站在伸手不見五指的黑暗裡，領悟到了一件事。

當燈火熄滅時，他發現原來黑暗中仍有微弱的亮光，那是星星不停閃爍所發出的微光，藉此，他領悟到原來要先把自我這個小蠟燭吹熄，才能夠意會大宇宙的真理，而這也是為什麼，意指「真理」的希臘語「aletheia」，其語源就是來自「熄滅蠟燭」的緣故。「小我」總是遮擋著「大我」，我們學習宗教，也正是把遮擋住大山的小山挪移至別處之事。

如今，各大宗教的創始者紛紛呼籲信眾不要只停留在表層的信仰，要往更深處鑽研，並且提供更具體的方法教你如何落實。耶穌就曾強調，為了成為其門徒，首先要做的事情便是否定自我。《馬太福音》（十六：二十四）就提及：「若有人要跟從我，就當捨己，背起他的十字架來跟從我。」這句話雖然意味著宗教生活通常都會伴隨著受盡屈辱和犧牲，勢必要有堅強的意志才能撐下去；但背後其實還蘊藏著更深的意涵——宗教的基本要件，是把過去視如珍寶的自己先自行捨去。另外，《約翰福音》（十二：二十四）中也提到：「我確確實實地告訴你們：一粒麥子如果不落在地裡死去，它仍然是一粒；如果死了，就結出很多子粒來。」也可解讀成相同意義。

菩薩同樣強調，我們信以為是「自己」的五蘊（色、受、想、行、識），是假和合的狀態，空無實體。道教創始者老子則在《道德經》裡寫到，穿破自我這個表皮，進入根源「道」的境界，取得真正的智慧。像這樣把焦點放在「道」上的人，萬事自然能順理成章，因此，老子強調「無為自然」，也就是不必特別用力去做什麼，凡事都會順其自然地達成。

所有講求深層的宗教，都追求自由，但是在此所謂的自由，並非指自己從某個環境裡解脫，而是從自我本身解脫，亦即，是「脫離自我的自由」，而非「自己的自由」，前者才是講求深層宗教所嚮往的境界。藉由領悟空殼的自我並非實體的事實，清空自我，才會抵達內心深處的根源。因此，轉變期的宗教，要超脫祈求自身與家人的利益，追求從自我本身中解放的自由，往「開放的方向」邁進才行。

自我實現，無限的境界

榮格創立的分析心理學，有「自我」（ego）和「自性」（self）的區分，自我是意識的中心，自性則是包含意識與潛意識的整體心靈中心。如果借用先前的表達方式，自我就是指小我，自性則是指大我。因此，在分析心理學的領域裡，沒有「自我實現」（ego-actualization）這種說法，因為我們要實現的對象並非自我，而是自性，也就是大我的意思。

「自性實現」（self-actualization）意味著什麼呢？首先，榮格所謂的自性實現，並非指「人格成熟」。當然，要是達到自性實現的境界，就一定會有成熟的人格，但是修練人格並非通往自性實現的道路，自性實現的目標也不是為了成為聖人、道德感強烈的人格，或者拯救世界的英雄，這些在榮格眼裡看來，終究只是社會創造出來的面具——「人格面具」（persona），自性實現反而是要從那樣的團體束縛中脫離，追求真正的自己才對。由於我們長年來一直順應於社會要求，導致有許多真正的面貌被我們忽略遺忘，而自性實現，正是指這段找回真自我的過程，榮格將這段過程稱之為「個體化」（individuation）。

自性實現是徹底的「自我認知」過程，也就是站在大我的立場，觀看自己的意識裡所發生的感覺、思考、慾望、情感等，靜下心來專注去感受，會感知到發自根源的視線，默默在舞台後方察覺著我們的情感、感覺、想法和感受。這個視線宛如颱風眼，儘管周圍充斥著不安與痛苦的暴風雨，依舊冷靜凝視著周遭發生的一切。

不論表面上的自己遇到什麼問題，深層的自己依舊可以超越，並且毫不被影響地以自由開放的狀態認知那些事情。雖然要修練自己到這個境界會花上好長一段時間，但是一旦成功將這種「超越式的注視」發展純熟，就不必再仰賴敏感、自私的自我（ego），意識將拓展到更寬廣的世界。最終，你會領悟到在身心靈產生的一切同樣也是自己所擁有的東西，終極來說卻不等於「我」。與此同時，自己與身心的關係會與其他外部所有對象的關係變得同等，也就是自然而然地，我和你、我和那些事物的分界線會逐漸模糊消失。

當你愈接近領悟，根源處的一切都會變成一體，不再有界線。我們每個人就好比是各別被拍打上岸的海浪，本質則是一望無際的大海。海浪被拍碎以後會回到大海，我們的肉體也是死掉以後回到某個根源，不會全然消失。坎伯在一場演講中就曾以「我們的頭頂上有著許多燈泡，燈泡分布在各處，因此，我們會想著燈泡是分布在各處的。」作為開頭，並說道：

> 如果身體是個燈泡，而且燒壞了，難道就沒有電了嗎？能量的來源仍舊存在。我們可以拋棄身體，繼續存活，我們是能量的源頭。[15]

已經有所領悟的聖人，之所以回饋於人世間，並非因為想要藉此獲得認同或者更愛自己，而是因為他們自覺到世上所有存在終極來說都是自己的緣故。耶穌給我們的第一個啟示，就是「以真正的自己去愛你的鄰居」，而非「愛你的鄰居如同愛自己」，佛教徒的「慈悲」同樣也可以用相同脈絡來解釋。我們不妨看看甘地怎麼說。

15 摘自《坎伯生活美學》，歐思本著，立緒出版，一九九七。

人類的終極目標是實現神，（中略）找尋神的唯一途徑是從被造物來觀看祂，並且與那個被造物合為一體，這只有經由對萬人所進行的奉獻才有可能實現。16

甘地並沒有想要當聖人，他只是致力於實現自我罷了。他的所有實驗和誓言，都是為了放下自我、開拓自我，等於是透過「大我」的視線，確認了我們稱之為神的對象其實就存在於民眾之間。他曾坦言，「若要面對真理的聖靈，那麼儘管是微不足道的東西，也要懂得愛他如愛己。也正因為如此，我對真理所做的貢獻，帶領我步入政治圈。」

由此可見，宗教可以提供一個人超越式的視野，也會把我與非我之間的界線變得模糊，徹底改變人生的根本。還有那些生活中所感受到的痛苦或擔憂，只要你是一直由上往下俯瞰的注視者，那麼，那些痛苦和擔憂就不再能對你產生威脅。甚至更進一步地，你會超越小我，並透過親身體驗而非頭腦查覺到一切都是「我」，然後自然而然地去照顧周圍所有人，就如同照顧自己的身體一樣。

發覺並拓展「真我」的方法

新生兒在出生後七至八個月為止，儘管搔他們癢也不會有反應，這並非因為小嬰兒的感覺系統尚未發展成熟，而是因為他們的「自我」尚未形成，所以還沒有彼我之分。這就像我們自己在搔自己的腳底時，不會感覺特別癢是一樣的道理。孩子們光著身體四處奔跑不會感到害羞，也是因為他們還沒有被善惡對錯的框架束縛。小時候，我們每個人都和自然萬物合而為一，一起玩耍，只要基本需求有被滿足，就會感到幸福。

然而，把我們從兒時那片樂園中驅逐的是「我」與「你」的區分，更進一步地，是從對與錯的相對界線產生開始。自從父母和社會把他們的觀念和習慣套用在我們身上，我們對赤裸身體就有了羞恥之心，穿起衣服。但是這樣的裝扮並不限於單純的遮蓋身體，他們更巧妙地把自認為是高貴、有價值的真理，正義、善良的理念，用來裝扮自己的精神。成長過程中，我們會穿上層層名為理念的衣服只為了包裝自己，仔細觀察各種社群網站上的文章會發現，許多人從理念中找尋自身存在價值，並且努力以理念展現、包裝自己。

有時，人們會用理念來掩飾自己的自卑，有時則把自己和特定理念視為一體，這些行為都帶有二分法思維。我們把無數種現象分類成好與壞，然後採取好的，遠離壞的。但是陽光愈強，影子愈暗，當我們認為是「善」或者是「理想」的東西被不斷吹捧，那麼，相對地，其他事物就會躲進更黑暗的洞穴裡。

像這樣的二分法思維愈發達，「我」與「非我」的界線就會變得更加明確，想法也會變得更為複雜。兒時那

16 摘自《甘地的真理實驗故事》（*The moral and political thoughts of Mahatma Gandhi*），聖雄甘地（Mahatma Gandhi）著。無中譯本。

種不分你我的世界漸漸瓦解，名為「我」的自我高牆則會變得更加牢不可破，周遭的一切則因不是我、不屬於我而逐漸疏離。愈是如此，距離兒時嚐到的「合為一體」經驗也會愈漸遙遠，重要的是，隨著我們在思想上畫出界線，痛苦也會加劇，因為一條分界線就等於有兩個對立的陣營隨時都有可能開戰。「我」的界線愈明顯，我的身體、理念、理想就愈會受異質性的外在世界所威脅，想要戰勝這份威脅的想法和煩惱就會突然排山倒海而來，使自己痛苦難耐。人們之所以痛苦，與其說是因為某件事而感到痛苦，不如說是因為那件事情所帶來的「烏雲罩頂」而備感痛苦。

舉例來說，一件和某人起過爭執的事情，明明已經是過去式了，腦海裡卻一直想起當時的情景，不斷懊悔、生氣，自己折磨自己，使痛苦加劇。因此，菩薩才會說：「第一支箭我們不容易躲開，但是，我們可以不接受第二支箭。」叫我們不要再從反覆不斷的回想中使痛苦加倍、折磨自己。然而，「烏雲罩頂」帶來的更嚴重災害是，儘管此時此刻正發生著奇蹟似的恩典，也不會有所察覺。陷入沉思的人，聽而無感，食而無味，就算閱讀書籍，也無法體會字裡行間的真意，聽音樂也無法用心感受旋律與歌詞。要是腦海被想法盤踞，快樂就會延遲到來。我們經常把大部分時間用來後悔過去、擔心未來，卻無法心無旁騖地專注在眼前當下。而且這一切的痛苦，都是源自於畫了一條深厚的「自我」界線。

合而為一的體驗，所有宗教的目標

雖然這是十分罕見的事情，但是人們有時會體驗到自我的界線消失不見，與對象合而為一，不論是站在令人肅然起敬的大自然面前，還是聽著音樂、投入作畫，抑或是被一件藝術作品迷惑得無法自拔、一見鍾情於某位帥哥美女等，由於和各種存在合而為一的神祕經驗是難以言喻的，所以往往會藉用靈性和藝術，以「象徵」來表達呈現。誠如前述所言，心理學家亞伯拉罕・馬斯洛把這樣的經驗命名為「高峰經驗」，這意味著自己和某個對象、甚至是全宇宙合為一體的感覺，體驗到難以抗拒的敬畏感、陶醉感、無限愛意。馬斯洛表示，幾乎每個人都會經歷過這種體驗，愈是有達到自我實現的人，愈容易也愈強烈地體驗到這種經驗。比起一時的高峰經驗，穩定持續停留在高峰經驗的情形，他則稱其為「高原經驗」（plateau experiences）。

雖然有很多種稱呼可以形容這種神祕的狀態，諸如：神聖、藝術魂、三昧、極樂、投入、絕對等，但其實本質是一樣的，都是與超越自我的某個龐大的東西合為一體，「自我」這個界線也跟著消失，融入整體的經驗。體驗過這種強烈經驗的人，大部分都會難以忘懷，一輩子追求再次感受那種體驗。著迷於藝術的藝術狂熱分子、不畏生死也要挑戰攀上險峻高峰的冒險家、不論醒著還是睡著都在苦思問題的科學家，以及站在世界最黑暗角落犧牲自我也要使人微笑的志工，正是這樣誕生的。

舉例來說，奇幻文學大師豪爾赫・路易斯・波赫士（Jorge Luis Borges）在年輕時偶然經歷到一場重回至三十年前的穿越時空體驗，而這也成了其文學的最重要靈感來源；近代哲學家之父勒內・笛卡兒（René Descartes）則是個極其懶惰的人，每天都睡到中午才會起床，幾乎從未認真讀過一本書，但是他熱衷於冥想，並藉此促進自己文思泉湧。約瑟夫・賈沃斯基在旅途中經過法國的教堂和大自然時，經歷的那種合為一體感與共時性（有意義的巧合）現象，從本質上來看也是相同體驗。

和某項事物合而為一的體驗有著兩種共同點。一是當我們認為是「我」的 ego 消失時才會經歷到這種體驗，另一點則是「我」的消失並不意味著失去自我，而是恢復自己的原本面貌，獲得更大的自己之意，與我們內在的無限者、絕對者、永恆者面對的意思。因此，捨下自我並非失去自我，而是擴張自我。充分展現這項道理的實例正是榮獲諾貝爾生理醫學獎的細胞遺傳學家芭芭拉・麥克林托克（Barbara McClintock）。

她透過和麵包上長滿的黴菌、玉米等研究對象合為一體的經驗，創下「跳躍基因」（jumping gene）等各種創新成果。她針對自己和其他科學家一樣使用相同的顯微鏡，卻能夠看見其他人看不件的東西表示：「我在觀察細胞時，會經由顯微鏡進入細胞裡面，在那裡面繞一圈到處察看。」

麥克林托克的一生都在講求實證實驗與精準分析的科學界度過，但是像她一樣專注投入玉米等研究對象，視那些東西如己，追求與它們合為一體的特性，則比較接近藝術家或詩人，而非科學家。對此，她是這麼說的。

> 我發現研究它們愈久，它們就會變得愈大，當我完全進入狀況以後，我已不再置身局外，卻進到裡面去了，成為那個系統的一部分。我和它們在一起，然後每樣東西都變大了。我甚至可以看見染色體內部的細節，每一樣都真真實實地在那裡活動。連我自己也感到驚訝，因為我真的覺得自己也在顯微鏡下，而它們都是我的朋友。[17]

除此之外，麥克林托克的人生還有經歷過多次自我消失和物我合一的體驗，究竟是如何辦到的呢？我們從麥克林托克的以下發言中，可以找到一些蛛絲馬跡。

> 當妳在觀看它們的時候，它們變成妳的一部分，令妳渾然忘我。這是最重要的事：渾然忘我！[18]

其實這種無界線、物我合一的境界，比較不像科學家會說的話，更像是聖人或神祕學者的發言，因為「合而為一的體驗」是所有宗教的核心，舉例來說，《約翰福音》裡出現的蛻變或保羅在其信中強調的新被造物——鳥、人類等，都屬於這種體驗。佛教裡則是將這樣的體驗稱之為「領悟」、「覺醒」、「解脫」等，在印度教裡是把這種全新的狀態稱為「解脫」（moksha），也就是「解放」「自由」的意思。不過姑且不論怎麼稱呼這樣的狀態，這都是徹底顛覆我們整體存在的體驗。這樣的終極體驗，會在內心深處留下難以抹滅的痕跡，有時甚至會使人生和觀看世界的觀點、人生的意義都徹底轉向。

宗教不是說明，是體驗

在我（勝晤）面臨人生第二次的轉變期時，最常做的事情就是去圖書館看書，圖書館對我來說就好比坎伯的伍德斯托克小木屋，從早上九點到傍晚六點，我盡情翻閱著自己想讀的書籍。剛開始是看見想讀的就拿起閱讀，後來則變成一次鑽研一位作者的所有著作。猶記當時總共有六名作者是我最常閱讀的作家，首先是坎伯的作品，再來是榮格和赫塞的作品，最後則是法頂禪師和聶爾寧夫婦的著作。當我把這些作品讀得愈透徹，貫穿這些著作的一個共同點就愈明顯——這些人物的著作最終都指向同一個主題。

儘管他們分別是神話學、心理學、文學、宗教、社會學等不同領域，卻都在述說同樣的主題——「通往根本實體的道路」，只是用語和表達方式不同罷了，實際上都是指向同樣目標。在他們的思想根部，有著清空自我、遇見真正的自己這段過程。坎伯將此以英雄的旅程與極樂來做解釋；榮格則是透過自我、個性化、曼陀羅等象徵呈現；赫塞是在每一本著作裡用不同的名字——「阿卜拉克薩斯」（Abraxas）或河水等象徵，抑或是方濟各、釋迦牟尼等人物的人生來表現；法頂禪師以「空即是滿」和「無所有」的概念；聶爾寧夫婦則是以和大自然合而為一來展現。

他們的具體表現方式和接近方法都不盡相同，但是一樣都在呼籲讀者要超越小我，領悟大我。我內心深處的

17　摘自《玉米田裡的先知》（*A feeling for the Organism*），伊芙琳・福克斯・凱勒（Evelyn Fox Keller）著，天下文化出版，一九九五。

18　同註17。

心聲，藉由各個作家的文字，述說著「獲得領悟以後與他人分享」，雖然聲音很小，宛如竊竊私語般隱約傳來，但令我難以忘懷。我發覺，那是召喚我的第二個命題，其實，這和我畢業於理工大學轉往教育領域發展時，所聽到的第一個召喚聲是一樣的文句，當時我也是聽見自己內心深處傳來「獲得領悟以後與他人分享」的聲音，所以才會毅然決然離開工學領域，走上指導人聲智慧之路。

然而，這次和第一次的意義不太一樣，初次聽聞的心聲裡所提及到的「領悟」，是指人生智慧，也就是智慧層面的覺醒。因此，我決定成為作家、講師；但是第二次聽見的「領悟」一詞，是指靈性層面的覺醒，換句話說，是在呼籲我要「自我實現」。

後來，自然而然地，我開始接觸靈性相關書籍。肯恩・威爾柏（Kenneth Earl Wilber）、大衛・R・霍金斯（David R. Hawkins）、伊麗莎白・庫伯勒－羅斯等，不只是西方神祕學者的書籍，老子、莊子的著作和聖經、佛經等宗教書，以及神祕主義、與禪修相關的書籍也統統找來拜讀。雖然每一本書都充滿著亮眼的洞察，但是這些書也有志一同地指出遇見「解釋的極限」。不立文字，即終極性的實體是超越言語的，所以並非透過文字或書籍來了解，要親身體驗才行。我和幾名冥想成員也曾一起到訪過禪修，但是在那裡我們沒有得到具體原理，只有教我們不斷專注於禪修方法、緩和壓力、提升專注力等，著重在各種實用性的目標，所以我選擇中途放棄。

後來，在某次因緣際會下，遇見了一名老師，靠著那位老師的指導，我才得以修行參禪。參禪和冥想的方法看似雷同，但是嚴格來說，是截然不同的接近法。如果說一般的冥想是藉由觀看內心產生的想法、情感、感覺來使心情平靜，那麼參禪則是單刀直入地在詢問你觀看的主體是誰、在哪裡。如果冥想是重視「觀察」的活動，那麼參禪則是注視「觀察的主體」。打個比喻，冥想是把一攤泥水裡的泥沙拿去沉澱以後使水變得清澈，參禪則是叫你從那攤泥水的夢境裡先甦醒過來。

我曾經參加過東國大學舉辦的看話禪修行以及各種修行，一整天坐著參究公案，過程中也有幾次寓意深遠的體驗。由於那些體驗實在難以言喻，也容易引發誤會，所以在此我就不多做說明。只是那些體驗絕對都有使「我」

這個界線變得模糊消失，與整體合而為一。那是一種超感體驗，完全不能和書本字面上的接觸了解相比，也讓我深刻體驗到過去閱讀的那些書籍為何會強調這種體驗難以用文字來形容。

經由那些體驗，讓我對內在所產生的新觀點有所自覺，那是一個較大的存在，可以客觀地觀看「小我」，雖然體驗時間短暫，但因為是和整體合而為一，所以不用特別用力或專注，也可以站在超然的立場發覺小我所感受到的一切，持續這種神祕狀態幾個月期間，每當我感到心煩意亂或者執著於某件事的時候，都會變得可以退一步冷靜地觀看自己，並能夠放下那些執念，神奇的是，那段過程我並沒有特別努力就自然發生了。過了兩個月左右以後，那個狀態就像冰雪融化一樣消失不見，再度回歸平常，但是多虧那份經驗，使我的心靈變得比以往更加富饒，也多了份心靈上的餘裕。我不再執著於那些枝微末節的小事，對於追求功成名就的慾望也大幅減低。

透過善知識的正確指導與參禪修行，我親身體驗到了宗教本質，不再只是藉由書上說明認識，如果你也認同所有宗教都異口同聲表示有「語言上的限制」，那麼，我會建議你不妨給自己一次可以親身體驗宗教的機會。因為這會是重新回頭檢視自己，使人生根本徹底改變的重要契機。

我依舊不會去教會或寺廟，除了偶爾會進行參禪以外，不會再另外進行禱告，因為我不認為宗教的核心是在教壇、經典或戒律上，透過正確的教導與優秀的老師親自接觸到的體驗才更為重要。未來，我也不會跟從某個特定宗教，而是過靈修式的人生。藉由過去的學習與個人體驗，我了解到健康的靈修式生活，至少要實踐接下來要說明的這兩點才行。

學習其他宗教

一項宗教真理，宛如只有摸到大象局部的盲人，是有限的，因此，宗教人士應該要像盲人們一樣，聚集在一起分享各自的體驗，與其他宗教溝通交流才行。因為自己要先對其他宗教懷有純粹的興趣，才能確認存在於所有宗教中心的普遍真理。宗教哲學家約翰．希克（John Hick）把這種立場的變化用天文學術語來做解釋，我們應該要先清除「天動說」的觀點——就好比太陽和月亮等所有行星都是以地球為中心旋轉一樣，鄰近的各種宗教都會以自身宗教為中心旋轉，再保持認同「地動說」的觀點才對——就好比地球和其他行星以太陽為中心旋轉一樣，包括自身宗教的所有宗教都是以名為真理的這顆太陽運行。最終，我們要了解的是太陽，若要有全面透徹的了解，就不能只有站在地球的角度看太陽，要和從其他行星角度看見的太陽樣貌相比對才行。

經歷人生轉變期的時候，不妨暫且脫離自己過去熟悉的宗教，試著接觸其他不同宗教。要是你認為對自身宗教領悟得還不夠透徹，就要去了解其他宗教，實在過意不去的話，或許可以找一些把各種宗教拿來相比較的比較宗教學古典來閱讀，他們會點出各個宗教的共同點與差異性，未嘗也不是一種方法。阿姆斯壯和坎伯、吳江男等，這些人的著作相對來說都屬於好讀也比較客觀中立的，要是覺得學習比較宗教學是一件痛苦或不方便的事情，那麼至少也可以去翻閱一些用不同觀點解讀你信仰的宗教的人所寫的書籍。舉例來說，可以閱讀一些介紹宗教深層面、批判宗教是文字中心主義、關於神話學觀點的書籍。

真理是深奧也普遍的，從各種角度立體觀看時，真理會變得更為明確、堅定，從原本只有把焦點放在一個面向的視角，轉變成多角度觀看，所以至今一直以來被你認為理所當然的事情，也會有機會重新檢視、評估。所謂健康的宗教生活，其核心重點是要以多元觀點來綜合觀看，也就是抱持好奇，不斷提問才行。

舉例來說，甘地一樣也不是從一開始就對所有宗教抱持開放心態，他年輕時甚至是對基督教反感的，因為學生時期，他在學校附近遇見的基督教傳教士，往往都在批評印度教。他因為難以接受這樣的行為，所以也坦承自己那時有「基督教厭惡症」，不過，值得令我們注意的是，儘管如此，甘地一開始決定研究各大宗教時，第一個選擇鑽研的對象便是基督教，而他花最多心思、投入最多時間研讀，想要努力去理解的宗教也正是基督教。

被稱之為是宗教學創始人的馬克斯．繆勒（Max Muller）曾說：「只認識一種宗教的人，等於不了解任何一種宗教。」因為好與壞是要靠和其他事物做比較才會顯現的，只知一種宗教，又怎知其好壞與否。最危險的是，「不顧一切相信才是真正的信仰」這種方式的盲信，因此《心靈能量：藏在身體裡的大智慧》（*Power VS. Force: The Hidden Determinants of Human Behavior*）的作者大衛．R．霍金斯強調：「崇拜宗教而非真理是最明確又危險的錯誤。」盲信最嚴重的問題在於，它會阻擋一個人去認真地探究、實驗與執行，隱約容忍宗教盲目、強求信徒要盲信的教壇，早已證明自己距離真理是多麼的遙遠。對其他宗教持封閉態度的宗教人士，對真理也是封閉保守的。真正的求道之途，應該要擺脫過去遮擋自己的小小體驗與狹隘觀點，對不同的宗教敞開心房才對。

冥想，為了聆聽而進行的禱告

不論古今中外，所有宗教都強調禱告是信仰生活的主要支柱，因此，許多宗教人士會以禱告作為一日之始，經常祈求信仰的神明給予好運，重要時刻也一定會進行這項儀式。誠如宗教信仰也有表層和深層之分，禱告也有程度上的差異。健康的禱告，並非逐條細數自己的心願，而是為了聽見來自內心深處神的聲音。

而最不成熟的禱告．是祈福，也就是向神請願，通常會做出這種禱告的人，根本沒有察覺到這樣的舉動和宗教的教誨相距甚遠，例如，在寺廟裡參拜的許多佛教徒，只有用大腦理解菩薩的核心思想是「無我」，但是心裡卻不斷想著「我」希望能夠得到什麼、有什麼心願，呈現著極度矛盾的現象。祈求個人福分的行為，最終，只會把「我」個人的界線劃得更為鮮明，也變得更以自我為中心，反而背離了宗教的本意。

成熟的禱告，並非述說自己的心願，而是聆聽式的祈禱，心無雜念地專注聆聽神的旨意，和默想、冥想、參禪一樣。冥想是許多偉大聖人一生當中的核心活動，各大宗教也異口同聲地強調冥想的重要性。佛教的參禪或內觀，儒學的靜坐，基督教的默想，本質都是在強調「靜謐的心靈、專注、清空」。

冥想是清空小我，顯現大我的行為，讓無時無刻都朝向外在的心，重新回頭專注內在，自然而然地淨化心靈，同時也讓身體達到休息，具有恢復身心健康的效果。然而，別忘了，舒緩壓力和治癒疾病只是冥想的附帶效果，其原本的目的是讓我們專注於精神內在、從自我中解放。

介紹冥想的書籍或節目多不勝數，各位不妨也試著用一些有被驗證過的、適合自己的方法來嘗試看看，不過要提醒的是，過度執著於形式、姿勢，強調冥想後會獲得的利益，這種地方就最好避免別去上課為佳。冥想是過程本身就會帶來喜悅的活動，要是變成為了獲得結果而進行的例行公事，可就不好了。

丹麥哲學家索倫．奧貝．齊克果曾說：「當我們在禱告時，一開始會以為要向上帝述說些什麼，但是隨著信仰逐漸到達更深境界，會發覺原來禱告是要聆聽。」性徹禪師（성철）曾經對前來找他的人提出先拜滿三千拜再來的要求，這需要花費將近十小時的時間才能完成，完成的人當中也有不少人直接返家，沒有去見禪師的，因為他們在參拜的過程中，已經領悟到自己遇見的難關其箇中意義，以及唯有自己才能夠克服的事實。

這正是為什麼處於轉變期的我們，選擇禱告和冥想是聽見生命之音的最佳管道的原因所在。冥想可以使人聚精會神於一處，拓展意識，把小我（自我）所發出的聲音沉澱下來，專心聆聽生命述說的訊息。擺脫掉表面上的自己，與「真我」合而為一，我們才能夠明確認知到生命要我們做的事，並且付諸行動。

轉變工具八

老師
人會因人而改變

師徒間，老師要以身作則才是最根本的指導。
無關乎學習時間長短或指導地點，
老師本身就是弟子學習的對象、成長的楷模。
一名偉大的老師，不會只傳授弟子「方法」及「內容」，
而是當一面「鏡子」和一座「燈塔」，
前者是為了照亮弟子的隱藏潛力，
後者則是為弟子找到其人生方向。

華倫・巴菲特[1]
站在英雄的肩膀上看世界

一名年僅十歲的少年，昭告所有同儕，自己會在三十五歲前成為百萬富翁。當然，少年說的這番話乍聽之下顯得荒誕無稽，尤其當時（一九四一年）美國正逢經濟大恐慌時期，但是少年仍然堅信，只要根據他先前閱讀的書籍裡提及到的複利概念操作，小錢也會以固定比例不斷增加，最後變成一筆可觀的數目。

十年後，少年已經是二十歲青年，他提早一年從內布拉斯加大學林肯分校畢業，同年夏天，他申請了哈佛商學院，自認天資聰穎的他，相信哈佛沒有理由把他拒於門外。他之所以要申請哈佛，理由很簡單，因為他看中這份文憑以及結識到的人脈在將來出社會以後都會非常好用。然而，哈佛最後拒絕了他，原因是校方認為他不符合資格；首先是年齡問題，他的高中提早六個月畢業，大學提早一年，所以相較於其他同屆的大學畢業生小了快兩歲，與同期申請哈佛商學院的學生相比，更是青澀稚嫩；其次是他不適合哈佛的教育方向，哈佛是把焦點放在優秀「領袖」的培育和養成，他的申請目的卻是因為看上哈佛的光環和人脈，這點雖然他沒有明說，但在未來志願中選填的是「專家」而非「領袖」。哈佛大學面試官對這名外觀看上去還很青澀的青年建議，不妨過幾年後再來重新申請，等於是用委婉的方式間接回絕了他。青年對於這樣的結果感到極其失望。

哈佛大學落榜以後，青年在打聽其他研究所時，無意間看見了哥倫比亞大學的簡介手冊，小冊子上寫有兩個人的名字——班傑明・格雷厄姆（Benjamin Graham）和大衛・杜德（David L. Dodd），瞬間，青年的目光被這兩位人名吸引，因為他們正是青年兒時閱讀過的一本書《證券分析》（*Security Analysis*）的共同作者，而且就在不久前，他才剛閱讀完其中一位作者班傑明．格雷厄姆的著作《聰明的投資者》（*The Intelligent Investor*），深受啟發。根據青年的友人形容，他在閱讀完這本書以後，彷彿看見上帝般狂喜。終於，青年有了新目標，就是順利進入哥倫比亞大學，向格雷厄姆和杜德學習。他尤其想要和自己一直尊敬崇拜的價值投資（Value Investing）大師——格雷厄姆，成為師徒關係。

然而，青年又面臨到另一個問題，當時哥倫比亞大學研究所申請早已截止，一個月後學校即將正式開課，不想就此打退堂鼓的他，帶著對兩位老師所抱有的敬畏之心，寫了一份研究所申請志願書，所幸最後這份志願書剛好落入了擁有入學審核權的商學研究所財務系主任杜德手中。不曉得是不是因為青年在這份志願書上分享了許多個人故事，展現出不同於以往學生所寫的制式化內容而因此奏效，杜德竟然在申請已截止的情況下，沒有安排任何面試就直接核准青年入學。據說核准的原因之一是因為，杜德和格雷厄姆的招生標準是看誰有潛力成為「投資專家」，這剛好和哈佛商學院的培育「社會領袖」宗旨不同。

說到這裡，相信各位一定都已經猜到這位青年是誰了。沒錯，正是世界最成功的投資專家——華倫．巴菲特（Warren Buffett）。

成功進入哥倫比亞大學商學院就讀的巴菲特，終於見到了引頸期盼的價值投資大師——班傑明．格雷厄姆，本人果然名不虛傳。他熱衷於上格雷厄姆開設的所有課程，也幾乎能倒背如流老師的著作《證券分析》和《聰明的投資者》，每次格雷厄姆在課堂上向同學們提問時，巴菲特也總是第一個舉手搶答。雖然巴菲特是所有學生當中年紀最輕、性格上也欠缺純熟的學生，卻也是懂得最多知識、對老師最帶有尊敬之心的學生。巴菲特在崇拜的老師格雷厄姆指導的每一項科目中都拿到了A+的優秀成績，能夠有這樣的成果並不簡單，因為格雷厄姆課的高

1 編註：華倫．巴菲特（1930-），美國投資家、企業家、及慈善家，世界上最成功的投資者，也是著名的慈善家。

分在當時是出了名的難拿，所有學生當中也只有巴菲特創下這樣的紀錄，等於是格雷厄姆名符其實的首席弟子。

巴菲特不只對老師的書籍、演講有興趣，甚至對老師的一切都深感好奇。因此，他開始廣泛地研究老師，包括格雷厄姆的投資方法、著作、演講方式、投資的企業，並蒐集關於老師的所有資訊。例如，巴菲特在研究格雷厄姆的時候發現，原來老師同時也是保險公司蓋可（GEICO）的董事長，他為了一睹老師親自營運的公司，甚至在一九五一年親自前往位於華盛頓的蓋可總部，拍打大門至警衛願意為他開門為止。多虧這樣努力不懈的熱忱，使他得以見到蓋可公司的高層，聽到一些關於公司的簡介，然後他再利用老師教他的方法分析蓋可這家公司，最後決定投資。在格雷厄姆的莘莘學子當中，沒有人像巴菲特一樣將他研究得如此透徹。

然而，只有在學校向老師學習早已滿足不了巴菲特的求知慾，他想要和老師一起實際工作，格雷厄姆當時有和一名同事傑里．紐曼（Jerry Newman）一起經營一間投資公司——格雷厄姆紐曼公司（Graham Newman），巴菲特想像著自己也成為這間公司的一員，和老師一起工作的畫面，最終，他在即將畢業之際主動向老師提出了想要在其公司工作的意願，儘管沒有酬勞他也甘願。這對於面對金錢總是精打細算、錙銖必較的巴菲特來說，是絕對不可能輕易對人說出口的提議，由此可見，他當時是多麼渴望能與格雷厄姆一起工作。不過，最後老師以只聘請猶太人原則為由拒絕了他。原來當時身為猶太人的格雷厄姆，為了提供長期因種族歧視而難以在金融圈找到工作的猶太人一份工作保障，所以暗自定下了至少要在自家公司只聘用猶太人的原則，雖然巴菲特早有耳聞這項規定，也可以理解老師的用意，但內心不免還是感到有些失落。原本期待身為「格雷厄姆的得意門生」，或許有機會可以打破慣例，但最終還是撲了一場空。

一九五一年，巴菲特從哥倫比亞大學商學院畢業，他回到故鄉奧馬哈（Omaha），不久後便在父親的證券公司從事股票經紀人的工作。雖然他後來在公司裡小有成就，但一開始也是歷經不少挫折。某次，他以個人投資名義買下了一間加油站，結果害他損失百分之二十的淨資產。在從事股票經紀人工作時，涉世未深的年紀則成了他的絆腳石，總是因為年紀太小而得不到顧客青睞，加上他的外貌又比實際年齡看上去顯得更為稚嫩，每當他向客戶介紹某檔股票的時候，客戶都會先詢問其父親——資深股票經紀人的看法。巴菲特面對這樣的情況總是不知所措，雖然他可以用傑出的投資技術來武裝自己，但是在經營技術和人際關係經驗上仍有明顯不足。

當時，巴菲特有幾項弱點，溝通能力便是其中之一。他因為生性害羞，不喜於面對人群，但是他為了克服這樣的缺點，支付一百美元報名了戴爾．卡內基（Dale Carnegie）開設的溝通講座，以當時來說算是相當昂貴的價格。其實早在之前他就想要報名這堂課，最後卻選擇放棄，但這次的他不一樣了，他痛下決心，投入訓練的動機變得更為明確。身為股票經紀人，如果想要見客戶、進行投資相關講座，就必須提升自己的溝通能力。除此之外，他也想和心儀的女子自然展開對話，甚至一起約會。擁有明確目標的巴菲特認真參與講座，按照講師的說明反覆練習。後來他的溝通能力進步神速，甚至為許多人帶來靈感，這段卡內基溝通訓練自然是功不可沒。巴菲特自己也曾坦言：「卡內基講座是我至今上過的課程中最重要的學習過程。」

雖然中間歷經各種挫折，但是在通過一年多的適應期以後，巴菲特的名字開始在業界廣為人知，與此同時，他也在這段期間開始到內布拉斯加大學林肯分校進行演講，以一般民眾為對象傳授「投資原理」知識，授課初期，他因為年輕而頻頻遭人輕視，但是最終，巴菲特還是憑著自己豐富的實戰經驗和從老師那裡習得的投資理論以及演講技巧，在學員間得到了「簡單明瞭、有趣又實用的演講」評價。隨著演講經驗不綴，身為講師的存在感與日俱增，學員們的反應也變得熱絡。

巴菲特在進行股票經紀與投資演講時，重新拜讀了格雷厄姆的著作，在他反覆細細咀嚼書中文字時，也再一次確認了這位老師對自己的影響有多深遠。但是隨著自己愈投入工作，他就愈對股票經紀人這份工作心生狐疑，由於這份工作是以買賣股票從中賺取手續費的模式進行，所以如果要賺大錢，比起去發掘潛力股然後介紹給客戶投資，不如先不管是什麼股票都推銷給客戶再說，因此，經常會與客戶之間產生利益衝突。尤其感覺自己已經背離老師所教的重視企業實際價值（內在價值）和長期投資原則，隨著時間流逝，他發現自己其實更渴望成為專業投資人，而非股票經紀人，也想盡情地和老師一樣找出無人發現的潛力股。他在奧馬哈工作的期間，時不時就會主動聯絡老師格雷厄姆，並一直表示自己想和老師一起工作的心願，但是老師始終都沒有點頭允諾。

巴菲特從事股票經紀人工作約莫一年左右的時候，他達成了自己在參加卡內基訓練時所立下的目標——一九五二年四月，和心儀的女子蘇珊·湯普森（Susan Thompson）結為連理。隔年，女兒蘇珊·愛麗絲·巴菲特出生，他的工作成績也表現亮眼，所以儘管對這份工作心存狐疑，卻也成功坐穩了股票經紀人的職位。一九五四年七月，他終於接獲了苦等已久的消息，格雷厄姆主動聯絡他，邀請他一起工作，巴菲特毫不猶豫地一口答應，就連工作條件、薪資等都沒詳談，甚至還提前一個月報到，只為能盡早和尊敬的老師一起共事。同年十二月，巴菲特喜獲愛子，並將他取名為霍華德·格雷厄姆·巴菲特（Howard Graham Buffett），取老師的名字作為兒子的中間姓名。由此可見，老師在他心目中的地位非同小可。數十年後，巴菲特回憶起自己的老師是這麼說的：

> 我和班傑明·格雷厄姆亦師亦友，他同時也是我的雇主。我們在各種關係裡既沒有限制也沒有條件，只有對點子、時間、心靈充滿寬容。需要明確思考時，沒有比他更適合的人選，需要鼓勵或諮詢時，他永遠都在。[2]

巴菲特和格雷厄姆一起工作，不只學習投資理論，還學習到工作實務面。曾經研讀《證券分析》和《聰明的投資者》的巴菲特，等於還從老師那裡承襲了價值投資法。兩人儘管一起工作，也不忘針對一般大眾進行投資相關演講，準備演講的過程中，一直不斷複習投資理論與實務經驗，使資料得以系統化整理。最重要的是，巴菲特從老師格雷厄姆身上學習到，把資本放在預期會有高報酬率的資本分配技術等核心投資技術，除此之外，他也在那段期間設立了許多投資原則，例如「股票是可以持有一間企業小零件的權力，運用安全邊際（margin of safety），Mr. Market 是你的僕人，不是主人」等作為日後進行投資活動時的基礎。

巴菲特在格雷厄姆的公司工作時，不僅負責一般的股票業務，也處理國際證券及外匯市場投資等工作，拓展了不少眼界，不久後，他便發揮其投資潛力，創下亮眼佳績。原本在老師課堂上是「優秀學生」的巴菲特，在老師創辦的企業裡也成了「優秀員工」。巴菲特剛進公司滿一年左右的時候，格雷厄姆就不再把他視為學生或公司職員，而是將他當成「潛在合夥人」，公司上上下下異口同聲指出，巴菲特是格雷厄姆欽點的「皇太子」。這樣的評價並不誇張，因為在一九五六年春天，七十二歲的格雷厄姆決定從投資界隱退，並表示想要把自己一手創辦的公司交給巴菲特經營，等於公開認可了這名徒弟的實力；然而，巴菲特在經過一番長考之後，決定婉拒老師的這項提議。他的拒絕理由只有一個：要是不能夠再和偉大的老師格雷厄姆一起工作，那就沒有任何意義了。就算是和其他人一起擔任共同經營者，只要那個人不是老師，他就毫無意願承接。

當時的巴菲特，早已跟隨老師兩年多時間，該學的也都學得差不多了。不只學到價值投資理論和實務，也獲得了關於經營投資合夥方式的靈感，與此同時，他也靠著自學，開始思考要建立一套專屬於自己的投資方法。隨著他逐漸成為一名專業投資人，投資策略也變得和老師略有不同。舉例來說，格雷厄姆嚴格遵守分散投資的原則，但是巴菲特認為，只要是經過充分評估過的公司，不如選擇把雞蛋放在同一個籃子裡的集中式投資，會比分散投資創造出更多收益。另外，格雷厄姆在決定投資與否時，會以展現企業經營狀態的數值和統計作為主要評估準則，而非公司最高經營團隊，但是巴菲特卻是非常重視企業最高經營團隊的能力。而在進行投資時，格雷厄姆重視的是關於企業的定量分析，但是巴菲特還會把企業定性一併納入考量。由此可見，巴菲特逐漸找到了自己的投資方式，這也顯現出是時候該離開老師獨自單飛了。

一九五六年，巴菲特拒絕了老師的邀約，選擇回到故鄉奧馬哈，成立他的第一個投資合夥事業——巴菲特合

2　摘自《聰明的投資者》（*The Intelligent Investor*），班傑明．格雷厄姆（Benjamin Graham）著，人民郵電出版社，二〇一六。本段依韓文翻譯。

夥有限公司（Buffett Associates）。過去那段在格雷厄姆紐曼公司工作的經驗，對於他創立投資合夥公司起了很大幫助，就連投資合夥的概念也是來自格雷厄姆。最初，這間公司的合夥人總共只有七人，所有人都是已經有家庭或熟識的親友，出資金額是十萬五千美元，巴菲特把自家的一間房間用來當作辦公室。自此之後，巴菲特就不再從事只是販售證券的工作，而是直接負責運用親友們的資金來進行投資，等於不再是股票經紀人或投資公司的職員，而是擁有投資合夥人的專業投資者。巴菲特合夥有限公司第一年的投資收益率是百分之十，雖然這樣的成機看似平凡，但是和當時道瓊工業平均指數下跌百分之八相比，已經是不錯的成績。隨著投資合夥收益逐漸增加，巴菲特的資產也跟著與日俱增。他並沒有將收益分配給合夥人或者作為其他用途，而是把那些錢繼續用來投資，等於是把小時候學到的複利原理套用在投資上。如果用一句話簡述華倫·巴菲特的投資成果，那便是「一九五六年給他一萬美金作為投資金的人，如今扣掉稅以後還剩下逾四億美元的資產」。

巴菲特的資產在他年約二十歲時是九千八百美元，但是到了二十五歲時已經增加到十五萬美元，小時候期待自己某天要成為百萬富翁的夢想，也在他三十二歲那年實現，算是提早實現了這個目標。當然，在這當中巴菲特的目標早已變得更為遠大，百萬美金顯然已經是一顆大雪球，容易錢滾錢，五十年後，這筆錢成了世上最大的雪球，參與這場滾雪球的人則成了二十世紀最卓越投資家。然後在二〇〇六年六月，他下定決心要把這顆雪球用在世人身上，從「滾雪球之人」躍身一變成「分享雪球之人」。他透過比爾與美琳達·蓋茲基金會（Bill & Melinda Gates Foundation）以及幾個公益團體，捐出了自己的財產百分之八十五（三百七十億美金），並藉此證明了他的人生哲學——「我要的不是錢，而是領悟錢的原理，以及體驗賺錢的樂趣，還有看著錢像滾雪球一樣愈滾愈大。」

黃裳[3]與終身老師一起開拓人生新地平線

一八〇二年十月初，茶山丁若鏞因接觸邪學之罪，被朝廷流放至全羅南道康津郡，才在當地生活剛滿一年，他便接獲了一位村民的請託，希望他可以教導自己的兒子。剛好丁若鏞當時也覺得寂寞孤單，於是就在自己停留的客棧裡，利用那裡的房間開設了小書堂。

十月十日，一名少年找上了小書堂，丁若鏞觀察他一個禮拜，發現少年的誠實與才能出眾。丁若鏞把少年另外叫住，建議他好好埋首苦讀，並且希望他不要忘記當天兩人之間的談話，所以將對話內容親筆寫下，交給少年。當時少年年僅十四，丁若鏞則已四十，他寫給少年的文字如下：

> 我建議黃裳學習文史，他面帶羞澀地婉拒著，並如此說道：「老師！我有三種病痛。一是太遲鈍，二是不懂變通，三是死腦筋。」
>
> 於是我向他說道：「學習者通常會有三大病痛，看來你還沒有。第一是迅速記憶者容易馬虎遺漏，第二是迅速寫作者容易字跡潦草，第三是迅速領略者容易只懂皮毛。對照遲鈍卻繼續穿鑿的人，洞口會逐漸擴大；不懂變通的部分只要把它打通，流動便會順暢；死腦筋卻持續研磨的人，則會變得閃閃發光。如何穿鑿？勤

3　編註：黃裳（1788-1870），朝鮮實學思想家丁若鏞弟子，詩人。

勞。如何打通？勤奮。如何研磨？勤懇。你要以何種姿態勤勞？下定好決心。」[4]

這名收到丁若鏞的認真苦讀建議以及「勤勞、勤奮、勤懇」教誨的少年，正是康津郡的衙前（朝鮮時代，任職於中央與地方各個官廳的下級官吏）黃仁聃其長子黃裳。黃裳很感動老師丁若鏞有看見自己的潛力，他甚至將老師親手寫在紙上的上述這段話取名「三勤戒」，珍藏一生。「下定決心，勤能補拙」，他把老師的諄諄教誨當成鐵一樣的紀律，嚴格遵守，像江河湧向大海一樣追隨老師。

丁若鏞是用真心在教導黃裳，他看見弟子的潛力，建議黃裳學習文史，尤其他發現黃裳在詩詞方面有著異於常人的才華，所以引導他專注於修練寫詩，還會出作業要黃裳定期寫詩，並親自批改給予建議。丁若鏞還有推薦閱讀叢書給黃裳，指導他各種讀書學習的方法，例如：抄書就是其中之一。丁若鏞把抄書——摘取書中必要部分作紀錄——視為是奠定學習基礎的基本讀書方法，黃裳也按照老師的指導落實執行。黃裳用他的一生來實踐老師指導他的「抄書」，儘管已經年過七十也還是投入抄書。

丁若鏞經常會按照弟子黃裳的眼界高度，出一些課題給弟子，讓他自行找尋答案。好比在一八〇五年四月，丁若鏞就有叫黃裳進行為期一個月的每日一首科賦創作，那是極具挑戰的課題，因為科賦是進行科舉考試時寫的文章，「賦」是文學的一種格式，要以優美的文章來表現自己的體悟、觀察、情感與思想。為了寫出一首絕美的賦，要先兼具豐富詞彙、濃縮故事成精華的能力，以及嚴謹縝密地掌握事物的眼光才行。正因為需要以上這些綜合能力，所以寫「賦」才會是科舉考試當中的主要科目。丁若鏞把弟子培育成詩人的同時，也為他開了一扇門，希望他可以透過科舉考試走到更廣世界。黃裳按照老師的指示，每天固定交出一首賦。四月五日、六日這兩天，甚至都有寫出兩首。一八〇五年四月，兩人結為師徒剛好屆滿兩年半，黃裳的熱情與實力也早已日漸茁壯。

丁若鏞推薦四名中國詩人給黃裳，分別是杜甫、韓愈、蘇東坡、陸遊，叫他好好研究這些人的作品，像這樣，丁若鏞是以具體方式指導弟子的。黃裳和丁若鏞一起私淑四名詩人數十年，逐漸形成屬於自己的詩風。爾後，黃裳的詩篇會獲得「看似有著五位詩人（包含丁若鏞）的影子，卻攀至獨創新境界」的評價，相信絕非偶然。

丁若鏞在寂寞孤單的流放地和多名弟子結識，其中尤其以黃裳最深得他心，他對黃裳視如己出，把他當親生兒子般對待。天氣好的時候，他會帶著弟子到附近景色宜人的地方去郊遊，兩人就算出到村子外頭，也還是會一起吟詩作詩。丁若鏞在自己的大兒子丁學淵前來流放地探望他時，也把黃裳找來一起學習，交流切磋。儘管在丁若鏞逝世以後，兩人的緣分也還是繼續延續，後來甚至變成宛如家人般的友好關係。黃裳在十七歲左右的時候不幸感染瘧疾，好幾天臥病在床，聽聞此事的丁若鏞還特地寫信問候，幾天後，他又寫了一篇名為〈截瘧歌〉的詩送給黃裳，希望他可以早日擺脫病魔糾纏。除此之外，丁若鏞還為愛徒取了一個號——「巵園」，這是黃裳一生愛用的贈號，黃裳的兒子出生時，老師也為他親自取名，並同樣愛如己出，把黃裳的兒子當作自己的孫子般疼愛。黃裳的父親逝世時，為他寫追悼文的人也是丁若鏞。

不過黃裳也並非只有單方面接收老師的付出。丁若鏞的流放宣告解除，準備重返故鄉的前夕，他召集了所有弟子，以莫忘彼此為主旨，和大夥兒組成「茶神契」，並寫下「茶神契節目」。在這篇文中，他指出包括黃裳在內的四個人，是他剛開始被流放至康津郡時陪伴他度過那段人生低潮期的，他甚至以「村裡的居民乃與我共患難者，茶山草堂裡的人反而是在我狀態較好之後才結識，所以豈能與村裡的居民相提並論？」來展現對同村居民懷有的特殊情感。實際上，丁若鏞剛開始被流放的時候，一直都是黃裳在他身邊協助處理各種大小事，舉例來說，他為體弱多病的丁若鏞去藥房裡抓藥或跑腿，凡事親力親為。

隨伺在老師身旁的黃裳，能力也跟著日新月異，那是結合了丁若鏞這位傑出老師、詩這個專業領域，以及黃裳的才能、認真勤奮所得出的果實。尤其就像老師當初所預見的，黃裳確實在詩這個領域創下極大成就。看著才華出眾的弟子黃裳，丁若鏞自豪地說道：「我很慶幸能有你這個弟子。」

4　摘自《茶山老師的知識經營法》（다산 선생 지식경영법），鄭珉（정민）著。無中譯本。

不過丁若鏞對弟子也並非一直只有讚美稱讚，要是發現弟子在學習上出現怠惰，他也會嚴厲訓斥。好比在一八〇五年，黃裳娶妻以後，對學習的熱忱就明顯不如以往，原本誠懇務實的態度也轉為懶散怠惰，於是，丁若鏞寫了一封嚴厲的責備信給黃裳：

> 我從你的談吐、外貌和行為，看見愈漸怠惰的跡象。整日躲在閨房裡嬉鬧，虛度光陰，早已把文學拋諸腦後。（中略）你腦袋空空，欠缺實際智慧，我對你的觀點甚是堪憂。長年對你疼愛有加的我，只能看在眼裡，痛在心裡，感慨惋惜。要是你不能重新振作，改寫人生意義，不斷處在內外分裂的狀態，無法用心專注於一處，那麼，不只寫不出好文章，就連身體也會變得虛弱多病，折損壽命。[5]

這幾乎是在叫新婚夫妻不要共處一室的意思。被老師徹底澆了一桶冷水大徹大悟的黃裳，再次收拾好心情，專注學習。

丁若鏞教導黃裳的不只有讀書和作詩，還指引他一條道路可以按照自己的方式生活，那就是過「幽人」的人生——避開喧囂世俗，躲在靜謐之處生活。因此，從很久以前，幽人這個概念就一直潛藏在黃裳的內心深處。他甚至早已在一八〇五年四月創作的作品——〈霽賦〉中寫道：「我的念頭只會奔向園圃（蔬果菜園），（中略）我將避開世俗獨自隱居。」就好比種子要發芽成長，需要陽光和水的滋養，丁若鏞正好就是扮演了這樣的角色。

一八〇五年冬天，黃裳在向老師學習《周易》時，正式了解到幽人的人生。在《周易》履卦中寫到的這句話——「履道坦坦，幽人貞吉。」[6]深深打動了黃裳的心。幽人這個單字不斷在年紀輕輕的青年口中徘徊，他向老師詢問何謂幽人，以及幽人的具體生活。老師見弟子態度誠懇，為他詳細寫下如何打造幽人生活重心的居住空間，而這正是《題黃裳幽人帖》。在這篇文章當中，丁若鏞將幽人宜居的空間大小部分都鉅細靡遺地寫了下來，宛如作畫般描述得栩栩如生。

自那時起，幽人的人生便成了黃裳一心想要實現的夢想。當時他雖然年僅十八歲，卻立志要打造一個屬於自己的小小空間，而非走到外頭那龐大無限的世界。事隔多年以後，黃裳在一處深山裡設立了「一粟山房」，以此實現了他多年來的夢想。

一八〇八年春天，丁若鏞移居到位於康津郡外圍的萬德山山腳下時，黃裳的人生也遭逢了一些重大改變，因為自從父親在前一年離開人間以後，家裡的經濟狀況就突然急轉直下，然後剛好也在那時第一個孩子出生，搞得他焦頭爛額。黃裳當時需要代替父職，照顧許多家族成員的生計問題，導致不能像以往一樣跟隨著老師全神貫注地學習。更何況隨著老師移居到茶山草堂以後，兩人之間的居住距離也變得十分遙遠，所以不再能像以前那樣經常見面。

黃裳在庸庸碌碌的日常生活裡，一樣維持著作詩的習慣，不定時就會前往茶山草堂去拜見老師，但他其實早已心知肚明，是時候該自立門戶了。當年初次與老師相遇的十四歲少年，如今已長成二十歲健壯的青年，純樸老實的那個少年，早已習得了一身自學所需的心態與讀書方法，也打好了成為詩人寫詩的基礎，他已經是四位詩人的私淑弟子，也已確立了自己的人生方向——成為「詩人」並追求「幽人的人生」。

有件事情充分展現了黃裳是多麼重視老師的諄諄教誨，隨著時間流逝，那張寫有老師送他的「三勤誡」紙條早已變得破舊不堪，但他依然將其視如珍寶收藏著，一八五四年，丁若鏞長子丁學淵見狀，又重新為他寫了一遍同樣的內容。等於是十四歲那年老師為他寫的那段話，在過五十二年以後，由老師的兒子重新抄寫。然後七年後，

5 同註4。

6 譯註：意指小心行走在平坦寬廣的大道上，幽居的人安於閒逸恬靜的生活，結果是吉祥的。

黃裳寫了一篇〈壬戌記〉，主要是為了紀念自己在一八〇二年（壬戌年）遇見老師，受他指導，並在六十年後重新迎來壬戌年。他於文中提到，十四歲那年老師對他的指教「使我刻骨銘心，慎怕一不小心遺忘而總是念念不忘。從那時開始到現在已有六十一年時間，儘管我放下書本，手握犁杖，也總是謹記在心。」黃裳雖然總是說自己一無所成，但其實並非如此。他雖然沒能成為像老師一樣多才多藝的大學者，但是一輩子專注投入的詩篇創作，早已到達不輸其老師的境界。事實上，丁若鏞曾經從眾多弟子當中毫不猶豫地選擇黃裳是最佳詩人，但這樣的評價會不會是基於老師個人的主觀判斷？其他人又是如何評價黃裳的呢？

黃裳終其一生雖然看似隱居故鄉、沒有接任官職，但是其實在他六十歲後開始聲名大噪，因為同時代的名士紛紛開始關注起他那充滿獨創性的詩篇。就連號稱是當代最具知性的文人「秋史」[7]金正喜，在濟州島過著流放生活時，無意間接觸到黃裳作的詩，都能一眼看出他的非凡實力。金正喜為了一睹黃裳本人，在流放期一結束，就立刻前往康津郡，可見他對黃裳的評價極高。後來，金正喜還為《巵園遺稿》——匯集了黃裳的詩篇與文章——寫了一篇序言，並以「至今還未看見如此優秀之作」來給予評價。擅長作詩寫文章的金正喜弟弟金命喜，也對黃裳的作品讚譽有加，認為他向老師（丁若鏞）學習得很透徹，長時間研究老師為他推薦的四位詩人，最終創造出不帶有何詩人影子的獨創詩風。簡言之，就是青出於藍而勝於藍的意思。

丁若鏞在一八一八年解除流放，回到位於京畿道廣州市的老家，後來師徒一直沒能相聚，直到過了十八年後的一八三六年才重逢。該年二月，黃裳得知老師的「回婚禮」[8]消息以後，從康津郡徒步行走了十多天才抵達老師家。此時，丁若鏞已經七十四歲，黃裳則是四十八歲。歡愉的重逢也只是一時，由於當時丁若鏞的健康狀態已經不甚理想，原定二月二十二日要舉行的回婚宴也被迫取消。黃裳片刻都不願離開許久未見、臥病在床的老師，丁若鏞也同樣每次只要神智清醒的時候就會找尋弟子。然而，在病患家中作客太久是失禮的行為，因此，弟子強忍住可能會是最後一次道別的悲痛情緒，向老師行了拜別禮。老師看著難過的弟子，遞給他一個小袋子和一張紙，袋子裡裝的是毛筆、墨水、書和扇子等各種道別禮，紙上則是老師為帶著一顆沉重的心回去的弟子親自寫下的禮物清單。黃裳看著老師的字跡，致上了深深的謝意與歉意，努力強忍住淚水。最終，丁若鏞在他回婚日那天，二月二十二日早上嚥下了最後一口氣，等於那張紙是他生前留下的絕筆字條。

黃裳是在回到康津郡的途中接獲老師的逝世消息，他痛哭失聲，趕緊回頭前往老師的住處，守著老師的靈堂。丁若鏞逝世屆滿十周年，也就是一八四五年的時候，黃裳重新回到老師的生前住處，手裡拿著當年老師送他的那把扇子，每當他懷念老師時就會拿出來把玩。黃裳在老師的墓前進行參拜，並和丁學淵簽下「丁黃契」，這象徵著一種約定，讓丁氏和黃氏家族可以代代友好、遵守信誼。像這樣在流放地結識的這段師徒情緣，在老師離開人世後也得以擴大延續。

有些人，會給你一記當頭棒喝；有些緣分則會為你開拓出新的地平線，丁若鏞和黃裳的故事，充分展現了改變人生層次的師徒關係。老師用他的真心去指導自己人生低潮期時遇見的弟子，弟子則是把老師的教誨銘記在心、用自己的一生去實踐，由此可見，一名好老師會徹底改變弟子的一生，而弟子的踏實人生，也會使其老師顯姓揚名。

7 譯註：文人之號。
8 譯註：慶祝夫妻結婚六十周年。

比起學習內容，更重要的是向誰學習

在美國華盛頓大學進行的一場對談中，有名年輕人向巴菲特問道：「在您的成長過程中，有沒有以誰為榜樣，那個人是誰？對您的成就帶來哪些影響？」巴菲特當時的回答如下。

與其用榜樣（role models）這個單字來形容，我認為用英雄（heroes）會更恰當。根據各位心目中的英雄是誰，大略也能猜到各位的未來會如何展開。值得慶幸的是，我遇見了一位總是能使我提昇自我價值的英雄。人生當中難免會遭遇一些挫折，我同樣也經歷過多次的低潮期，但是心目中有一位傑出英雄的人，儘管處於低潮期，也還是會選擇走正確的道路。[9]

接著，巴菲特選出了三名影響他人生的英雄，分別是父親霍華．巴菲特、妻子蘇珊．巴菲特和老師班傑明．格雷厄姆。父親是他的人生老師，妻子是為他撫慰內心深處傷痛的治癒者，格雷厄姆則是他的投資老師。

不只巴菲特，這本書裡出現的許多轉變者也同樣都有著尊敬的人生老師。約瑟夫．賈沃斯基在經歷人生轉變期時，遇見了物理學家戴維．玻姆，是他人生當中重要的引導者；天寶．葛蘭汀則有學生時期看見她潛力的老師威廉．卡洛克；梭羅的二十世代和三十世代，有美國的傑出思想家愛默生作為老師及監護人；具本亨在十九歲時遇見的歷史學家吉玄謨（길현모），是西江大學名譽教授，他以「扶持我的靈魂，使我亢奮、進步」來形容老師對他的影響，是他尊敬多年的老師；坎伯則是把榮格當作一輩子尊敬的老師，深入研究榮格的心理學。

不只是學者和藝術家需要老師，我們走在人生的道路上，每個人都需要有一位老師帶領自己，因為老師會對一個人的人生造成極大影響。人會因人而改變，也會因人而成熟，這就是為什麼需要找到一位自己的榜樣，向他深入學習的緣故。

老師的三種角色

具體來說，我們究竟為何需要老師呢？因為老師會扮演三種角色。

首先，老師是教導知識與技術的人，這是身為老師的基本，要先具有適當的專業度，才會知道要教別人什麼，同時，老師也要懂得有效傳授自己知道的事物，也就是要知道怎麼教人、熟知教人的方法才行。就算是同樣的內容，也會根據老師怎麼教而有截然不同的結果。

巴菲特把股票投資形容成像滾雪球一樣，強調投資的關鍵在於，找到「濕的雪」，和「很長的坡道」，而使他能夠培養出一雙發覺濕雪的眼光，以及領悟到很長坡道的重要性的人，正是他的老師格雷厄姆。格雷厄姆是一名傑出的價值投資者，同時也是一名優秀的老師，他將投資必備的技術有效傳授給多名年輕學子，巴菲特甚至曾在公開場合表明，自己的投資風格有百分之八十五都是深受格雷厄姆影響。

偉大的老師不會只傳授弟子「內容」和「方法」，他們會更進一步地解釋「理由」給弟子聽，為學生們點亮工作和人生的意義。就好比丁若鏞向黃裳提議幽人的生活，並為他取號「巵園」；巴菲特從格雷厄姆身上不只學到知識和技術，還學習重要的投資原則一樣，偉大的老師會傳授弟子人生智慧。

9 摘自《比爾蓋茲與巴菲特談成功》（*Buffett & Gates on Success*），比爾蓋茲、巴菲特合著。無中譯本。

哲學家阿爾弗雷德・諾斯・懷海德（Alfred North Whitehead）曾說：「平凡的老師會告訴你（tell），好的老師會向你做說明（explain），優秀的老師會成為你的模範（demonstrate），偉大的老師則會提供你靈感（inspire）。」值得注意的是，為什麼優秀的老師和偉大的老師之間，是以靈感作為區分標準呢？

透過言語和說明指導，是屬於「知」的領域，模範則強調包括知的實踐，靈感則意味著來自老師本身的力量。師徒關係當中最根本的指導，是老師本人，而非學習時間長短或教學環境，老師這個人本身就會使弟子學習並且有所成長。

因此，就算沒有親自見過老師，弟子也一樣可以從老師身上學習，就好比透過書籍以私淑的方式認識老師一樣，孟子從來沒有親眼見過孔子，卻可以透過他的著作以他為師，並繼承孔子的思想，將其拓展擴張。透過一本好書所散發出來的文字香氣與書卷氣息，弟子可以感受到老師的存在，並專注學習。最能夠代表文字香、書卷氣的文章便是古典，這也是為什麼賢者都異口同聲地強調要閱讀古典的理由。古典往往都是由能夠作為優秀老師的人物所執筆，因此，優秀的老師所寫的著作是古典，本人也就像是一本活動的古典。

那麼，傑出的老師會以什麼樣的姿態為弟子提供靈感？我們可以以兩種角色來比喻，這兩種角色也是身為老師要扮演的角色，一個是「鏡子」，一個則是「燈塔」。

首先，老師要扮演照亮弟子潛力的鏡子角色，就如同告訴毛毛蟲有朝一日你會變成蝴蝶一樣，在別人尚未看見任何成果時，老師會先看見弟子還未顯現的才華，並告訴弟子他有著哪方面的潛力。人類會對和自己相像或相同性質的事物容易理解，人與人之間的關係亦是如此，因此，我們能夠深入理解某個人，是因為我的內在也有著那個人的精髓，透過那個人的內在可以看見自己的緣故。同樣的，弟子也可以把老師當作一面鏡子，發覺自身潛力。

巴菲特在閱讀完格雷厄姆的著作以後，發現這個人一定有著某種非凡出眾的能力，格雷厄姆在哥倫比亞大學與巴菲特初次相遇，不久後，便發現這名學生有著異於常人的資質。格雷厄姆為弟子展現了身為值得信賴的價值投資者該有的模範，巴菲特則是把老師當成鏡子，自覺到自己所具有的潛力。

第二，老師要能夠提供弟子尋找人生方向所需的光線，以前的徒步旅人會藉由夜晚高掛在天空中的北極星來辨別方向，航海人士則藉由北極星和燈塔來確認自己的方位，身為一位好老師，要向燈塔一樣點亮燈光，為弟子照亮前途，使弟子足以看見前方道路。巴菲特之所以會把榜樣稱作英雄，強調「根據各位心目中的英雄是誰，大略也能猜到各位的未來會如何展開」，也正是基於這樣的理由。

駛離港口的船，眼前是一望無際的大海，燈塔會藉由燈光、形相、聲音、電波等各種方法指引船隻方向，就如同對於啟航準備前往陌生地的船隻來說，燈塔是非常有用的輔助工具一樣，巴菲特在剛開始踏進入社會時，格雷厄姆的書籍以及指導，也成了他的燈塔；黃裳同樣也是在婚後專注於處理生計問題時，不忘老師向他提議的詩人與幽人生活。

鏡子和燈塔，兩者都和照亮、觀看有很深的關聯，鏡子會照出自己的模樣，燈塔則是照亮前方；透過鏡子可以看見自己，透過燈塔則可以看見未來。意指尊敬的英文單字 respect，是由重新、再次的 re 和觀看的 spect 組合而成，也就是重新觀看的意思。有些人會拜某人為師，是基於尊敬那個人，尊敬是反覆不斷地觀看老師的行為，並透過老師再次看見自己、回頭檢視自我人生。

能夠遇見一位優秀的老師何其幸運

在教育學領域，有一個專業術語叫作「別具意義的他人」（Significant Others），指的是成長過程中對自己影響甚鉅的人。心理學家喬治．賀伯特．米德（George H. Mead）就曾強調，人類在形成自我的時候，最重要的因素是別具意義的他人。我們打從娘胎出生的那一刻起，就注定會和某些人締結關係，透過相互作用形成自我。因此，人生在世，和誰經常往來會對一個人的人生造成極大影響。而在這麼多人際關係當中，最普遍也最容易影響我們的他人，非老師莫屬。

某個人的好老師，不一定是所有人的好老師；同樣的，儘管是受同一個老師教導，每個學生的成就也不盡相同。究竟是為什麼呢？其中有一個原因是，人與人之間有著緣分這項東西，老師的教導只會對準備好的學生發揮效力。

有句話叫作「一期一會」，意思是「僅有一次時間和一次緣分」，老師和弟子之間的相遇，同樣也是一期一會，透過一次相會，就會擦出烈焰火花。梭羅先是透過書籍認識到愛默生，不久後，他才親自前往愛默生的住處拜訪探望；黃裳則是在村子裡的書堂和丁若鏞結下良緣；坎伯和榮格的緣分也十分有趣，坎伯是在年近三十的時候接觸到榮格的書籍，兩人實際見面的次數屈指可數，但是儘管如此，坎伯還是對榮格深感敬佩，這份尊敬之心維持了四十餘年，坎伯把榮格所寫的著作統統閱讀過，學習分析心理學，並在年過六十之際，編撰了《簡明版榮格讀本》（*The Portable Jung*）這本書，成為英美圈最佳分析心理學暨榮格相關的入門書。

這些人都是在初次見面就對彼此一見鍾情，不論是透過書籍認識對方，還是親自面對面相遇，抑或是經由其他途徑結識，當我們和人生重要的老師相見時，都會產生特別的預感。換句話說，為了遇見和自己一拍即合的老師，就得先有「命中注定式的吸引力」，這種相遇才是徹底改變人生的一期一會。

那麼，誰才是優秀的老師呢？要如何看出對方是不是優秀的老師？最重要的莫過於兼具實力與人品的人，才有可能是優秀的老師。首先，老師要靠著自己的力量不斷產出成果才行，你需要留意的是，這位老師是不是靠著家族背景、相關人脈、幾次的幸運或不道德的手段爬上高位，一個人的實力，可以藉由觀察其成就、達成成就的過程，以及長時間的修練過程看出真相。如果是已經站上巔峰的人，還繼續不斷勤於修煉自我，那麼那個人就會是優秀傑出的老師。

人品往往會從一個人的行為中顯現，而非話語。留意對方工作時的態度和待人處事的手腕，就會讀到那個人

【表五】優秀的老師與差勁的老師特徵

優秀的老師	差勁的老師
沒有學習和指導之分 邊教邊學，互相切磋。 認真學習的程度不輸弟子。	**隨著時間流逝，愈限制弟子** 利用抓住弟子的弱點等方式，使弟子更加依賴老師。 不樂見弟子獨立。
用自己的人生作為楷模，以身作則 以自己的人生作為示範，以現在的狀態感化弟子。 光是和老師相處在一起，就會變成更好的人。	**不承認弟子的成果，甚至竊取占為己有** 以訓練之名，不給予弟子應得的報酬。 把自己的名聲放在弟子的成果之上。
真心為弟子的成功感到高興 非常樂意借出自己的肩膀給弟子作為依靠。 相信「弟子功成名就的時候，老師也會跟著顯姓揚名」。	**比起弟子的成長，對自己的荷包更感興趣** 用盡各種理由，要求弟子付出金錢與犧牲。 金錢方面不透明。

的態度、人生哲學、命題意識等，除此之外，也可從對方是說一套做一套的人還是屬於為人師表的人來看出端倪，後者是會以身作則示範給弟子看。在你把某人當作人生老師之前，記得一定要先查詢這個人的評價如何、值不值得信賴，以及是否有身體力行，而非只有空口說一些大道理。

尊敬是信賴的基礎，要是不信任老師，彼此就不可能交心，少了心靈上的交流，也就無法學習得深入透徹。拜對方為師之前，一定要先仔細地審核過對方的資質才行。傑出的實力會使人品發光發熱，高尚的人格則會形成實力難以抗拒的品格，唯有把實力和人品兼具的人當作人生老師時，我們才會甘願謙卑地低下頭來虛心受教。

如果是老師會怎麼做？

負責電影《阿瑪迪斯》（*Amadeus*）和《飛越蘇聯》（*White Nights*）編舞的世界級舞蹈家暨作家特威拉・塔爾普（Twyla Tharp）曾經說過這麼一段話。

要是某天我碰上了難關，我會問自己：「如果是瑪莎・葛蘭姆（Martha Graham）碰到同樣問題，她會如何面對？或者舞蹈界的先驅暨編舞家桃樂絲・韓佛瑞（Doris Humphrey）會有什麼樣的看法？」我會把她們的記憶當成是自己的一樣來使用，為了克服眼前的難關，我會按照她們的方式進行。[10]

李潤基在其散文集《時間的刻度》（시간의 눈금）中多次介紹到某人，描述自己和家人從一九九一年起，就在那個人的庇蔭下生活了五年，那個人正是密西根州立大學（Michigan State University）國際研究與計畫（International Studies and Programs）前院長林吉鎮（임길진）。李潤基一直都在林吉鎮的身旁學習，甚至發下豪語，「如果我忘記林吉鎮，我就不是人」，以此展現他對林吉鎮的特殊情感。令人遺憾的是，這顆「巨星」在二〇〇五年初一場不幸事故中殞落，李潤基強忍淚水，親自為林吉鎮在墓碑上提了字，他在三虞祭[11]上以一段話來形容自己的心情，「未來，只要我面臨問題，我都會這樣問自己——如果是林吉鎮會怎麼做？每當我這樣問自己時，他一定會告訴我該怎麼做。」

具本亨在二〇一一年初版的《深度人生》（깊은 인생）中寫到，一個人要從平凡晉升成非凡，有著七大關鍵因素，其中之一便是「老師」。他會看重老師這個因素是因為他自己也有受恩於優秀的老師，他的老師是吉玄謨，被譽為韓國光復以後西洋學元老。具本亨從大學時期初見老師以後，就開始一直對老師懷有一份尊敬的心，下面這段是具本亨在回憶老師時所寫下的內容，摘自《深度人生》：

每當我走到人生轉角處時，他總是站在那裡；我走到人生分岔路時，也會詢問他該走向何方。當然，我並非親口向他詢問，而是每次走到這些地方時問自己：「要是他會怎麼做？」人生當中的每個重要瞬間，我都一定會問自己這個問題，至少才能享受著自己的道路行走。此時此刻，這個問題也仍未完待續。[12]

老師的感化能力會使弟子以相同方式來觀看事物，面對難解的問題時，也會站在和老師一樣的高度來思考、處理。「如果是老師會怎麼做？」這是一個具有魔力的提問，讓弟子得以借助老師的力量勇於面對，這也是為什麼我們稱老師為「榜樣」的緣故。

當然，老師提供的答案未必全然正確，但是藉由老師的感化能力所發想而出的解答至少是可信賴、具參考價值、能找出線索的。就如同「後學」的優點是可以參考「先學」的研究一樣，弟子可以把老師的答案當成是解答之一來進行探索。

真正有能力的登山家，不會因為有一位嚮導幫忙指引方向而感到羞愧，尤其在攀登喜馬拉雅山這種嚴峻的山巒時，往往會需要一位能力極佳的幫手（夏爾巴人）協助，與此同時，傑出的登山家也會不忘記自己才是登山的主體這件事。不論是多麼優秀的幫手，也不可能代替自己登上高峰。我們只能接受嚮導的建議，最終決定依然取決於自己，連帶的責任也得由自己承擔。「如果是老師會怎麼做？」這個問題也一樣，老師只是嚮導，老師的答案則形同幫手的建議，選擇、實踐和責任，全在自己身上。

---

10 摘自《動動腦筋吧》（*Shake That Brain*），喬爾．薩爾茲曼（Joel Saltzman）著，無中譯本。

11 譯註：依韓國習俗，將往生者埋葬後要陸續舉行三虞祭，即初虞、再虞、三虞。初虞是下葬後舉行，再虞是在第一個柔日（乙、丁、己、辛、癸日）舉行，三虞則是在第一個剛日（甲、丙、戊、庚、壬日）舉行。

12 摘自《深度人生》，具本亨著。無中譯本。

向老師學習的態度與方法

在我（昇完）的內心裡，有著四位深感尊敬的老師，分別是改變經營專家具本亨、分析心理學創始人榮格、神話研究家坎伯，以及開朗的修行者法頂禪師。我稱這四位為「我的心靈導師」，深受他們吸引。我幾乎每天都會閱讀他們的著作，一天也會思考不下好幾回關於他們的故事，藉由這樣的方式，我和這四位老師產生共鳴，他們的人生故事也在我心裡慢慢發酵。當然，現在的我根本比不上這四位老師的成就，但是儘管如此，我依舊閱讀他們的著作，觀察他們的人生，不自怨自艾，也不灰心喪志，而且愈讀他們的著作愈對他們深感好奇，愈想要打破砂鍋了解到底。

在那麼多人當中，唯獨對這四人感興趣一定自有原因，雖然可能是因為在他們身上看見了自己欠缺的部分，所以吸引我；但其實有更多人是因為相反理由而深受對方吸引。前者可能會是我們羨慕仰望的對象，但是我們鮮少會和這種人交心，因為兩人之間要能相互吸引和產生共鳴，通常是因為相似或契合。

所以會不會是因為我的內在也存有和老師們一樣的潛力？只是老師們的潛力已經開花結果，而我的則還處於種子未發芽階段。還是說，我的潛力喚來了老師，並對他有所感應呢？我相信，透過老師，我們會發現隱藏在內在的潛在力量，儘管目前那份潛力還像顆種子一樣渺小、像埋藏在伸手不見五指的茫茫大霧中模糊不清。

四名老師都是在我面臨人生轉變期的時候遇見的，二十歲初頭經歷人生第一場轉變期的時候遇見具本亨，十年後，經歷第二場轉變期的時候則遇見了坎伯、榮格和法頂禪師，這場轉變期當中最具意義的事情便是和三名心目中的老師結下良緣，向這些老師學習是當時生活的重要支柱。然而，這三位老師都早已逝世，也就是無法親自拜會他們學習的意思。那麼，我是如何向他們學習的呢？我盡可能蒐集他們執筆的書籍，一本一本精讀，甚至就連其他作家或研究者寫的關於老師的內容我也都有閱讀，我透過文字解讀老師的人生與教誨，並四處探訪他們生前停留過的地方，更深入地了解認識他們。

向心目中的老師學習

為了更具體地認識無法相見的老師，我以自己是如何向法頂禪師學習來舉例說明。我從二〇一二年開始把法頂禪師作為我的心靈導師，一部紀錄片〈法頂禪師的椅子〉（법정 스님의 의자）成了契機。我看完那部紀錄片以後，對老師的人生讚嘆不已。但是當下我觸動我內心情感的理由並不明確，雖然從表面上來看，或許言行一致、單純人生、無所有是打動我的理由，但我有預感一定有更深層的原因，只是自己尚未察覺。為了找出這份真正的理由，我讀了幾本老師的著作，閱讀過程中，我感覺彷彿有一條線緊緊連著我們，於是從一開始對老師的好奇，進而演變成尊敬之心。

為了正式開始成為法頂禪師的私淑弟子，我把老師的著作幾乎全部找齊，生前寫作逾四十年的老師，留下的作品數量相當可觀，雖然有些書隨著禪師入寂以後絕版，導致不易取得，但是我花了幾年時間遍尋每一間舊書店以後，終於讓我蒐集齊全，這些書總共超過四十本。除此之外，我也有把法頂禪師友人和其弟子所寫關於禪師的書籍一並蒐集，光這些就超過十本。像這樣取得的書籍當中，至今已閱讀了三十本左右，還曾經兩次實地走訪禪師生前居住過的空間，佛日庵、彌來寺（미래사）、通度寺（통도사）、雙磎寺（쌍계사）等，只要是法頂禪師一生當中別具意義的場所，我都有去參觀。旅行途中我也經常在禪師待過的地方閱讀其著作，整整超過四年時間，我都沉迷於研究法頂禪師，我把從他的著作中學習到的部分統統記錄了下來，踩踏禪師的足跡之旅也透過文字和

照片做了整理。

在我成為法頂禪師的私淑弟子之後，我有設定幾項原則，「要寫一篇關於老師的論文，長度設定在三十頁左右的篇幅，並且要能進行九十分鐘左右的演講。」至少要自學到這樣的程度，才能將老師的教誨內化成自己的。曾經，我甚至夢想要寫一本關於法頂禪師的書籍，面對其他三位心靈導師也是用同樣的方法學習。具本亨、榮格、坎伯會成為這本書的主要介紹人物絕非偶然，雖然最主要是因為這些人透過轉變期發現自己的畢生志業，成為自己人生的主宰者，但是在這之前，要是我沒有把這三位當作老師認真研究他們的一切，我想，我可能也不會發現原來他們都有經歷過人生的轉變期。

我的心靈導師有著一個共同點：每個人都活出了屬於自己的人生，並且創造屬於自己的另一個世界。我從老師們身上看見了如何經營自我世界的榜樣，這也是我向他們學到的最寶貴教誨。當然，我還不曉得什麼樣的人生才是自己想要的，依然經歷著各種實驗、犯錯、挑戰，但是正因為我知道老師們也和我一樣，經過不斷學習、反省、實驗，才把自身潛力一一實現，所以我不會輕言放棄，反而會督促自己要更認真勇於嘗試才行。另外，我只是老師們的私淑弟子，絕非他們的奴隸，我一點也不想要成為他們的複製品。四位老師都曾向他們的弟子強調過，「走自己的路，每天都要把自己歸零，做自己就好。」我也將聽從老師的教訓，努力成為真正的自己，走出屬於自己的道路。

不要被動等待緣分

人與人之間的相遇是需要靠緣分的，正因為大家都熟知這番道理，所以才會等待「改變一生的相遇」不是嗎？從戀愛對象、伴侶，到職場主管、合夥人、老師，我們都會期待遇見一位適合自己的對象，無止盡地被動等待，因為我們知道，一份良緣不可能靠強求獲得，所以人們相信，一段絕妙的緣分，比較像是自然形成，而不是靠努力創造，有時甚至會以「人緣」來統稱，看作是命運的安排。但是，我們不要忘了，創造那份命運安排的人也是自己的事實。不論緣分屬於偶然還是必然，我們都不能只有一味等待。

有句話是這麼說的，準備好的弟子會遇見自己的人生老師。在此，身為弟子該準備的，通常是指踏實和堅毅，如果再加一項的話，就是積極。換句話說，如果有決心想要尋找人生老師，就表示已經準備妥當，這時，與其被動等待好老師自動找上門，不如主動出擊。舉例來說，閱讀過使自己印象深刻的書籍作者或專家、偶然接觸到的網路文章作者、社群網站上朋友經常張貼分享的人物等，親自去見見那些深受你吸引的人物。當你開始做這件事以後，你會發現原來世界上暗藏著許多默默無名的高手。尤其你會領悟到，透過這種方式找尋老師的過程本身就是一場珍貴學習。

喜歡閱讀法頂禪師和聶爾寧夫婦著作的我（勝晤），不知從何時起，開始嚮往鄉下的純樸，於是決定返鄉生活。或許是因為從小在統營市（통영）長大的緣故，我總是懷念住在自然裡的日子，但是當我真的要回到鄉下時，卻又因為不曉得要如何生活而卻步。當時的我，迫切需要一位「返鄉導師」，我報名過各種團體經營的返鄉、歸農等教育課程，但是我清楚明白那裡並沒有我想要找的老師，講師們異口同聲地講述著如何在鄉下創造收入，對於想要實踐純樸生活而放棄居住在都市的我來說，那些話一點也不入耳，許多講師甚至不是真正歸農，而是依然居住在都市裡的人。我也試著翻找過書籍，但是大部分只有在講述歸農這件事，鮮少有「為了換一種生活方式而選擇歸農」，對於這樣的結果，我感到十分失望。

後來，我突然萌生不如乾脆自己尋找那些人的念頭，雖然這樣的人不多，但是有些人我早有耳聞。更何況要是我去採訪他們，把訪談過程集結成書，相信對於一些和我一樣想要回歸農村生活的人一定有幫助。所以我把這份企畫書寄給了出版社，最後也得到了他們的支援，馬上安排與這些人見面。把城市生活裡的興趣作為鄉下生活的職業，盡情享受人生的夫婦；透過在家自學（homeschooling）的方式教育三名子女的夫婦；自掏腰包為青年蓋設 share house 的夫婦等，我找了許多人生富含意義的人，誠懇地寫信事先徵詢他們的同意再親自登門拜訪。

從初次見面我就深受他們的人生感動，過去透過閱讀認識、一直只有存在於腦海裡的夢想人生，他們都已經用行動證明。我感到十分慚愧，他們介紹給我的朋友同樣也是箇中翹楚。隨著和這些人見面的次數愈來愈頻繁，原本我所感受到的慚愧也逐漸轉變成勇氣，認為「我也可以辦到」。一開始對鄉下的幻想已不復見，歸農的目的也變得更為明確。最重要的是，我希望我們孩子可以在鄉下盡情跑跳玩耍。後來，我拜託一對夫婦分享他們在家自學的經驗，他們也很爽快地一口答應了，他們家的三個孩子早已是青年，我相信一定會是我們家小孩的好榜樣。

記得，我們不能因為與好老師的相遇是一期一會而茫然等待，正因為是難得的緣分，我們更要懂得主動出擊積極找尋，為了遇見這樣的緣分，也要隨時腳踏實地的把自己準備好才行。「靈魂的共鳴」是只有用心準備的人才會有幸體驗到的。

身為弟子最需要的，是懂得耐心等待的智慧

武俠電影裡往往會出現師徒關係，滿腔熱血的主角，在偉大的師父面前屈膝下跪，拜託師父收他為徒，但師父通常都不會輕易答應。等待多日之後，好不容易才獲得師父點頭同意，卻換來煮飯、洗衣、打掃等打雜之事，隨著時間流逝，許多弟子會因為老師只叫他們做這些看似毫無意義的事情而感到失望，紛紛離去，這時，主角往往會選擇忍苦耐勞，而在過去這段時間，師父其實都有把弟子們的態度看在眼裡，默默觀察。等於是在考驗他們的恆心與毅力，然後在某個天時地利人和的時間點，師父就會正式收主角為徒。

一名優秀的弟子，會在師父還不認同他時格守本分做自己該做的事，等待時機成熟。等老師認可他，願意給他機會時，就會展現過去練就的一身功夫。儘管是負責處理廚房雜活的小角色，只要誠心誠意地執行，師父那雙

雪亮的眼睛遲早會看見你。因此，如果想要受師父指導，就要懂得耐心等待，不能太過心急。與其沉不住氣地不斷提問或鬧脾氣、耍賴，不如相信師父自有用意，耐心等待，不妨想想多次被老師拒絕的巴菲特，他一心想和老師一起共事，卻屢屢遭拒，但他還是認分地做著自己該做的事情。

愈是偉大的教訓就愈需要有大器才能盛裝，適當的時機也是關鍵，一旦選擇了，就要全心全意相信老師，透過落實小事來修養身心才行。偉大的老只有在弟子準備好的時候，以絕妙的方式把自己的核心價值傳遞給弟子，使其銘記在心，此時，全新的層次才算正式展開。

靠著模範指導，靠著模仿學習

就算是向同一名老師學習同樣的內容，每一位弟子的領悟程度也會不同，究竟是為什麼呢？這其實是和弟子的學習態度有關，而非學習內容和教育方法。

徹底向老師學習的最有效方法是「投入」，首先，既然已經掉進老師這口井，就只要專注於老師即可。相信自己有朝一日一定能超越老師的深度，有所成長，把老師的話銘記於心，帶入情感才行。學習的過程中，模仿是必要的。有時會刻意去模仿老師，有時則會不自絕地模仿。老師會以身作則指導弟子，弟子則會靠著模仿學習。老師是照亮弟子的鏡子，因此，模仿老師的過程不只是照做，同時也是在訓練自我。

不過要記得的是，模仿只是出發點，不是終點。如果弟子一直只重視模仿，一不小心，就會變得過度依賴老師。學習初期雖然要先從順從、模仿開始，但是如果過度順從，就會演變成盲目的崇拜，模仿則會止於照做，變得習慣性依賴。尼采曾說：「永遠使老師綻放光芒的人是最可惡的弟子。」到了某個時間點，弟子要懂得把老師的指導結合自己的個性和方法，要能夠跨越模仿，到達創造的階段，自己也成為某種榜樣才行。我們要相信老師的指導和自己的本性交會處會有一條屬於自己的道路，並且致力於開拓自己的道路。優秀的老師會希望弟子可以走出自己的道路，傑出的弟子也懂得在時機成熟時這麼做。當弟子飛黃騰達時，老師同樣也會發光發熱，到時候師徒間的情誼也會變得更為緊密。

要是不能夠親自拜會老師，不妨當個私淑弟子

老師是人生轉變期最常出現的人物，實際上，很多時候都是老師扮演轉變的踏板角色，舉例來說，法頂禪師有一位名叫曉峰的老師；丁若鏞則有一位號星湖名李瀷的老師，從十幾歲就尊敬崇拜他，甚至以「天地浩大，日月明亮，都是透過這位老師所得知」來形容對他的尊敬之心。法頂禪師在決定出家時，曉峰老師是他遇見的第一位老師，丁若鏞則是透過李瀷認識到實學，為他開啟了實學之路，也成為日後茶山學的基礎。

向老師學習的方法大致上分兩種，一種是師事，一種是私淑；前者是指親自受老師指導，也就是一般我們常見的師徒關係，好比巴菲特和格雷厄姆、黃裳和丁若鏞、法頂和曉峰之間的關係就屬於師事。

而「私淑」則是雖然沒有得到老師的親身教授，但是在心中以對方為楷模，修煉道行或修習學問。譬如想要拜師學習的對象已經逝世，或者因為相隔遙遠就無法近距離從旁學習。丁若鏞當初就是沒能直接向李瀷學習，在他十六歲那年，無意間讀到了李瀷的書，使他得到極大啟發，於是從那時起，他便下定決心這輩子要當李瀷的私淑弟子，並以「百世師」來尊稱李瀷。

丁若鏞下定決心要步上李瀷的後塵，並將他的學問作為學習的龜鑑。他經常對兩個兒子說：「我的未來藍圖大部分都是從拜李瀷為師開始想出來的。」他看著老師的肖像畫，寫下一篇充滿敬意的文章，二十歲時，還親自到訪李瀷生前的住所以及墓前參拜。丁若鏞反覆閱讀李瀷的著作，甚至創立李瀷追悼學術大會，把李瀷的後學統

統招集起來，集中研究李瀷的學問，總共為期十天，而且就在這場活動上，丁若鏞和所有參與活動的成員一起齊心協力把老師以初稿形式遺留下的稿件整理成一本完整的書籍。

閱讀、旅行和記錄，是私淑時最重要的工具。正因為無法親自碰面，所以只能透過閱讀老師的著作、與老師有關的所有書籍，並加上個人意見加以整理才行。或者循著老師的足跡，走訪老師生前待過的空間，也是方法之一。旅行不只是走出戶外的活動，也可以走入內心展開旅程，遍尋老師的足跡旅程也是，按照老師生前停留過的地方，讓自己身歷其中，在那個環境裡面尋找自己，並在自己的內心深處與老師相遇。這同時也是一種自我觀察、與自我對話的省察過程，藉此學到的經驗和感想再用文字記錄下來，正是私淑的基本方法。

真正的好老師會使你遇見真正的自己，當你發現自己和老師是一脈相通的時候，就會尊重自己，從模仿晉升到創造的層次。身為弟子，要懂得謹記老師的教誨，然後開拓自己要走的道路，而往往這時，老師的教誨也會因弟子而發揚光大。這就是師徒一起發光發熱的道路。

轉變工具九

團體
培育人才的有機體

要是轉變者沒有在團體裡透過共同實驗思索自身想法，
那麼，想法就會停留在偉大的假設。

轉變期的團體，
是由一群個性不同，價值觀卻相近的人，
不斷將自身想法結合、擴增、合併的實驗室。
孤立、與人斷絕往來的個人是柔弱無力的，
但是當這些個人聚集在一起時，
創造出來的團體將足以改變世界。

班傑明・富蘭克林[1]
小小團體培育出偉大的美國人

班傑明・富蘭克林是美國史上極為重要的人物，有句話是這麼形容的：「每個美國人心中都有富蘭克林。」一七〇六年一月，出生波士頓的他，小學肄業，十二歲起就到哥哥的印刷廠裡當實習生，十七歲那年，他和哥哥大吵一架，認為繼續在那裡根本看不到未來，於是他負氣離開故鄉，也沒知會家人，等於是不告而別。他抵達費城以後，找了一份印刷廠的工作。一七二三年當時，費城的人口總計有兩千人，城市規模僅次於波士頓。過去因為在哥哥的印刷廠裡工作過五年，所以富蘭克林早已熟知印刷廠的運作模式，他靠著自己特有的親和力、務實感，儘管年紀輕輕，仍深受同事認可，認為他很有能力。

不過富蘭克林的人生並沒有因此而一帆風順，正面積極、熱愛社交的他，很容易結識到各路友人，但也因為言行輕率、性子急而多次使自己陷入困境，尤其經常被信任的朋友、識人出賣，甚至發展出一套被出賣的固定模式。某次，他借了一筆數目不小的金額給好朋友約翰・柯林斯（John Collins），結果柯林斯不僅沒有還錢，還反咬富蘭克林一口，揚言要和富蘭克林絕交，兩人也因此而斷了聯繫。後來富蘭克林又以幾乎相同的模式遭友人詹姆斯・拉爾夫（James Ralph）背叛，同樣在借到錢以後就宣示和富蘭克林絕交，且也要不回當初借給他的錢。

真正改變富蘭克林一生的事件，其實也和背叛有關。這件事情一開始是戴著「機會」的面具靠近他的，賓州的總督威廉・凱斯爵士（William Keith）向他提議，願意出錢資助他創立一間印刷廠，凱斯爵士認為在費城非常需要一間像富蘭克林這樣年輕有為的青年所營運的印刷廠，並承諾自己願意幫忙促成這件事，提供各方面的援助。

這看似是一個絕佳機會，對於有能力卻缺乏資金的富蘭克林來說，這自然是個誘人的提議。凱斯爵士建議他，為了創立一間最頂級的印刷廠，最好先到英國觀摩一下最新印刷設備，最後也不忘加了一句，這部分也會全力支援，所以叫他不要擔心。

一七二四年十一月，十七歲的富蘭克林滿心期待地匆匆收拾好行李前往英國。在他看來，眼前宛如有著一條通往成功的康莊大道，然而，凱斯爵士最後卻食言而肥，還用各種理由推託延遲。最後甚至假裝從未做過這種承諾，然後一樣人間蒸發，失去聯繫。那件事情對於富蘭克林來說是人生苦難的開始，他從滿腹希望的準創業家，瞬間跌落谷底成為走投無路的人。他在陌生異地沒半個認識的人，事後他才得知，原來凱斯爵士本來就是個善變、容易食言的人。事件會演變成如此，除了主要是因為凱斯爵士的信口開河所致，沒有打聽清楚就急於展開事業的富蘭克林，也等於是被自己的粗心大意栽了個跟斗。但是他不能就此坐以待斃，當時他的手中就連購買船票的錢都不夠，所以暫時沒有辦法回到美國。他決定要先想辦法養活自己。

方法只有一個，富蘭克林決定再次善用過去在印刷廠工作的經歷，以及自己的社交手腕，先在倫敦的一間印刷廠找到工作，努力得到同事和主管的認可。幸好當時英國處於經濟繁榮時期，工作機會多，富蘭克林也因此而很快找到工作。

就這樣在英國過著平凡生活的富蘭克林，某天，有個可以回美國的機會找上了他，那是他當初在從費城駛往英國的船上認識的商人，同時也是貴格會教徒的湯瑪斯．登漢（Thomas Denham），向他提議願意幫忙支付旅費，希望可以一起回到費城經營一間雜貨店。登漢過去一直都有在關注富蘭克林的為人，發現他是個敏捷靈活又有交際手腕的人，當時富蘭克林的年紀已經是十九歲，搭船從英國回到美國大約需要十一週左右，富蘭克林決定用這

1 編註：班傑明．富蘭克林（1706-1790），美國博學家、開國元勛之一。他是傑出的政治家、外交家、科學家、發明家，同時亦是出版商、印刷商、記者、作家、慈善家、共濟會的成員。

段時間回顧過去，並規劃自己的將來。首先，他先深刻反省自己遭朋友以及援助者的背叛，導致自己處於困境的事情，然後暗自下定決心，以後要當個成熟的人，並寫下以「節約、真實和真心、勤勉和忍耐、禁止誹謗」為中心思想的「未來行動計畫」。

回到費城的富蘭克林終於和登漢開了一間雜貨店，兩人共寢共食，朝夕相處，認真工作，生意也沒有遭遇太大挫折，安穩地上了軌道，彷彿成功已近在咫尺。然而，這次成功又與他擦肩而過，不幸的是，商店開張沒多久，登漢就因病離開了人世。富蘭克林再度面臨失去經濟基礎的困境，最終，他放棄了想要成為社會地位較高的商人夢想，在重返英國之前，再度回到先前工作過的印刷廠，擔任管理職。對於當時的他來說，解決生計問題是最為優先的，但是在他內心深處早已默默燃起了想要有自己事業的念頭，不想再為任何人工作。他已經不再是那個涉世未深的印刷工人，從十二歲開始累積多年的印刷工作經歷，以及在英國學到的先進印刷技術，讓他成為費城當時印刷界最具實力的人才。萬事俱備，只欠資金，就能夠開一間屬於自己的印刷廠。

富蘭克林在重回過去任職過的印刷廠時，遇見了一名老同事，那名同事有資金，富蘭克林則有實力，最後兩人合夥開了一間印刷廠，富蘭克林從早到晚沒日沒夜地工作，彷彿是要向世人證明「未來行動計畫」裡所立下的決心一樣，他從來沒有對顧客爽約，印刷品質也是當時所有印刷廠當中最好的，他的既有優點誠實、親合、節約這些習慣，加上更趨成熟的言行，使印刷廠得以快速成長。不久後，合夥人因個人因素決定放棄這項事業，富蘭克林等於終於實現了自己的長年夢想——擁有一間屬於自己的印刷廠。

富蘭克林的印刷廠之所以能夠快速成長，其中有一項祕訣。一七二七年秋天，剛從英國回來的富蘭克林，創辦了一個由十二名年輕技師和創業人士組成的社團，俗稱「皮革圍裙俱樂部」，正式名稱則是「共讀社」——有著「祕密結社」的意思，是一個擁有複合式目的的團體。富蘭克林一開始創立這個社團的目的是為了「自我成長、研究、相互支援、社交」，一群人在裡面建立對自己的職業或事業有利的人脈，相互交流、幫忙宣傳，有時也會為彼此介紹工作，同時，也會一起討論時事問題，研究特定主題，互相切磋學習，練習自我成長。

十二名成員當中，最熱衷於社團活動的人正是富蘭克林。從一開始的規劃到主導社團進行，以及社團規範和詳細的經營方式，全都由他一手操辦。富蘭克林之所以會以創業人士作為社團招募對象，而非以社會高層人士是有原因的，因為他一輩子都對自己所屬的中產階級感到自豪，他們相信人們的可能性，信賴人們的智慧，擁護市民主導的民主主義，這樣的信念成為結社「共讀社」的基礎，對於日後剛從英國獨立的美國建國也產生極大影響。

首先，富蘭克林先把這個社團當作自我成長的修煉場，藉由領導團體培養自己的領導力，透過書寫社團聚會所需的各種文件、討論主題等訓練自己的系統式寫作能力，除此之外，他也透過社團活動大幅提升自己的溝通能力。平時多話的他，切身體會到若要和各個成員之間維持良好的人際關係，強烈的自我主張沒有幫助，用蘇格拉底式的對話方式反而更有用，並學習到說話前要先懂得聆聽、透過提議或詢問的方式表達己見、盡可能避免反駁或批判的對話方法。富蘭克林甚至運用自己的過去經驗，整理出二十幾個可以讓社團成員更有效對話的方法，做成溝通教學手冊與成員分享。爾後，這樣的對話方式成了富蘭克林的風格，領導社團的這份經驗也使他培養出看人的眼光，過去經常遭人背叛的經歷也早已不再是他的心理陰影，透過這個社團，反而使他成了人際關係專家。

共讀社對於富蘭克林來說也是一個「知識庫」，可以盡情滿足他的知識好奇。在社團裡探討的主題範圍十分廣泛，從社會、自然科學到哲學等，其中最主要的還是以討論實用性的主題為大宗，舉例來說，「寫出一篇好文章的主要因素有哪些？為什麼冰冷的杯子上會結水珠？幸福的祕訣是什麼？」依照慣例，社團是每週五定期聚會討論特定主題，雖然社團成立的宗旨是以社交為目的，但是因社團成員傾向知性聚會，所以經常認真嚴肅地參與討論。為了提升討論品質，社團會在前一週就先公布下週要討論的主題，成員們則需要在事前先準備好相關書籍與資料閱讀，才能夠參與討論。富蘭克林在他的自傳中曾提及，共讀社一直是「哲學、道德、政治相關的最佳討論場所」，展現出對於這個社團的創立深感自豪。

隨著富蘭克林的眼界逐漸擴張，他開始關注公益問題，不再僅限於私人議題。共讀社也開始被運用為公益活動的「共同實驗室」，不再只是討論事業或自我成長的小型社團，其中，最能夠展現社團轉型的真實案例是他們蓋了一間圖書館。

一開始，共讀社是在社區小酒館裡舉行，不久後，他們有了自己的專用辦公室，富蘭克林為了幫助成員陶冶知性，促進共同學習，所以請成員自由捐書，並在社團辦公室裡設立了一間共用書房。

當時美國還是英國的殖民地，費城還沒有一間像樣的書店，所以很難取得想要閱讀的書籍。如果想要閱讀專業書籍，十之八九都一定是要從英國訂購才有，正因為如此，共讀社的共用書房在當時是很實用的，要是討論過程中有需要，就可以直接在那裡尋找相關書籍來參考，平時很難接觸到的書也可以自由借閱。富蘭克林看見原本只是簡陋的共用書房竟發揮了極大效益之後，開始動起想要把這個書房擴大到地區層級的念頭。於是他想到了「會員制圖書館」這個點子，在富蘭克林的主導下，這個點子從共讀社逐漸進化成美國史上第一間會員制圖書館。

富蘭克林在一七三一年創立了費城圖書館俱樂部，並且擬好圖書館建設所需的計畫和營運規範草案。他在共讀社裡發表了這份草案，和社團成員們討論後做了修改。最終，他們公開表明將維持這間圖書館五十年，社團裡的一名成員則將其做成了具有公信力的加入會員規章。富蘭克林為這些圖書館掛上了「為公益付出的善行是神聖的」標語。當時美國成人能夠從事的娛樂活動並不多，所以大眾很容易與書為伍，於是費城掀起了一股閱讀熱潮，會員制圖書館也一舉成名。圖書館會員數每天都在增加，人們捐贈的書本也愈來愈多。隨著成果逐漸被人看見，會員制圖書館的這個點子也慢慢擴及全美。自傳中，富蘭克林自認這間圖書館提升了美國人的談話水準，也陶冶了市民的知性。這間由富蘭克林與共讀社成員主導成立的圖書館，被認為是近代公共圖書館的原型。

成立會員制租借圖書館是富蘭克林的第一項公共計畫，他以這份經驗作為基礎，開始正式投入公共事業，為創造社會利益而努力。爾後，他們經常在共讀社裡討論公益相關問題，就連許多由公職主導的推進政策也都先由社團進行實驗。尤其是為地區社會成立的各種公共組織，都會先向社團成員提議並撰寫相關企畫書，然後與成員們進行分享，一同討論，修改草案，並進行實驗，確認是否可行。通過社團實驗的點子，會刊登在報章雜誌或媒體上，使其與論化；而得不到社團成員認可的點子，則會被富蘭克林認為是實現可能性較低的想法。換句話說，對他來說，共讀社就像是一張可以評估點子可否執行的實驗台。

富蘭克林認為，「善良的人往往要靠團結才能成大事，單獨一個人能做的事少之又少」。集結眾人的力量，會比一個人孤軍奮戰產出更多結果，這就是為什麼他要和社團成員一起推動公共事業的主要原因。要是套一句現代術語來形容，他就是個相信「集體智慧」（collective intelligence）力量的人，舉凡像是在社團聚會當中，提出有稅額津貼補助的地區要設立防犯隊、義勇消防隊等，透過和成員之間的共同作業，慢慢把點子修改成可執行的方案。事實上，這些點子也經由最短五年、最長數十年逐一落實。

成立社團十七年後，一七四四年，富蘭克林主導了堪稱是「聯合共讀社」的「美國哲學會」成立。這個聚會的總部設在費城，富蘭克林則擔任監事，網羅了美國各地的科學家與思想家一起加入。至今仍持續在運作的美國哲學會，是美國史上第一個科學學會，也是公認對美國科學發展扮演了試金石角色的團體。

法國的政治家暨歷史學家亞歷西斯·德·托克維爾（Alexis de Tocqueville），於一八三〇年代初期遠赴美國旅行，他不禁讚嘆：「不論年齡、地位、性格，所有美國人都會永遠創造團體，醫院、監獄、學校就是以這樣的方式誕生。」如果要選出一位美國最強團體創立專家，自然非富蘭克林莫屬。

二十歲那年成立的共讀社，直到五十歲一直都是由富蘭克林親自主導營運。共讀社是他人生的中心軸，要是他在一七五七年沒有以費城代表遠赴英國，這個社團應該會和富蘭克林在一起更長時間。撰寫富蘭克林龐大生平事蹟的作家沃爾特·艾薩克森（Walter Isaacson），對共讀社做出了以下評價：

> 共讀社是實用的、勤勉的、探究的、開朗的、適當的、哲學性的；是公共德目、互惠主義、自我成長、社會發展，並對「認真工作的市民能夠透過善行而成功」的主張讚譽有加。亦即，共讀社是富蘭克林的未來展望。[2]

由於共讀社是由富蘭克林一手創辦，所以他對這個社團的影響自然不容小覷，反之，共讀社也對富蘭克林的人生帶來了難以抹滅的影響。富蘭克林和社團相互共鳴，造就彼此。參與社團活動三十年的富蘭克林，傾向支持個人主義和共同體主義間的相互補強協調，共同追求自我成長與集體智慧。透過這個社團，他結合了私利與公利追求，獲得能夠創造加倍效益的能力。除此之外，他也累積了龐大的知識，蛻變成兼具社交能力和執行力的領導人，最重要的莫過於共讀社是富蘭克林日後組織的許多非營利團體原型。他從一個祕密組織的創始者，搖身一變成了美國最優秀的公共團體成立專家。事隔多年以後，富蘭克林能夠成為唯一簽署美國建國三份重要文件的建國先賢，相信絕非偶然。這三份文件分別是：《獨立宣言》、《一七八三年巴黎條約》、《美國憲法》。

2 摘自《富蘭克林傳》（*Benjamin Franklin: An American Life*），沃爾特・艾薩克森（Walter Isaacson）著，中信出版社，二〇一五。

伊莉莎白·庫伯勒—羅斯[3]在死亡研討會中領悟人生的祕密

伊莉莎白·庫伯勒—羅斯不僅是一名精神科醫師，也是安寧照護運動的先驅。她研究死亡將近四十年，故也有「死亡夫人」之稱。一九二六年出生瑞士蘇黎世中產階級家庭，有著兩個和自己長相一模一樣的妹妹，她在三胞胎姊妹當中排行老大，三個人還經常穿著同樣的服裝，甚至就連禮物也永遠都會收到一樣的。她小時候一直對自身定位感到模糊，試圖花力氣去理解自己到底是誰。

從小在鄉下長大的庫伯勒—羅斯，有幾次近距離接觸死亡的經驗，小時候住院時，對面病床是比她大兩歲的姊姊，她是個孤兒，總是打著瞌睡，所以從來沒聊過話，但是偶爾會透過眼神交會進行一些友善的交流。某天，庫伯勒—羅斯起床發現那名姊姊靜靜地凝視著她，姊姊開口說道：「沒關係，會有小天使等我的。」姊姊沒有畏懼死亡，她安詳地闔上了雙眼。

還有一次是父親的好友（也是他們的鄰居）逝世，五十多歲擁有一片果園的他，某天不慎從蘋果樹上摔了下來，導致頸椎骨斷裂。醫師表示，雖然已經接不回去了，但是所幸沒有當場死亡。庫伯勒—羅斯探望他時，發現

3　伊莉莎白·庫伯勒—羅斯（1926-2004），美國精神科醫師、人道主義者、全球安寧療護運動的創始人之一。最早探討悲傷五階段的重要書籍《論死亡與臨終》（*On Death and Dying*）就是她的作品，為千千萬萬面對自身或親人死亡的人帶來安慰。

他的房間已佈滿鮮花，他躺在床上，透過窗戶凝望著外頭那片耗費多時親手打造的果園，家人紛紛圍繞在他左右，正一一向他道別。他溫和地喚了一聲伊莉莎白的名字，隔天便離開人世。那位叔叔在自己家中被心愛的家人團團環繞，接受大家的尊敬，並且有尊嚴地離開人世，這段畫面對於當時還年幼的伊莉莎白來說，成了一輩子都難忘的記憶。

或許是因為這些記憶使她從小就立志想要當一名醫師，尤其透過書籍接觸到的阿爾伯特．史懷哲（Albert Schweitzer）故事，更是對她影響甚鉅，她也一心想要前往貧困地區幫助那些小朋友。十七歲那年，她下定決心未來要走醫生這條路，於是開始在蘇黎世州立醫院皮膚科研究室實習。由於當時正值二次世界大戰即將結束之際，世界各地因戰火連綿而導致傷亡慘重，當時庫伯勒—羅斯在家偶然接觸到國際和平志工團體的消息，深深為他們的人道主義精神、投入戰後復原工作等經驗談所感動，那是她一直以來夢想的志工活動。最後，她在十九歲時暫別職場，申請了一段長假，加入國際和平志工團。身為志工團的一名成員，她第一次離開家鄉瑞士，遠赴巴黎、比利時等國展開活動，後來則跑到戰爭受害最嚴重的波蘭盡一己之力。

在芬蘭，她親眼目睹了戰火摧殘後的慘絕人寰景象。許多小鎮都已被摧毀得殘破不堪，倖存的大部分都是老人、婦女和幼童，只有少數年輕人拖著負傷的身子在行走。

當時，她雖然還不是醫生，只是個實習生，卻費盡心思傾全力照顧當地人民。儘管當時藥品短缺，使用的醫療器材也極其簡陋，患者卻靠著驚人的意志力神速恢復，那是一連串在醫學大學裡接觸不到的實務經驗。當時她所見到的堅韌生命力，在她的靈魂烙印出深深的痕跡。她在自己的筆記本裡寫道：「我的目標是發揚生命的意義。」

結束志工活動以後，畢業於蘇黎世大學精神醫學系的她，遇見了自己的真命天子，一名美國籍醫師，兩人婚後便移居紐約。爾後，她開始負責紐約、芝加哥等地的病院臨終患者，其精神診療與諮商。這段時期，她看見許多醫師都會避諱與患者談論關於死亡的議題，這樣的現象著實令她意外，因為醫師們只關心患者的心跳脈搏、肺功能等生理結構，面對患者的心理，卻是不知所措，不正面回應的。當癌症患者詢問醫師：「我快要死了嗎？」醫師通常都會很有默契地回答：「別胡思亂想嘛！」用這種方式迴避死亡議題。

每一位瀕臨死亡的患者，都渴望愛與交流，但是在醫院裡的人，尤其是醫師則恰好相反。他們會盡可能想要和患者保持安全距離，從他們身上也找不到絲毫的人性交流和坦誠。最慘的是，當時身體處於最糟狀態的癌末患者，接受的治療也是最糟糕的。他們被關在距離護士房最遙遠的病房，躺在無法自行關上的日光燈下，除了規定的時間以外，其餘時間還不得友人進入探訪，彷彿死亡是某種傳染疾病一樣，事實上是把患者們晾在那裡，等待他們自行死去。

經歷過四次流產，好不容易得到一對子女的伊莉莎白，將死亡視為是生命的自然循環之一，然而，當時大部分的醫師都是男性，且視死亡為失敗或者戰敗之事。她沒有辦法像其他醫師那樣漠視患者，因為她有著過去參與志工活動的經驗，走訪過許多戰爭摧殘過後的歐洲國家，在那些城鎮進行過人道救援。她坐在患者身旁，牽著他們的手，傾聽他們述說各自的故事好幾個小時。過程中，她發現原來所有患者（尤其是瀕臨死亡的患者），都可以是好老師。伊莉莎白默默看著那些面對死亡的患者，獨自一人孤軍奮戰，想盡辦法說服自己接受死亡這件事情，另外，也注意到患者們怨天尤人，抱怨哭訴著「為什麼偏偏是我？」除此之外，她也用心聆聽患者們訴說著要和折磨他們的疾病和對自己無情的神和好這些話語。最後，她也領悟到一件事，要是有一位可以吐露真心的朋友，那麼，死去的人最終也會到達接納一切的境界。

> 傾聽病人的訴說，我漸漸明瞭，臨終病人都知道他們快要死了。因此，醫師面對的問題並不是「要不要告訴他」，也不是「他到底知不知道」。醫師面對的真正問題是：「我能不能傾聽他的訴說？」[4]

後來，她受指導教授請託，由她代任醫學院的課程。當時她的指導教授是西德尼．馬歌林（Sydney Margolin），一名瞬間就能夠擄獲學生關注的知名人氣教授。要代替如此高人氣的老師教課，著實令她備感壓力。正當她苦思著所有醫師和病人之間有沒有什麼可以共享的主題時，她的心中突然冒出了答案：死亡。每一位醫師和病人都應該正視死亡議題，而非一直閃躲迴避。這很可能是當時醫學上最大的奧祕，同時也是最大的禁忌。她開始在圖書館裡翻找相關資料，找了許久，卻只有找到一本艱深的精神分析學術論文和幾本宗教書籍而已。她不能理解，為什麼如此重要的議題，資料卻是這麼的匱乏。

就在她煩惱著找不到相關資料時，她坐在一名十六歲少女琳達的病床上，與她閒聊。因罹患白血病而生命垂危的琳達，把自己的狀態與病痛坦率地、自在地說了出來。儘管從醫學角度來看，琳達的身體已經不再存有一絲希望，但是一提到她的家人不夠體諒她的立場，她就會毫無保留地宣洩心中怨氣。頓時間，她想到了一個代課所需的好點子，這名勇敢的少女本身就是珍貴的教材。醫學大學的學生們必須聽聽看琳達的故事，她邀請琳達到她的課堂上，對著將來準備成為醫師的學生們，盡情地說出自己沒有辦法對母親說出口的真實心聲。

> 告訴他們，在十六歲的花樣年華死掉，是怎樣的一種感覺。把妳滿肚子的怨氣宣洩出來吧！用什麼樣的語言都可以，最重要的是發自內心。[5]

上課第一天，學生們對於庫伯勒－羅斯的演講毫無興趣，然而，或許是因為後來庫伯勒－羅斯端出了「死亡」這個出人意外的主題，學生們的態度開始出現轉變。而這堂課的亮點自然非琳達莫屬。短暫的下課休息時間結束，學生們重回教室上課，庫伯勒－羅斯推著琳達的輪椅進入教室。此時，學生們開始一陣窸窣，有些學生彷彿感到不是很自在，輾轉翻身。相較於學生，琳達的態度反而顯得從容淡定許多，庫伯勒－羅斯雖然有請學生們發問，但是班上沒有任何人舉手，後來她甚至點名幾位同學請他們試著提問，但最後問的問題也都僅止於血球指數、肝腫大等醫學內容，和琳達過去見到的醫師所問的問題沒有任何不同。

大同小異的提問持續了一段時間，琳達終於忍不住突然大動肝火，她用銳利的眼光看著那些刻意避開重要問題的學生們，把自己希望主治醫生問她的問題說出來，並自問自答。「十六歲就得要面臨死亡，是什麼樣的感受？」「那妳不就不能參加高中畢業舞會，也不能談戀愛，會有遺憾嗎？」「做哪些事情會對現在的妳有所幫助呢？」等，琳達滔滔不絕地自問自答了這些問題將近半個鐘頭，最後身體實在不堪負荷，只好趕緊先回病房休息。

琳達離開教室以後，學生們陷入一陣沉默。上課的氣氛和一開始完全不同，儘管有一段時間每個人都不發一語，但是大家都心知肚明，教室裡已經起了極大變化。琳達的故事在學生們心中激起了巨大漣漪，不久後，庫伯勒—羅斯開始引導學生一起討論，大部分學生承認，琳達感動了他們，也使他們暗自流了許多眼淚。然後大部分的學生都表示，這是他們第一次對死亡有所認知，並且對其感到恐懼，不得不換位思考，試想要是自己是琳達的話會有什麼樣的感受。十五歲少女的這段演講，在學生們心中留下了深刻的教訓，儘管不久後她的生命走到了盡頭，這段經驗依舊讓學生們謹記在心，對庫伯勒—羅斯的人生也影響甚鉅，讓她領悟到只要用心聆聽患者的心聲，和其他人一起分享，就可以學到關於人生極其珍貴的事物。

庫伯勒—羅斯開始正式準備一場名為「論死亡與臨終」（On Death and Dying）的研討會，參與這場研討會的人有醫學系學生、神學系學生、護士、牧師、拉比、社會志工等，各領域人士齊聚一堂。她把研討會規劃成盡可能不要把焦點圍繞在自己身上，當天她所扮演的角色不再是教授、醫師，而是一位媒合者，研討會以參加的患者和學生為主進行。在當時那個年代，以「生與死」為主題，和患者直接對話、相互討論的課程方式，可說是前所

4 摘自《天使走過人間：生與死的回憶錄》（*The Wheel of Life: A Memoir of Living and Dying*），伊莉莎白．庫伯勒—羅斯（Elisabeth Kübler-Ross）著，天下文化，一九九八。

5 同註4。

末見。

她開始尋找每週參與訪談的患者，但過程並不如想像中來得順遂，因為大部分醫師都認為她是在利用患者來開設研討會，暗地裡攻擊她或批評她。但是她立志要打破醫師們把臨終患者如實吐露自己心聲視為禁忌的工作態度。

儘管困難重重，幾名醫師還是了解她的用意，把自己的患者介紹給庫伯勒－羅斯。只要跨過醫師的阻撓，邀請患者就不是問題，實際上，庫伯勒－羅斯從未被患者拒絕過，只有被醫生無情拒絕。當她在進行研討會時，會盡可能考量到患者的立場，為了保障患者隱私，與患者的面談都是在一間有著雙面鏡和錄音系統的小房間裡進行，研討會開始前，也都會向患者告知他們不會遭受任何危險，也不會有任何損失，只要回答自己想回答的問題即可。所幸幾乎所有患者只要一打開話閘子就會很難停止，壓抑已久的情感不斷湧現，他們率真誠實，也不會說一些無關緊要的話浪費彼此時間，他們毫不掩飾地抱怨自己所承受的醫療行為，其中有名患者甚至這樣說道：

「我的醫生只想跟我討論，我的肝臟究竟有多大。都快死了，誰還在乎自己的肝臟究竟有多大？我家裡有五個孩子，需要照顧。我放不下心的就是我的孩子啊。可是，沒有一位醫師願意跟我討論這個問題！」[6]

研討會即將結束之際，患者的神情顯得祥和許多，原本深陷無力感、失去希望的患者們，因為被賦予講師的角色而找回自身價值以及重拾快樂，因為他們領悟到，儘管死亡近在咫尺，人生還是有其意義。他們把瀕臨死亡時切身體會到的人生教訓分享給他人，一直到闔上雙眼之前都持續不斷地成長。

當然，聚集在研討會現場的人亦是如此，每當「論死亡與臨終」研討會告一段落，學員和患者之間的面談結束以後，大家就會自動展開討論。在死亡面前人人平等的情況下，大家的討論變得更為熱絡。對於患者傳遞的教訓深感共鳴的研討會參與者，也誠實地把自己內心的想法展現出來。透過敞開心房的討論，醫生、聖職人員、社會志工等，從事醫療活動的各界人士，其內心的高牆都被擊垮，傷口也被治癒，便得可以回頭檢視自己。除此之外，當初原本歧視彼此、使彼此對立的圍牆也已倒塌。對於參與者來說，這場研討會等於是共享了「死亡與臨終」和「生與死」的意義。

在距離庫伯勒—羅斯初次訪問琳達十年後，她出版的《成長的最後階段》（*Death: The Final Stage of Growth*）一書，裡面就有完整記錄這場研討會對出席者究竟產生了哪些影響：

> 我相信，在那個場合聆聽臨終病患講述自身故事的無數名學員中，一定不會有人沒有被觸動到。有些人可能會想起封存在內心深處已久的事件，也會意識到我們對死亡所懷有的那份恐懼，應該要被人理解，而不是被苛責才對。出席那場研討會的我們，每個人都有所成長，最重要的是都懂得感謝自己還活著這件事。[7]

原本只是幫指導教授代課，沒想到最後竟發展成「論死亡與臨終」的課程，而這堂課的最大受惠者自然非庫伯勒—羅斯本人莫屬。她透過這堂課，不只領悟到死亡的真義，對於人生的意義也有了深刻體會。不僅如此，她也找到了值得奉獻一生的議題以及畢生志業，造就了「死亡學」這門新學問的誕生。

庫伯勒—羅斯雖然沒有特別站出來宣傳這個研討會活動，但是隨著口耳相傳，關於這場研討會的消息也跟著傳遍各地，幾年後甚至成為該所大學的正式課程，也被知名雜誌《生活》（*Life*）大篇幅報導，受到廣大矚目。然而，數年來一直都是默默進行著研討會的庫伯勒—羅斯，沒有因為一夕爆紅而變得自滿或過度擴張研討會規模，她只有不斷地忠於自身哲學——「對於死亡的探究，是打開人生之門的鑰匙。」

---

6 同註4。

7 摘自《成長的最後階段》（*Death: The Final Stage of Growth*），伊莉莎白・庫伯勒—羅斯著，光啟文化，一九七八。

她藉由出版書籍，將研討會內容和個人研究進行彙整，並把患者朋友們在研討會上分享的真切告白、參與者的討論、感同身受之處，與世人們分享。隨著她的著作和研討會愈漸受人關注，全國各地的醫院和大學，也都出現了一些改變，人們開始懂得聆聽臨終者的心聲，並且重新思考死亡的意義。市面上開始出現許多關於患者臨終前的告白書籍、報導，甚至還拍攝相關電影和記錄片，許多神學學校也開設了為臨終患者進行的牧會。藉此，原本被視為是禁忌的「死亡」話題，終於成為能夠被端上檯面公開討論的議題。

在她執筆的二十一本書籍當中，我們從她最早出版的三本作品當中可以看見「論死亡與臨終」研討會對其人生帶來多大影響。一九六九年出版的第一本書《論死亡與臨終》（*On Death and Dying*），就是以舉行了數年的研討會為基礎，整理出死亡的五階段。這本書被翻譯成超過二十五國語言，受全球矚目，而這本書的主題之所以能夠成為一門學問，並且獲得廣大支持，其關鍵原因正是研討會。死亡的五階段是透過研討會進行的五百多名臨終前的患者訪談得出來的結論。

庫伯勒—羅斯的第二本著作《死亡與臨終的問與答》（*Questions and Answers on Death and Dying*）和第三本著作《成長的最後階段》（*Death: The Final Stage of Growth*）裡，也可以看見研討會所造成的直接影響。庫伯勒—羅斯之所以出版這幾本書，是因為她有切身體會到市面上關於死亡議題的書籍嚴重不足。她在進行研討會時發現，唯有從各種文化圈、宗教面、社會層面、個人體驗等各種觀點來觀看死亡，才會正確了解死亡，並將此心得反映在其著作當中。

自從舉辦「論死亡與臨終」研討會以後，庫伯勒—羅斯對於死亡議題的研究逐漸擴張，她甚至開始研究起「人死後的人生」，一直到一九七〇年代初期，她總共訪問了兩萬多名走過鬼門關的當事人，發現原來大部分有過這種經驗的人過程都十分相似，藉此證明了其真實性，並將死後的經驗同樣整理成五階段。她一生致力於研究，也是史上第一位在醫療界掀起安寧照護運動的人，等於是把自己和患者對話過程中所領悟到的真諦——「怎麼死」

這個議題會使人生變得完整，是重要課題也是重要階段——落實在生活當中。

庫伯勒—羅斯幾乎是史上第一位把死亡議題整理歸納出一門學問的人，也將人生的珍貴領悟傳遞給世人。因此，她被《時代雜誌》（*Time*）評選為「二十世紀百大思想家」之一，也是史上榮獲最多學術獎的女性紀錄保持人。然而，她所嚮往的人生本質並不是這些華麗頭銜，在她邁入七十歲那年所寫下的自傳《天使走過人間—生與死的回憶錄》（*The Wheel of Life: A Memoir of Living and Dying*）第一頁裡就寫到：

> 有些人甚至把我視為「死亡夫人」，成天糾纏著我。他們認為，我花了三十多年功夫研究死亡和來世，有資格充當這方面的專家。我倒覺得，這些人誤解了我的工作。我的工作強調的是生命的價值。這點不容置疑。[8]

8 摘自《天使走過人間：生與死的回憶錄》，伊莉莎白·庫伯勒—羅斯著，天下文化，一九九八。

沒有比「我們」更聰明的「我」

韓國的義務教育是以十九世紀末在美國體系化的方式作為基礎套用，由於當時美國處於產業革命以後產業化急速擴張的時期，所以教育的最大目的同樣也是把焦點擺在培育產業人才，學生們被教育成「工廠型人類」是最重要的課題。

配合象徵輸送帶的分工化及專業化，學校的教育課程同樣也被細分成物理學、化學、代數學等領域，學生們則是被強調要訓練分析問題的能力；反之，將這些碎片重新拼湊組合、了解整體關係脈絡的能力則不被受重視。在這樣的體系下長大的我們，自然有著傑出的分析力、邏輯力，但是整合力和創意力卻是明顯不足，也沒有多少進步。

然而，如今的時代早已和過去不同，現在的我們已經站在「整合的時代」入口處，要是再像過去學校所學那樣，不看整體脈絡，只重視拆解問題、加以分析，並且以固定的公式解決問題，那麼自然會落於人後。這就是為什麼，很多在校成績很好的資優生，出了社會以後反而不會成功的原因，同時也是義務教育逐漸衰退，替代教育或知識共享等各種新興（commune）教育逐漸竄起的原因所在。

新興教育，創意式的學習團體

「commune」這個單字本來是從十二世紀以法國為中心所形成的居民自治團體開始使用，由帶有共同、一起之意的「com」和禮物的「munis」結合而成。換言之，這個單字意指「宛如互換禮物般不計代價地付出、接受，藉此形成的人際關係」。世上唯有知識和經驗才是能夠毫無負擔地交換的禮物，這兩者不會因為與人分享而減少或流失，反而會經由分享增加、進化。除此之外，知識是隨著時間流逝，不僅可以承襲前人的知識，還能持續累積的資源，在人與人之間散播及分享的經驗。因此，commune這個單字在現代來看，是指想要重啟新人生的智慧團體、學習團體。

其實在十九世紀義務教育落實成一種體系以前，人們所接受的教育都是以這種commune形式為基礎進行。在傳統的東方世界裡，如果想要學習某項技能，就會去尋找該領域的大師，拜師學藝，就算要經過一段長時間的雜事訓練也在所不惜。弟子往往不是向師父學習某個分工事項，而是透過共處一段時間，自然而然地學習到整件事情的始末和過程。尤其在這種commune團體裡，最重要的是成員之間的關係。弟子會直接與師父同住在一個屋簷下一起生活，觀察師父的一舉一動，並且和其他弟子互相切磋學習。師父們同樣也會為了教導弟子而找尋才藝更為高超的師父，進行更高深的修煉。就這樣成為亦師亦友，有時是弟子，有時則是一輩子的精神支柱關係，形成相互補強的「學習網」。和現今學生躲在隔間的閱覽室裡各自學習細分化的知識領域截然不同。

傳統的西方教育和東方也沒有太大不同，中世紀歐洲大學並沒有學校建築與設施，而是由幾名求知若渴的學生湊在一起尋找老師，也就是一群準備好要學習的人和有著兩把刷可以教別人的人相遇，形成了大學的原型。教導的方法也不是細分化的科目，而是以一同討論某項大主題的方式進行。從帶有宇宙之意的英文單字「universe」延伸而出的「university」，有著「指導一切」的涵義。

如今的義務教育帶來不少嚴重衝擊，其中之一便是學生們認為一畢業就是「學習的終點」，或者認為「學習是有適合的年齡」，「都這把年紀了還讀什麼書」，「好遺憾年輕時沒好好讀書」等，這些話都是出自於如今的學習體制。國家的義務教育會在不知不覺間灌輸我們「學習有其適當年齡，以及只有在學校才能進行」的觀念。

其實要是再仔細想想，最需要更高層次的學習反而是在出社會以後，而非青少年時期。因為到了那個年紀，自然會面臨許多不確定性且充滿變數的人生，舉凡像是結婚生子、在職場上與人交涉、父母或周遭人士突然逝世等，無時無刻都在發生。若想要順利通過這些人生當中的驚滔駭浪，就必須得從初入社會開始認真學習。

像這種時期可以互相受惠的地方就是學習團體 commune，其實只要稍微留意一下，會發現在「終身學習」的機制底下有著許多團體，都有在經營類似活動。尤其像如今全國正掀起一股人文學熱潮，不難發現有些社團有在追求更深度的學習。在此需要留意的一點是，那些打著「終身學習」名號的團體，究竟是以全新的方式學習，還是承襲著學校的制度繼續學習，因為這會決定你學習的樂趣是否會被剝奪。「是否享受學習的過程本身？」這是良好的學習團體最基本的第一要件。

培養人生智慧，分享交流的地方

良好的 commune 應該要具備的第二要件是和「人生的智慧」息息相關。富蘭克林和庫伯勒－羅斯透過團體轉變的自己的人生，但是兩人的接觸方式不太一樣。如果說富蘭克林的「共讀社」是以成員們可以各自發表己見的「說話討論」為主所創立，那麼，庫伯勒－羅斯的論死亡與臨終研討會則是以為了「聆聽」瀕臨死亡的病人，他們的訴說。「共讀社」追求的是社交與知識性、公益，論死亡與臨終研討會則比較傾向於追求治癒和靈性。然而，兩個看似不同的 commune，同樣都有著一個非常重要的共同點，那就是最後都將社團帶往超越知識與技術分享，形成人生哲學與價值觀的方向。富蘭克林曾說：「經過長年累月下來，我們這個社團已經成為那個地區討論哲學、道德、政治相關議題的最佳修煉場。」庫伯勒－羅斯則是對自己一手創辦的研討會深感自豪地表示：「我們終於達成病患和醫療團隊都需要的對話，甚至超越學術領域。」

當然，這兩個團體都並非從一開始就抱持著高尚的目的，主要成員是以商人組成的「共讀社」，一開始只是在平日傍晚鎮上的小酒館談論生議問題或自我成長等議題，後來隨著討論程度愈來愈深入，才開始把主題擴展到自然科學、哲學、慈善與社會問題等。論死亡與臨終研討會同樣也是一開始只有單純聆聽病人們訴說，從訪談開始才逐漸發展深化到死亡的意義與探討人生哲學。由此可見，許多成功的 commune 都是從實用性的關注議題出發，然後才逐漸發展到探討人生哲學等較深的主題。

甘地透過團體獲得的最大收穫也是人生的價值觀，他第一次學習有關宗教的根本，正是透過各種宗教團體。他和南非僑胞們的交流也是從組織團體開始，而其日後提倡的非暴力抵抗運動，則是參與這些團體下的產物。回到印度以後成立道場、指導小朋友時，他的教育焦點也是擺在「人格養成」而非單純學習知識。對於相信「真的的教育，是會幫助你了解神與真理」的甘地來說，非常確信愛的實踐才是最好的教育。當孩子們說謊或者做錯事情時，他會嚴厲地斥責或者進行體罰，而他身體力行進行了圍棋幾天的斷食也是基於這樣的理由。

梭羅則是和愛默生一起參加了「超驗主義俱樂部」（Transcendental Club），此社團是以自然和靈性的觀點來洞察人生，主要成員除了有愛默生以外，還有小說家納撒尼爾．霍桑（Nathaniel Hawthorne）、女性主義作家瑪格麗特．富勒（Margaret Fuller）、詩人威廉．埃勒里．尚寧（William Ellery Channing）等，對於當時生性害羞內向的梭羅來說，這個社團對他起了重要作用，他在社團裡學習東方宗教與古典，形成簡樸的人生與自然主義思想，這些都是深受社團影響所致。此外，在超驗主義俱樂部裡發行的季刊雜誌《日晷》（*The Dial*），也提供了梭羅可以發表各種形式的文章——詩詞、散文、旅遊記等機會。

一個良好的團體，會超越知識，探討人生智慧。一個小知識，可以透過成員們分享各自的相關經驗，一同實驗，擴張成為洞察人生的智慧。我們甚至可以在團體裡看見「人際關係中的自己」，藉此更了解自己。當自我存在感愈高的時候，原本折磨自己的問題就會被重新看待成是一項有趣的探究主題，或者可以自我成長的機會。優秀的團體會聚集重人的智慧，使每個人發掘自我，把觀點拉往更高的層次。

另外還有一點是，我們可以透過團體或得心理上的認同。誠如第一章所提及到的，轉變期的冒險必然會伴隨著孤獨，此時，要是身邊能有心靈相通的人，絕對會是相當大的安慰與精神支柱，有時也會在這種團體裡遇見一輩子的知己，因為在維持人際關係時有很重要的一點：價值觀。這種團體往往是由個性不同，卻有著類似價值觀的人聚在一起，所以會形成「特殊的連帶關係」，就好比我（昇完）至今與人合著過五本書，這些人都是在具本亨改變經營研究所裡認識的夥伴，包括這本書的合著作者也是，同樣在改變經營研究所初次相遇，後來一直一起寫作、演講、相伴人生十餘年。

中國明朝思想家李贄主張「師即友，友即師」的觀念，和不同人以「亦師亦友」的身分相見時，我們可以分享智慧、提升心智、物色新人生。

發揮合作與集體知性的共同實驗室

除了學習的樂趣和人生的智慧以外，團體還會提供一些珍貴的東西給個人。最重要的是，成員們可以在團體裡面自由合作，進行「共同的實驗」。對於富蘭克林來說，「共讀社」是實驗自己的點子並將點子具體化的培養器，他向「共讀社」提議的共同書房，因成員們熱情參與，最後成為美國史上第一間會員制圖書館，甚至規模擴大成「費城圖書館俱樂部」，在當地掀起了一股閱讀熱潮。

一七二八年，富蘭克林正式成為印刷業者，他設立了終身目標，期許自己可以成為道德完整的人，於是開始構想「道德完善計畫」。他參考各種古典和人物，整理出節制、勤勉、正義等十三種美德，並設定好每天的實踐計畫。三年後，他將這些美德已經內化成習慣，把道德完善計畫散播到世界各地，創立了世界級規模的聯合體。他當時想要套用像「共讀社」一樣小規模的祕密結社方式，宛如花朵散播花粉一樣，四處組成這個計畫相關的小團體。他相信只要像這樣的小團體蔓延至各個角落，就會形成「道德的聯合體」。可惜的是，他後來因為在國外擔任外交官數十年，所以最終這項目標未能實現，但是他仍篤信這個方法絕對有效。

甚至就連在集中營這種高壓特殊的環境裡組成的團體，也可以進行共同實驗。法蘭可就是在奧斯威辛集中營裡先對自己進行意義治療法的原理以及方法實驗，之後則套用在同伴囚犯身上，多虧幫助那些想要自殺的人、囚犯和同伴的過程，證明了意義治療法所具有的效力。法蘭可稱這段實驗為「試煉的實驗」，既然在集中營裡都可以進行實驗了，相信在自發性組成的團體裡更不用說，一定可行。

團體是適合一起發想點子、找尋夢想的實驗室，有其明確的理由。首先，團體裡的每個人都有著不同特性，彼此可以截長補短，就算失敗也可以一起檢討改進，為彼此加油打氣。一個人走雖然可以走得比較快，但也較容易因為疲累而放棄，一起走則可以走得更遠也更長久。此外，在團體裡進行實驗的過程中，成員們可以隨時提供建議或回覆，要是實驗成功，成員們也可以扮演熱情的傳播者角色，進行有效宣傳，最重要的是，團體可以透過「集體知性」（collective intelligence）創造出傑出的知性結果。卡爾．榮格是在一九一六年一月，和一群朋友們一起成立了「心理學俱樂部」。雖然一開始社團成立目的是為了社交以及知識分享，但是不同於探討各種主題的「共讀社」，這個社團比較專注在精神醫學相關學術研究。儘管這個社團是由榮格一手主導創辦，他還是沒有擔任任何社長等職位，單純以社團成員的身分用心舉辦各種活動，因為他把這個社團當成是自己的知識實驗室。

舉例來說，榮格在心理學俱樂部草創時期，以自己當時正在研究的「心理分類指標」為主題，開設了多場研討會，總共長達兩年時間。每當榮格發表完他的理論，社團成員就會自由改進個人意見。透過和不同專家們的討論，榮格也將其心理分類指標修改得更為完善，轉變期之後也才得以寫出其第一本著作《榮格論心理類型》（*Psychologische Typen*）。心理學俱樂部成了榮格的反響板，為其思想帶來有效發展。這個俱樂部維持了二十多年，對於建構分析心理學的骨架有著極大貢獻。除此之外，他們也有在社團裡討論成立榮格研究所相關事宜，由成員們主導專案，對於「榮格研究所」（C. G. Jung Institute）日後設立在蘇黎世有著極大影響。

人類史上最具創意的發明，往往都有著一個祕密，就是幕後都有著一群看不見的人齊心協力合作。任何一項偉大的發明或發現，都沒有獨自一人完成的案例。包括看似最像是個人成就的科學發現和理論也是，仔細去了解一番以後就會發現，其實是靠集體知性達成。舉例來說，演化論並不是由查爾斯．達爾文（Charles Robert Darwin）獨自一人所發現，要是沒有過去許多研究者的證據資料，他的發現也只會止於「偉大的假說」階段。大大小小的想法會不斷連結、聚集，過去的想法會被重新解讀，新的點子也會就此誕生。藉由看不見的互助合作，匯集眾人的想法，使其擴增進步，這就是團體的力量。沒錯，沒有比「我們」更聰明的「我」。

創造一起成長的共同體

分別意指「團體」與「溝通」的英文單字「community」與「communication」，兩者都是源自拉丁文的「communis」，有著「一同創造共用的事務並分享」之意。這兩個單字會有著同樣的根源，也意味著人類的聚會與溝通是密不可分的關係。有趣的是，「communis」的「munis」同時也有著禮物、任務的意思。

我們不妨再多了解一些單字，「compassion」（同情）與「communion」（交流）也是來自同樣的語源，「compassion」的「passion」不只有熱情的意思，還可以翻作激怒、苦難等，「communion」同樣也有著更深層的涵義，指界線消失、合而為一的層次。「communion」在基督教裡則是指領聖體，藉由吃下象徵耶穌的肉體和血液的麵包與葡萄酒，與耶穌共融的意思。

換句話說，團體不只是一同分享知識、經驗、禮物與任務的聚會，還會一起同甘共苦、患難與共，最終，各自的界線就會變得模糊，成為一體。在這樣的團體中心裡，有著人與人之間的溝通（communication），也就是「對話」。團體裡沒有對話就沒有發展，透過成員之間的對話水準，就可以大略猜得到該團體的水平。

四種對話水準

那麼，如果想要讓團體從單純的社團或者討論會晉升成「一同成長的commune」，該怎麼做才好？此外，既然成員之間的對話水準會決定團體的水平，又該如何劃分水準呢？

對話至少可以分成四種水準，最低階的對話是「確認」。從對方提出的意見裡選擇自己想聽的，確認自己的判斷，反覆重申自己的主張。果斷、心中早有定論才展開的對話、強求的對話、一個人滔滔不絕、廣告等，都屬於這個層級的對話。

其次是「意見交換」，也就是單純的知識交換、以尖銳的主張強烈辯駁的對話。販售商品、中間程度的協商，以及低水準的討論都屬於這個對話層級。在此，只要團體成員可以客觀聆聽、保持中立地述說，對話就會被拉高一個層級。

比上述更高一個層級的對話是「帶入情感」。懂得先敞開心房聆聽對方的意見、怨天尤人之前先懂得檢討自己的那種對話。這個層級的特徵是開放和接納，也就是各自都保留一點空間，以確保預留內在接納空間。因此，不會認為對方是錯的，只是立場與我不同罷了，並且把對方的意見當作借鏡，回頭檢視自己。

最高層級的對話是「形成」式的對話，打破你我的界線，一同參與創造的對話。這種對話會把重心放在整體（eco）而非自我（ego），放下「你我」，在「我們」的整體脈絡下達持對話，這種水準的對話雖然少見，但是只要體驗過一次就會永生難忘。這種對話的重點不在說服和包庇，關鍵在於「意義的流向」（flow of meaning）。在此，意義是包含動機、意志、價值、哲學、點子、靈感的廣泛概念。

理論物理學家暨神祕主義者的戴維．玻姆在其著作《論對話》（*On Dialogue*）裡強調，真正的對話是理解並分享彼此所作的任何假設，透過這樣的對話，可以到達有別於以往的意識水準，即「參與的意識」境界。因此，團體的最高層級溝並不在於語言，而是用心去感受，終極來說，也是尋找各種共同觀點的過程。

團體的核心，多樣性與討論

「在油漆裡加入火藥如何？」一間頗具規模的化學公司工程師在會議中突然拋出了這句話，其他人雖然有點感到驚訝，但是每個人都願意冷靜地聽他把話說完。他接著說道：

「各位也知道，刷完油漆以後隔個五、六年會變成什麼模樣，開始龜裂、剝落，若要把那些油漆清除乾淨，就得用飯杓一一刮除，多麼費工啊。我們一定要想出更好的清除老舊油漆方法，要是把火藥參進油漆裡，清除時只要點把火就能迅速解決了，不是嗎？」

幾個人面露出尷尬的表情，該名工程師的點子雖然有趣，但有著一個致命性的缺點，就是具有極高的爆炸危險性。然而，在場的幾名同事對於他能夠想出如此具有創意的觀點表示認可，不久後，其中一名同事反問該名工程師：

有沒有其他利用化學反應把油漆清除掉的方法？

這項提問成了重要的催化劑，原本凝結的會議氣氛因這句話而熱絡了起來，他們開始紛紛提出各種新想法。最後，有人終於提出了看似可行的方案：在特定液體裡加入易溶物質，這個物質會在塗抹該液體前不起任何化學反應，屬於非活性物質，但是一旦塗上液體以後，兩種添加物之間就會起化學反應，油漆也就會瞬間脫落。公司後來決定生產此商品，也因此而賺到了龐大利益。等於是從一個看似荒謬的點子——在油漆裡加入火藥，發展出絕妙的商機。[9]

9 摘自《思想的革命》（*Creative thinking*），羅傑・馮・歐克（Roger von Oech）著。無中譯本。

這則故事的核心重點在於，大家都沒有對提出「荒謬」意見的同事進行立即性的批判，當然，我相信那些同事們當下一定會暗自心想：「放入火藥？他瘋了嗎？要是起火怎麼辦？」但是他們都沒有馬上對此作出批判，反而把焦點放在如此新穎的觀點，進而集思廣益，這才是commune的重要前提。比起一味地批評對方意見，不如把它作為墊腳石，使自己的想法可以跨越到另一頭，想出更創新的點子。

套一句戴維．玻姆所說的：「對話的目的不在於分析事物、爭論誰輸誰贏、交換意見，而是把你的意見放在眾人面前，並仔細觀看。」重要的是分享意義以及形成「意義的流向」。

然而，事實上許多組織的會議進行是與上述原則背道而馳的，比起稱讚，我們更擅於批判，比起提議，更習慣糾正他人，部分人士甚至會把批判的程度視為是自己的知識水準。「這太不切實際了」「那已經超出我們的權限」「之前也有試過沒成功」等，這些提不出對策的批判，只會使團體的本質——「共同實驗」連開始都不被允許，這點才是最致命的問題。另外，有些人會認為「批判本身就是提議」，其實嚴格來說批判和提議是截然不同的，批判是沒有對方的提議就不可能獨立存在的，屬於被動式、反作用式的，與提出對策的積極性是全然不同的。

我們的社會會走向以批判為中心的會議文化，其實也和升學考試制度有關，在試題選答型問題裡，我們會為了選出一個正確答案而把其他三個選項刪除，這是我們長年來所接受的訓練，像這樣「刪除錯誤的選項」方式，也使得人們習慣於先從批判開始。為了拿下高分的成績，我們必須擁有找出錯誤的能力，而非豐富的點子或創意。正因為從小已習慣這樣的訓練模式，所以不論面對任何提議都會先予以否定，這或許也是可以預料到的結果。

一個人的想像力所具有的力量，是會和他承受的批判呈反比。明明有對策卻選擇沉默的人，往往是出自於害怕遭受批判的心理。當一個團體裡的批判比提議多的時候，點子的數量與質量也就會根據批判的強度而逐漸遞減，我們從過去的歷史就明顯可見，當沉默者占大多數時，團體會失去活力，面臨危機。

要是團體成員的意見都一模一樣，那麼，也就沒有聚集在一起討論的必要了。重要的是各自能夠從不同意見中找到新觀點，並且將那些點子綜合起來，立體化地解決問題。團體的核心價值正是多樣性，選擇團體時，或者為了組織某個團體而邀請成員參與時，都別忘了這項重要準則——「多樣性」，而且要確保那份多樣性不會被摧毀殆盡，所以要形成良好的討論風氣——「富有建設性的討論」。只要確保這兩者都有存在，那麼，該團體就會跨越沉默，創造出「協同效應」（synergy）。

珠與線，協同效應的先決條件

只要確保成員們的多樣性，協同效應就必然會產生嗎？德國的心理學家馬克西米利安・林格曼（Maximilien Ringelmann）的一項實驗對此提出正面反駁。他為了測量團體裡每一位成員的貢獻度，進行了一項拔河實驗。根據實驗，他將成員們分成兩人一組時，一組裡的兩個人分別會發揮各自百分之九十三的力量，但是當三人一組時，平均每人只會發揮百分之八十五的力量。當團體裡的人數愈多，各自付出的力量也跟著減少，等於產生了「逆協同效應」。像這樣隨著人數增加，個人貢獻就跟著降低的現象，我們稱之為「林格曼效應」（Ringelmann effect）。我們該如何解讀這樣恰巧相反的結果呢？其實關鍵取決於兩種先決條件，我們可以將其比喻為「珠」與「線」，「每位成員所煩惱的問題」是珠，一一將其串起的則是「討論的技術」這條線。當這兩者具備得愈完善，林格曼效應就會愈低，集體知性發揮的效益則會提升。

我們以會議為例，有些會議會像前述油漆討論案例一樣具有生產性，但有些會議則是不如不要開來得好，也就是充滿懷疑的會議[10]。決定會議品質的關鍵要素有兩點，第一點是與會人是否有準備好「各自的珠子」，如果

10　譯註：韓文的「懷疑」與「會議」字音相同，形成雙關語。

有事先公布會議主題，與會者也預先研究、思考過該主題，帶著自己的意見進入會議室，創造出協同效應的可能性就會比較高。然而，大多數的會議都是與會人要等會議正式開始以後才會思考各自的問題，甚至也會在不清楚會議主題的情況下加入會議。像這種情況，就不容易發表個人意見，而選擇用批評或沉默來掩飾自己的準備不足。

但是儘管與會人事前多麼認真準備，會議氣氛冷淡、進行不順也會使這些珠子難以被串起。因此，串起這些珠子的線也同樣重要，會議主持人的領導力與調停能力（facilitation）、成員之間的信賴、傾聽、意見改進、輕鬆分為等，都屬於線的範疇。要是這條線柔軟舒適，儘管面對像前述所說的火藥油漆這種看似荒謬的意見，也會成為很好的墊腳石。如果要讓不切實際的發想為問題展開一條全新的地平線，那麼線的角色就會非常重要。

像「共讀社」就是最好的案例，充分展現了珠子與線所起的相生作用，共讀社每次都會提前宣布下一次聚會時的討論主題，請會員回去事先做好研究及準備，把自己的想法與想要提出來討論的相關議題整理清楚。除此之外，該社團也懂得區分辯論與討論，嚴格禁止單純想要贏過對方或者抓人語病式的發言，甚至有一段時期還明文規定要是有人違反這個發言規則，就要被罰款。社團成員們在進行討論的過程中，要是出現煩躁的頻率愈來愈多，就會先暫停討論，各自休息，讓自己稍微冷靜，然後再重新開始討論。實際上一名草創時期加入的成員，就因為發言過於批判，導致討論氣氛僵化，所以不久後便被社團除名。

富蘭克林以自己年輕時因說話不經大腦、態度傲慢而使自己陷入困境的經驗作為基礎，製作了一份「溫柔說話術」的指導手冊，發送給社團成員。多虧他的用心，隨著社團日漸擴大，成員們的溝通方式也愈漸成熟，談話品質也提升許多。富蘭克林在自傳中這樣寫道：「我們社團能夠永保長青，正是因為這些因素所致。」

健康的團體就好比是一條項鍊，沒有結實的珠子和柔軟的線，就串不成一條美麗又牢固的項鍊。健康的團體會同時重視個人的力量與成員之間的相互作用，因此，會以嚴格的標準篩選成員，一旦獲准加入，就會任大家自由發揮。反之，要是一個團體會受單一人士左右，或者以組織的名義打壓個人的特性，那麼這種團體也很難會是一個健康的團體。

四個創立團體的原則

要是對照前述提及的團體標準，仍找不到合適的團體，或者難以找到適合自己的團體，那麼，我會建議不如乾脆自行組成一個團體。透過人生轉變者的實際案例，我們先來看看創立團體的員則有哪些。

首先，第一個原則是建議一開始最好成員人數不要太多，人多不僅嘴雜，也難辦事，隨著規模逐漸擴大，需要準備的基礎設施、制度規範也會越來越繁多，反而容易使成員之間原本應該緊密的溝通瞬間驟減，產生林格曼效應（Ringelmann effect）。因此，一開始建議最好找少數幾位值得信賴的朋友組成團體，才是明智之舉。

就好比「共讀社」的成員往往會想要讓自己熟識的好朋友加入社團，但是富蘭克林自始至終還是堅持會員數只能維持在十二人，因為他早已看清，過多的成員只會弊大於利。他雖然不接受推薦新成員加入，但是他允許社團成員可以自行在外成立和「共讀社」有著同樣規範的社團，因此，許多成員都創立了類似「共讀社」的社團，其中幾個社團甚至經營得有聲有色，一點也不遜色於「共讀社」。當然，他們自行創漸的社團也都有堅持將人數控制在十二名以內。

創立團體的第二個原則是關乎成員們的「哲學與個性」，簡言之，團體成員的價值觀與人生哲學最好要相近、個性和背景則最好多樣化。「具本亨的改變經營研究所」，早已從草創時期的一人企業發展成多人聚集的團體，研究所成員會靠閱讀、寫作、旅行和創意遊戲（一種共同實驗）等，追求自我改變，等於是團體成員的指向點是相似的，但是每個人的性格和背景則截然不同。從二十歲到六十歲，職場人士到餐廳老闆、教授、畫家、舞者、精神科醫師、企業老闆等，背景和年齡分佈層十分廣泛。雖然具本亨老師早已離開人世，但是研究所仍在「幫助那些想要比昨日更美好的人」的精神下，不斷向前邁進。

第三個原則是「共餐」，藉由團體成員一起用餐的行為，使彼此的交情更加深厚。韓文之所以用漢字「食口」來意指「家人」，也是基於這個原因。如果對照「最私密的也是最普遍的」這句話，相信沒有什麼慾望比食慾來得更私密，因此，吃飯是分享普遍話題再適合不過的場合，而這也是為什麼我們往往會向許久未見的朋友提出吃飯邀約的原因。

沒有什麼方法是比藉由一起吃飯這項行為更能夠使人心連心、夠鞏固關係的了。韓國最具代表性的 commune 之一「Nomadist」的創辦人高美淑（音譯，고미숙），就曾在其著作《無人企劃的自由》（아무도 기획하지 않은 자유）中提及，社團草創時期，她就是對成員們展開「無限的吃飯攻勢」，讓彼此敞開心胸、拉近關係的。後來在擴大研究室空間的時候，最先安排的也是廚房。她強調，要能夠招攬各界人才，飯的力量真的不容小覷。

最後一項原則，是需要超越團體利益的「公益目標」，這樣才能夠扮演敦親睦鄰同好會以上的角色，但是要注意，不要讓這個目的變成義務，反而妨礙成員享受參與活動本身。就好比「共讀社」一開始的目標也沒有設定得非常宏偉，只是從單純共享書籍的目的出發，後來才慢慢演變成設立圖書館等公益目標，優秀的團體會逐漸超越個人或團體利益，追求所謂的「共同善」。然後這樣的公益目標最終會使人打開心房，拉攏更多優秀人才加入。

庫伯勒—羅斯為了讓更多人可以有更美好的人生，所以主張要毫不避諱壁面對死亡議題，於是開始舉辦「論死亡與臨終」研討會。隨著時間流逝，美國許多大學、醫院和媒體也加入了她的行列，等於是追求共同善的未來展望使大家齊心協力、有志一同。

要是能將現今社會經常以孤島之姿生活的我們串聯起來，那將會是改變人生的強烈力量，孤立、與人隔絕的個體雖然軟弱無力，但是當這些個體聚集在一起形成團體時，往往會發揮極大力量。團體的力量在於，只要能串連好大家的心，使大家變得正向積極，甚至進一步形成強烈的社交感，就能夠改變世界。

第二章尾聲
探索人生的三種心態

人生，有兩種生活方式，一是挖得深，二是挖得廣。究竟哪一種方式是更為明智的呢？我們從世上那麼多的書籍和老師的建議中可以得知，都建議要專攻一個領域深入挖掘，腳踏實地地花上一萬小時或十年鑽研一口井，你就會成為該領域的專家。許多研究和實際案例也都佐證了這項論述，然而，並非隨處開挖就會出現清澈的井水，有時可能會挖著挖著發現一顆大石頭，或者挖出汙水，使我們不得不中斷開挖，抑或是挖出一個大洞，導致整個工程崩塌，甚至是對於日復一日不停開挖的日常感到毫無意義。

因此，我們需要「試錐」的時間，也就是在投入某一個領域之前，先四處廣範圍地進行探索。把手邊的事情先暫時擱在一旁，停下腳步，回顧至今的人生，重新檢視自己，並同時物色自己的可能性。這也是一段發現最適合自己的人生時期，轉變期就屬於這種試錐期。這時的我們，該以哪一種心態面對人生呢？不同於日常的轉變期，其人生態度又是什麼？我們以至今做過的研究為基礎，整理出了人生轉變者們在這段覓尋新人生的時期，共同展現的心態。

解決自身問題

「人道主義醫師」白求恩（Norman Bethune）在面臨轉變期以前，一直都是過著穩定的人生，然而，自從得知自己罹患肺結核以後，他的人生宛如跌了一跤，因為在當時，肺結核是無法治癒的疾病，更何況白求恩還是肺結核末期。他為了減輕疾病伴隨而來的負擔，主動向太太提出離婚要求，並決定住進療養院，整理自己的人生。然而，身為醫師的他，一點也不想要整天等待生命結束，於是開始研究起自己的疾病，並發現了「氣胸治療法」這項在當時十分先進的醫療技術。問題是這個治療法尚未得到任何臨床實驗證明，但他認為就算治療失敗也值得，所以決定賭上自己的性命，以自身來做實驗。

白求恩開始用自己的身體進行各種醫療實驗，令人驚訝的是，這項治療法在兩個月內奏效，他奇蹟似地復原了。撿回一條命的他，比任何人都了解肺結核疾病患者的心情，所以展開了肺結核專業外科醫師的新人生。後來他救回了許多深陷絕望的病患，也了解到原來窮人的肺結核和富人的肺結核是不一樣的事實，因為他親眼看過太多貧困的人付不出昂貴的醫療費而失去性命，儘管明明是可以醫治好的疾病。他意識到若要治療像肺結核這樣的疾病，最根本的解決之道就是要從改善社會開始，所以後來他開始走訪世界各國，尤其是許多經歷了戰爭摧殘後的地區，展開積極的人道救援活動。

這樣的案例雖然看似特殊，但其實許多人也是以這種模式進行的人生轉變，藉由深入探究自己的疾病，成為該領域的專家。舉凡像是赫曼・赫塞就是為了治癒自己的心理問題而開始分析夢境、描繪圖畫；卡爾・榮格同樣也是因為類似的理由開始探索自己的潛意識和夢境；天寶・葛蘭汀為了解決自己的癲顯發作與逃避接觸問題，開始研究釋放牛隻壓力的牛槽；聶爾寧夫婦則是為了改善財務危機而選擇隱居生活費相對較低的佛蒙特州的森林裡；具本亨的第一本著作《和熟悉事物說再見》，則是將他為了突破自我、有所成長而不斷進行的實驗和學習內容，做了全面性的彙整。由此可見，上述這些轉變者們在經歷轉變期的時候，都沒有逃避自身問題，反而是正面面對，並且往問題裡不斷鑽研，到達深層的自我認知，藉此打開新的人生地平線。

要是可以把自己帶入目前面臨到最迫切需要改善的問題裡，你會發現「全新的自己」，積極解決問題的過程才是探索自我的最佳方法，等於是把折磨自己的「問題」（Problem）當作使自己成長的「課題」（Project）。梭羅在《湖濱散記》裡引用了威廉．哈平頓（William Habingtoon）的詩，強調比起探索某個地方，不如探索自身內在的新大陸與新世界。詩的內容如下：

快把你的視線轉向內心，
你將發現你心中有一千處地區未曾發現。
那麼去旅行，成為家庭宇宙志的地理專家。[1]

現在的實驗會創造未來

沒有一項創造是未經實驗就誕生的，因為沒有實驗就難以實現任何潛力。或許正是因為如此，這本書裡介紹到的轉變者都會在提及到自己的轉變期時，經常使用「實驗」和「播種」等相關字眼，有趣的是，漢字「實驗」的「實」字就帶有種子的意思。

甘地把其自傳取名為《我對真理的實驗：甘地自傳》；梭羅稱自己在華爾登湖生活的那二十六個月為「理想人生的實驗」和「人生播種期」；榮格描述記錄《紅書》的時期為「最困難的實驗」；約瑟夫．賈沃斯基研究自

1　摘自《湖濱散記》（*Walden*），亨利．大衛．梭羅著，海鴿文化，二〇一三。

已在轉變期的時候展開的多次旅行，找出其共時性，並將這段時期看作是「把自己交付給人生流向的實驗」；維克多．法蘭克把集中營當成是驗證自己的精神療法並加以改善的田野實驗室；班傑明．富蘭克林則是其人生本身就是一連串實驗，不只是透過「共讀社」進行的各種公共事業實驗，身為科學家的他，一樣透過無數次實驗發明出避雷針、雙焦眼鏡、富蘭克林暖爐等產品。

實驗精神的要旨是：「沒有失敗，只有實驗。」轉變者不會把失敗視為能力不足或者沒有效率的事情，而是當作學習。大部分的實驗都不會成功，這也是為什麼「發明大王」同時也會是「失敗大王」的緣故。經過一千多次的失敗以後，好不容易才發明出燈泡的湯瑪斯．愛迪生（Thomas Alva Edison）就曾說：「我不是失敗一千多次，而是學習到不能夠發明出燈泡的一千多種方法。」[2]實驗會將失敗轉換成學習，並且證明成功的本質是無數次學習的結果。清楚瞭解這一點的轉變者們，會懂得將失敗作為學習的一環，持續不斷地實驗。

轉變者們的終極目標都是活出真正的自我，為能活出真正的自我，首先要先知道哪些事是不適合自己的，然後再加以去除。我們可能很難知道自己到底想要過什麼樣的人生，但是自己不想要的是什麼相對來說會比較容易察覺。發現自己真正想要的事物最佳方法，就是把不想要的事物一一剔除，慢慢往吸引自己的方向前進，這個過程就是指實驗。因此，梭羅說道：「有什麼是比實驗人生還要能有效學習生活的方法？」

把焦點放在經營每一天以及專注投入於活動

在不曉得未來會面臨什麼事的情況下，必須把手上的繩索放掉才能進入的轉變期，必然會是一段混沌期。實際上，許多轉變者在經歷轉變期的時候都會感受到明顯的焦慮不安與混亂，因此，初期在進行這些轉變者的人生研究時，我們都以為他們的日常生活會是隨興、無秩序的，然而，隨著我們研究得愈仔細，發現大部分的轉變者宛如約定好似的過著極度規律的生活，和他們的內心狀態恰好相反。彷彿要透過井然有序的日常生活，才能獲得克服心理危機的力量一樣，他們都把每一天管理得非常徹底。

梭羅每天固定凌晨起床，把自己泡進湖水裡進行冥想，上午閱讀、耕作，下午散步四小時，傍晚把當天的想法整理成日記。他的日常生活裡最主要的活動就是散步和寫日記。他自己也曾親口吐露，「不能散步的日子會使他感到罪惡，需要告解聖事。」堅持寫了二十四年的日記，在他四十五歲離開人世時總共累積了三十九本。研究梭羅的學者們表示，總計逾兩百萬單字的日記是他流下的最珍貴遺產。

有趣的發現是，轉變期以前從未有過規律生活的人，也會在轉變期維持固定的生活模式，榮格就是其中之一。他在轉變期的時候每天上午都會將夢境如實地記錄下來、書寫信件、為患者進行診療，下午就會固定到醫院附近的湖邊撿石頭玩蓋房子遊戲，然後一樣診療病患，晚上則是專注在撰寫《黑書》與《紅書》的事情上。喬瑟夫·坎伯除了睡覺以外，他把醒著的時間劃分成四等份，用三等份的時間來閱讀，其餘一等份則拿來寫作。史考特和海倫·聶爾寧夫婦也是自從展開轉變期以後，就把一天分成維持生計的勞動時間、進行知識活動的時間、社交時間各四小時。班傑明·富蘭克林則是乾脆每天一早就開始規劃自己一天的行程。

接下來，我們來看看他們究竟都用了什麼方法來維持一天的秩序，他們為讓步要讓每天的時間白白流逝，設立了一些屹立不搖的棟樑，所謂棟樑，是指自己最喜歡也認為最具意義的事情，然後專注投入地去做這些事。具本亨總是在凌晨四點鐘起床，花二至三小時時間埋首寫作。這對他來說是最珍貴的時間，不容許和任何事情做妥

2 編註：在愛迪生之前，已有許多人發明燈泡，用不同方式使燈泡發光，但並沒有申請專利。例如一八五四年，美國人亨利·戈培爾（Heinrich Göbel）使用碳化竹絲在真空的玻璃瓶中通電發光；一八七八年，英國人約瑟夫·威爾森·斯萬（Joseph Wilson Swan）同樣用碳絲使燈泡通電，並申請專利。愛迪生後來購買了斯萬的專利，並將其商業化，普及至家庭使用。

協；坎伯一天花九小時以上閱讀；赫塞幾乎每天都會在戶外專心畫畫；黃裳則是用心投入在抄書和筆寫事情上。梭羅的日常棟樑是散步和寫日記，榮格則是用石頭蓋塔屋、記錄自己的潛意識。這些活動為他們的日常生活建立了秩序，甚至更進一步地徹底改變了他們的人生。

轉變者們為什麼如此重視規律生活與專注活動呢？根據我們的研究，至少可以歸因出兩點。第一，愈是內心混亂的時期，愈要透過規律的生活來淡化混亂。渾沌期伴隨而來的焦慮不安與失落感，很可能會使人陷入迷惘徬徨或放蕩不羈，因此，轉變者會藉由規律的一天找回內心安定。此外，他們也清楚知道，透過每天專注投入於某件事情，可以拋開雜念，清空心靈，安撫內心混亂的事實。

第二，因為每一天都是轉變的現場。如果不改變你的一天，就不會迎來人生的改變；如果不能創造屬於自己的每一天，距離自己的世界同樣也會遙不可及。因此，轉變者們把每一天都當成是實驗現場，把一天過得多麼充實積極作為成長的指標。一天就好比我們的一生，人生是一天又一天的集合，就如同每一波海浪聚集成大海一樣，海浪是大海的呼吸，也是大海還能繁衍生息的最佳證明。我們的每一天和人生也就如同海浪與大海之間的關係，平淡無奇的每一天聚集在一起，人生就會變得無聊乏味；每天日子過得充實有活力，人生也就會變得陽光正面。我們的一天，即「當下」，才是唯一的人生現場。

一天一天用心投入的活動，日積月累下來就會使原本黯淡無光的內心變得明亮開朗，使混亂變成專注，失敗變成實驗現場，跌倒的過程變成領悟。當這樣的體驗超越了某個臨界點的時候，就會產生根本上的改變。這樣一連串的過程就是人生轉變的主要結構。

第三章　返還，重返世界之路

我的存在意義在於，人生還對我保有疑問。
換言之，是我自己向世界拋出的疑問，
而我也要提出自己的答案。
否則，我只會依賴世界給我的答案。
——卡爾·榮格

蛻變的最終關卡

不分古今中外，各種神話故事裡的英雄豪傑都是透過「深淵」領悟到一些真諦，也就是要帶著費盡千辛萬苦找到的寶物，回到當初自己啟程出發的地點。在神話故事裡，這項寶物會以「智慧的律法書、黃金羊毛、長生不老藥、魔法神劍」等作為象徵，但不論寶物是什麼，那都是英雄過去所在的熟悉環境裡不存在的，一定要展開冒險才能夠取得，這點十分有趣。

雖然每一則神話故事裡，英雄歸來的路途風貌都不盡相同，但是同樣都有需要通過最後一項實驗的規則，無一例外。主要是為了確認過去那段時間是否有所領悟，以及主角是否有資格獲得寶物，而進行最後的考驗。

譬如說，古希臘史詩《奧德賽》的主角奧德修斯離開家鄉參與特洛伊戰爭，奪下勝利以後經歷了各種磨難才歷劫歸來，然而，他的冒險並沒有就此結束，因為還有一群人正等著要把他除掉，他們趁奧德修斯不在家鄉的那段期間，搶奪他的老婆，甚至想要統治他的王國。好幾十人對一人的這場仗，要動員所有過去在各種試煉當中鍛鍊出來的技能以及領悟到的事物，才有可能獲得勝利，而這也就是所謂的「最終關卡」。

包含《奧德賽》，幾乎所有英雄神話都會展現人類活在這世上所需要的線索與正確態度，神話研究學者們強調：「英雄神話的功能是，指導我們如何把隱藏在自我內心深處的英雄潛力激發出來。」從這點來看，轉變期同樣也是將個人的潛力一一激發，是一趟自我完成的冒險，剛好和英雄神話相通。實際上，出現在這本書裡的大部分轉變者，也都有在經歷完艱難的返還過程後，為了成功改變人生而必須通過最後一道關卡。

轉變者的最終關卡，大膽的計畫

如果用圖形來表現轉變的過程，那麼，將是一個趨近於圓的圖形。因為在接受了召喚以後，經過一連串實驗與省察的探險，就得重回當初的出發點。雖然轉變者回到的世界或外在環境可能和當初一模一樣，但是成功蛻變的轉變者，早已不是當年的那個人。就好比眼界不同以後所見的事物也會不同，當自己有所改變的時候，人生也會徹底不一樣。在此，轉變的重點不在於量，而在於質，包括職業以及外在人生都會隨著內在成長幅度而有所改變。然而，要能產生內外層次的根本性改變並不容易，轉變者必須先在返還的過程中完成最後任務才行。

轉變者在返還過程中面臨的最終考驗，有些是來自外部，宛如某人賦予的任務一樣，有些則是轉變者自行設定的。不論選擇哪一條路徑，轉變者的最終關卡都有著一個共同點，那就是以「規模大且驚險」（Big Hairy Project）的型態呈現。就像神話故事裡的英雄一樣，轉變者們必須動員所有轉變期間習得的智慧與技術，來完成一項課題，然後在這樣的過程中重新誕生。

比如說，賈沃斯基的課題是創立「美國領導論壇會」（American Leadership Forum）；法蘭可的課題是把他在四個集中營裡體驗到

【圖說】回到家鄉的奧德修斯，必須面對幫妻子復仇的重要課題，人生轉變者通常也會面臨這樣的最終關卡，來評估轉變的成與敗。克里斯托弗．威廉．埃克斯伯格（Christoffer Wilhelm Eckersberg），〈奧德修斯對追求妻子潘妮洛碧的求婚者們展開復仇〉，一八一四年。

的一切，綜合自己的意義治療法，彙整出一套全新的心理治療方法；巴菲特則是離開老師，成立屬於自己的投資合夥人，並且成為一位專業的投資者；梭羅的課題是要出版其第一本著作《河上一周》（*A Week on the Concord and Merrimack Rivers*）；富蘭克林得挑戰創立美國史上第一間會員制圖書館；具本亨則是離開職場，創立一人企業，提供各種知識服務。

寫作、整理理論、創業、成立公益團體等，轉變者們的課題類型雖然不盡相同，但是都有著一個共同點，就是要把至今所學的一切拿出來應用，才有可能成功，且挑戰度都非常高。藉此，轉變者們不僅可以將自身潛力極大化，同時還可以用自己特有的方式回饋於社會。當然，這些人的故事會流傳於世，也是在他們順利通過考驗之後的事。

有時，轉變者也會面臨最終考驗難度太高，就算付出一切也難以解決而感到挫敗。但是儘管如此，轉變者往往還是會選擇透過觀點的轉換克服難關，打從內在徹底蛻變成全新的一個人，其中最典型的人物就屬赫曼．赫塞。

赫塞的最終關卡是寫完《德米安》之後屆滿一年之際，要開始著手寫《流浪者之歌》這件事，他想要透過這部作品集中探討一個角色人物靈魂層面的成長，這是他過去從未嘗試過的寫作手法，他想要把長年以來熱愛的藝術與新領悟到的深層心理學，還有靈性、尤其結合東方宗教的觀點。這部小說分成上下兩冊，上冊在描述忍耐、禁欲的苦行僧悉達多時，寫作進行的非常順利，但是當他準備寫下冊悉達多回到城市，有新的體悟時，卻是從一開始就卡關，一直無法順利寫出一些東西。

他本來想要在下冊把悉達多刻畫成肯定世俗人生、最終達成領悟的人，但是正因為赫塞自己沒有這樣的經歷，導致他寫不出任何一行文字，當時的赫塞雖然有獨自苦行、鍛鍊的經驗，卻沒有被慾望動搖過念頭，也幾乎沒有體驗過深度的靈性領悟。當然，以小說的特性來說，只要將其他故事加上一點想像力，也不至於寫不出來。但是赫塞想要寫的是自己親身體驗過的經歷，而非從未體驗過卻要裝得好像有過這樣的經驗一樣，靠腦海想像捏造。

在寫《德米安》的時候他有借助深層心理學，但是《流浪者之歌》不一樣，光從心理學角度去發揮是不能夠解決問題的，他需要其他的突破口。在前後都不通的情況下，赫塞尋求榮格的心理諮商，並且認真學習平時感興趣的東方宗教與思想。再加上他走出了狹小的工作室，與人往來交流，也開始進行支援第一次世界大戰受害者的活動。這樣的嘗試對於赫塞來說是前所未有的事情。赫塞其實是在配合其小說裡的主角人生，經歷最終關卡，把自己也徹底改頭換面。經歷了為期三年的煎熬以後，《流浪者之歌》終於到了最終收尾階段，許多文學評論家對這本書給予了高度評價，認為是當時赫塞所寫的所有小說當中最深奧、完整度也最高的作品。

如果說上冊的「苦行僧」悉達多是過去的赫塞，那麼下冊「解脫」的悉達多則是他的楷模，也是他的目標。完成《流浪者之歌》表示他過了巨大的關卡，也意味著他已經準備好要過有別於以往的人生，就如同小說的中半部悉達多對他的好友高文達所說的，他已經準備好「愛這樣的世界，樂於成為其中一部分。」赫塞在一九二二年出版《流浪者之歌》以後，開始不同於過去，積極參加社會活動，也遇見自己心儀的對象，甚至努力取得瑞士國籍，這些行為轉變都絕非一夕之間形成。

大膽計畫的三種特徵

誠如前述所言，轉變者在返還的過程中面對的課題類型都不盡相同，但在本質上是有幾個共同點的。

第一，沒有強烈的犧牲奉獻精神和專注執著是無法達成的，極具挑戰性，且必須全力以赴才有可能達成的，這種程度的課題才有辦法測得出轉變者是否已準備好返還，是否有將取得的寶物和領悟徹底內化。

第二，大膽的計畫不需要任何解釋，內容清楚明確，計畫本身就會賦予動機。換句話說，這項計畫不僅要明確，也會帶有轉變者認為最重要的價值。具有明確意義的目標會吸引轉變者把所有力氣專注投入在這件事情上，轉變者會為這項課題進行命名或簡化，諸如：「創立會員制圖書館」、「訂定全新的心理治療法」、「創立一人企業」等，藉此強化完成計畫所需的犧牲與鬥志。

最後，通常大膽的計畫會超越個人，有著更廣更深的意涵。轉變者在執行這種計畫時，往往會感受到更為廣泛的意涵。猶太教拉比希列爾（Hillel）曾說，「如果我不為我自己的話，那麼誰為我呢？並且，如果我不為其他人的話，那麼我是誰呢？同時，如果不是現在，那麼會是什麼時候呢？」大膽的計畫就和希列爾所說的這番話一樣，是只有自己可以做、現在必須做，擁有超越自我意義的獨一無二課題。

葛蘭丁的返還過程就有如實展現這三種特徵，她的大膽計畫是和設計一款舒緩牛隻壓力的牛槽有關，她為了治療自己的自閉症而設計了一款人類使用的擠壓器，前前後後總共改良了四次，而在過程中也緩和了她的自閉症，她對家畜也變得比以前更為關注。葛蘭汀把碩士論文主題設定為設計飼養場的家畜擠壓器。

其實寫論文這件事對於患有自閉症的天寶．葛蘭汀來說有著兩大挑戰，一是要寫出有一定頁數份量的論文，對她而言是相當困難的事，這和寫一般報告或散文是截然不同層次的課題，更何況論文是要寫出具有說服力的文字，展現自己的理論與邏輯。當時在人際關係和共感能力方面都還明顯欠缺的她，這件事又是另一項挑戰。但是葛蘭汀最終還是克服了這些困難，完成了她的論文。祕訣是因為最吸引她的正是那獨一無二的主題「家畜擠壓器」，此外，她也非常清楚知道要是跨越不了論文這一關，她也無法跨越自閉症，前往另一處更寬廣的世界。這篇論文也成為爾後一百多篇的家畜待遇與設備相關的文章起點。

葛蘭汀的論文是美國家畜行為研究相關的第一篇研究，扮演著該領域的領頭羊角色。一開始只是為了解決自己的自閉症問題而進行的事情，後來竟演變成關懷動物、創造家畜友善設施的事情。她發現只要通過這道關卡，身為自閉症患者的自己就可以不必再依賴任何人，不僅能夠獨立生活，甚至還可以對社會做出貢獻。這篇論文後來成為動物行為學教授、家畜設備設計者、自閉症研究者人生的前兆，她和神經學家奧利佛．薩克斯見面時這樣說道：

我不希望我的想法跟著我死去，我希望我是有所作為的……我需要知道我的生命是有意義的……我講的是，我存在的真正本質。[1]

大膽的計畫不是不切實際的夢想或抽象的哲學，也不是競爭中為了獲勝而擬定的策略。大膽的計畫會激發出轉變者的熱情與使命感，與這一切（夢想、哲學、策略）巧妙結合。這就是為什麼藉由大膽的計畫可以測試出轉變者是否已準備好的理由。

增加返還困難度的障礙物

只要回到一開始的起點，就等於成功返還了嗎？不，轉變者要將自己取得的寶物公諸於世才行。而多數人都會在這段過程中遇上許多困難。坎伯曾說：「為了完成自我冒險，返還的英雄要能撐得住世界的打擊。」我們在研究轉變者的轉變過程中發現，在返還階段至少會面臨以下這四種障礙。

首先是周遭人士的反對，當你帶著珍貴的領悟歸來時，你以為大家會熱情地歡迎你，但事實上恰巧相反。要是不熟的人對你展現冷漠或拒絕還無所謂，但是轉變者最容易面臨的障礙往往是得不到周遭親人、熟識友人的理解以及抨擊。

葛蘭汀當初決定要以家畜擠壓器作為碩士論文題目時，第一個跳出來反對的人就是指導教授，因為他認為動

1 摘自《星星的孩子：自閉天才的圖像思考》（*Thinking in Pictures: and Other Reports from My Life with Autism*），天寶．葛蘭汀（Temple Grandin）著，心靈工坊，二〇一二。

物的行為和待遇不值得作為一門學問來研究；約瑟夫．賈沃斯基為了落實自己的志業，決定離開律師事務所時，長年一起工作的同事不旦不能理解他這樣的決定，甚至認為他已經是失去理智的人；赫塞在出版《流浪者之歌》以後，儘管一次世界大戰落幕，數年後在德國依然難以擺脫賣國賊的標籤，一直收到厭惡他的人所寄來的信。

第二種障礙則是經濟上的問題，通常金錢壓力會在一個人的轉變過程當中不斷浮現，尤其在返還階段會更為明顯，使轉變者的壓力倍增。因為返還是指回歸世俗，而金錢是使世俗運作的主要力量。高更在大溪地馬泰亞（Mataiea）島上熱衷於作品創作時，留在巴黎的畫作沒有一幅成功售出，他身無分文，甚至就連買顏料的錢都沒有，使他難以繼續作畫，因此，他也曾經自嘲：「雖然痛苦可以激發出一個人的天賦，但是如果痛苦太大，天賦也會被完全消磨殆盡。」

黃裳當初也沒辦法馬上實踐自己的夢想——幽人的人生，他為了扮演好一家之長的角色，不得不過著和幽人背道而馳的生活；赫塞的狀況也不相上下，他雖然在蒙塔諾拉找回了身心安定，也重新提筆寫小說，但是被祖國唾棄的作家所寫的小說，銷量自然不如預期。他想盡辦法賣一些結合畫作的詩篇，德國的房子也遭處分，戰後，他憶起那段幾近趕盡殺絕的日子，語帶自嘲地說：「當時我手上只有一天的飯錢。」

第三種障礙是對自己缺乏自信，許多轉變者因為對自己領悟到的心得和好不容易取得的寶物缺乏自信，所以會對「返還」這件事躊躇不前。尤其周遭的反對與漠視、經濟上的壓力等，上述這些原因也都會使自己變得更加缺乏自信。賈沃斯基設立了美國領袖論壇這項計畫以後，有長達三年多的時間沒能落實，他曾表示：「因為對未知世界的不安與擔憂，害怕被既有團體排除，去乏承擔風險的勇氣等，使我一直抗拒我的命運。」

凱倫．阿姆斯壯則是從修女院出來以後，對神學仍保有興趣，但是因為還俗後的慘痛經驗，刻意選擇走上距離神學遙遠的道路，雖然很久之後有回心轉意，但是不僅沒有拿到神學博士，就連她專攻的文學博士學位也從眼前平白溜走，於是她陷入自我懷疑，不確定自己是否有資格成為宗教學者。具本亨是在創立一人企業以後，出現了過去從來沒有的習慣，首先是失眠，無法入眠的日子變得愈來愈多，另外，創業第一年他還找了五百多本自我成長類書籍來閱讀，主要是因為他認為要了解競爭對手的想法才令他感到安心。失眠和大量閱讀，兩者都是因為對自己的自信度不夠所致。

最後一種障礙是時代走向和運氣，轉變者當中有些人是因為走在時代太前端而被眾人漠視，生前沒能得到合理的評價，就好比梭羅出版的第一本書《河上一周》，不僅沒有獲得收入，甚至還倒賠。他自掏腰包總共印了一千本，結果四年下來只賣出了兩百一十九本，最後剩下的七百多本只好自行回收，保管在家中倉庫裡，他總共花了六年多償還這本書的出版費用。被譽為是生態文學傑作的《湖濱散記》也是，在梭羅生前並沒有被獲得認可。

保羅・高更也有遇到同樣的問題，他的獨創畫風與印象主義畫風有著強烈對比，在當時年輕畫家之間備受矚目，但卻無法吸引一般大眾的目光。他從法國歸來以後開過幾次個人畫展，畫作成交次數竟趨近於零。他不僅受巴黎主流美術界關注，甚至還遭一八八九年展開的巴黎萬國博覽會拒絕，不得參展。曾有一段時期和高更深談彼此畫作世界的文森・梵谷（Vincent van Gogh），在當時那個年代，他的作品毫不被重視。詩人艾蜜莉・狄金森（Emily Dickinson）的人生際遇也差不了多少，一生寫了兩千篇的詩，但是生前只有少數人士看見她的才華，基本上她的作品都沒有得到好的評價。

然而，梭羅和高更、梵谷、狄更生，死後都被譽為是超越時代的藝術家，在這段期間，他們的作品都未有任何改變，改變的只有專家們的評價標準以及大眾的認知。因此，一個人成就出的非凡，不能單從他的個人因素來做解釋，還要包含時代的走向和活動領域、整體大環境以及運氣，也就是要剛好天時地利人和才行。

離開過去熟悉的世界，克服重重困難以後，再度返還世俗，這段過程需要莫大的勇氣支撐。要是不走到返還階段，轉變期就會處於未完成狀態，就如同坎伯說過的：「走進森林和走出森林，都有其時間點。」而這裡所謂的時間點，是忠於探險的轉變者本人最清楚不過的。轉變者們會經歷各種挑戰、磨難，最終都會迎刃而解，成為實現自身潛力的人，重返世俗、回饋社會。

成功的返還，需要這些原則

有一位夢想成為小說家的年輕人，透過過去不斷的練習，發現自己的文學才能，他為了寫出一本像樣的小說，下班後、週末休假時都在閱讀知名小說家的著作，他藉由閱讀模仿他們的寫作文體與優點，經由練習激發出許多想像力，實力也與日俱增，於是就順水推舟地辭去了工作，正式開始執筆寫作，整日埋首練習，也從無數次的失敗中累積了不少實力。

年輕人最後終於發展出屬於自己的文體，那樣的寫作風格也令他相當滿意，同時還完成了一本題材新穎的中篇小說。他滿心期待地把作品毛遂自薦到各大文學獎公開招募活動，結果卻是屢遭淘汰。他認為是當時的主流文學界還未看見其作品價值，於是這次換投稿到各家出版社，總共投了數十家。事隔兩週以後，他遲遲沒有等到任何一家出版社的好消息，只有收到幾家出版社的制式化婉拒信。

返還的四種方式

一名年輕人帶著自認為是寶物的東西歷劫歸來，卻沒有任何人歡迎他。大眾不僅不賞識他的寶物，甚至漠不關心、冷嘲熱諷。面對這樣的情況，年輕人該如何是好？這時，他有以下四種方案可以選擇。

第一種方案是拒絕返還，埋怨大家漠視了他的才華，選擇離開這個社會，找個地方隱居，或者重回老師身邊繼續深造，抑或是索性直接放棄志業。許多人會像高更一樣，在巴黎展示會失敗收場以後，回到大溪地投入創作，停留在自己的世界裡，拒絕和世界妥協。我們從高更曾經寫給友人的一封信裡，可以窺探到這樣的信念與絕望：

> 最終，我只能絕望地繼續當個「怪異的畫家」，要是承襲過去的風格，我只不過是個抄襲者，厚顏無恥的人類，但也正因為選擇走上和過去截然不同的道路，所以被大家視為是可憐之人。與其當個抄襲者，我更想當個可憐人。[2]

第二種方案是搭上時代潮流的順風車，跟隨當代趨勢，努力擠進主流行列。為了賺取金錢、獲得大眾認可，暫時先壓抑自己的風格和個性，迎合大眾的口味。舉凡像是寫一些評審委員會喜愛的主題或文章形式，或者敏銳地反映時下流行，畫一些能夠吸引畫商們注意的畫作，抑或是寫一些出版社會感興趣的主題，而非自己真正想寫的內容。這些人往往會想著先用這樣的方式讓自己在社會上站穩腳步以後，再來盡情發揮自己特有的風格個性，然而，真正成功的案例極為罕見。因為在如今這種快速變遷的時代下，「安定的慾望」真正會變成「安定」的情形十分少見，尤其是好不容易累積出來的社會經歷和成就，也不可能說放就放下。隨著迎合趨勢的時間愈久，既有的獨特風格也會變得愈漸模糊，最終，則會再也找不回那份獨特性。

第三種方案是找出寶物當中可以與大眾分享的一小部分，在不會有損寶物的程度下配合世俗的要求，或者準備一些可以傳達價值的方法，舉例來說，找到有人會賞識自己作品的極小眾市場或主打客層，專攻這些人，累積自己的知名度。當然，這絕非一件容易的事情，若要選擇這麼做，就需要有極大的耐心、勇氣與創意。

第四種方式和上述第三種雷同，把能夠維持生計的事情和自己的志業同時併行，譬如，與自己找到的寶物

2 《保羅．高更》，大衛．斯威特曼 著。無中譯本。

有關的事情，或者從事可以分享寶物價值的工作，伺機行動。如果以前述想要成為小說家的年輕人為例，就可以邊從事潤稿或寫作指導工作邊寫小說；無名畫家則可以先從事美術老師的工作，一邊指導學生作畫，一邊持續創作；有實力的無名歌手也可以先擔任歌唱教練，然後參加公開徵選歌手比賽等，不斷朝自己的歌手夢想前進。而這種方式和第三種方式一樣，都需具有相當的恆心與毅力、熱情與骨氣。

轉變期的返還階段本質在於「蛻變」和「整合」，如果說蛻變是在轉變者的內在產生的過程，那麼，整合就是把自身內在的變化擴張到世界。坎伯曾說：「帶回某個對這世界有益的東西並獲得世人認可，是比我們回到自我內在還要困難的事情。」既然如此，那轉變者們又是如何達成如此艱難的整合呢？

我們來看喬瑟夫．坎伯的案例，他在結束長達五年的閱讀時光以後，偶然接獲了擔任莎拉．勞倫斯學院的文學系教授邀請，一週只要有三天開課演講，其餘時間可以讓他自由研究自己喜歡的領域，那是一項極具吸引力的提議。成為教授沒多久以後，他最喜歡的作家詹姆斯．喬伊斯出版了小說《芬尼根的守靈夜》（*Finnegans Wake*），那是他過去在伍德斯托克的森林裡埋首閱讀時最喜歡的作家，雖然他一眼就看出《芬尼根的守靈夜》有著驚人內容，但是大眾卻認為這部作品過於艱澀，完全不能理解小說要傳達的內容是什麼。對此感到納悶的坎伯，為了有助於大眾理解這本小說，於是決定和同事們一起寫一本關於這本小說的解析。

不過，費盡心思寫出來的解析原稿，竟沒有任何一家出版社願意出版。當時的坎伯甚至動過想要自費出版的念頭，可惜手邊沒有足夠的資金能讓他這麼做，只能不斷改寫原稿，看不見任何機會。隨著歲月逐漸淡忘的這份原稿，沒想到竟因一個出乎意外的事件公諸於世。

某天，坎伯偶然看了一齣舞台劇，發現內容根本是抄襲《芬尼根的守靈夜》，但是這齣劇是知名劇本作家寫的戲曲，在當時的百老匯劇院廣受好評。於是，坎伯和同事們一起寫了幾篇抨擊這齣戲的新聞，成功吸引了媒體輿論和文學評論界的關注，過程中，有一間出版社對坎伯當初寫的那份原稿產生了興趣，並受到素未謀面的美裔英國詩人暨評論家T．S．艾略特的賞識及推薦，終於和出版社達成了出版協議，而這本書也成為他首度成名的契機。

坎伯沒有因為大眾看不懂就拒絕返還，或者迎合時下潮流，而是苦力將自身領悟的一部分分享給世人大眾，默默寫作，等待機會。然後在機會來臨時一把牢牢掌握，沒有讓它平白流失，這一切都是因為他早已做好準備的緣故。這使他不僅在教職方面別有一番成就，在其他領域（寫作、文學評論）也算事業有成。而其他轉變者也以類似的形式成功返還。

成功的返還，是以「我創造的世界」為標準

成功返還的轉變者，都有著一個共同點——創立了一個別具意義的世界，按著自己的風格生活。我之所以要加上「別具意義」這四個字，是因為這個世界有著超越轉變者個人的價值。別忘了，返還的本質是個人的蛻變與社會層次的整合，因此，創造出別具意義的自我世界的人，我們通常會稱他「自出一家」，而一家這個詞不僅帶有「一家人」的意思，還有著「在學問、技術、藝術等領域獨樹一格」的意涵，相信絕非巧合。

「我創造的世界」可以是法蘭可的意義治療法或榮格的分析心理學等新興學派，也可以是賈沃斯基的領袖論壇和富蘭克林創立的各種公益團體等組織，黃裳耗費數十年打造的一粟山房以及聶爾寧夫婦的親近大自然空間，也都可以被視為一個世界。梭羅展現的簡樸人生與公民不服從精神，長年來聶爾寧夫婦實踐的「美好與協調」的人生哲學，作為優秀的世界也毫不遜色。

儘管沒有創造出新領域，只要對過去的領域提出創新改革，或者達到獨門境界，也都可以被評為自出一家。譬如具本亨在其改變經營與一人企業等的先驅成就，達到成長小說巔峰的赫曼·赫塞的文學，對希臘神話有著卓越解析能力的李潤基，巴菲特的價值投資法，伊莉莎白開拓出的死亡學，高更的新印象派畫風等，皆屬於自出一

家。

理察·華格納（Richard Wagner）的歌劇〈崔斯坦與伊索德〉（*Tristan und Isolde*）裡有一句台詞：「看來這個世界裡也要有一個屬於我的世界，只要我能擁有它，就算不能被救贖也無所謂，要下地獄也在所不惜。」轉變者們為了創造一個屬於自己的世界，不斷開拓自己，然而，這樣的世界並非意指可以為所欲為的物理性場所或領域，而是更高層次的境地，嚴格來說就是自我內在的擴張。

最小也最能夠擴張的世界，正是我們每一個人本身，因為個性與人格即是一個世界，不論東西方都曾將人類比喻為天上的星星，尤其在東方，自古以來就把人類喻為小宇宙，意指人類的無窮潛力宛如浩瀚宇宙。自我實現是不遺餘力地激發出所有潛在能力，成為「整體的自我」，藉此，自立的完整人格體、獨創的「自我世界」也就此展開。轉變是一段為了實現自我的實質過程，也是一段集中式的努力過程。

返還的三個原則

轉變者們都是如何建構自己的世界？如何把困難的返還過程成功整合？根據我們的研究，有三個原則。

第一，階段性地接近，轉變者們往往沒有想要一步登天，而是把大目標細分成各種小目標，從小目標開始落實執行。這就好比在攀登崇山峻嶺時，先找好方位，從基地營開始出發，沿途經過幾個中繼站，最後才會攻頂是一樣的道理。「改進精神」其實是帶領富蘭克林的熱情之一，改進是富蘭克林的人生主旨，比起一口氣徹底改革，它更偏好漸進式的微調改善，這項精神在他組織團體時也有落實套用，一開始他藉由「共讀社」社團剛組成的時期改進了自己，然後把社團本身進行了升級，接下來透過這個社團改進自己居住的地區，專注於公共議題，最後更是把眼界放得更大，站在國家（殖民地美國）的層級，物色出永垂不朽的改進方法——「獨立」。

巴菲特將投資比喻成「滾雪球」（snowball），先堆出一顆小雪球，然後只要在雪地裡不停的滾動它，自然而然就會沾上更多的雪花，持續不斷地、小心謹慎地滾動，最後就會變成一顆大雪球。返還的過程也和滾雪球一樣，巴菲特把從老師那裏學到的投資策略結合了自學和自身經驗，成功創造出巴菲特式的投資方法，此外，自一九五六年組成的第一個投資合夥事業，到一九五九年當時已經成長到六個投資合夥事業，再過兩年已經擴大到十個投資合夥事業，以這樣的方式循序漸進地拓展自己的投資規模。

第二，確保明確的「差異化專業性」，這和擅長某個領域的專業性不一樣，也和獨特的差異性是不一樣的概念。為了建構出一個屬於自己的世界，單靠專業性或差異性是不夠的，一定要兩者同時兼具才行。擁有這兩者的人，會懂得用創新的手法展現過去熟悉的事物，也會懂得用熟悉的方式展現陌生的事物。創新卻不怪異，充滿個性卻又不失普遍性。

值得注意的是，許多轉變者會在自己的專業領域上結合新領域，進而發展成差異化專業性。譬如坎伯就是在自己的專業領域「神話」上，結合了榮格的分析心理學，發展出從分析心理學的角度看神話，以及透過神話來深入探究人類的精神與人生；凱倫阿姆斯壯是以大學與研究所專攻的文學作為基礎，結合了過去在修女院時期的體驗與自學習得的神學，成為了與普羅大眾最能夠溝通交流的宗教學家；法蘭可是在身為精神科醫師的專業背景下，結合集中營的親身經歷，提升意意治療法的完整度；赫塞則是在其特有的文學想像力上結合了心理學，後來甚至結合靈性，建構出獨特的寫作風格；具本亨把改變經營結合人文學，創造出一般自我成長類或經營管理類書籍未有的深度。

巨大的改革通常來自兩種不同領域的界線，個人的獨家技能同樣也是在自己的專業領域上結合了新領域而產生。轉變期會提供一個實驗舞台，讓你熟悉專業領域外的其他領域，為你的人生打開一扇全新的門。此時，返還就是過去既有領域與新領域兩者自然整合的過程。

第三，不忘初心。初心是指最初一開始的心境，不是充滿知識與技術的專家，而是放下一切的心態。專家往往是熟知某領域的人，所以從某方面來看，是心理可能性較小的人，《禪者的初心》（*Zen Mind, Beginner's Mind*）的作者鈴木俊隆就曾說過：「初學者的心充滿各種可能性，老手的心卻沒有多少可能性。」

返還的成敗取決於初心，轉變者一定要將一開始的那份懇切感與開放的態度牢記於心才行。「發心者」——不忘初心的人——總是可以變得更有深度也更有廣度。撰寫巴菲特傳的艾莉斯·舒德（Alice Schroeder）就曾指出，巴菲特「青年的心態」是其特質之一，因為儘管巴菲特已經成為世界頂尖的價值投資專家，也還是沒有忘記當初學生時期向格雷厄姆學習投資的初心，若非如此，在那麼容易起起落落的投資世界裡，也不可能以投資專家的身分屹立不搖五十餘年。聶爾寧夫夫也因知名度提升以後有愈來愈多人前往探訪，他們為了維持當初的初心，寧願選擇放棄超過二十年親手打造的農場，另覓不受打擾的淨土。

現在柔道的創始者嘉納治五郎，在臨終前夕拜託弟子，自己死後，記得要幫他繫上「白帶」，如此有聲望的高手竟然在瀕臨死亡之際還惦記著要繫上初學者的象徵「白帶」，便可知道他的一生都有保持著「白帶精神」。和嘉納治五郎一樣成功返還的轉變者們，心態也一直維持在白帶的初學者姿態，而這也是為什麼他們在返還過程中得以克服重重障礙，維持數十年如一日的自我風格而非一閃即逝，固守最高成就的祕訣。

尾聲
人類因通過轉變期而偉大

不論你是誰，
只要在某個夜晚，
走出家門，離開那熟悉的地方，跨出一步，
一旁馬上就有廣大無邊的空間。

——萊納・瑪利亞・里爾克（Rainer Maria Rilke，詩人）

一名年輕人找上了賢者，想要拜他為師，賢者說道：

「那麼，我問你一個問題，你猜猜看答案是什麼，只要答對我就收你為徒。」

年輕人點點頭，於是賢者伸出了兩根手指。

「有兩名小偷，從煙囪爬進室內，其中一名灰頭土臉，另一名則是整潔乾淨，你猜兩人當中誰會去洗臉？」

年輕人沒把握地回答：

「應該是灰頭土臉的那個小偷吧？」

「錯，是那名整潔乾淨的小偷去洗臉，這道理不是很簡單嗎？骯髒的小偷看見乾淨的小偷以後，會認為自己的臉應該也是乾淨的，所以不會去洗臉；乾淨的小偷則是看見骯髒的小偷以後，認為自己的臉應該也會是骯髒的，所以跑去洗臉。」

「有道理。」年輕人拜託賢者：「再給我一次機會吧！」

賢者再問了他同樣的問題。這次年輕人充滿自信地答道：

「這不是剛剛問過的題目嗎？當然是乾淨的小偷去洗臉囉！」

「你又答錯了，應該是兩個人都跑去洗臉才對。乾淨的小偷看見骯髒的小偷以後，覺得自己的臉應該也是那麼髒，所以跑去清洗，骯髒的小偷見狀心想：『明明很乾淨的臉竟然還要清洗，那我也去洗一下好了』於是最後兩人都洗了把臉。」

「這真的出乎我意料呢，拜託再給我一次機會，問我最後一個問題吧。」

賢者這次依舊問了年輕人同樣的問題。三次都被問同一個問題的年輕人，開始查覺到自己好像掉入了問題的陷阱裡，但是礙於實在想不出其他答案，只好語帶無奈地回答：「兩個人都會去洗臉。」

「錯，答案是兩個人都沒洗臉，骯髒的小偷看見乾淨的小偷以後，認為自己應該也是乾淨的，所以不用去洗臉；乾淨的小偷看見骯髒的小偷以後心想：『那麼髒的臉竟然都不用去洗，那我應該也不用洗了』於是最後兩人都沒洗臉。」

年輕人聽完這番話以後，馬上在賢者面前雙膝跪地，雙手緊握苦苦哀求：

「老師，拜託您真的再給我最後一次機會吧。」

賢者搖了搖頭說：

「不，我不想收你為徒，你根本還沒準備好。試想，兩名小偷都是從同一個煙囪爬進來的，怎麼會只有一個小偷的臉是髒兮兮的，另一個則是乾淨無暇？再說了，偷爬進來的小偷忙著偷東西都來不及了，哪裡還有空跑去廁所裡洗臉？這簡直就是個愚蠢的問題，浪費生命在回答這種愚蠢的問題上，獲得的也只會是愚蠢答案。」[3]

人生的危機往往來自「愚蠢的問題」，當我們長期懷抱著疑問或一直追求的問題遲遲沒有找到解答時，我們會感到挫折。然而，更嚴重的是當我們真的找到問題時卻還是感到空虛。成就的喜悅只要經過幾天或者幾個月就會煙消雲散，然後我們又會立刻設定一個新目標，但是那份空虛感不僅不會消失，還會一直停留在內心裡，使你遲遲無法擺脫「難道這就是人生？」的念頭。

事後我們會發現，原來自己的問題其實很愚蠢，過去一直都脫離了人生的本質，只有不斷緊抓著空虛的問題努力尋找答案，當我們發現問題本身就有問題時，存在本身就會消失殆盡，人生也早已栽了個大跟斗。然而，人們往往會在這時把問題推向人生角落而非拋出新的提問，藉由自暴自棄、藉酒消愁、沉迷於賭博、外遇，或者瘋狂工作、過度的興趣活動、對子女的執著等來偽裝自己的徬徨無助。究竟為什麼會感到如此空虛呢？

這種空虛感其實是因為沒有問到人生的本質問題，因為人生有一大半時間都用在要達成的目標上，從來沒問過自己那些事究竟是不是自己真正想要的。至今為止，我們一直都只有談論「要做什麼」以及「如何做」，對於更深層的提問，也就是關於「我自己」卻沒有很深入的探究。轉變期正是問關於「自己」的時期，「我是誰？」「真正屬於我的人生會是什麼樣子？」、「我要靠什麼東西走出自己的道路？」等，不斷反問自己這類問題，透過探究與冒險，探險出解答的過程。

當人生的核心問題變得不一樣時，觀看人生的觀點也會跟著提升。轉變者會透過「更高層次的問題」眺望更遙遠更遼闊的人生，讓那些過去在轉變期以前煩惱的問題，經歷完返還以後變得不再是問題。藉由新的提問，讓自己擁有「既有問題不再是問題的更高層次觀點」，才是轉變者應該要追求的方向。

這本書所介紹的九種轉變工具，是可以幫助我們確認至今不斷向外在世界拋出的低階問題，改變提問的方向，柔和地轉移至自己身上，就好比是一個「螺旋狀的通道」，透過這條通道，我們不僅能夠確認自身本質與潛力，

3 改編自《對於開玩笑的哲學考察》（*Jokes: Philosophical Thoughts on Joking Matters*），泰德・寇恩（Ted Cohen）著。無中譯本。

還可以使觀點提升到更高的層次。當我們在攀爬螺旋型通道時，每跨出一步就很可能跌跤、失敗，但是只要持續朝著成熟的自己邁進，儘管速度有些緩慢，總有一天也一定會爬到出口。

這本書的轉變者都不是天生非凡，而是經由轉變期的訓練蛻變成非凡，這是我們從多位轉變者的人生案例中可以明確看見的。他們不是因為天生非凡所以可以成功將人生轉變，而是因為認真投入轉變期才得以蛻變成為不凡。這也是為什麼，愛默生會說：「人生因經歷轉變期而偉大，並非因為目標。」

現在，是時候該關上這些轉變者們的「窗戶」，開啟各自的「大門」了。這扇門必然會伴隨著孤立感、漆黑、試煉，將會是一場冒險，但同時也會引領你通往充滿潛力、喜悅、滿足、可能性的大海，當你身在冒險裡的時候，只要緊抓著喜悅不停邁進，你就會慢慢走向命運一直等待你走上的道路，你只要沿著這條路認真地走好每一步，某天你會發現，自己已經身處在人生問題的答案裡。

希望這本書有帶給你那樣的確信與夢想，也由衷地期盼你不要只站在窗前徘徊觀望，親自打開自己的門，往廣大無邊的空間跨出一步，在你闔上這本書的瞬間，願新的一扇門已徹底敞開。

附錄一　各種轉變模式

許多學者都曾研究過人生的重要階段或人生的轉變階段，看似相向卻又不一樣的這些蛻變模式，如果經過一番比較、考察，就會對轉變期的大藍圖與整體過程有所理解，也會在實際進行轉變時，以更明智的方法應對。要是你也正好站在人生的十字路口徘徊，那麼，不妨把自己帶入接下來要介紹的幾種模式裡，自行檢討甚至自己。

阿諾德．範亨訥普（Arnold van Gennep）的「通過儀禮」（Riteof Passage）

荷蘭出身的民俗學家阿諾德．範亨訥普，是世界上第一位發表「通過禮儀」概念的人，意指一個人進入新的地位、狀態，是成長過程中執行的重要儀禮（ritual），也就是在出生、成年、結婚、生子、死亡這幾個人生重要階段，為了順利度過極大轉變，自然扮演全新角色而進行的儀禮。

阿諾德．範亨訥普將這樣的儀式分成三階段：分離（separation）、轉換（transition）、整合（incorporation），為了從一個階段轉移到其他狀態或階段，首先要先將那個人和過去的狀態做象徵性的分離儀式，但是分離狀態還不算是進入全新狀態，要先經歷象徵中間狀態的轉換階段，然後再通過最後象徵已經獲得符合全新狀態定位的整合儀式才行。

【表六】阿諾德・範亨訥普的「通過儀禮」概要

分離	轉換	整合
• 與以前的狀態分離 • 採「死亡」的形式 • 極度的禁慾生活	• 中立、焦慮的狀態 • 孤獨與孤立的經歷 • 混沌、退化的象徵	• 通過一定的關卡 • 取得新地位與定位 • 回歸社會與日常

在第一階段「分離」會使你離開原本熟悉的社會空間，要你通過一段象徵性的死亡之河，然後迎接第二階段的「轉換」，此時會是還未進入全新狀態的混亂、不安時期，最後則是達成當初意圖的內在變化時，通過儀式的人會獲得全新的名字（角色）和定位，回到當初的起點，在過去生活的社會秩序裡進行重新整合。人類會藉由通過儀禮的所有過程，儀式性地死亡、重生、鍛鍊後，才會抵達全新的社會階段。宗教學家米爾・伊利亞德（Mircea Eliade）表示：

> 在古老的儀式或神話中，我們會發現，死亡的新體驗並不代表終結，相反的，它是轉向令一種生命形式必不可少的因素，是一場通往重生的考驗。換句話說，死亡是新生命的開始。[1]

威廉・布瑞奇的轉變模式（Transition Model）

世界級經營顧問威廉・布瑞奇熱愛觀察人生的各種變化，結婚、分手、失去工作等，探討該如何聰明應對這些人生當中的重大改變。

首先，他強調改變（change）和轉變（transition）是不一樣的概念，前者是指外在、環境上的改變，後者則比較傾向內在、心理層面的變化。他甚至提出，要是無視於內在變化，只重視外在改變，必定會遭遇失敗，因為轉變是必須打從心底、用人生接納改變的一連串心理過程，關於改變的大部分問題，大多來自沒有真正認知

【表七】威廉．布瑞奇的轉變模式概要

結束	迷茫	重生
• 放下過去的信念與觀點 • 五種「結束」的徵兆 • 反覆思考過去「結束」的經驗	• 空白與迷惘的時期 • 孤立感、空虛感極大化 • 取得人生線索、信號	• 內在重整、完成 • 發現未來的新芽 • 返回當初的出發地

到轉變而盲目地期待能夠有所改變。

布瑞奇所說的內在轉變，是經由結束（ending）、迷茫（neutral zone）、重生（new beginning）這三個階段完成。要先有結束，之後才有重生，然後在過程中還有非常重要的空虛與迷惘的時期。在此，重要的是轉變的第一階段不是開始，而是「結束」。為了重生，要先揮別過去才行。

這也暗示著許多人其實會帶著過去舊有的思維及框架，想要有新的開始。但是在未來還是個未知數的情況下，要把記有的東西統統放下談何容易，此時該放下的絕非工作或人際關係，而是執著、恐懼，以及不再有效的夢想與信任等。

轉變的第二階段「迷茫」，可以看作是混沌（chaos）時期，處於這個揭萬的人，幾乎都會陷入憂鬱、失落、空虛等負面情感，然而，這個時期同時也是將能量初始化的時期，經歷完混亂的徬徨與失敗以後，不僅可以確認自己的內在泉源，還能蓄勢待發。換言之，也是「創造性的徬徨」時期，布瑞奇建議，當我們身處在迷茫時期的時後，最好別想要人為控制這段時間，只要努力體會發自內心的信號與線索即可。當我們面臨重大困難時，往往會尋求技術上的改善建議，希望有人可以告訴我們該怎麼做，但是先靜下心來，仔細聆聽自己的心聲，往往會是克服困難的最佳方法。因此，在迷茫的時後，絕對需要獨處的時間。

最後「重生」階段並非指抵達想像的目的地，於是畫下了完美句點，而是在經歷完結束和迷茫時期以後，把得到的新領悟或新事物帶回一開始的出發點，並且按照自己所在的地方改良、整合、完成。透過轉變過程，我們的內在會徹底不同，也

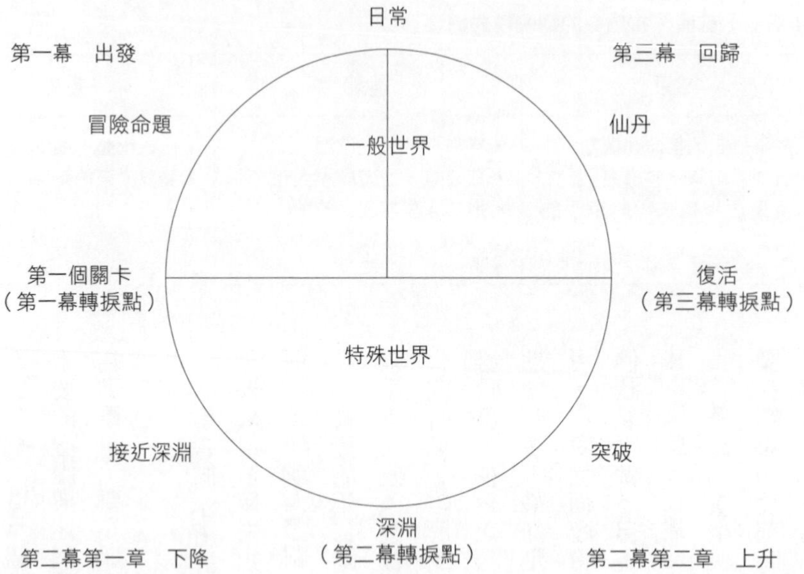

會獲得充分的能量。帶著那些收穫回到起點，在傷痕累累的人生現場重新開始。布瑞奇強調：

> 轉變不是某個具體的事件，而是你為了適應生命中發生的外在變化所進行的心理調整，包括確定未來前進的方向，以及重新自我定位。如果只是改變而沒有轉變，就如同只是將儲藏室的東西變換了擺放位置一樣——除非轉變發生，否則改變對你的人生豈不了多大作用，也毫無意義，因為它並不會為你帶來內心的深刻變化。[2]

喬瑟夫．坎伯的英雄之旅（Hero's Journey）

神話學家暨《千面英雄》作家坎伯曾表示，世界各地的英雄神話都有著一個原型（archetype），換言之，神話英雄故事裡，有著超越民族、文化、時空的普遍象徵和一貫化模式。他稱這個模式為「英雄之旅」。

英雄之旅大致可分三個部分：出發（departure）—歷險（initiation）—回歸（return）。擁有成為英雄資質的人物，在接獲某個召喚（命題）以後，從原本一般世界朝未知世界「出發」，經歷完一連串試煉以後，好不容易洞察出自己的力量泉源，這段過程就是「歷險」（下降與上升），最後則是藉由「回歸」階段，把有所領悟或珍貴寶物帶回一般世界。

如果把英雄之旅整理成一句話，那便是「英雄候選人展開冒險，冒險再培育出英雄。」換言之，英雄的前要條件是冒險，冒險則會造就出一名英雄。

如果再觀察得具體一點會發現，英雄神話裡其實有著幾個相同的設定環節。首先，出現在神話裡的主角（英雄候選人）是極其平凡的人物、過著窮困潦倒的生活。

他的身上雖然有著可以成為英雄的種子，但他自己卻渾然不知。直到某天，透過某個契機點或偶發事件，使他不得不執行某項任務或者被召喚要出門遠行，而這項召喚會使沉浸在熟悉日常的主角瞬間覺悟。隨著不同的神話故事，主角會以責任、義務、恐懼等各種理由拒絕召喚，但是如果一直抗拒召喚，最終也會被困在像「荒蕪地」一樣空虛的人生裡，難以走出屬於自己的道路。

接受召喚並展開冒險的主角會遇見第一個關卡，在這個階段，主角會接受一些考驗，測試他是否已準備好展開冒險，有無堅強的意志與資格。英雄通常會在這時先察覺到一點點自身潛力，一直到這裡都屬於英雄之旅的「出發」階段。出發階段的關鍵字是召喚、覺醒、分離。

1　摘自《轉變之書：別為結束哀傷，因為那是你重生的起點》（*Transitions: Making Sense of Life's Changes*），威廉・布瑞奇（William Bridges）著，早安財經，二〇一三。

2　同註1。

通過第一道關卡以後，主角面前會開而始正式展開一片未知世界。這個世界和過去主角熟悉的世界截然不同，在神話故事裡會以「進入幽暗叢林」、「在夜間海上航行」等這些場景來表現，英雄之旅的第二階段「歷險」就此展開，而這段過程不會只有勇往直前，反而會不斷徘徊、迷路，比起成果，會充滿更多的失敗與挫折。

每一位英雄神話裡的主角，都會經歷一連串試煉與孤獨的時期，試煉不僅不會一次結束，還會有愈來愈強勁的怪物和艱困的障礙物接踵而至，必須要與他們展開對決，跨越難關才行。過程中，主角會身陷致命性的危機，也就是跌入萬丈深淵，並且經歷極大的挫敗，為此灰心喪志。這時，英雄幾乎都已經走過鬼門關一回，或者象徵性地體驗過死亡。有趣的是，他們往往會在人生最低潮的時候突然領略到關鍵性的覺悟。根據坎伯表示：「人生最艱苦的時候，正是機會找出內在更深層的力量。」透過覺悟，主角會在內心自覺到「力量的泉源」，達到意識的擴張。此外，英雄也會察覺，原來至今經歷的各種苦難，都是為了讓自己做好準備領略終極領悟的過程。從深淵裡成功爬出來的主角，會開始進入人生上升期，雖然在這之後也會遇見各種怪物和障礙物，但是主角已經懂得運用在深淵裡領悟到的智慧突破重圍，最終獲得冒險的補償。藉此，主角也等於證明了自己已經具備成為英雄的條件。

成功突破層層危機的英雄，接下來會進入冒險的最終階段「回歸」。回歸的具體方式雖然會依神話故事而不盡相同，但大多是以脫逃或追擊等形式呈現。英雄會在回歸的過程中再一次面臨極大危機，我們可以將這項危機看作是最終考驗，測試英雄是否具有資格將其領悟到的事物及補償帶回世俗。通過最終考驗的英雄，將蛻變成實現潛力的人。

「回歸」是一段非常艱辛的過程，然而，諷刺的是，英雄努力奔跑抵達的最終目的地竟是他當初出發的平凡世界，只是對於已經練就一身功夫的英雄來說，平凡世界也早已是今非昔比。完成任務的英雄將面臨抉擇的時刻，要把自身領悟分享給他人，還是僅限於個人收藏。要是英雄帶回來的領悟——仙丹，正好符合世界所需，那麼與人分享就不成問題，這名英雄會受人景仰、聲名大噪；但要是「太早回歸」的英雄——先知，將會在凡俗中遭遇許多困難，因為人們還沒有準備好要接納英雄所帶回來的寶物。面對這種情況，聰明的英雄會一邊等待最佳時機，一邊做自己該做的事，他清楚知道只是時機尚未成熟的問題，最終，他的領悟還是會感化大眾，改變世界。

英雄之旅這個故事模式並不僅限於神話故事，人類為了實現自己的畢生志業，同樣也會經歷英雄之旅這趟冒險旅程，坎伯在《千面英雄》裡提到：

> 英雄的冒險旅程，是為了再成就、再發現而努力，英雄克服重重危機好不容易取得的神的力量，其實從一開始就存在於英雄內在。要是從這個角度來看，等於每個人的內在都存在著一位英雄，只是在等待著我們發現這樣的存在並將其內化，是神的創造、救贖的象徵。[3]

如果將以上三種改變模式的共同點加以整理，會是如下：

- 初期：不論是出自己意還是他意，將離開、脫離過往身處的世界。此時，重要的是會出現一股「吸引你的某種力量」，只要跟隨他，進入全新的世界即可。
- 中期：將面臨一連串的試煉、考驗。心理會變得陰暗，孤獨感與空虛感也會極大化。難關和障礙會淨化心靈，使人重新作好準備。
- 後期：回到自己一開始出發的起點，那個平凡無奇的世界。然後以成功蛻變的姿態，選擇重啟人生（扮演新角色），還是把自己的寶物（領悟）貢獻於社會和世界。

3 摘自《千面英雄》，喬瑟夫·坎伯著，立緒出版，一九九七。

附錄二　轉變者的「轉變之窗」合輯

接下來要介紹的十八名人生轉變者，其「轉變之窗」的內容與結構如左圖。

一、以「閱讀」作為主要工具的人生轉變者，頁三八八。
二、以「寫作」作為主要工具的人生轉變者，頁三九〇。
三、以「旅行」作為主要工具的人生轉變者，頁三九二。
四、以「興趣」作為主要工具的人生轉變者，頁三九四。
五、以「空間」作為主要工具的人生轉變者，頁三九六。
六、以「象徵」作為主要工具的人生轉變者，頁三九八。
七、以「宗教」作為主要工具的人生轉變者，頁四〇〇。
八、以「老師」作為主要工具的人生轉變者，頁四〇二。
九、以「團體」作為主要工具的人生轉變者，頁四〇四。

人物

生卒年與職業、頭銜

轉變工具：該人物在人生轉變其時使用的主要工具與輔助工具

<table>
<tr><th>轉變期以前</th><th>蛻變</th></tr>
<tr><td>

- **人物的職業、關係、心理等，轉變期以前的樣貌**

— 可與右邊的「蛻變」欄位比對觀察人物的內、外在情形

</td><td rowspan="3">

- **大膽的計劃（依據人物而所不同）**

— 為了蛻變而進行的最終關卡，參見第三章內容

— 動員所有轉變期獲得的智慧、技術

- **透過轉變與回歸達到的主要功績**

— 對照「轉變期以前」的內容，可以明確看出轉變者的內、外在改變

- **扼要說明轉變後的樣貌**

</td></tr>
<tr><th>事件</th></tr>
<tr><td>

- **邀請人物展開冒險的象徵事件**

— 觸發轉變的正、負面刺激

— 通常是以第一章（p.23）介紹的「分離」「失去角色」「幻想破滅」「迷失方向」展現

</td></tr>
<tr><th>覺醒</th><th>探索</th></tr>
<tr><td>

- **省察「事件」後獲得的領悟**

— 藉由內在解讀外在事件，領悟事件對自身的意義。

— 屬於實質上的「轉捩點」（turning point）

— 每個人物會遇見不同的「事件」，中間會安排很長一段時間才讓人物領悟意義（覺醒）

- **轉變期間產生的「覺醒」**

— 屬於「探索」過程中各種起伏點的大小領悟

</td><td>

- **為了找尋「自我」的內在探險內容**

— 以實驗與省察為主要活動，試錐期

— 屬於本書主題「轉變期」（turning period）

— 從「覺醒」到開始「探索」，中間可能會經過一段長時間

— 正式轉變前，通常是因為外在準備、克服恐懼而耗時

- **轉變的工具與具體運用方式**

— 作為「聆聽生命之音的管道」，使用的工具以及工具運用方法

</td></tr>
</table>

喬瑟夫·坎伯（Joseph Campbell）

一九〇四～一九八七，神話學者暨比較宗教學者

轉變工具：閱讀、寫作、旅行 p.50

轉變期以前	蛻變
• 自幼就對神話感興趣 — 熱愛美國印地安神話與英國亞瑟王傳說 **• 在歐洲攻讀博士學位時中途返國**	**• 大膽的計畫：執筆《芬尼根的守靈夜註解》，並出版成書** — 為難以理解詹姆斯·喬伊斯作品的大眾所寫的解析 — 發現有舞台劇抄襲《芬尼根的守靈夜》以後，寫了批判報導 — 以此作為契機，出版書籍，受全球矚目 **• 擔任莎拉·勞倫斯學院教授，研究神話** **• 成為二十世紀最傑出的神話解說家**
事件	
• 對大學制度持懷疑態度，停止博士學程 **• 美國經濟大恐慌時期，成為「高學歷米蟲」**	
覺醒	**探索（一九二九～一九三四）**
• 決定放棄找工作，實現夢想人生 — 盡情閱讀過去想看的書籍 — 租一間簡陋便宜的小屋 — 決定放下工作與義務，享受人生的自由	**• 隱居伍德斯托克森林五年間，拜讀喜愛作家的所有著作** — 鑽研喜愛作家的所有著作 — 專注閱讀喬伊斯、榮格等人的著作 — 靠過去的積蓄與爵士樂團表演維持生計 — 藉由閱讀作者的所有著作，紮下穩固的知識基礎 — 發現不同領域的作家之間有著寓意深遠的共同點 **• 一九三一年，橫跨美國國土的汽車之旅** — 只有大略設定方向，沒有具體目的地 — 透過為期一年的旅行、閱讀、日記，探索人生方向

凱倫・阿姆斯壯（Karen Amstrong）

一九四四至今，宗教學者暨宗教評論家

轉變工具：閱讀、寫作、宗教

p.57

轉變期以前

- **十七歲自願進入修女院，七年後還俗**
  - — 經歷嚴酷的訓練以後，身心都受到創傷
  - — 發現自己不屬於修女院，也不屬於世界任何一個團體
- **自一九六七年起，於牛津大學就讀英語文學**

事件

- **癲癇開始發作，看見可怕幻影**
- **企圖自殺：就連自殺動機都記不得**

覺醒

- **接觸到 T.S. 艾略特的《聖灰星期三》**
  - — 從「螺旋階梯」這份象徵獲得極大安慰
  - — 與其失落難過，不如從自己剩餘的事物獲得力量
  - — 自動陶醉在詩篇裡的經驗
  - — 領悟到透過文學可以體驗到神

探索（一九七六～一九八〇）

- **體驗到透過閱讀超越自我**
  - — 博士學位取得失敗以後，開始發現閱讀的樂趣
  - — 放下學位包袱以後，發現能對書裡的故事內容感同身受
  - — 閱讀良書，體驗共鳴與超越
  - — 過去的傷口被治癒，想說的話也變多了
- **將修女院時期經歷的一切寫成自傳《穿越窄門》**
  - — 看著朋友的日記，回想修女院時期的生活
  - — 誠實記錄修女時期帶給她的意義

蛻變

- **大膽的計畫：出版《穿越窄門》**
  - — 重寫初稿，治癒自己
  - — 發現在修女院的那段時期，其實是意義非凡的時光
- **一九九二年《神的歷史》出版**
  - — 寫作過程中的無我體驗，「沉默」與「合一」
  - — 美國社會的熱烈反應，展開全球巡迴演講
- **被認為是世界最大眾化的宗教學者**

具本亨（구본형）

一九五四～二〇一三，改變經營專家暨作家

轉變工具：寫作、旅行、空間 p.88

轉變期以前	蛻變
• 在全球化企業任職十七年的上班族 • 有著想寫一本著作的心願	• 大膽的計畫：成立一人企業並親自經營 — 二〇〇〇年成立「具本亨改變經營研究所」 — 從上班族晉升成一人企業家 • 藉由凌晨寫作，實現出版著作的夢想 — 自第一本書出版以後，接下來三年每出一本書 • 成為韓國最具權威的改變經營專家 • 二〇〇二年備妥長年夢想的「內心之家」
事件	
• 一九九七年，四十三歲迷失人生方向 — 不明原因的焦慮、壓力 • 為了突破人生難關，加入智異山斷食院	
覺醒	**探索（一九九七～二〇〇〇）**
• 一九九七年夏天，在斷食院裡的某個清晨突然覺醒 — 起身寫作、寫書 • 結束為期一個月的葡萄斷食以後下定決心 — 一天要花兩小時投資在自己身上 — 再也不要回到過去	• 把清晨寫作當作是探索自我的手段 — 關於個人、人生、改變的紀錄 • 一九九八年，出版第一本書《和熟悉事物說再見》 • 耗時三年，準備一人企業 — 一邊工作，一邊進行無數種實驗、研究實際案例、寫書 • 自一九九八起，開始準備新家 — 實地探訪多間房屋，培養看屋的眼光 • 二〇〇〇年二月離職以後，展開為期四十五天的獨自旅行，前往南島

維克多・法蘭可（Viktor Frankl）

一九〇五～一九九七，精神科醫師暨意義治療法創始人

轉變工具：寫作、團體 p.94

<table>
<tr><th>轉變期以前</th><th>蛻變</th></tr>
<tr><td>• 猶太界傑出的精神科醫師
— 正在撰寫意義治療法相關著作
• 一九四二年，因猶太人身分囚禁集中營</td><td rowspan="3">• 大膽的計畫：整理出意義治療法
— 把集中營裡的體驗結合意義治療法
— 創立全新的心理治療法
• 透過「試煉的實驗」，拓展精神層次
— 把心理治療結合集中營心理學、集體精神病理學
— 利用意義治療法治療自己及開啟新人生
• 一九四六年，一年內出版三本書
• 重回維也納綜合醫院擔任精神科醫師</td></tr>
<tr><th>事件</th></tr>
<tr><td>• 一九四四年十月，被關進奧斯威辛集中營
— 藏在外套裡的第一本著作原稿被沒收
— 偶然發現自己挑選的衣物裡竟藏有猶太教祈禱文</td></tr>
<tr><th>覺醒</th><th>探索（一九四四～一九四六）</th></tr>
<tr><td>• 把發現祈禱文當成是神的開釋
— 對於猶太人來說非常重要的祈禱文「以色列啊！你要聽」
— 解讀為「按照自己所寫的內容生活、實踐自己教別人的方法」</td><td>• 把集中營當作實驗室，專注於意義治療法研究
— 把意義治療法套用於自己以及其他囚犯
• 透過速記的方式重寫第一本書的原稿
• 一九四五年八月，重回維也納
— 接獲太太與母親的死亡消息
— 嚴重的憂鬱症與自殺衝動
• 暫緩自殺計畫，撰寫第一本書《生存的理由》
• 撰寫第二本書，關於集中營裡的體驗</td></tr>
</table>

約瑟夫・賈沃斯基（Joseph Jaworski）

一九三五至今，顧問暨領導力專家

轉變工具：旅行、閱讀、寫作 p.118

轉變期以前	蛻變
• 知名律師，擁有豪華住宅以及私人牧場 **• 父親是負責調查水門案的名檢察官**	**• 大膽的計畫：創立「美國領導論壇」** — 離開律師事務所，把計畫具體化 — 與戴維・玻姆相見 **• 皇家殼牌公司的劇本企劃組** **• MIT 組織學習中心理事** **• 在機場遇見真命天女，與她再婚**
事件	
• 一九七五年，太太外遇並提議離婚 — 「我們離婚吧，我愛上了別人」 — 失去妻子和兒子以後，徬徨數月	
覺醒	**探索（一九七六～一九七九）**
• 哭了好幾個月，宣洩情緒 — 領悟到每一天都無比珍貴 **• 決心以後要按照自己的意願過日子** — 開始閱讀、旅行、與人交流 — 確認到同輩分的男性一樣深受「束縛」困擾	**• 衝動下展開為期七週的齡規劃歐洲之旅** — 巴黎：在教堂裡第一次感受到與世界合而為一的感覺 — 義大利：挑戰「內心嚮往的不可能目標」，親眼見到崇拜的 F1 賽車手尼基・勞達 — 坎城：對巧遇的女子帶來內心深遠影響 **• 邊旅行，邊閱讀，邊寫日記** **• 旅遊美國、埃及等地，經歷共時性** — 遇見土撥鼠、體驗與大自然合為一體 — 獲得創立領導力論壇的靈感

李潤基（이윤기）

一九四七～二〇一〇，翻譯家暨小說家、神話專家

轉變工具：旅行、空間 p.126

<table>
<tr><th>轉變期以前</th><th>蛻變</th></tr>
<tr><td>• 傑出翻譯家，小有名氣的小說家
• 撰寫、翻譯過多本希臘神話書籍
— 對於外界評價和自身評價都不甚滿意
— 沒有實際走訪過希臘</td><td rowspan="3">• 大膽的計畫：出版兩本「全彩神話書」
— 二〇〇〇年六月《希臘羅馬神話之旅》出版
— 同年九月，伯爾芬希的《希臘羅馬神話故事》編譯
• 奠定希臘羅馬神話界的權威地位
• 準備展開新生活的書房，親近大自然的空間
• 「探索神話之旅」結束後十年間的成果
— 寫了八本神話書，四本神話翻譯書改版重出</td></tr>
<tr><th>事件</th></tr>
<tr><td>• 一九九九年一月，從美國暫時返國
• 和朋友一起前往希臘、土耳其，展開為期三週的旅行</td></tr>
<tr><th>覺醒</th><th>探索（一九九九～二〇〇〇）</th></tr>
<tr><td>• 二月的土耳其，他看著黑海，想起伊阿宋與阿爾戈遠征隊的故事
— 反省自己在彩色時代下竟然只出版過黑白神話書
— 「我也要跨越我的黑海！我也應該要像伊阿宋一樣取回屬於我的金羊毛才對。」
• 決定展開一趟長期的希臘及歐洲之旅
— 寫一本符合二十一世紀的神話書</td><td>• 一邊在希臘、土耳其旅行，一邊準備「神話之旅」
• 三～七月，在韓國和美國準備正式展開旅行
— 旅遊經費不足，學習攝影技術等
• 八～十一月，三個月期間走訪歐洲四國
— 從希臘至法國、英國、義大利
— 實地探查神話現場，拍攝一萬五千張照片
• 二〇〇〇年從美國永久返國，專注於神話書寫作
• 在京畿道楊平郡成立工作室，埋首寫作</td></tr>
</table>

保羅・高更（Paul Gauguin）

一八四八～一九〇三，畫家

轉變工具：興趣、空間 p.150

轉變期以前	蛻變
• **任職於證券公司的成功職場人士** • **蒐集美術作品，作為巴黎人的高尚興趣** • **週末到平日晚間都專注作畫，準備個人工作室**	• **大膽的計畫：「說教結束後的幻想」** —「今年的我，犧牲了一切事物、技法、風格」 — 高更特有的畫風形成：捨棄遠近法，採裝飾性構圖與色彩平面化，被稱之為「綜合主義」 • **回到巴黎，作品卻不受重視** • **會到大溪地，熱衷於作品創作**
事件	
• **一八八二年法國股市大崩盤，職位不保** • **作品深受獨立藝術家協會賞識，入手杜朗魯耶的畫作，受到職場同事舒芬尼克爾決定轉當全職畫家等刺激**	
覺醒	**探索（一八八五～一八八八）**
• **一八八三年，沒和家人、友人商量，擅自決定辭職** — 從今天起，我要每天作畫 — 確信自己具有畫家的天賦與可能性 — 開始在職業欄位填入「畫家」 • **和老師畢沙羅討論成為專職畫家** — 老師同樣對於他的決定感到驚訝	• **新印象主義的新畫風實驗** — 除了經濟／健康理由，每天專注作畫 — 以廣告壁報打工維持基本生計，一路坎坷 • **考量經濟問題，移居畫家們聚集的小鎮——布列塔尼** — 實力受到認可，成為核心人物 • **前往大溪地馬丁尼克島旅行** — 創造屬於自己的美術世界（原始性與綜合性） — 所謂藝術，是一種抽象的作用

赫曼・赫塞（Hermann Hesse）

一八七七～一九六二，小說家

轉變工具：興趣、空間、象徵 p.158

轉變期以前

- **小說接連成功，聲名大噪**
- **刊登批判祖國德國引發戰爭的文章**

事件

- **被祖國認為是叛國賊**

— 所有著作都遭下架禁止出版

- **因各種原因導致神經衰弱**

— 父親逝世、妻子精神分裂、小兒子發病

蛻變

- **大膽的計畫：寫下《流浪者之歌》（一九二二年）**

— 第一次專注在靈性的成長過程
— 寫不出積極面對人生的悉達多，暫時停筆
— 結束混沌生活，開始與人交流，尋找突破
— 書籍出版後，開始增加社會活動，遇見終身伴侶

- **之後的作品把焦點擺在結構面**

— 《荒原狼》、《知識與愛情》等

覺醒

- **接受榮格弟子約瑟夫・朗的精神治療**

— 開始寫夢境日記，作的夢也變得更加豐富
— 在夢裡遇見「德米安」這號人物

- **接受榮格和朗的建議，開始畫畫**

— 兩人紛紛勸告他，畫畫會對他產生幫助

探索（一九四四～一九四六）

- **以夢境為基礎，開始撰寫《德米安》**

— 短短幾週內便完成

- **透過畫畫感受到真正的解放感**

— 藉由毫無負擔的畫畫，與自己進行對話
— 與長期壓抑的情感和解
— 畫作大部分風格明亮，與陰暗的小說內容形成對比

- **一九一九年，移居瑞士蒙塔諾拉的卡薩卡木齊**

亨利・大衛・梭羅（Henry David Thoreau）

一八一七～一八六二，自然主義思想家暨作家

轉變工具：空間、寫作、興趣、象徵、老師、團體 p.182

轉變期以前

- **熱愛故鄉與華爾登湖的青春**
- **愛默生認可的年輕人**
- **村民視他為現實逃避者**

事件

- **二十幾歲起，就夢想居住在華爾登湖畔**
- **一八四五年三月，朋友寫信建議移居華爾登湖**

覺醒

- **閱讀了朋友的信以後，決定實踐長期以來的夢想**

— 過一次自己理想的人生
— 愛默生願意免費出租華爾登湖畔的土地
— 開始在華爾登湖旁的森林蓋建小木屋

- **一八四五年七月四日，開始入住尚未打造完成的小木屋**

探索（一八四五～一八四七）

- **把華爾登湖和小木屋當作自我反省的場所、人生實驗室**

— 自我反省、蓋房子、經濟獨立、自律性的勞動等

- **梭羅的一日經營：追求肉體、精神、心靈三者的平衡**

— 閱讀、經營小農田、寫日記、寫書等

- **每天平均散步四小時，觀察、體會大自然**

- **聽從老師愛默生的建議，參與「超驗主義社團**

蛻變

- **大膽的計畫：開始撰寫第一本著作**

— 《河上一周》完成（一八四九年出版）

- **經過二十六個月的實驗與省察，獲得了一些成果**

— 體會大自然與人生的哲學，以及生活方式
— 完成生前出版的兩本著作初稿

- **從大自然的學生蛻變成自然主義思想家**

史考特・聶爾寧（Scott Nearing）

一八八三～一九八三，社會改革家暨作家

轉變工具：空間、興趣

p.189

轉變期以前	蛻變
• 二十世代，賓州大學華頓商學院教授 • 三十世代，出版過多本著作的作家、知名講師 • 透過書籍批判美國參加世界大戰的決定	• 撰寫《The Good Life》（譯註：無中譯本） — 把二十年來的歸農經驗整理成書 — 來自全國各地的訪客 • 移居緬因州 — 因訪客過多，已打擾道原本單純的生活 — 從佛蒙特州搬到緬因州居住，幾乎什麼家當都沒帶 • 成為實踐型自然主義者
事件	
• 遭大學解雇，著作禁賣，以間諜嫌疑起訴，文章登報和演講邀約統統取消 • 妻子提議離婚，帶著兩名兒子遠走高飛	
覺醒	**探索（一九三二～一九三五）**
• 遇見小他二十歲的海倫・聶爾寧 — 逐漸發展成戀人，在曼哈頓公寓裡同居 — 尋找不失品味又能過簡樸生活的方法 • 決定離開便利的文明社會，成為「自給自足的小農」 — 為了簡單生活以及和睦地生活的機會，成為手工建造房屋和農場的自給農。	• 搬到緬因州生活 — 購入年久失修的農場和設備，加以修繕 — 親自用石頭蓋房子，透過務農自給自足 — 以楓糖加工維生 • 設立單純、寧靜的生活原則 — 不以賺錢為目的、不種過多的農作物、以素食為主、不依賴自動化機械等 — 肉體勞動四小時，知性活動四小時，與親人交流四小時

卡爾・榮格（Carl Gustav Jung）

一八七五～一九六一，精神科醫師暨分析心理學創始者

轉變工具：象徵、寫作、興趣、團體

p.216

轉變期以前	蛻變
• 三十歲中段班年輕有為的精神科醫師 • 崇拜精神分析創始者佛洛伊德 **事件** • 一九一三年三月，與佛洛伊德訣別 • 體驗到一連串寓意深遠的幻影與夢境 — 重複體驗到歐洲被鮮血淹沒的幻影 — 夢見殺害歐洲神話英雄	• 大膽的計畫：樹立自己的心理學 — 備妥分析心理學的基礎 — 開始撰寫《榮格論心理類型》初稿（一九二一年出版） • 從「迷失方向」開始，以「創造式熟成」結尾 — 透過自我分析治癒自己 — 從受傷的靈魂變身成靈魂的治癒者 • 從佛洛伊德的弟子變成精神探究者的老師
覺醒	**探索（一九一三～一九一九）**
• 與佛洛伊德訣別後，陷入自我後悔與焦慮感當中 — 迷失方向，出現憂鬱症與精神分裂症 — 身感受到對自己的不了解 — 除了經營個人醫院外，減少所有外部活動 • 從強烈的幻影與夢境裡領悟到的事 — 需要深刻的自我分析與自我治癒 — 擺脫佛洛伊德的影子，創造屬於自己的心理學	• 每天專注嘗試自我分析 — 透過夢與幻影面對潛意識 • 刻意安排過的每一天 — 上午：記錄並分析夢境、寫信等 — 下午：幫患者看診、蓋塔屋等 • 仔細記錄潛意識探索過程 — 《黑書》、《紅書》、心理學論文等 • 一九一六年，與友人一起創立心理學社團 — 實驗自我思想的地方，研究心理型型理論

天寶·葛蘭汀（Temple Grandin）

一九四七至今，動物學家暨自閉症專家

轉變工具：象徵、興趣、老師 p.223

轉變期以前	蛻變
• **五歲時被診斷出自閉症（亞斯伯格症）** • **對聲音敏感，容易激動，有暴力傾向**	• **大膽的計畫：家畜壓力機設計相關論文** — 更改研究所專攻科系（心理學至動物學） — 美國第一篇家畜行為研究論文 — 一九七五年，取得動物學碩士學位 • **成為對社會有貢獻的人** • **成為世界級家畜設備設計師、自閉症專家**
事件	
• **國中時期的不幸遭遇，開始出現自律神經失調症狀** • **因為毆打嘲笑自己的同學，遭校方退學**	
覺醒	**探索（一九六四～一九七四）**
• **在教會裡聽聞「通往天國之門」** — 偶然發現名叫「烏鴉巢」的空間以及木門 — 發現裡面的門是通往新世界的象徵 • **在姨母的農場接觸到「牛槽」** — 感受到走進牛槽裡的牛隻眼神變得溫馴 — 開始對緩和自閉症的工具產生興趣	• **經常拜訪「烏鴉巢」，為期一年時間** — 心情穩定，產生許多靈感 — 自從第一次開啟那扇門以後，發現心情平靜，可以專注學習 • **卡洛克老師為她打開自然科學之門** • **大學宿舍通風門、超市玻璃門的象徵** — 意指前往新努力與新領域 — 依序通過各扇門以後，逐漸適應世界 • **進行家畜壓力機改造，共四次** — 自閉症緩和，恢復安定 — 領悟到自己可以對動物感同身受

穆罕達斯．甘地（Mohandas Gandhi）

一八六九～一九四八，政治家暨社會改革家

轉變工具：宗教、閱讀、團體 p.252

<table>
<tr><th>轉變期以前</th><th>蛻變</th></tr>
<tr><td>• 只因一句「比印度簡單」而取得英國律師執照
• 因人群恐慌症而在法庭辯論途中落跑，後來轉任代寫訴狀的工作</td><td rowspan="3">• 大膽的計畫：非暴力抵抗（真理把持）運動
— 為了貫徹真理，開始進行非暴力抗爭
— 八年來，主張反對「人頭稅」等各種種族歧視法案
— 舉行非暴力抗爭等政治運動、入獄
• 印度國民大會黨最高領導人
— 以「聖雄」之姿做為印度的精神領袖，受人景仰</td></tr>
<tr><th>事件</th></tr>
<tr><td>• 於南非共和國彼得馬里茨堡車站遭種族歧視
• 隔天在馬車上也遭受言語謾罵與肢體霸凌</td></tr>
<tr><th>覺醒</th><th>探索（一八九三～一八九五）</th></tr>
<tr><td>• 在馬里茨堡車站寒冷的一夜
— 不論未來會經歷多少磨難，都要根除種族歧視
• 輾轉得知南非共和國僑胞、商人們所遭受的各種侮辱
— 開始對人類與宗教產生疑問：想要瞭解絕對者的一切，以及為何要使他捲入種族歧視事件當中</td><td>• 研讀各種宗教書籍
— 伊斯蘭、基督教、猶太教、印度教等書籍
— 得出宗教的普遍真理是「道德」的結論
— 出席各種宗教人士的聚會，進行意見交流
• 誓言要將宗教上的領悟實踐於生活當中
— 控制味覺、實驗極簡生活、力求純潔等
• 主導南非共和國境內的印度僑胞聚會
— 分享南非共和國的實際日常、第一次面對大眾進行演說</td></tr>
</table>

穆罕默德·阿里（Muhammad Ali-Haj）

一九四二～二〇一六，拳擊選手暨黑人人權運動家

轉變工具：宗教、老師 p.260

轉變期以前

- **從小生長在種族歧視尤其嚴重的肯塔基州**
- **十八歲就創下一百八十勝紀錄的拳擊界明日之星**
- **一九六〇年羅馬奧運奪下金牌，以英雄之姿衣錦還鄉**

事件

- **儘管已經是國民英雄，卻仍在漢堡店遭受種族歧視**
- **在白人操控的拳擊界好不容易取得金牌**

覺醒

- **把金牌扔進了河裡**

— 「自己是代表美國」的幻想破滅

- **一九六二年加入伊斯蘭民族**

— 強調黑人獨立與清廉人生的宗教團體
— 成立黑人民族國家，是他們的未來展望
— 一聽便知道是自己畢生找尋的宗教

蛻變

- **大膽的計畫：重獲世界級頭銜**

— 輸給喬·佛雷澤，心平氣和地接受結果
— 三年後再度挑戰，成為世界拳王
— 戰勝喬治·福爾曼，WBA、WBC 綜合冠軍
— 後來十一次的防禦成功

- **一九九六年，亞特蘭大奧運最後一把聖火傳遞者**

探索（一九六三～一九六六）

- **透過伊斯蘭民族樹立宗教觀與價值觀**

— 研究經典、傾聽說教，一年後改信伊斯蘭教
— 關注宗教教義與黑人解放運動

- **與麥爾坎·X 進行深度交流**

— 樹立明確的目的意識、價值觀

- **榮獲第一個世界級冠軍頭銜以後接受採訪，宣布獨立**

— 宣布不再當白人想要的冠軍
— 開始反駁白人社會、牽制、報復

- **世界拳王頭銜撤銷，從拳擊界驅逐**

— 因為拒絕政府的越戰徵召而受國家報復

華倫．巴菲特（Warren Buffett）

一九三〇至今，價值投資者暨最高經營者

轉變工具：老師、閱讀 p.290

轉變期以前	**蛻變**
• **十一歲時立志要在三十五歲成為百萬富翁** • **涉世未深的性格與社交手腕不足的二十歲青年** **事件** • **一九五〇年申請哈佛商學院被淘汰** • **從哥倫比亞大學介紹手冊中看見一個重要的人名** — 價值投資大師班傑明．格雷厄姆	• **大膽的計畫：成立自己的第一個投資合夥事業** — 離開老師，自立門戶 • **從股票仲介進化成專業投資人** — 價值投資是巴菲特的神話起點 • **巴菲特的資產變化** — 一九五〇年九千八百美元至一九五六年十五萬美元 — 一九六二年，提早達成（三十五歲百萬富翁）目標
覺醒	**探索（一九五〇～一九五六）**
• **下定決心要進入哥倫比亞大學向格雷厄姆親自學習** — 不久前才剛閱讀格雷厄姆寫的《聰明的投資者》 • **一九五〇年九月，順利進入哥倫比亞商學院**	• **成為格雷厄姆的首席弟子，獲得最高成績** — 反覆閱讀老師的著作，研究關於老師的一切 • **研究所畢業以後，回到故鄉擔任股票仲介** • **一九五四年，和格雷厄姆共事** — 兩年期間，向老師學習價值投資 • **一九五六年，接獲負責管理格雷厄姆公司的邀約** — 經過一番思考以後，婉拒了老師的邀約

黃裳（황상）

一七八八～一八七〇，詩人暨幽人

轉變工具：老師、寫作 p.297

<table>
<tr><th>轉變期以前</th><th>蛻變</th></tr>
<tr><td>• 視自己遲鈍、鬱悶的十五歲少年
• 不是出身兩班家族，而是衙前的兒子</td><td rowspan="3">• 設立詩人與幽人的人生方向
• 老師在所有學生當中認為黃裳是最具有潛力成為詩人
— 完成自立門戶、成為詩人的準備
• 日後被名士們公認是傑出的詩人
• 耗費數十年打造「一粟山房」，實踐幽人的人生</td></tr>
<tr><th>事件</th></tr>
<tr><td>• 一八〇二年十月，丁若鏞流放中打造書堂
— 開始在丁若鏞的書堂學習</td></tr>
<tr><th>覺醒</th><th>探索（一八〇二～一八〇八）</th></tr>
<tr><td>• 十月中旬，開始接受丁若鏞的指導
— 勤勉，勤勉，再勤勉
— 丁若鏞建議他閱讀文史與練習作詩
• 成為丁若鏞的弟子，設立了詩人的夢想
— 把老師的指導銘記在心</td><td>• 向老師學習讀書方法與態度
— 專注抄書與筆寫，個人指導
• 隨著時間流逝，愈得老師的寵愛
— 得到贈號「截瘧歌」和「巵園」
• 接受老師的幽人人生指導
— 幽人和詩人成了黃裳一輩子的夢想
• 透過老師的介紹，集中研究四名詩人</td></tr>
</table>

班傑明・富蘭克林（Benjamin Franklin）

一七〇六～一七九〇，印刷業者暨公共團體成立專家

轉變工具：團體、寫作、象徵

p.322

轉變期以前	蛻變
• **喜愛社交，充滿自信的二十歲印刷工人** • **因朋友的背叛多次使自己陷入困境**	• **大膽的計畫：成立會員制圖書館** — 從共讀社的共用書房開始，與成員們合作 — 一七三一年，美國第一間會員制圖書館開館 • **設定自己落實一生的人生哲學** • **透過共讀社活動成長蛻變成傑出的領袖** — 練就一番私人利益與公共利益達到協調的能力 • **從印刷工人到作家，再進化成公共團體成立專家**
事件	
• **一七二四年，賓州總督威廉・凱斯爵士的背叛** — 支援創業的承諾跳票 — 在原本是為了出差而去的倫敦，淪落成無處可去的下場	
覺醒	**探索（一七二六～一七三〇）**
• **一七二六年，在英國開往美國的船上覺醒** — 回憶過去人生，反省不夠成熟的言行舉止 • **為新人生設定未來行動計畫** — 設定決心與行動方針，在所有面向都要當個理性沉著的人。	• **一七二七年，成立共讀會** — 社團目的：自我成長、相互支援、社交 — 進化成公益實驗室 • **一七二八年創立印刷廠** • **製作屬於自己的祈禱文，每天進行多次禱告** — 信條與宗教儀式 • **企劃道德項目並身體力行** • **發行報章雜誌，嘗試寫各種類行的文章**

伊莉莎白・庫伯勒－羅斯（Elisabeth Kübler-Ross）

一九二六～二〇〇四，精神科醫師暨安寧照護運動家

轉變工具：團體、象徵

p.329

轉變期以前	蛻變
• 三胞胎當中的老大，自幼煩惱自己的定位 • 親眼目睹過幾次周遭人士的安詳逝世 **事件** • 二次世界大戰以後，在波蘭擔任志工，目睹戰爭後的慘況 • 看見集中營裡畫滿著象徵轉世的蝴蝶	• 大膽的計畫：出版《論死亡與臨終》 — 與五百多名病患進行訪談，收錄患者的心聲 — 「死亡的五階段」理論、死亡學 — 翻譯成二十五國語言出版，兼具學問深度與廣大共鳴 — 重新照亮了醫院、大學、神學看待死亡的意義 • 展開世界史上第一次的安寧照護運動
覺醒	**探索（一九六三～一九六七）**
• 在波蘭感受到患者強烈的生命力 — 目標是照亮生命的意義 • 發現醫生們避談死亡，對此感到震驚錯愕 — 大部分的醫生認為患者的死亡等於失敗 — 瀕臨死亡的患者最需要的是人性交流與坦誠	• 和醫院裡的重症患者進行度化 — 陪伴在病患身旁聆聽他們訴說幾小時 — 確信每一位病患都可以是好老師 • 開始舉辦「論死亡與臨終」研討會 — 幫指導教授代課，介紹生命垂危的病患 — 學生們深受感動，病患同樣感受到人生的意義 — 後來以死亡為主題，和學生、病患進行討論 — 把研討會設計成不是以自己為主 — 學生之間口耳相傳，正式成為大學裡一門課程

附錄三　兩位作者的人生轉變故事

朴勝晤的人生轉變期

大學四年級的某一天，我在客運上不小心睡著，直到聽到司機廣播抵達休息站，要乘客暫時下去走走、上上洗手間，我才從睡夢中醒來。正當我要睜開眼睛時，因為有眼屎沾黏導致不易睜開。我用手揉了揉眼睛，然而，指尖傳來的感覺不太對勁，原來我摸到的不是眼屎，是濕濕的角膜，我的世界頓時變得灰白朦朧，我心想：「天啊，我以為自己是睜不開眼睛，沒想到竟然是失明。」自那天起，我有整整三天是處於失明的狀態。

我和父母親開始看遍各大醫院，沒想到得到的所有回覆都是「即將失去視力」，原來是因為青光眼導致，而且還是處於非常嚴重的狀態。怎麼會惡化到這種程度。當時我在KAIST求學，整日埋首學習，每隔兩天才會睡覺，後來發現長期熬夜導致眼睛老是紅腫，所以到藥局買了含有類固醇的眼藥水來點，沒想到這竟成了禍根。當過度疲勞的眼睛碰上強烈藥物，不到六個月時間竟徹底損壞。雖然之後透過強度較高的治療使眼壓回到正常，但是高達百分之八十損傷的視神經早已回天乏術，我必須一輩子活在這霧茫茫又狹隘的視野裡。

我整天以淚洗面，很想知道到底為什麼偏偏是自己成為這場不幸事件的主角，然而，關於這個問題的答案是等事隔三年後才得知。某天偶然接觸到的一本書——具本亨的著作，就是在向讀者叩問：怎樣才是真正作自己。直到那時，我才恍然大悟，三年前一直使我感到納悶的問題——為何偏偏是我失明——終於找到了原因。原來答案就在比我大兩歲的哥哥身上，很荒謬吧？哥哥是從小就被誇讚為天才的孩子，有著聰明絕頂的頭腦，而我則是

朴勝晤

轉變工具：老師、閱讀、寫作

轉變期以前

- 跟隨哥哥的腳步，順利升上科學高中 KAIST
- 每隔兩天才睡一次覺，過度學習，使用眼藥水

事件

- 失明，確定罹患青光眼（六個月內永久失明）
- 三年期間的徬徨、後悔「怎麼會變成這樣？」開始檢討自己

覺醒

- 發現失明的根本原因

— 閱讀具本亨的著作《四十三歲重啟人生》，意識到自己一直把哥哥當勁敵而導致失明

— 「哥哥和我有著相似的 DNA」，這個念頭成了禍端

- 開始問自己如何做自己

— 開始閱讀自我探索相關書籍

— 尤其是具本亨的書閱讀過好幾本也反覆閱讀

蛻變

- 大膽的計畫：出版《以我的方式打開世界》

— 回顧過往沉痛的經驗，寫下二十世代探索人生方向的內容，出版成書

— 人生方向探索教育家，開始進行「羅盤課程」

- 以教育專家暨作家之姿展開全新人生

探索（二〇〇五～二〇〇七）

- 拜具本亨為師

— 按照具本亨的指導，閱讀各種書籍並寫作

— 每年閱讀五十多本書，寫一百多篇文章

- 透過閱讀與寫作進行內在探索

— 回顧自己喜歡的事物以及擅長的事物

— 撰寫二十世代的自傳書，整理人生軌跡

- 找到人生方向，轉換職業

— 領悟人生道理並與他人分享

— 離開工學界，進入教育機構卡內基研究所

一直對哥哥抱有競爭心，想要模仿哥哥，努力跟上他的腳步，於是在情急之下，過度用眼導致失明。追隨哥哥的腳步進入 KAIST 以後，歡樂只是一時，我為了在一群和哥哥一樣聰明的人之間脫穎而出，需要比別人加倍努力。當時我計算得很明確，同學們一天睡一次覺的時候，我要兩天才能睡一次。

後來，我又多買了幾本具本亨作者的書，雖然大多是為職場人士所寫的書籍，但是身為研究生的我閱讀也能夠產生很深的共鳴。我想要親自見作者一面，於是冒昧寫了一封信給他，最後只有得到一句簡短的回信：「想見我就請參加活動課程。」儘管如此，我的內心深處還是不停在呼喚著一定要見上作者一面，我後來慢慢儲蓄，報名了活動課程，當我終於見到他時，一眼便認出他一定是個文如其人的人。課程結束以後，我們偶爾會有私下聚會，隨著見面次數愈多，也使我愈對他深感敬佩。不知道是不是我對他的那份景仰有如實傳遞到他那裡，他也對我十分信賴，最後願意收我為徒。那天，我遇見了改變我一生的老師。

我開始和老師一起閱讀寫作，他推薦的書單大部分都是厚實的人文書和古典，這對於原本只有閱自我成長類與經營管理類書籍的我來說，無疑是一種煎熬。

尤其我對於不提供明確解答的內容感到不甚滿意，每當這時，老師都會以「像人文學這種看起來無用的知識，其實探究愈深，人生也愈豐富多彩」來對我作言語上的鼓勵，雖然是很久以後才體會到的事，但老師說的的確沒有錯。當我和老師一起學習得愈深，我就愈能夠以正面樂觀的態度度過每一天。

此外，老師經常引導我，叫我要透過文字深入觀察自我，甚至當我在度過人生最痛苦的低潮期時，老師也依舊對我耳提面命：「儘管是痛苦，也不能忘記，要牢記在心，這就是寫作人士的特殊之處。」老師也與我分享自己的寫作經驗，並將那些意義說給我聽。當我聽從他的指導第一次著手寫五十頁份量的自傳時，我才終於明瞭原來從失明到其他各個人生事件，其實都是命運在向我召喚。

老師就這樣成為了我的鏡子和燈塔，照亮我的同時也照亮了我的未來道路。我終於發現，我的人生應該要走向「把我領悟的事情分享給他人」，而這份領悟也使我毅然決然離開學習了八年的工學領域，轉往教育界發展。第一本著作《我究竟擅長什麼》是我和老師一起寫第一本書，第二本著作《以我的方式打開世界》則是把當初在老師的指導下所完成的二十世代自傳書，轉換成為世界上所有二十世代年輕人都可以使用的工具書，透過這兩本著作，使我正式開啟了教育家暨作家的人生。

洪昇完的人生轉變期

二〇〇九年四月，我向公司遞出了辭呈，辭職的表面原因是覺得自己身心俱疲，已燃燒殆盡，但真正的原因是因為離開公司前一年，我邊工作邊寫了三本書，那段期間，我為了達成自己設立的目標，竭盡所能，也用盡了所有力氣。一年間的專注投入使我獲得了勤勉踏實的形象，卻也失去了所有能量。

辭職後的我，有三條路可以走，一是休息一段時間然後換工作，二是創業，三則是過好幾年學生、米蟲的生活。不論我選擇哪一條路，我都知道將會展開全新的人生。結果這個預感只對了一半，我期待的是人生的春天要到來，但是命運竟把我導向了人生的寒冬。當時，我感受到難以言喻的焦慮感與鬱悶感，我的內在也開始動搖瓦解。

最先產生的是性格驟變，原本個性外向活潑的我，突然變得內向；原本重視目標、計畫、現實主義的我，也頓時消失不見，我開始對這樣的自己感到陌生，開始受人誤會，也聽到很多人說我變了。幾名與我熟識的朋友，甚至對於我變得「冷漠」感到無法適應。過去的我，一直以為很了解自己，沒想到是我錯了，當我感受到就連自己也無法解釋自己的改變時，我感到孤獨，也意識到內在正面臨一場危機。

就在這時（二〇一〇年），我遇見了榮格的著作，透過他的作品，使我得以理解自己所面臨的危機，原來我的人生一直都有對我發出警訊。二〇〇九年夏天，我夢到被小偷用刀子刺中心臟，其實也是警訊之一。當時我還

洪昇完

轉變工具：閱讀、寫作、老師

<table>
<tr><th>轉變期以前</th><th rowspan="1">蛻變</th></tr>
<tr><td>• 在企業教育公司上班七年的上班族（三十二歲）
• 覺得自己非常了解自己</td><td rowspan="3">• 大膽的計畫：出版兩本著作
— 合著《慢轉的力量》本書，整理過去六年學習到的事物
— 第一本個人著作《老師》，將老師們的教誨整理成書
• 重新訂定人生方向：內在探險家
• 獲得開發自我探索及人文學內容的能力</td></tr>
<tr><td>事件</td></tr>
<tr><td>• 二〇〇九年寫了三本書，結果耗盡所有能量，離開公司
• 出現小偷的黑影噩夢
— 無法解讀夢境</td></tr>
<tr><td>覺醒</td><td>探索（二〇一〇~二〇一五）</td></tr>
<tr><td>• 二〇〇九年末，面對內在危機
— 出現無力感、性格驟變、對自我感到孤獨
• 二〇一〇年二月，閱讀榮格的自傳
— 研究分析心理學，終於理解黑影噩夢
— 決定深入探索自己
— 創立探索自我的研究所</td><td>• 五年期間，把閱讀和寫作作為自我探索的手段
— 閱讀一千本書：人文、藝術、自傳
— 寫五百篇文章：心靈書信、閱讀專欄、夢的日記
• 成為三名心靈導師的私淑弟子（坎伯、榮格、法頂）
— 閱讀老師的所有著作、走訪老師們生前停留過的地方
• 花費五年時間，自學榮格的分析心理學、MBTI
• 準備屬於自己的聖所，書房「回心齋」</td></tr>
</table>

沒有能力解讀這場夢境背後的意義，後來是借助榮格的分析心理學才得以理解這場夢背後要傳達的訊息。然後我也領悟到，當你發現自己與過去有很大不同時，需要的是自我觀察與接納，而不是要求自己給予一個明確的答覆或作判斷。

內在危機把我導向了第三條路，也就是不再找任何工作，既然如此，我決定乾脆成立一個探究自我的「個人研究所」，時間寬裕的我，開始用各種工具來探索自我。過去五年期間，我每年閱讀兩百本書，寫一百篇文章，為了深入探索自我，還自行鑽研榮格的分析心理學，研究榮格的心理類型理論和MBTI。我的興趣領域已經改變，閱讀的書籍類型也和過去大不同。再加上我還把自己的書房取名為「回心齋」，準備了一千本書供未來十年仔細探讀。然後，我遇見了三位令我景仰的心靈導師——坎伯、榮格、法頂禪師，我把他們三位的著作統統找來閱讀，每年都會親自走訪他們生前待過的地方。這些心靈導師們為我示範如何過自己想要的人生，並使我看見探索內在的價值。

就這樣過了五年以後，我終於領悟到為什麼我的人生會面臨寒冬了，誠如冬天會顯現出樹木的本體一樣，內在危機也成了使我深入了解自己的契機。當我面臨困境時，我的最底層與最黑暗面也就變得更加清晰。然後就像到了冬天才會知道松樹和弘崧不會凋零一樣，過去一直在尋找的畢生志業和潛力，竟也從一連串的試煉中發現。由此可見，轉變期對於我來說是陽光面與陰暗面共存的，除此之外，我所體驗到的轉變本質是新探索，亦即，以自己與人生作為對象進行實驗及反省。實驗和反省是學習的過程，自我成長的力量與人生方向相關的洞察，則是在實驗和反省兩者結合時才會出現。

經歷完轉變期以後的我，內外在都已經不是過去的自己。首先是我的閱讀與寫作領域變得比以前更廣了，透過內在探索，我獲得了可以開發自我探索與人文學內容的能力，此外，多虧心靈導師們的教誨，讓我體會到每一個人其實都是一個小宇宙的事實，也讓我得以用「內在探險家」之姿，重整我的人生方向。過去總是害怕獨自一人吃飯的我，早已不復見，現在的我很歡迎能有獨處的時光，也懂得享受一個人旅行。我終於知道，每一件事情都有其陰暗面與光明面，兩者都要懂得觀看才是較為明智之舉。最重要的是，我對神祕的人生敞開心房，也開始變得相信心理的力量。

國家圖書館出版品預行編目(CIP)資料

慢轉的力量：9 種蓄積能量模式，與 18 位名人的生命故事 /
朴勝晤, 洪昇完合著 ; 尹嘉玄譯.
-- 初版. -- 新北市 : 木馬文化出版 : 遠足文化發行, 2020.10
面； 公分
ISBN 978-986-359-560-1(平裝)
1. 人生哲學
191.9 107008474

慢轉的力量：9 種蓄積能量模式，與 18 位名人的生命故事

위대한 멈춤 - 삶을 바꿀 자유의 시간

作　　者｜朴勝晤（박승오）、洪昇完（홍승완）
譯　　者｜尹嘉玄
社　　長｜陳蕙慧
副總編輯｜李欣蓉
主　　編｜李佩璇
編　　輯｜洪郁萱
行銷企劃｜陳雅雯、尹子麟、洪啟軒、余一霞、張宜倩
封面設計｜張巖
內頁排版｜李承恩

讀書共和國出版集團社長｜郭重興
發行人兼出版總監｜曾大福
出　　版｜木馬文化事業股份有限公司
發　　行｜遠足文化事業股份有限公司
地　　址｜231 新北市新店區民權路 108-3 號 8 樓
電　　話｜(02)22181417
傳　　真｜(02)22180727
E-mail｜service@bookrep.com.tw
郵撥帳號｜19588272 木馬文化事業股份有限公司
客服專線｜0800-221-029
法律顧問｜華洋國際專利商標事務所　蘇文生律師
印　　刷｜成陽印刷股份有限公司

初版一刷｜2020 年 10 月
定　　價｜450 元